Anonymus

Hof- und Staatshandbuch des Grossherzogtums Hessen

Anonymus

Hof- und Staatshandbuch des Grossherzogtums Hessen

ISBN/EAN: 9783741167485

Hergestellt in Europa, USA, Kanada, Australien, Japan

Cover: Foto ©ninafisch / pixelio.de

Manufactured and distributed by brebook publishing software (www.brebook.com)

Anonymus

Hof- und Staatshandbuch des Grossherzogtums Hessen

Hof- und Staats-

Handbuch

des

Großherzogthums Hessen.

1869.

Darmstadt,

im Verlage der Invalidenanstalt.

Gedruckt bei Chr. Friedr. Will.

Inhaltsübersicht.

I. Genealogie des Gesammthauses Hessen.

Seite.
Großherzogliches Haus 1
Hessen-Homburg 2
Kurfürstliches Haus 3
Hessen-Philippsthal 5
Hessen-Philippsthal-Barchfeld 5

II. Großherzogliche Orden und Ehrenzeichen.

I. Ludewigs-Orden 7
II. Verdienst-Medaillen des Ludewigs-Ordens 58
III. Verdienst-Orden Philipps des Großmüthigen 60
IV. Verdienst-Medaille für Wissenschaft, Kunst, Industrie und Landwirthschaft 156
V. Allgemeines Ehrenzeichen 159
Ordenscanzlei 179

III. Hof-Etat.

Obersthofmeisterin 181
Schlüsseldamen 181
I. Oberst-Hofämter. (Oberst-Ceremonienmeister. Oberst-Hofmarschall. Oberst-Hofmeister. Oberst-Jägermeister. Oberst-Kammerherr. Oberst-Stallmeister) 181
II. Hof-Stäbe.
a) Oberst-Ceremonienmeister-Stab. (Oberst-Ceremonienmeister. Vice-Oberst-Ceremonienmeister. Secretariat und Canzlei.) 182

Seite.

b) Oberst-Hofmarschall-Stab. (Oberst-Hofmarschall. Vice-Oberst-Hofmarschall. Hofmarschall. 1. Kammer. 2. Hoffourier. 3. Hofofficen. 4. Hofofficianten. 5. Ober-Hoflaquaien und Hoflaquaien. 6. Hofmeierei. 7. Hofglockenspiel. 8. Hofkünstler. 9. Oberst-Hofmarschallamt. 10. Hofcasse.) . 183

c) Oberst-Hofmeister-Stab. (Oberst-Hofmeister. Vice-Oberst-Hofmeister. 1. Hofkirche. 2. Hofmedicinalwesen) . . 187

d) Oberst-Jägermeister-Stab. (Oberst-Jägermeister. Vice-Oberst-Jägermeister. Hofjagdjunker. 1. Oberst-Jägermeister-Amt. 2. Hofjagdcasse.) 188

e) Oberst-Kammerherrn-Stab. (Oberst-Kammerherr. Vice-Oberst-Kammerherr. 1. Kammerherrn. 2. Kammerjunker. 3. Hofjunker.) 189

f) Oberst-Stallmeister-Stab. (Oberst-Stallmeister. Vice-Oberst-Stallmeister. 1. Hofstall. 2. Oberst-Stallmeisteramt. 3. Hofstallcasse.) 194

III. Cabinets-Aemter. (1. Cabinetsarchiv-Direction. 2. Cabinetsbibliothek- und Cabinetsmuseums-Direction. 3. Cabinetscasse-Direction. 4. Cabinets-Direction. 5. Cabinetsgüter-Direction.) 196

IV. Hof-Aemter:

1. Hofbau-Direction 198
2. Hofgarten-Direction 199
3. Hoftheater- und Hofmusikdirection . . . . . . 200.

A. Hofstaat Seiner Großherzoglichen Hoheit des Prinzen Carl . 205
B. Hofstaat Ihrer Königlichen Hoheit der Prinzessin Carl . . 206
C. Hofstaat Seiner Großherzoglichen Hoheit des Prinzen Ludwig . 206
D. Hofstaat Ihrer Königlichen Hoheit der Prinzessin Ludwig . . 208
E. Hofstaat Seiner Großherzoglichen Hoheit des Prinzen Heinrich . 208
F. Hofstaat Seiner Großherzoglichen Hoheit des Prinzen Wilhelm . 209
G. Hofstaat Seiner Großherzoglichen Hoheit des Prinzen Alexander . 209

IV. Militär-Etat.

Kriegsministerium 211
Medicinalstab 214
General- und Flügeladjutanten 214
Generalität 215

		Seite.
Armee-Division		216
Intendantur		217
Garde-Unterofficiers-Compagnie		218
Infanterie. Erste Infanteriebrigade.	Erstes Jägerbataillon	218
	Erstes Infanterieregiment	220
	Zweites Infanterieregiment	223
Zweite Infanteriebrigade.	Zweites Jägerbataillon	225
	Drittes Infanterieregiment	227
	Viertes Infanterieregiment	229
Reiterei. Reiterbrigade		232
Erstes Reiterregiment		232
Zweites Reiterregiment		234
Großherzogliches Artilleriecorps		236
Pioniercompagnie		239
Landwehr. Erstes Landwehrregiment		239
Zweites Landwehrregiment		240
Drittes Landwehrregiment		241
Viertes Landwehrregiment		241
Commandements. Commandement der Haupt- und Residenzstadt Darmstadt		242
Gendarmeriecorps		243
Evangelisches Garnisonspfarramt		244
Evangelische Garnisonsschule		244
Proviantamt		244
Montirungsdepot		245
Garnisonsverwaltungen		245
Militärstrafanstalt		246
Militärische Bewachung des Landeszuchthauses Marienschloß		246
Generalauditoriat		246
Garnisonslazarethe		247
Artilleriedepot		249
Remontirungs-Commission		250
Kriegsbibliothek		250
Militär-Wittwen- und Waisen-Commission		251
Militär-Bauamt		251
Einstandskasse		251
Officiere à la suite		252

V. Civil-Etat.

I. Staatsrath	256
II. Civil-Ministerien	257

Seite.

A. Ministerium des Großherzoglichen Hauses und des Aeußern.

Ministerium 257

Gesandtschaften an dem Großherzoglichen Hof und Consulate . . 259

Dem Ministerium untergeordnete Behörden und Anstalten.

1. Gesandtschaften 263
2. Commissionen 265
3. Consulate 265
4. Haus- und Staats-Archiv-Direction 268
5. Hessisches Gesammt-Archiv 268

B. Ministerium des Innern.

Ministerium 269

Dem Ministerium untergeordnete Behörden und Anstalten.

I. Ständisches Archiv und Ständehausverwaltung 270
II. Fiscal-Anwaltschaft 270
III. Redaction des Regierungsblattes 271
IV. Redaction der Darmstädter Zeitung 271
V. Redaction des Hof- und Staatshandbuchs 271
VI. Administrativ-Justizhof, zugleich Lehnhof 271
VII. Provinzial-Directionen und Kreisämter.
    A. Provinz Starkenburg. (Provinzial-Direction Starkenburg. Kreisämter: Darmstadt. Bensheim. Dieburg. Erbach. Groß-Gerau. Heppenheim. Lindenfels. Neustadt. Offenbach. Wimpfen.) 272
    B. Provinz Oberhessen. (Provinzial-Direction Oberhessen. Kreisämter: Gießen. Alsfeld. Büdingen. Friedberg. Grünberg. Lauterbach. Nidda. Schotten. Vilbel.) . 276
    C. Provinz Rheinhessen. (Provinzial-Direction Rheinhessen. Kreisämter: Mainz. Alzey. Bingen. Oppenheim. Worms.) 279
VIII. Militär-Ersatzbehörden 283
IX. Ober-Medicinal-Direction 284
    A. Kreismedicinalämter.
        I. Provinz Starkenburg. (Kreismedicinalämter: Darmstadt I. Darmstadt II. Beerfelden. Bensheim. Dieburg. Erbach. Fürth. Gernsheim. Groß-Gerau. Heppenheim. Hirschhorn. Höchst. Langen. Offenbach. Reinheim. Seligenstadt. Wald-Michelbach. Wimpfen.) 285

Seite.

II. Provinz Oberhessen. (Kreismedicinalämter: Gießen I. Gießen II. Alsfeld. Altenstadt. Büdingen. Butzbach. Friedberg. Gedern. Grünberg. Herbstein. Homberg. Hungen. Laubach. Lauterbach. Nauheim. Nidda. Ortenberg. Schlitz. Schotten. Ulrichstein. Vilbel.) . 286

III. Provinz Rheinhessen. (Kreismedicinalämter: Mainz I. Mainz II. Alzey. Bingen. Nieder-Olm. Ober-Ingelheim. Oppenheim. Osthofen. Pfeddersheim. Wöllstein. Wörrstadt. Worms.) 287

B. Kreisveterinärämter.

I. Provinz Starkenburg. (Kreisveterinärämter: Darmstadt. Bensheim. Dieburg. Erbach. Groß-Gerau. Offenbach. Reichelsheim. Rimbach.) 289

II. Provinz Oberhessen. (Kreisveterinärämter: Gießen. Alsfeld. Friedberg. Grünberg. Lauterbach. Nidda. Schotten. Vilbel.) 289

III. Provinz Rheinhessen. (Kreisveterinärämter: Mainz. Alzey. Bingen. Oppenheim. Worms. 289

X. Oeffentlicher Cultus.

A. Evangelische Kirche.

Oberconsistorium 291

1. Prüfungs-Commission der Pfarramtscandidaten . . 292

2. Predigerseminar 293

3. Stiftungs-Anwaltschaften der Kirchen- und geistlichen Stiftungsfonds 293

4. Verwaltung der unmittelbar unter dem Oberconsistorium stehenden Cassen und Fonds 293

5. Geistlichkeit

Prälat 295

A. Superintendentur Starkenburg 295

Decanate und Pfarrämter. (Decanate: Darmstadt. Bornheim. Eberstadt. Erbach. Groß-Gerau. Groß-Umstadt. Lindenfels. Neustadt. Offenbach. Reinheim. Wimpfen. Zwingenberg.) 295

B. Superintendentur Oberhessen 305

Decanate und Pfarrämter. (Decanate: Gießen. Alsfeld. Büdingen. Butzbach. Friedberg. Gedern. Groß-Linden. Grünberg. Hungen. Kirtorf. Laubach. Lauterbach. Nidda. Rodheim vor der Höhe. Schotten.) 305

Seite.

C. Superintendentur Rheinheſſen 320

Decanate und Pfarrämter. (Decanate: Mainz. Alzey. Ober-Ingelheim. Oppenheim. Oſthofen. Wöllſtein. Wörrſtadt. Worms.) 320

B. Katholiſche Kirche.

Bisthum Mainz. (Biſchof. Domcapitel. Biſchöfliches Ordinariat. Biſchöfliches Secretariat. Biſchöfliche Canzlei. Biſchöfliches Officialat. Biſchöfliche Dotationsverwaltung. Biſchöfliches Seminar. Biſchöfliches Convict. Biſchöfliche Verwaltung des St. Marienwaiſenhauſes.) 326

Decanate und Pfarrämter

A. Provinz Starkenburg. (Decanate: Darmſtadt. Bensheim. Dieburg. Heppenheim. Seligenſtadt.) 329

B. Provinz Oberheſſen. (Decanate: Dckſtadt. Bilbel. Bisthum Fulda. Limburg.) 333

C. Provinz Rheinheſſen. (Decanate: Mainz. Alzey. Bingen. Gau-Bickelheim. Nieder-Olm. Ober-Ingelheim. Oppenheim. Oſthofen. Worms.) 335

C. Iſraelitiſcher Cultus.

Rabbinate.

A. Provinz Starkenburg. (Rabbinate: Darmſtadt. Offenbach). 341

B. Provinz Oberheſſen. (Rabbinat: Gießen.) 342

C. Provinz Rheinheſſen. (Rabbinate: Mainz. Alzey. Bingen. Worms.) 342

XI. Oeffentliche Unterrichts- und Bildungsanſtalten:

A. Landes-Univerſität.

I. Academiſche Behörden und Beamten 342

II. Academiſche Lehrer 344

III. Beamte academiſcher Unterrichts-Inſtitute . . . 346

B. Muſeum. (Hofbibliothek-Direction. Muſeums-Direction.) . 346

C. Hiſtoriograph des Großherzoglichen Hauſes und des Großherzogthums. 347

D. Oberſtudien-Direction 347

1. Prüfungs-Commiſſion der Schulamtsaspiranten . . 348

2. Gymnaſien (in Darmſtadt, Bensheim, Gießen, Büdingen, Mainz und Worms) 349

3. Techniſche Schule 353

4. Realſchulen (in Darmſtadt, Michelſtadt, Offenbach, Gießen, Alsfeld, Friedberg, Mainz, Alzey, Bingen) . 353

Seite.

5. Schullehrer-Seminarien (evangelisches in Friedberg, katholisches in Bensheim) 358
6. Unterrichtsanstalten für Taubstumme und für Taubstummenlehrer (in Bensheim und Friedberg) . . 359
7. Direction des botanischen Gartens 360
8. Kreisschulcommissionen.
A. Provinz Starkenburg 360
B. Provinz Oberhessen 363
C. Provinz Rheinhessen 366
9. Verwaltung der Schulfonds 367
10. Verwaltung der Schullehrerwittwenkasse 367

XII. Behörden für Landes-Statistik, Landwirthschaft, Handel, Gewerbe und Industrie.
1. Centralstelle für die Landes-Statistik 368
2. Centralstelle für die Landwirthschaft und die landwirthschaftlichen Vereine 369
3. Landgestütsdirection 369
4. Handelskammern 370
5. Centralstelle für die Gewerbe und den Landesgewerbverein 372
6. Bank für Handel und Industrie 373
7. Bank für Süddeutschland 373
8. Hessische Ludwigsbahn-Gesellschaft 373
9. Homburger Eisenbahn-Gesellschaft 374

XIII. Brandversicherungs-Commission 374

XIV. Staatsversicherungsanstalt für Militärvertretung . . . 375

XV. Wohlthätigkeitsanstalten.
1. Staatsunterstützungskasse 375
2. Landeswaisenanstalt 375
3. Landeshospital 375
4. Landesirrenanstalt 375
5. Ludwigs- und Mathildenstiftung 375
6. Elisabethenstift 376
7. Kaufunger-Stiftsfonds (Großherzoglicher und Ritterschaftlicher Antheil) 376
8. Fonds für öffentliche und gemeinnützige Zwecke . 377
9. Wittwen- und Waisenversorgungs-Anstalten:
a) Civildiener-Wittwenkassecommission 377
b) Forstdiener-Wittwencassecommission 378
c) Geistliche Wittwencasse 379
d) Schullehrer-Wittwencasse 379

Seite.

10. Centralbehörde des Vereins zur Unterstützung und Beaufsichtigung der aus den Landes- und Provinzial-Strafanstalten Entlassenen 379
11. Großherzogliche Special-Directoren für die Mobiliar-Feuerversicherungs-Gesellschaften 380
XVI. Oberrechnungskammer-Justificatur II. Abtheilung 381

C. Ministerium der Justiz.

Ministerium 383

Dem Ministerium untergeordnete Behörden und Anstalten.

I. Prüfungscommission für das Justiz- und Verwaltungsfach 384
II. Visitationscommission der Stadt- und Landgerichte . . . 385
III. Oberappellations- und Cassationsgericht 385
General-Staatsprocuratur 386
IV. Hofgericht der Provinz Starkenburg 386
Hofgerichtsadvocaten und Procuratoren 388
V. Bezirksstrafgericht Darmstadt 389
VI. Bezirksstrafgericht Michelstadt 390
VII. Stadt- und Landgerichte der Provinz Starkenburg. (Darmstadt. [Stadtgericht.] Darmstadt. [Landgericht.] Beerfelden. Fürth. Gernsheim. Groß-Gerau. Groß Umstadt. Hirschhorn. Höchst. Langen. Lorsch. Michelstadt. Offenbach. Reinheim. Seligenstadt. Wald-Michelbach. Wimpfen. Zwingenberg.) 390
VIII. Hofgericht der Provinz Oberhessen 395
Hofgerichtsadvocaten und Procuratoren 396
IX. Bezirksstrafgericht Gießen 397
X. Bezirksstrafgericht Alsfeld 397
XI. Bezirksstrafgericht Ortenberg 398
XII. Stadt- und Landgerichte der Provinz Oberhessen. (Gießen. [Stadtgericht.] Gießen. [Landgericht.] Alsfeld. Altenstadt. Büdingen. Butzbach. Friedberg. Grünberg. Herbstein. Homberg. Hungen. Laubach. Lauterbach. Lich. Nauheim. Nidda. Ortenberg. Schlitz. Schotten. Ulrichstein. Vilbel.) 398
XIII. Obergericht der Provinz Rheinhessen 404
Advocat-Anwälte 405

Seite.
XIV. Bezirksgericht Mainz 405
Advocat-Anwälte 406
XV. Hypothekenamt des Bezirksgerichts Mainz 406
XVI. Bezirksgericht Alzey 406
Advocat-Anwälte 407
XVII. Hypothekenamt des Bezirksgerichts Alzey 407
XVIII. Handelsgericht 408
XIX. Rheinzollgericht 408
XX. Friedensgerichte der Provinz Rheinhessen. (Mainz I. Mainz II. Alzey. Bingen. Nieder-Olm. Ober-Ingelheim. Oppenheim. Osthofen. Pfeddersheim. Wöllstein. Wörrstadt. Worms). 409
XXI. Notare der Provinz Rheinhessen 411
XXII. Gerichtsvollzieher der Provinz Rheinhessen 412
XXIII. Prüfungs-Commission für die Aspiranten zu den Dienststellen der Friedensgerichtsactuare, Polizeicommissäre und Gerichtsvollzieher 413

D. Ministerium der Finanzen.

Ministerium 415

Dem Ministerium untergeordnete Behörden und Anstalten.

I. Prüfungs-Commission für das Finanz- und technische Fach . 416
II. Hauptstaatscasse-Direction 417
III. Staatsschulden-Tilgungscasse-Direction 418
IV. Ober-Rechnungskammer 419
Ober-Rechnungskammer-Justificatur I. Abtheilung . . 419
V. Ober-Steuer-Direction 420
Steuercontrole und Calculatur der Ober-Steuer-Direction 421
Cataster-Amt 421
Haupt-Stempel-Verwaltung 422
Fiscal-Anwaltschaften 422

1) Localbehörden für die Steuerverwaltung.

I. Steuercommissariate:
A. Provinz Starkenburg. (Darmstadt. Beerfelden. Dieburg. Fürth. Groß-Gerau. Heppenheim. Höchst. Langen. Michelstadt. Offenbach. Seligenstadt. Zwingenberg.) . 423

Seite.

B. Provinz Oberhessen. (Gießen. Alsfeld. Büdingen. Butzbach. Friedberg. Grünberg. Homberg. Hungen. Lauterbach. Nidda. Schlitz. Schotten.) 423

C. Provinz Rheinhessen. (Mainz. Alzey. Bingen. Ober-Ingelheim. Oppenheim. Osthofen. Wörrstadt. Worms.) 424

II. Obereinnehmereien und Districtseinnehmereien.

A. Provinz Starkenburg:

a) Obereinnehmerei Darmstadt. (Districtseinnehmereien: Darmstadt. Arheilgen. Babenhausen. Groß-Gerau I. Groß-Gerau II. Groß-Steinheim. Langen. Offenbach. Seligenstadt. Wolfskehlen.) 425

Ortseinnehmerei I. Classe Darmstadt 426

Ortseinnehmerei I. Classe Offenbach 426

Steuerpfandmeister 426

b) Obereinnehmerei Bensheim. (Districtseinnehmereien: Bensheim. Beerfelden. Birkenau. Fürth. Gernsheim. Heppenheim. Hirschhorn. Lampertheim. Pfungstadt. Wald-Michelbach. Wimpfen. Zwingenberg.) . . 426

Ortseinnehmerei I. Classe Bensheim 427

Steuerpfandmeister 427

c) Obereinnehmerei Groß-Umstadt. (Districtseinnehmereien: Groß-Umstadt. Dieburg. Groß-Bieberau. Höchst. König. Michelstadt. Ober-Ramstadt. Reichelsheim. Reinheim. Richen.) 428

Steuerpfandmeister 428

B. Provinz Oberhessen:

a) Obereinnehmerei Gießen. (Districtseinnehmereien: Gießen I. Gießen II. Assenheim. Butzbach I. Butzbach II. Friedberg. Groß-Karben. Groß-Linden. Lich. Nieder-Mörlen. Vilbel.) 429

Ortseinnehmerei I. Classe Gießen 430

Steuerpfandmeister 430

b) Obereinnehmerei Nidda. (Districtseinnehmereien: Nidda. Altenstadt. Bingenheim. Büdingen I. Büdingen II. Gedern. Hungen I. Hungen II. Laubach. Ortenberg. Schotten I. Schotten II. Ulrichstein.) 430

Steuerpfandmeister 431

Seite.

c) Obereinnehmerei Romrod. (Districtseinnehmereien: Romrod. Alsfeld. Groß-Buseck. Groß-Felda. Grünberg I. Grünberg II. Gonzenau. Herbstein. Homberg. Kirtorf. Lauterbach. Schlitz.) 431
Steuerpfandmeister 432

C. Provinz Rheinhessen:

a) Obereinnehmerei Mainz. (Districtseinnehmereien: Mainz. Bretzenheim. Castel. Nieder-Olm.) 433
Ortseinnehmerei I. Classe Mainz 433
Steuerpfandmeister 433

b) Obereinnehmerei Alzey. (Districtseinnehmereien: Alzey I. Alzey II. Albig.) 434
Steuerpfandmeister 434

c) Obereinnehmerei Bingen. (Districtseinnehmereien: Bingen. Gau-Algesheim. Nieder-Ingelheim. Sprendlingen. Wöllstein.) 434
Ortseinnehmerei I. Classe Bingen 435
Steuerpfandmeister 435

d) Obereinnehmerei Oppenheim. (Districtseinnehmereien: Oppenheim. Guntersblum. Nierstein. Wörrstadt I. Wörrstadt II.) 435
Steuerpfandmeister 435

e) Obereinnehmerei Worms. (Districtseinnehmereien: Worms. Eich. Nieder-Flörsheim. Osthofen. Pfeddersheim. Westhofen.) 436
Ortseinnehmerei I. Classe Worms 436
Steuerpfandmeister 436

2) Localbeamte für die Erhebung der Brückengelder . . . 437

3) Localbehörden für die Aufsicht über die inneren indirecten Steuern.

A. Provinz Starkenburg. (Steuercontrolebezirke: Darmstadt und Bensheim.) 438

B. Provinz Oberhessen. (Steuercontrolebezirke: Gießen und Nidda.) 439

C. Provinz Rheinhessen. (Steuercontrolebezirk: Mainz.) . 440

Seite.

VI. Oberzolldirection 441

I. Localbehörden für die Zollverwaltung.

1. Hauptzollamt Darmstadt. (Salzsteueramt Wimpfen.) . 442
2. Hauptzollamt Offenbach. (Nebenzollamt Bensheim.) . 442
3. Hauptzollamt Gießen. (Salzsteueramt Nauheim und Nebenzollämter Alsfeld, Friedberg, Lauterbach und Nauheim.) 443
4. Hauptzollamt Mainz. (Salzsteueramt Theodorshalle und Nebenzollamt Alzey.) 443
5. Hauptzollamt Bingen 444
6. Hauptzollamt Worms 445

II. Localbeamte für die Zollaufsicht 445

III. Beamte in Diensten des Zollvereins 446

IV. Beamte bei dem vereinsländischen Hauptzollamt Hamburg 447

VII. Münzdeputation 447

VIII. Oberforst- und Domänen-Direction 448

I. Fiscalanwaltschaften 449

II. Localbehörden für die Forstverwaltung 449

A. Provinz Starkenburg.

1. Forstamt Darmstadt. (Oberförstereien: Bessungen. Griesheim. Kalkofen. Koberstadt. Messel. Steinbrückerteich.) 449
2. Forstamt Groß-Gerau. (Oberförstereien: Mitteldick. Mönchbruch. Mönchhof. Mörfelden. Wolfsgarten. Woogsdamm.) 450
3. Forstamt Jugenheim. (Oberförstereien: Eberstadt. Ernsthofen. Jägersburg. Nieder-Ramstadt. Zwingenberg.) . 451
4. Forstamt Lorsch. (Oberförstereien: Heppenheim. Lampertheim. Lorsch. Viernheim. Wimpfen.) 452
5. Forstamt Reinheim. (Oberförstereien: Dieburg. Höchst. König. Lengfeld. Lichtenberg.) 453
6. Forstamt Seligenstadt. (Oberförstereien: Babenhausen. Dudenhofen. Groß-Steinheim. Heusenstamm. Schaafheim. Zellhausen.) 454
7. Forstamt Wald-Michelbach. (Oberförstereien: Beerfelden. Erbach. Hirschhorn. Lindenfels. Rimbach. Wald-Michelbach.) 455

B. Provinz Oberhessen.

1. Forstamt Gießen. (Oberförstereien: Gießen. Lich. Münzenberg. Schiffenberg. Krofdorf an der Lumda.) 455

Seite.

2. Forstamt Burg-Gemünden. (Oberförstereien: Grünberg. Hainbach. Homberg. Maulbach. Nieder-Ohmen. Wahlen.) . . . 456
3. Forstamt Friedberg. (Oberförstereien: Altenstadt. Butzbach. Hoch-Weisel. Nieder-Eschbach. Ober-Roßbach.) . . . 457
4. Forstamt Lauterbach. (Oberförstereien: Lauterbach. Oberwald. Stockhausen.) . . . 458
5. Forstamt Nidda. (Oberförstereien: Bingenheim. Christinenhof. Düdelsheim. Nidda. Ortenberg.) . . . 458
6. Forstamt Romrod. (Oberförstereien: Alsfeld. Eudorf. Grebenau. Romrod. Babenrod. Windhausen.) . . . 459
7. Forstamt Schlitz . . . 460
8. Forstamt Schotten. (Oberförstereien: Eichelsachsen. Eichelsdorf. Feldkrücken. Grebenhain. Laubach.) . . . 461

C. Provinz Rheinhessen.

Forstamt Mainz. (Oberförstereien: Bingen. Mombach. Wendelsheim.) . . . 462

III. Holzsamen-Magazins-Verwaltung . . . 462

IV. Holzmagazins-Verwaltung . . . 462

V. Fasanenmeisterei Dornberg . . . 463

VI. Jagdzeugmeisterei Kranichstein . . . 463

VII. Localbehörden für die Rentamts-Verwaltung.

A. Provinz Starkenburg. (Rentämter: Darmstadt. Groß-Gerau. Groß-Umstadt. Lampertheim. Langen. Lindenfels. Reinheim. Seligenstadt. Zwingenberg.) . . . 463

B. Provinz Oberhessen. (Rentämter: Gießen. Alsfeld. Friedberg. Homberg. Nidda. Schotten.) . . . 464

C. Provinz Rheinhessen . . . 466

IX. Oberbaudirection . . . 466

I. Localbehörden für die Bauverwaltung.

A. Provinz Starkenburg. (Kreisbauämter: Darmstadt. Bensheim. Dieburg. Erbach. Groß-Gerau. Offenbach.) . . . 467

B. Provinz Oberhessen. (Kreisbauämter: Gießen. Alsfeld. Friedberg. Grünberg. Nidda.) . . . 470

C. Provinz Rheinhessen. (Kreisbauämter: Mainz. Alzey. Bingen. Oppenheim. Worms.) . . . 472

Seite.

II. Localbehörden für die Berg- und Salinen-Verwaltung.

1. Bergamt Dorheim. 2. Salinenamt und Badedirection Nauheim. 3. Bergamt und Badedirection Salzhausen. 4. Salinenamt Theodorshalle 475

X. Verwaltung der Staats-Eisenbahnen.

A. Main-Neckar-Bahn 477
B. Offenbach-Frankfurter-Bahn 482
C. Main-Weser-Bahn 483

Verzeichniß derjenigen charakterisirten Personen, welche keinem Cabinets-, Hof- oder Civil-Dienst angehören 485
Nachtrag 487
Personen-Register 489

Erklärung

der vorkommenden Bezeichnungen von Orden und Ehrenzeichen.

A. Großherzoglich Hessische Orden und Ehrenzeichen.

1. Ludewigs-Orden.

	C. I.	C. II.	R. I.	R. II.
Großkreuz.	Commandeur I. Classe.	Commandeur II. Classe.	Ritter I. Classe.	Ritter II. Classe.

Goldene Medaille. Silberne Medaille.

2. Verdienst-Orden Philipps des Großmüthigen.

a) Mit Schwertern.

	C. I.	C. II.	R. I.	R. II.
Großkreuz.	Comthur I. Classe.	Comthur II. Classe.	Ritter I. Classe.	Ritter II. Classe.

SK.
Silbernes Kreuz.

b) Ohne Schwerter.

	C. I.	C. II.	R. I.	R. II.
Großkreuz.	Comthur I. Classe.	Comthur II. Classe.	Ritter I. Classe.	Ritter II. Classe.

SK.
Silbernes Kreuz.

3. Verdienst-Medaille

für Wissenschaft, Kunst, Industrie u. Landwirthschaft.

Goldene Medaille. Silberne Medaille.

4. Allgemeines Ehrenzeichen.

5. Militärisches Erinnerungszeichen an Seine Königliche Hoheit Großherzog Ludewig I.

6. Militär-Dienst-Ehrenzeichen.

a) Für 50 Dienstjahre. | b) Für 25 Dienstjahre

7. Militär-Dienst-Alterszeichen.

a) Für 20 Dienstjahre. | b) Für 15 Dienstjahre.

c) Für 10 Dienstjahre.

8. Feld-Dienstzeichen.

9. Zeichen der Obervorsteher des Ritterschaftlichen Kaufunger Stiftsfonds.

10. Zeichen der Charge eines Kammerherrn und eines Kammerjunkers und Hofjunkers.

B. Fremde Orden und Ehrenzeichen.

1. Großherzoglich Badische.

BdTr. Hausorden der Treue.
BdZL. Orden vom Zähringer Löwen.
1.2.3.4. 1. Großkreuz. 2. Commandeur I. Classe. 3. Commandeur II. Classe. 4. Ritter.
BdCF. Militärischer Carl-Friedrich-Verdienst-Orden.
1.2.3. 1. Großkreuz. 2. Commandeur. 3. Ritter.
BdCFVM. Carl-Friedrich-Verdienst-Medaille.
BdGM. Gedächtniß-Medaille für den Feldzug in Baden im Jahre 1849.

2. Königlich Bayerische.

BrH. Ritterorden vom heiligen Hubert.
BrK. Verdienstorden der Bayerischen Krone.
1.2.3.4. 1. Großkreuz. 2. Großcomthur. 3. Comthur. 4. Ritter.
BrM. Verdienstorden vom heiligen Michael.
1.2.3.4.5. 1. Großkreuz. 2. Großcomthur. 3. Comthur. 4. Ritter I. Classe. 5. Ritter II. Classe.
BrLE. Ehrenkreuz des Ludwigs-Ordens.
BrMDZ. Militärdenkzeichen für die Feldzüge von 1813 und 1814.
BrVDZ. Veteranendenkzeichen.
BrTher. Theresien-Orden.

3. Königlich Belgische.

BeL. Leopold-Orden.
1.2.3.4.5. 1. Großkreuz. 2. Großofficier. 3. Commandeur. 4. Officier. 5. Ritter.

4. Kaiserlich Brasilianische.

BrasR. Orden der Rose.
1.2.3.4.5.6. 1. Großkreuz. 2. Großdignitar. 3. Dignitar. 4. Commandeur. 5. Officier. 6. Ritter.
BrasC. Christus-Orden.
1.2.3. 1. Großkreuz. 2. Commandeur. 3. Ritter.

5. Herzoglich Braunschweigische.

BHL. Orden Heinrichs des Löwen.
1.2.3.4. 1. Großkreuz. 2. Commandeur I. Classe. 3. Commandeur II. Classe. 4. Ritter.

6. Königlich Dänische.

DD. Dannebrog-Orden.
1.2.3. 1. Großkreuz. 2. Commandeur. 3. Ritter.

7. Kaiserlich Französische.

FEL. Ehrenlegion.
1.2.3.4.5. 1. Großkreuz. 2. Großofficier. 3. Commandeur. 4. Officier. 5. Ritter.
FHM. Helena-Medaille.

8. Königlich Griechische.

GE. Orden des Erlösers.
1.2.3.4.5. 1. Großkreuz. 2. Großcomthur. 3. Comthur. 4. Ritter des goldenen Kreuzes. 5. Ritter des silbernen Kreuzes.
GMDZ. Militär-Dienstzeichen.

9. Königlich Großbritannische.

GH. Hosenband-Orden.
GB. Bath-Orden.
1.2.3. 1. Großkreuz. 2. Commandeur. 3. Ritter.
JM. India-Medaille.

10. Königlich Hannöverische.

HStG. St. Georgs-Orden.
HG. Guelphen-Orden.
1.2.3.4.5. 1. Großkreuz. 2. Commandeur I. Classe. 3. Commandeur II. Classe. 4. Ritter. 5. Inhaber IV. Classe.
HWM. Waterloo-Medaille.

11. Kurfürstlich Hessische.

KHL. Goldener Löwen-Orden.
KHW. Wilhelms-Orden.
1.2.3.4.5. 1. Großkreuz. 2. Commandeur I. Classe. 3. Commandeur II. Classe. 4. Ritter. 5. Inhaber IV. Classe.
KHMVO. Militär-Verdienst-Orden.
KHCZ. Campagnezeichen für die Feldzüge von 1814 und 1815.
KHMD. Militärdienstalterszeichen.
1.2.3. Für 20, 15 und 9 Dienstjahre.

12. Fürstlich Isenburgische.

JCZ. Campagnezeichen für die Feldzüge von 1814 und 1815.

13. Königlich Italienische.

JML. Mauritius- und Lazarus-Orden.
1.2.3.4. 1. Großkreuz. 2. Großcomthur. 3. Comthur. 4. Ritter.

14. Ganerbschaft Limburg.

GAL.

15. Malteser-Orden.

M. Malteser-Ordens-Ritter.

16. Großherzoglich Mecklenburgische.

MWKr. Hausorden der Wendischen Krone.
1.2.3.4.5. 1. Großkreuz. 2. Großcomthur. 3. Comthur. 4. Ritter. 5. Verdienstkreuz.

17. Großherzoglich Mecklenburg-Schwerinische.

MSchwMV. Militär-Verdienstkreuz.
MSchwGVM. Goldene Verdienst-Medaille.

18. Kaiserlich Mexicanische.

MQ. Orden unserer lieben Frau von Guadeloupe.
1.2.3.4. 1. Großkreuz. 2. Commandeur I. Classe. 3. Commandeur II. Classe. 4. Ritter.

19. Fürstlich Monacoische.

MC. Orden des heiligen Carl.
1.2.3.4. 1. Großkreuz. 2. Großofficier. 3. Officier. 4. Ritter.

20. Herzoglich Nassauische.

NaGL. Orden vom goldenen Löwen.
NA. Militär- und Civil-Verdienstorden Adolphs von Nassau.
1.2.3.4. 1. Großkreuz. 2. Comthur I. Classe. 3. Comthur II. Classe. 4. Ritter.
NDEK. Nassauisches Dienstehrenkreuz.
1.2.3. Inhaber I. II. III. Classe.
NGVM. Goldene Medaille für Kunst und Wissenschaft.
NWM. Waterloo-Medaille.

21. Königlich Niederländische.

NiL. Orden des Niederländischen Löwen.
1.2.3. 1. Großkreuz. 2. Commandeur. 3. Ritter.
NiEK. Orden der Eichenkrone.
1.2.3.4.5. 1. Großkreuz. 2. Großofficier. 3. Commandeur. 4. Officier. 5. Ritter.

22. Kaiserlich Königlich Oesterreichische.

OeGV. Orden vom goldenen Vließ.
OeMT. Maria-Theresien-Orden.
1.2.3. 1. Großkreuz. 2. Commandeur. 3. Ritter.
USt. (Ungarischer) Orden des heiligen apostolischen Königs Stephan.
1.2.3. 1. Großkreuz. 2. Commandeur. 3. Kleinkreuz.
OeL. Leopolds-Orden.
1.2.3. 1. Großkreuz. 2. Commandeur. 3. Ritter.
OeEKr. Orden der eisernen Krone.
1.2.3. Ritter I. II. III. Classe.
OeFJ. Franz-Josephs-Orden.
1.2.3. 1. Großkreuz. 2. Comthur. 3. Ritter.
OeMV. Militär-Verdienstkreuz.
OeGTM. Goldene Tapferkeits-Medaille.
OeSTM. Silberne Tapferkeits-Medaille.
1.2. I. und II. Classe.
OeStK. Sternkreuz-Dame.
OeGVM. Große goldene Medaille für Kunst und Wissenschaft.

23. Großherzoglich Oldenburgische.

OH. Haus- und Verdienst-Orden.
1.2.3.4. 1. Großkreuz. 2. Großcomthur. 3. Comthur. 4. Kleinkreuz.

24. Päpstliche.

PaepstStG. St. Gregorius-Orden.
1.2.3.4. 1. Großkreuz I. Classe. 2. Großkreuz II. Classe. 3. Commandeur. 4. Ritter.
PaepstGJ. Orden vom heiligen Grabe in Jerusalem.
1.2.3.4.5. 1. Großkreuz. 2. Commandeur I. Classe. 3. Commandeur II. Classe. 4. Ritter I. Classe. 5. Ritter II. Classe.
PaepstS. Orden des heiligen Sylvester von Rom.
1.2.3.4. 1. Großkreuz. 2. Commandeur I. Classe. 3. Commandeur II. Classe. 4. Ritter.

25. Herzoglich Parmaische.

PStG. St. Georg-Orden.
1.2.3.4. 1. Großkreuz I. Classe. 2. Großkreuz II. Classe. 3. Commandeur. 4. Ritter.
PL. Ludwigs-Orden.
1.2.3. 1. Großkreuz. 2. Commandeur. 3. Ritter.

26. Königlich Persische.

PersSOR. Sonnen- und Löwen-Orden-Ritter.

27. Königlich Portugiesische.

PMStBd'Avis. Militär-Orden de St. Bento d'Avis.
1.2.3. 1. Großkreuz. 2. Commandeur. 3. Ritter.
PC. Christus-Orden.
1.2.3. 1. Großkreuz. 2. Comthur. 3. Ritter.
PortTh. Thurm- und Schwert-Orden.
1.2.3. 1. Großkreuz. 2. Commandeur. 3. Ritter.
PortJ. Civil-Verdienst-Orden des heiligen Jacob.
1.2.3. 1. Großkreuz. 2. Commandeur. 3. Ritter.
PortE. Orden der Empfängniß unserer lieben Frau von Villa Viçosa.
1.2.3. 1. Großkreuz. 2. Commandeur. 3. Ritter.

28. Königlich Preußische.

PSA. Orden des schwarzen Adlers.
PRA. Orden vom rothen Adler.
1.2.3.4. Ritter I. II. III. IV. Classe.
PKr. Kronen-Orden.
1.2.m.St.2.3.4. Ritter I. II. mit Stern. II. III. IV. Classe.
HEK. Hausorden von Hohenzollern.
1.2.3. Ehrenkreuz I. II. III. Classe.
PMV. Militär-Verdienst-Orden.
PJ. St. Johanniter-Orden.
PCZ. Campagnezeichen für die Feldzüge von 1813, 1814 und 1815.

PAE. Allgemeines Ehrenzeichen.
1.2.3. I. II. III. Classe.
PKD. Kriegsdenkmünze für den Feldzug 1864.

29. Kaiserlich Russische.

RAnd. St. Andreas-Orden.
RAN. St. Alexander Newsky-Orden.
RWA. Orden des weißen Adlers.
RG. St. Georg's Orden.
1.2.3.4.5. Ritter I. II. III. IV. V. Classe.
RW. St. Wladimir-Orden.
1.2.3.4. Ritter I. II. III. IV. Classe.
RAnn. St. Annen-Orden.
1.2.3.4. Ritter I. II. III. IV. Classe.
RSt. St. Stanislaus-Orden.
1.2.m.St.2.3. Ritter I. II. mit Stern. II. III. Classe.
RPM. Militärdenkzeichen für den Einzug in Paris am 19. Mai 1814.
RGM. Gedächtniß-Medaille des Kaisers Nicolaus.
RKM. Krim-Medaille.
RCath. Catharinen-Orden.
RKKr. Kaukasisches Kreuz.
RPM. Medaille für Unterdrückung des polnischen Aufstandes.

30. Königlich Sächsische.

SR. Orden der Rauten-Krone.
SV. Verdienst-Orden.
1.2.3.4.5. 1. Großkreuz. 2. Comthur I. Classe. 3. Comthur II. Classe. 4. Ritter. 5. Kleinkreuz.
SA. Albrechts-Orden.
1.2.3.4.5. 1. Großkreuz. 2. Comthur I. Classe. 3. Comthur II. Classe. 4. Ritter. 5. Kleinkreuz.

31. Großherzoglich Sachsen-Weimarische.

SWF. Hausorden der Wachsamkeit oder vom weißen Falken.
1.2.3.4.5. 1. Großkreuz. 2. Comthur I. Classe. 3. Comthur II. Classe. 4. Ritter I. Classe. 5. Ritter II. Classe.
SWGVM. Goldene Verdienst-Medaille.

32. Vereinigte Herzoglich Sächsische.

SEHO. Sachsen-Ernestinischer Hausorden.
1.2.3.4.5. 1. Großkreuz. 2. Comthur I. Classe. 3. Comthur II. Classe. 4. Ritter. 5. Verdienstkreuz.
SEGVM. Goldene Verdienst-Medaille des Sachsen-Ernestinischen Hausordens.

33. Fürstlich Schwarzburg-Sondershausische.

SSEK. Ehrenkreuz.
1.2.3. Ritter I. II. III. Classe.
SGVM. Verdienst-Medaille für Kunst und Wissenschaft.

34. Königlich Schwedische.

SchwW. Wasa-Orden.
1.2.3. 1. Großkreuz. 2. Commandeur. 3. Ritter.
SchwNSt. Orden vom Nordstern.
1.2.3. 1. Großkreuz. 2. Commandeur. 3. Ritter.
SchwGVM. Goldene Verdienst-Medaille.

35. Königlich Sicilianische.

SicJ. Januarius-Orden.
SicF. St. Ferdinand-Verdienst-Orden.
1.2.3. 1. Großkreuz. 2. Commandeur. 3. Ritter.
SicFr. Civil-Verdienst-Orden Franz I.
1.2.3. 1. Großkreuz. 2. Commandeur. 3. Ritter.

36. Königlich Spanische.

SpC. Orden Carl III.
1.2.3.4. 1. Großkreuz. 2. Commandeur I. Classe. 3. Commandeur II. Classe. 4. Ritter.
SpJ. Orden Isabella der Katholischen.
1.2.3. 1. Großkreuz. 2. Commandeur. 3. Ritter.
SpJJ. St. Johann von Jerusalem.
1.2.3. 1. Großkreuz. 2. Commandeur. 3. Ritter.
SpF. Militärorden des heiligen Ferdinand.
1.2.3. Ritter I. II. III. Classe.
SpG. Orden vom heiligen Grabe.

37. Großherzoglich Toscanische.

ToscJ. St. Josephs-Orden.
1.2.3. 1. Großkreuz. 2. Commandeur. 3. Ritter.

38. Großherrlich Türkische.

TNJ. Nischani-Jftihar-Orden.
TM. Medjidié-Orden.
1.2.3. Ritter I. II. III. Classe.

39. Tunis.

TunNJ. Nishan Jftihar.
1.2.3. Ritter I. II. III. Classe.

40. Königlich Württembergische.

WK. Orden der Württembergischen Krone.
1.2.3. 1. Großkreuz. 2. Commenthur. 3. Ritter.
WF. Friedrichs-Orden.
1.2.3.4. 1. Großkreuz. 2. Commenthur I. Classe. 3. Commenthur II. Classe. 4. Ritter.
WMV. Militär-Verdienst-Orden.
1.2.3. 1. Großkreuz. 2. Commenthur. 3. Ritter.
WGCVM. Goldene Civil-Verdienst-Medaille.

I.

Genealogie

des Gesammthauses Hessen.

Großherzogliches Haus.

Großherzog:

Ludwig III., geboren den 9. Juni 1806, folgte seinem Vater, dem Großherzoge Ludwig II., in der Regierung den 16. Juni 1848, vermählt den 26. December 1833 mit Mathilde Caroline Friederike Wilhelmine Charlotte, Tochter des Königs Ludwig I. von Bayern, gestorben den 25. Mai 1862.

Geschwister:

1. Carl Wilhelm Ludwig, geboren den 23. April 1809.
   Gemahlin: Marie Elisabeth Caroline Victorie, Tochter des verewigten Prinzen Wilhelm von Preußen, geboren den 18. Juni 1815, vermählt den 22. October 1836.

   Kinder:

   1. Friedrich Wilhelm Ludwig Carl, geboren den 12. September 1837.
      Gemahlin: Alice Mathilde Marie, Tochter der Königin Victoria von Großbritannien, geboren den 25. April 1843, vermählt den 1. Juli 1862.

      Kinder:

      1. Victoria Elisabeth Mathilde Alberta Marie, geboren den 5. April 1863.
      2. Elisabeth Alexandra Louise Alice, geboren den 1. November 1864.
      3. Irene Louise Marie Anna, geboren den 11. Juli 1866.
      4. Ernst Ludwig Carl Albert Wilhelm, geboren den 25. November 1868.

2. Heinrich Ludwig Wilhelm Adalbert Waldemar Alexander, geboren den 28. November 1838.
3. Wilhelm Ludwig Friedrich Georg Emil Philipp Gustav Ferdinand, geboren den 16. November 1845.

2. Alexander Ludwig Christian Georg Friedrich Emil, geboren den 15. Juli 1823.

Gemahlin: Julie, Prinzessin von Battenberg, geborene Gräfin von Hauke, geboren den 12. November 1825, vermählt den 28. October 1851.

Kinder:
(Prinzen und Prinzessinnen von Battenberg.)

1. Marie Caroline, geboren den 15. Juli 1852.
2. Ludwig Alexander, geboren den 24. Mai 1854.
3. Alexander Joseph, geboren den 5. April 1857.
4. Heinrich Moriz, geboren den 5. October 1858.
5. Franz Joseph, geboren den 24. September 1861.

3. Maximiliane Wilhelmine Auguste Sophie Marie, geboren den 8. August 1824, vermählt den 28. April 1841 mit Alexander II., Kaiser von Rußland.

Hessen-Homburg.

Schwester des verewigten Landgrafen Ferdinand:

Auguste Friederike, geboren den 28. November 1776, Wittwe, seit dem 29. November 1819, des Erbgroßherzogs Friedrich Ludwig von Mecklenburg-Schwerin.

Tochter des verewigten Landgrafen Gustav:

Caroline Amalie Elisabeth, geboren den 19. März 1819, Wittwe seit dem 8. November 1859, des regierenden Fürsten Heinrich XX. von Reuß-Greiz.

Kurfürstliches Haus.

Kurfürst:

Friedrich Wilhelm I., geboren den 20. August 1802, folgte seinem Vater, dem Kurfürsten Wilhelm II., in der Regierung den 20. November 1847.

Gemahlin: Gertrude, Fürstin von Hanau, Gräfin von Schaumburg, geboren den 18. Mai 1806.

Kinder:

(Prinzen und Prinzessinnen von Hanau, Grafen und Gräfinnen von Schaumburg.)

1. Auguste Marie Gertrude, geboren den 21. September 1829, vermählt den 17. Juli 1849 mit Ferdinand Maximilian Fürsten zu Isenburg und Büdingen-Wächtersbach.
2. Alexandrine Friederike Wilhelmine, geboren den 22. December 1830, vermählt den 12. Juni 1851 mit Wilhelm Eugen Carl Ludwig Albrecht Felix Prinzen zu Hohenlohe-Oehringen.
3. Friedrich Wilhelm, geboren den 18. November 1832.
4. Moriz Philipp Heinrich, geboren den 4. Mai 1834.
5. Wilhelm, geboren den 19. December 1836, vermählt den 30. Januar 1866 mit Elisabethe Wilhelmine Auguste Marie Prinzessin von Schaumburg-Lippe.
6. Marie Auguste, geboren den 22. August 1839, vermählt den 27. December 1857 mit Wilhelm Friedrich Ernst Prinzen von Hessen-Philippsthal-Barchfeld.
7. Carl, geboren den 29. November 1840.
8. Friedrich Wilhelm Heinrich Ludwig Hermann, geboren den 8. December 1842.
9. Friedrich Wilhelm Philipp, geboren den 29. December 1844.

Schwester:

Marie Friederike Wilhelmine Christiane, geboren den 6. September 1804, vermählt den 23. März 1825 mit Herzog Bernhard von Sachsen-Meiningen.

Großvaters Bruders, des verewigten Landgrafen Friedrich, **Kinder:**

1. Des verewigten Landgrafen Wilhelm **Kinder:**

1. **Marie** Louise Charlotte, geboren den 9. Mai 1814, Wittwe, seit dem 4. Dezember 1864, des Prinzen Friedrich August zu Anhalt.
2. **Louise** Wilhelmine Friederike Caroline Auguste Julie, geboren den 7. September 1817, vermählt den 26. Mai 1843 mit Christian IX., König von Dänemark.
3. **Friedrich** Wilhelm Georg Adolph, Landgraf, geboren den 26. November 1820.
Gemahlin: Maria **Anna** Friederike, Tochter des Prinzen Friedrich Carl Alexander von Preußen, geboren den 17. Mai 1836, vermählt den 26. Mai 1853.

Kinder:

1. **Friedrich Wilhelm** Nicolaus Carl, geboren den 15. October 1854.
2. **Elisabeth** Charlotte Alexandra Marie Louise, geboren den 13. Juni 1861.
3. **Alexander** Friedrich Wilhelm Georg Albrecht, geboren den 25. Januar 1863.

4. **Auguste** Friederike Marie Caroline Julie, geboren den 30. October 1823.

2. **Friedrich** Wilhelm, geboren den 24. April 1790.
3. **Georg** Carl, geboren den 14. Januar 1793.
4. **Louise** Caroline Marie Friederike, geboren den 9. April 1794.
5. **Marie** Wilhelmine Friederike, geboren den 21. Januar 1796, Wittwe, seit dem 6. September 1860, des Großherzogs Georg von Mecklenburg-Strelitz.
6. **Auguste** Wilhelmine Louise, geboren den 25. Juli 1797, Wittwe, seit dem 8. Juli 1850, des Herzogs Adolph Friedrich von Cambridge.

Hessen-Philippsthal.

Wittwe des verewigten Landgrafen Carl:

Marie Alexandrine Auguste Louise Eugenie Mathilde, Tochter des verewigten Herzogs Eugen von Württemberg, geboren den 25. März 1818, vermählt den 9. October 1845, Wittwe seit dem 12. Februar 1868.

Kinder:

1. Ernst Eugen Carl, geboren den 20. December 1846.
2. Carl Alexander, geboren den 3. Februar 1853.

Vaters Bruders, Landgrafen Ludwig, Tochter:

Marie Caroline, geboren den 14. Januar 1793.

Wittwe des Landgrafen Ernst Constantin:

Caroline Wilhelmine Ulrike Eleonore, seines verewigten Bruders Carl Tochter, geboren den 10. Februar 1793, vermählt den 17. Februar 1812, Wittwe seit dem 25. December 1849.

Hessen-Philippsthal-Barchfeld.

Landgraf:

Alexis Wilhelm Ernst, geboren den 13. September 1829, vermählt den 27. Juni 1854 mit Marie Louise Anna, Tochter des Prinzen Friedrich Carl Alexander von Preußen, geboren den 1. März 1829, geschieden den 6. März 1861.

Geschwister:

1. Bertha Marie Wilhelmine Caroline Louise, geboren den 26. October 1818, vermählt den 27. Juni 1839 mit Ludwig Wilhelm, Erbprinz von Bentheim-Bentheim und Bentheim-Steinfurt.

2. **Wilhelm** Friedrich Ernst, geboren den 3. October 1831. Gemahlin: **Marie** Auguste, geborene Prinzessin von Hanau, Tochter des Kurfürsten Friedrich Wilhelm I. von Hessen, geboren den 22. August 1839, vermählt den 27. December 1857.

Kinder:

1. **Friedrich** Wilhelm, geboren den 2. November 1858.
2. **Carl** Wilhelm, geboren den 18. Mai 1861.
3. **Sophie** Gertrude Auguste Bertha Elisabeth, geboren den 6. Juni 1864.

Mutter:

Sophie Caroline Pauline, Tochter des verewigten Fürsten Ludwig von Bentheim-Bentheim und Bentheim-Steinfurt, geboren den 16. Januar 1794, Wittwe, seit dem 17. Juli 1854, des Landgrafen Carl August Philipp Ludwig.

Schwester des verewigten Landgrafen Victor Amadeus von Hessen-Rotenburg.

Leopoldina Claudia Maria **Clotilde**, geboren den 12. September 1787, Wittwe, seit dem 12. August 1844, des Fürsten Carl August von Hohenlohe-Waldenburg-Bartenstein.

II.

Grossherzogliche Orden und Ehrenzeichen.

I.

Ludewigs-Orden.

Gestiftet von Seiner Königlichen Hoheit dem Großherzog
Ludewig I.
am 25 August 1807.

Erhielt den Namen Ludewigs-Orden und besondere Statuten
am 14. December 1831,
sodann einen Nachtrag zu den Statuten
am 9. März 1854.

Großmeister:

Seine Königliche Hoheit der Großherzog.

Großkreuze.

a) Aus dem Großherzoglichen Hause:

1824. Sept. 14. Seine Großherzogliche Hoheit der Prinz Carl von Hessen.

1839. Nov. 8. Seine Großherzogliche Hoheit der Prinz Alexander von Hessen.

1854. April 11. Seine Großherzogliche Hoheit der Prinz Ludwig von Hessen.

„ „ „ Seine Großherzogliche Hoheit der Prinz Heinrich von Hessen.

1862. „ „ Seine Großherzogliche Hoheit der Prinz Wilhelm von Hessen.

b) Aus auswärtigen Regentenhäusern:

1821. Juni 10. Seine Königliche Hoheit der Kurfürst von Hessen.

1826. März 31. Seine Hoheit der Herzog Carl von Braunschweig.

1830. April 11. Seine Majestät der Kaiser Ferdinand von Oesterreich.

1831. Oct. 17. Seine Durchlaucht der Prinz Adolph von Schwarzburg-Rudolstadt.

1836. Mai 24. Seine Königliche Hoheit der Prinz Gustav von Wasa.

„ „ 25. Seine Großherzogliche Hoheit der Markgraf Maximilian von Baden.

1837. Aug. 30. Seine Kaiserliche Hoheit der Erzherzog Franz Carl von Oesterreich.

1838. Juni 27. Seine Majestät der König von Preußen.

1839. März 25. Seine Majestät der Kaiser von Rußland.

1840. Aug. 5. Seine Königliche Hoheit der Großherzog von Sachsen-Weimar-Eisenach.

1841. April 8. Seine Königliche Hoheit der Prinz Adalbert von Preußen.

1842. Sept. 21. Seine Königliche Hoheit der Prinz Carl von Bayern.

1843. Jan. 8. Seine Hoheit der Herzog zu Nassau.

„ Sept. 7. Seine Kaiserliche Hoheit der Erzherzog Albrecht von Oesterreich.

1844. April 8. Seine Königliche Hoheit der Prinz Friedrich von Würtemberg.

„ Sept. 24. Seine Königliche Hoheit der Großherzog von Baden.

„ Dec. 25. Seine Königliche Hoheit der Großherzog von Mecklenburg-Schwerin.

1846. „ 29. Seine Königliche Hoheit der Prinz Friedrich Carl von Preußen.

1848.	Oct.	4.	Seine Königliche Hoheit der Prinz Adalbert von Bayern.
„	„	22.	Seine Majestät der König von Württemberg.
„	Dec.	18.	Seine Großherzogliche Hoheit der Prinz Wilhelm von Baden.
„	„	„	Seine Großherzogliche Hoheit der Prinz Carl von Baden.
1849.	Nov.	„	Seine Königliche Hoheit der Prinz Luitpold von Bayern.
„	„	26.	Seine Königliche Hoheit der Herzog Maximilian in Bayern.
1850.	Juni	5.	Seine Hoheit der Prinz Georg Carl von Hessen.
„	Sept.	7.	Seine Hoheit der Landgraf Friedrich Wilhelm Georg Adolph von Hessen.
„	„	18.	Seine Königliche Hoheit der Herzog von Modena.
„	Oct.	4.	Seine Hoheit der Prinz Friedrich Wilhelm von Hessen.
„	Dec.	22.	Seine Durchlaucht der Herzog von Urach, Graf von Würtemberg.
1851.	Mai	3.	Seine Majestät der Kaiser von Oesterreich.
„	„	22.	Seine Kaiserliche Hoheit der Erzherzog Carl Ferdinand von Oesterreich.
„	Juni	6.	Seine Kaiserliche Hoheit der Erzherzog Leopold von Oesterreich.
„	„	9.	Seine Königliche Hoheit der Kronprinz von Sachsen.
„	„	„	Seine Königliche Hoheit der Prinz Georg von Sachsen.
„	„	29.	Seine Königliche Hoheit der Prinz Carl von Preußen.
„	Juli	6.	Seine Königliche Hoheit der Prinz Albrecht von Preußen.
„	Aug.	13.	Seine Kaiserliche Hoheit der Erzherzog Carl Ludwig von Oesterreich.
„	Nov.	30.	Seine Majestät der König von Hannover.
1852.	Juni	7.	Seine Kaiserliche Hoheit der Großfürst Nicolaus von Rußland.
„	„	„	Seine Kaiserliche Hoheit der Großfürst Michael von Rußland.
„	Juli	18.	Seine Majestät der Kaiser der Franzosen.
1853.	April	3.	Seine Königliche Hoheit der Großherzog von Oldenburg.
„	„	„	Seine Durchlaucht der Fürst von Waldeck.

1854.	Juni	1.	Seine Königliche Hoheit der Herzog Ludwig in Bayern.
„	Aug.	6.	Seine Kaiserliche Hoheit der Erzherzog Heinrich von Oesterreich.
„	„	10.	Seine Majestät der König von Sachsen.
1855.	Oct.	11.	Seine Königliche Hoheit der Kronprinz von Preußen.
„	Nov.	20.	Seine Hoheit der Herzog von Braunschweig.
1856.	„	5.	Seine Hoheit der Prinz Hermann von Sachsen-Weimar-Eisenach.
1857.	Febr.	18.	Seine Kaiserliche Hoheit der Großfürst Constantin von Rußland.
„	Juni	8.	Seine Kaiserliche Hoheit der Großfürst Sergius von Rußland.
„	„	30.	Seine Kaiserliche Hoheit der Großfürst Thronfolger von Rußland.
„	„	„	Seine Kaiserliche Hoheit der Großfürst Wladimir von Rußland.
„	„	„	Seine Kaiserliche Hoheit der Großfürst Alexis von Rußland.
1858.	Juli	26.	Seine Kaiserliche Hoheit der Erzherzog Ludwig Victor von Oesterreich.
„	Aug.	4.	Seine Königliche Hoheit der Herzog Alexander von Württemberg.
„	„	16.	Seine Durchlaucht der Prinz Nicolaus zu Nassau.
„	Dec.	„	Seine Durchlaucht der Prinz Wilhelm von Hessen-Philippsthal-Barchfeld.
„	„	29.	Seine Majestät der König der Niederlande.
1860.	Mai	7.	Seine Kaiserliche Hoheit der Prinz Peter von Oldenburg.
„	Juni	„	Seine Hoheit der Herzog Bernhard von Sachsen-Meiningen.
„	Sept.	4.	Seine Majestät der König von Spanien.
„	„	6.	Seine Königliche Hoheit der Großherzog von Mecklenburg-Strelitz.
„	„	11.	Seine Kaiserliche Hoheit der Erzherzog Rainer von Oesterreich.
„	Oct.	3.	Seine Hoheit der Prinz Gustav von Sachsen-Weimar-Eisenach.
„	Nov.	7.	Seine Hoheit der Herzog Elimar von Oldenburg.
1861.	Jan.	19.	Seine Königliche Hoheit der Herzog Carl Theodor in Bayern.

1861. Febr. 1. Seine Königliche Hoheit der Infant Don Sebastian Gabriel von Spanien.

1862. Oct. 8. Seine Königliche Hoheit der Prinz Albert Eduard von Großbritannien, Prinz von Wales, Herzog zu Sachsen.

„ Nov. 21. Seine Königliche Hoheit der Prinz Georg von Preußen.

1863. Mai 24. Seine Kaiserliche Hoheit der Erzherzog Joseph von Oesterreich.

„ Sept. 7. Seine Majestät der König von Bayern.

„ „ 17. Seine Königliche Hoheit der Prinz Ludwig von Bayern.

„ Oct. 1. Seine Majestät der König von Dänemark.

1864. Mai 15. Seine Königliche Hoheit der Prinz Alfred von Großbritannien, Herzog von Edinburg, Herzog zu Sachsen.

„ „ 16. Seine Königliche Hoheit der Erbgroßherzog von Sachsen-Weimar-Eisenach.

„ Sept. 11. Seine Kaiserliche Hoheit der Großfürst Paul von Rußland.

„ „ „ Seine Hoheit der Herzog Georg von Mecklenburg-Strelitz.

„ Oct. 12. Seine Königliche Hoheit der Erbgroßherzog von Mecklenburg-Schwerin.

„ „ „ Seine Hoheit der Herzog Paul Friedrich von Mecklenburg-Schwerin.

„ „ 14. Seine Kaiserliche Hoheit der Fürst Nicolaus Maximilianowitsch Romanoffsky, Herzog von Leuchtenberg.

„ „ „ Seine Kaiserliche Hoheit der Prinz Eugen Maximilianowitsch Romanoffsky, Herzog von Leuchtenberg.

1865. Jan. 13. Seine Königliche Hoheit der Prinz Leopold von Bayern.

„ April 17. Seine Durchlaucht der Fürst von Monaco.

„ Mai 5. Seine Königliche Hoheit der Kronprinz von Dänemark.

„ „ 10. Seine Kaiserliche Hoheit der Großfürst Nicolaus Constantinowitsch von Rußland.

„ Aug. 21. Seine Kaiserliche Hoheit der Erzherzog Rudolph, Kronprinz von Oesterreich.

„ Oct. 12. Seine Hoheit der Herzog Johann Albrecht von Mecklenburg-Schwerin.

1865. Nov. 17. Seine Durchlaucht der Prinz **Wilhelm von** Hanau.
" " 28. Seine Durchlaucht der Erbprinz zu **Schwarz-**burg-Rudolstadt.
" Dec. 7. Seine Majestät der König von Portugal.
" " 10. Seine Majestät der König der Belgier.
" " " Seine Durchlaucht der Fürst Heinrich XXII. zu Reuß-Greiz.
1866. April 27. Seine Königliche Hoheit der Prinz Otto von Bayern.
" Dec. 21. Seine Durchlaucht der Prinz Philipp von Hanau.
1867. Juni 14. Seine Königliche Hoheit der Prinz Heinrich der Niederlande.

I. Inländer.

1) Großkreuze.

1823. Juni 23. Sayn-Wittgenstein-Berleburg, August Ludwig Prinz von, Durchlaucht, General-Lieutenant in Pension.
1833. Nov. 4. Solms-Hohensolms-Lich, **Ludwig Fürst** zu, Durchlaucht.
" " " Solms-Laubach, Otto Graf zu, Erlaucht.
1862. Aug. 25. Wachter, Friedrich von, Excellenz, General der Infanterie in Pension und zweiter Inhaber des 4. Infanterieregiments.
" " " Dörnberg zu Herzberg, Friedrich Wilhelm Freiherr von, Excellenz, Oberstjägermeister, Majoratsherr zu Dietershausen.
" " " Dalwigk-Lichtenfels, Dr. Reinhard Freiherr von, Excellenz, wirklicher Geheimerath, Kammerherr, Präsident des Gesammt-Civilministeriums, Minister des Großherzoglichen Hauses und des Aeußern, des Innern, Mitglied des Staatsraths und lebenslängliches Mitglied der ersten Kammer der Stände.
" " " Schenk zu Schweinsberg, Friedrich Freiherr von, Excellenz, wirklicher Geheimerath, Kammerherr, Minister der Finanzen, Mitglied des Staatsraths, lebenslängliches

Mitglied der ersten Kammer der Stände und Obervorsteher des ritterschaftlichen Kaufunger Stiftsfonds.

1863. April 7. Trotha, Carl Hermann Freiherr von, Excellenz, Obersthofmeister, Generallieutenant, Generaladjutant und Kammerherr.

„ Dec. 14. Schlitz, genannt von Görtz, Carl Graf von, Erlaucht, Generalmajor à la suite.

1865. Mai 25. Senarclens von Grancy, August Freiherr, Excellenz, Kammerherr, Generalmajor à la suite und Oberststallmeister in Pension.

„ Juni 1. Erbach-Fürstenau, Alfred Graf zu, Erlaucht, K. K. Oesterreichischer Major in der Armee.

„ „ „ Erbach-Erbach und von Wartenberg-Roth, Eberhard Graf zu, Erlaucht, Königlich Bayerischer Reichsrath und Oberst à la suite.

1867. März 18. Seine Durchlaucht der Fürst zu Leiningen.

„ Mai 21. Lindelof, Dr. Friedrich Freiherr von, Excellenz, wirklicher Geheimerath, Minister der Justiz und Präsident des Staatsraths.

2) Commandeure erster Classe.

1839. Febr. 10. Ysenburg-Philippseich, Georg Casimir Graf zu, Erlaucht, Generallieutenant à la suite und Generaladjutant.

1843. März 8. Stolberg-Wernigerode, Botho Graf zu, Erlaucht.

„ Dec. 26. Bubna, Joseph Wahrlich von, Kammerherr und Hofmarschall in Pension.

1858. „ „ Ketteler, Dr. Wilhelm Emanuel Freiherr von, Bischof des Bisthums Mainz.

1862. Juli 1. Frey, Christian Conrad, Excellenz, Generallieutenant à la suite.

„ Sept. 23. Grácmann, Wilhelm, Excellenz, Generallieutenant in Pension.

„ Dec. 21. Keim, Wilhelm Friedrich, Excellenz, Generallieutenant à la suite.

1863. Mai 1. Pergler von Perglas, Carl Freiherr, Excellenz, Generallieutenant in Pension und Kammerherr.

1864. Aug. 25. Bechtold, Friedrich Georg von, Excellenz, wirklicher Geheimerath, Geheimer Staatsrath in dem Ministerium des Innern, Mitglied des Staatsraths, lebenslängliches Mitglied der ersten Kammer der Stände, Präsident der Centralstelle für die Landwirthschaft und die landwirthschaftlichen Vereine, Großherzoglicher Commissär des ritterschaftlichen Kaufunger Stiftsfonds, Director der Prüfungscommission für das Justiz- und Verwaltungsfach und Großherzoglicher Commissär bei der Bank für Handel und Industrie.

1865. April 24. Günderrode, Eduard Freiherr von, Excellenz, Generallieutenant à la suite, Kammerherr und Generaladjutant.

„ Mai 12. Weitzel, Johannes Jacob, Generalmajor in Pension.

1867. Juni 24. Birnbaum, Dr. Johannes Michael Franz, Geheimerath, Kanzler der Landesuniversität und ordentlicher Professor der juristischen Facultät an derselben.

8) Commandeure zweiter Classe.

1830. Mai 26. Charière, Ludwig von, Kammerherr.

1844. Aug. 25. Pitschaft, Dr. Johannes Baptist, Obergerichtspräsident in Pension.

„ Dec. 26. Friedrich, Ferdinand August Freiherr von, Kammerherr.

1845. Jan. 28. Ricou, Carl Johannes Jacob Freiherr von, Kammerherr, Oberhofmeister Seiner Großherzoglichen Hoheit des Prinzen Carl, Geheimerath und Rath in dem Ministerium des Großherzoglichen Hauses und des Aeußern.

„ „ „ Stark, Carl Ernst August Rinck Freiherr von, Excellenz, wirklicher Geheimerath, Präsident des Oberconsistoriums, Mitglied des Staatsraths und Präsident der Prüfungscommission zur Prüfung der Pfarramtscandidaten.

1848. Aug. 26. Maurer, Wilhelm, Geheimerath, Director des Administrativjustizhofs, vorsitzendes Mitglied bei der Brandversicherungscommission und der Centralstelle für die Landesstatistik.

1856. „ 18. Gerlach, Wilhelm Freiherr von, Generalmajor in Pension.

„ „ „ Bechtold, Christian Friedrich Ludwig von, Oberst in Pension.

1860. Juni 9. Gehso, Moritz Freiherr von, Kammerherr und Generalmajor à la suite.

„ „ „ Zimmermann, Dr. Carl, Prälat der protestantischen Kirche, Oberpfarrer der Haupt- und Residenzstadt Darmstadt, Superintendent der Superintendentur Starkenburg und Oberconsistorialrath in dem Oberconsistorium.

1862. Oct. 8. Solernou-Fernandez, Franz von Paula Vincenz Stanislaus von, Generalconsul für Spanien.

1863. Juni 14. Schmitt, Carl, Geheimerath, Director der Provinzialdirection Rheinhessen, Kreisrath des Kreisamtes Mainz und vorsitzendes Mitglied der Kreis-Schulcommission Mainz, zugleich mit den Functionen des Großherzoglichen Territorial-Commissärs bei der Festung Mainz beauftragt und Bevollmächtigter bei der Rheinschiffahrts-Central-Commission.

„ „ 24. Norbeck zur Rabenau, Hermann Freiherr von, Excellenz, Ordenskanzler, Oberstkammerherr, geschäftsführender Obervorsteher des ritterschaftlichen Kaufunger Stiftsfonds und Großherzoglicher Commissär bei der Bank für Handel und Industrie.

1864. Jan. 7. Müller, Johannes, Oberst in Pension.

„ März 26. Wolff, Friedrich Christian, Oberst und Commandant der Militärstrafanstalt.

„ Mai 1. Bauer, Wilhelm Isaac, Oberst in Pension.

„ Aug. 25. Werner, Leopold von, Excellenz, Oberstceremonienmeister und Kammerherr.

„ „ „ Capellen, Felix Maria Freiherr van der, Excellenz, Kammerherr, Oberststallmeister und Präsident des Oberststallmeisteramtes

und dienstthuender Präsident des Oberst-Hofmarschallamtes.
1864. Aug. 25. Frey, Georg, Generalmajor à la suite.
1865. Juni 1. Riedesel zu Eisenbach, Georg Freiherr, vormaliger Erbmarschall zu Hessen und Königlich Preußischer Secondelieutenant a. D.
„ Aug. 19. Schey, Edler von Koromla, Friedrich Ritter, Generalconsul in Wien.
„ Sept. 16. Schenck, August, Oberforst- und Domänen-Präsident in Pension.
1866. Aug. 25. Lyncker, Ludwig Alexander von, Oberst dem 4. Infanterieregiment aggregirt.
„ Sept. 18. Grolman, Eduard von, Excellenz, Generallieutenant à la suite.
„ Oct. 26. Erbach-Fürstenau, Hugo Graf zu, K. K. Oesterreichischer Major in der Armee.
1867. März 10. Angelrodt, Ernst Carl von, Generalconsul in St. Louis.
„ „ „ Gorissen, Georg Ferdinand, Generalconsul in Hamburg.
„ Mai 21. Keil, Philipp, Oberstlieutenant in Pension.
„ Aug. 25. Franck, Heinrich, Geheimer Staatsrath, Rath in dem Ministerium der Justiz, Mitglied des Staatsraths und Specialdirector der Mobiliarfeuerversicherungsgesellschaft „Colonia".
„ „ „ Sulzer, Wilhelm, Generalconsul für das Königreich Sachsen.
„ „ „ Venner, Hermann Felix Ludwig, Präsident des Oberappellations- und Cassations-Gerichts und Mitglied des Staatsraths.

4) Ritter erster Classe.

1814. Mai 14. Gräff, Friedrich, Oberst in Pension.
1815. „ 12. Scriba, Emil, Oberst in Pension.
„ Aug. 25. Ruppersburg, Friedrich, Oberstlieutenant in Pension.
„ Sept. 18. Westerweller von Anthony, Ludwig, Oberst in Pension.
„ „ „ Retz, Friedrich, Canzleirath und Canzleiinspector in Pension.
1821. Jan. 29. Schleußner, Wilhelm, Oberst in Pension.
1825. Juni 14. Rühl, Conrad, Steuerrath in Pension.
„ „ „ Rotsmann, Friedrich Freiherr von, Major in Pension.

1832.	Sept.	28.	Diery, Carl, Major in Pension.
1836.	Aug.	25.	Rube, Ernst Ludwig, Obermedicinalrath in Pension.
"	"	"	Dietz, Gottfried, Major in Pension.
1837.	"	"	Schenck zu Schweinsberg, Hans Carl Freiherr von, Oberst in Pension.
"	Dec.	26.	Kühn, Johannes Conrad, Kriegsrath und Kriegsrechnungsamtsdirigent in Pension.
1838.	Aug.	25.	Hillebrand, Dr. Joseph, Oberstudienrath in Pension.
"	"	"	Ellenberger, Friedrich Carl Theodor, Geheimer Justizrath und Landrichter in Pension.
"	"	"	Behrmann, Paul, Major in Pension.
"	"	"	Reuner, Dr. Adam, Generalstabsarzt in Pension.
"	Dec.	26.	Mangold, Wilhelm, Hofcapellmeister in Pension.
1840.	Aug.	25.	Hausen-Gleichenstorff, Friedrich Carl Freiherr von, Kammerherr und Generalmajor à la suite der Reiterei.
"	"	"	Zangen, Ludwig von, Major in Pension.
"	"	"	Diemar, Ludwig Freiherr von, Oberst à la suite der Infanterie.
"	"	"	Muralt, Carl von, Hauptmann in Pension.
1844.	"	27.	Schmid, Dr. Leopold, ordentlicher Professor der philosophischen Facultät an der Landesuniversität.
1846.	"	25.	Hisserich, Carl Daniel, Hauptmann in Pension.
1849.	"	"	Becker, Friedrich Christian, Oberst in Pension.
"	"	"	Ochsenstein, Ludwig Wolfgang Christian Carl von, Oberst in Pension.
"	"	"	Schwaner, Carl Friedrich, Oberst in Pension.
"	"	"	Jäger, Ferdinand von, Major in Pension.
"	"	"	Lichtenberg, Carl Ludwig, Major in Pension.
"	"	"	Lehrer, Adolph, Oberst und Commandant der Haupt- und Residenzstadt Darmstadt.
"	"	"	Nebel, Heinrich, Major in Pension.
"	"	"	Lein, Conrad, Major à la suite der Infanterie.
"	"	"	Pabst, Heinrich, Oberstlieutenant zur Disposition und Bezirkscommandeur des 3. Bataillons des 1. Landwehrregiments.
"	"	"	Lyncker, Friedrich Wilhelm August Julius von, Major und Commandeur der 1. Abtheilung in dem Großherzoglichen Artilleriecorps.

1849. Aug. 25. Clar, Carl August, Hauptmann in Pension.
" " " Füßlein, Dr. Carl Heinrich Friedrich, Oberstabsarzt in Pension.
" Sept. 16. Klipstein, Georg von, Oberstlieutenant in Pension.
" " " Willich, genannt von Pöllnitz, Ludwig, Oberst in Pension.
" " " Heß, Friedrich Wilhelm, Hauptmann in Pension.
1850. Juni 9. Lüft, Dr. Johannes Baptist, Geheimer Oberstudienrath in der Oberstudiendirection, Decan des katholischen Decanats Darmstadt, erster katholischer Stadtpfarrer in Darmstadt, ordentliches Mitglied der Kreisschulcommission Darmstadt, Ehrendomcapitular der Diöcese Mainz und Ehrenmitglied der Universität Prag.
" Aug. 25. Kuhn, Dr. Friedrich Theodor, Präsident des Obergerichts der Provinz Rheinhessen.
1852. " " Goldmann, Dr. Wilhelm Christian Georg, Geheimerath, Präsident der Obermedicinaldirection, Mitglied des Staatsraths, vorsitzendes Mitglied der Civildiener-Wittwencasse-Commission und Großherzoglicher Commissär bei der Bank für Süddeutschland.
1854. Juni 9. Günther, Carl Friedrich, Director der Oberforst- und Domänendirection.
1856. Aug. 18. Srebirer, Georg, Generalmajor und Commandeur des Großherzoglichen Artilleriecorps.
1857. " 25. Simon, Dr. Friedrich Carl, Superintendent der Superintendentur Oberhessen und Inspector des geistlichen Landkastens in Gießen.
1858. März 26. Müller, Dr. Wilhelm, Geheimerath und Director des Oberappellations- und Cassationsgerichts.
" Dec. 4. Zimmermann, Georg, Geheimerath und Director der Cabinetsdirection.
" " " Wernher, Julius Carl, Geheimerath, Director der Oberrechnungskammer und Mitglied der Prüfungscommission für das Finanz- und technische Fach.
" " " Arnold, Paul, Geheimerath, Director der Oberbaudirection, der Hofbaudirection und der Prüfungscommission für das Finanz- und technische Fach.

1859. Nov. 20. Ysenburg-Philippseich, Heinrich Ferdinand Graf zu, Königlich Preußischer Hauptmann in dem 4. Garde-Grenadierregiment — Königin Elisabeth.

1860. Jan. 12. Ysenburg-Büdingen, Bruno Casimir Albert Emil Ferdinand Fürst zu, Durchlaucht, K. K. Oesterreichischer Hauptmann in der Armee.

„ Aug. 25. Dörth, Carl Freiherr von, Kammerherr.

„ Sept. 6. Rotsmann, Friedrich Freiherr von, Großherzoglicher Kammerherr, K. K. Oesterreichischer Rittmeister und Flügeladjutant bei Seiner Großherzoglichen Hoheit dem K. K. Oesterreichischen Feldmarschallieutenant und Inhaber des 6. Dragonerregiments Prinzen Alexander von Hessen.

1861. Mai 10. Geyger, Georg, Geheimer Bergrath, Salinendirector und Salzregieinspector in Pension.

„ Juni 9. Crève, Dr. Damian, Geheimerath in Pension und lebenslängliches Mitglied der ersten Kammer der Stände.

„ „ „ Biegeleben, Maximilian von, Geheimerath, Rath in dem Ministerium der Finanzen, Director der Staatsschuldentilgungskasse-Direction und Mitglied des Staatsraths.

„ „ „ Krug, Dr. Georg, Präsident des Hofgerichts der Provinz Starkenburg und Mitglied des Staatsraths.

„ Juli 12. Weber, Dr. Carl, Leibarzt, Hofstallarzt, Correctionshausarzt und Arresthausarzt in Darmstadt.

„ Aug. 25. Mootz, Johannes Georg, Oberst in Pension.

„ „ „ Hartmann, Friedrich Caspar, Oberst, zweiter Stabsofficier in dem Großherzoglichen Artilleriecorps und Hospitalcommandant des Militär-Hospitals Darmstadt.

„ Oct. 22. Grolman, Adolph von, Kammerherr und Generalmajor à la suite der Infanterie.

1862. Jan. 14. Jaide, Friedrich Christian Ludwig, Finanzrath und Finanz-Ministerialbuchhalter in Pension.

1862.	März	7.	Schlagintweit, Robert von, außerordentlicher Professor der philosophischen Facultät an der Landesuniversität.
„	Aug.	25.	Böckmann, Adolph, vormaliger Consul in Triest.
„	Dec.	15.	Lauteren, Clemens, Geheimer Commerzienrath.
1863.	Juni	2.	Sell, Dr. Friedrich Wilhelm Christian Carl, Professor der Theologie und Predigerseminar-Director in Pension.
1864.	Aug.	25.	Löw von und zu Steinfurth, Wilhelm Carl Gottlieb Curt Freiherr, Kammerherr.
„	„	„	Trumpler, Carl August, Oberst in Pension.
„	„	„	Klingelhöffer, Victor, Oberst zur Disposition.
„	„	„	Hof, Ludwig, Oberst zur Disposition.
„	„	„	Kritzler, Friedrich, Geheimerath, Director der Oberstudiendirection und Mitglied des Staatsraths.
„	„	„	Buff, Dr. Adolph Georg Martin, Präsident des Hofgerichts der Provinz Oberhessen.
„	„	„	Lebert, Johannes Carl Philipp, Präsident des Bezirksgerichts Mainz.
„	„	„	Ochsenstein, Carl von, Geheimerath und Oberappellations- und Cassationsgerichtsrath.
„	„	„	Rosenberg, Hermann von, Königlich Niederländischer Staatsbeamter.
1865.	Jan.	16.	Bloch, Aloys Carl, Geheimer Justizrath und Landrichter in Pension.
„	April	7.	Seederer, Carl August, Geheimer Finanzrath, Cassier und Hauptrechner bei der Staatsschuldentilgungskasse-Direction.
1866.	März	1.	Muralt, Rudolph von, Major à la suite der Infanterie.
„	April	17.	Merz, Johannes Peter, Definitor und katholischer Pfarrer zu St. Stephan in Mainz.
„	Sept.	9.	Hofmann, Carl, Geheimer Legationsrath, außerordentlicher Gesandter und bevollmächtigter Minister an dem Königlich Preußischen Hofe.
„	„	18.	Laue, Georg Julius Eduard, Oberst und Commandeur des 3. Infanterieregiments.
„	„	„	Weber, Wilhelm, Oberstlieutenant zur Disposition.

1866.	Sept.	18.	Dornseiff, Wilhelm, Oberstlieutenant und Director des Kriegs-Ministeriums.
„	„	„	Stamm, Carl Julius Friedrich, Major, dem 3. Infanterieregiment aggregirt.
„	„	29.	Goldmann, Dr. Theodor, Director der Provinzialdirection Oberhessen und Kreisrath des Kreisamtes Gießen.
„	Oct.	26.	Schenck zu Schweinsberg, Carl Freiherr von, Kammerherr.
„	„	„	Grolman, Franz Albrecht von, Major à la suite der Reiterei.
1867.	Aug.	25.	Wambolt von Umstadt, Franz Philipp Christoph Maria Hubert Freiherr, Kammerherr, Oberstlieutenant à la suite der Reiterei, außerordentlicher Gesandter und bevollmächtigter Minister an dem Königlich Sächsischen Hofe.
„	„	„	Breidenbach, Dr. Julius von, Geheimer Legationsrath und außerordentlicher Gesandter und bevollmächtigter Minister an dem Königlich Württembergischen und dem Großherzoglich Badischen Hofe.
„	„	„	Biegeleben, Arnold von, Staatsrath und Mitglied des Staatsraths.
„	„	„	Ueberbruck von Rodenstein, Maximilian Freiherr, Kammerherr und Ministerialrath in dem Ministerium des Innern.
„	„	„	Lehmann, Gustav Adolph Freiherr von, Kammerherr und Ministerialrath in dem Ministerium des Innern.
„	„	„	Schmitt, Dr. Carl Georg Friedrich, Superintendent der Superintendentur Rheinhessen, Decan des Decanats Mainz und erster evangelischer Pfarrer in Mainz.
„	„	„	Willich, genannt von Pöllnitz, Wilhelm, Hofjunker, Director der Provinzialdirection Starkenburg und Kreisrath des Kreisamtes Darmstadt.
„	„	„	Trapp, Adolph, Regierungsrath und Kreisrath des Kreisamtes Friedberg.

1867.	Aug.	25.	Schleiermacher, August, Ministerialrath in dem Finanzministerium, Mitglied des Staatsraths, Director des Museums und Präsident des Gewerbvereins.
„	„	„	Ewald, Ludwig, Geheimer Obersteuerrath in der Obersteuerdirection, Oberzollrath in der Oberzolldirection und Mitglied der Münzdeputation.
1868.	April	14.	Hallwachs, Dr. Otto, Oberappellations- und Cassationsgerichtsrath und Mitglied des Staatsraths.
„	Juli	28.	Steiner, Dr. Wilhelm, Hofrath und Historiograph des Großherzoglichen Hauses und des Großherzogthums.
„	Sept.	8.	Bender, Carl Joseph, geistlicher Rath, Decan des Decanats Bingen und katholischer Pfarrer in Ockenheim.

5) Ritter zweiter Classe.

1808.	Jan.	10.	Ockel, Conrad, vormaliger Exercierfeldwebel in dem 4. Infanterieregiment.
1813.	Juni	9.	Friedmann, Jacob, Gefängnißverwalter in Pension.
„	„	„	Eiff, Balthasar, vormaliger Feldwebel in dem 3. Infanterieregiment.
„	Aug.	1.	Wagner, Johannes, Kammerchorist in Pension.
1815.	„	25.	Fahum, Johannes, Oberappellations- und Cassationsgerichts-Canzleidiener in Pension.
„	„	„	Hartmann, Andreas, Grenzaufseher in Pension.
„	„	„	Schreiner, Johannes, Schullehrer in Engelbach.
„	Sept.	18.	Bommersheim, Wilhelm, vormaliger Gardist in dem 1. Infanterieregiment.
1828.	Aug.	25.	Mooß, Balthasar, vormaliger Oberfeldwebel in dem 3. Infanterieregiment.
1833.	Sept.	21.	Leichtweiß, Ludwig, Unteradjutant in Pension.
1838.	Aug.	25.	Lind, Johannes, Unteradjutant in Pension.
„	„	„	Löffler, Anton, vormaliger Hautboist in dem 4. Infanterieregiment.
1839.	Dec.	19.	Stahl, Philipp, vormaliger Gardecorporal in der Gardeunteroffizierscompagnie.
1840.	„	26.	Vollmar, Philipp, Oberquartiermeister und Feuerwerksmeister in Pension.
1841.	Aug.	25.	Wittich, Peter, vormaliger Gardetrompeter in der Gardeunteroffizierscompagnie.

1841. Aug. 25. Hedderich, Caspar, vormaliger Hautboist in dem 3. Infanterieregiment.

1842. Dec. 5. Steuernagel, Johannes, Landgerichtsdiener bei dem Landgericht Hungen.

1844. Aug. 25. Herbert, Johannes, Hausverwalter der Hausverwaltung Mathildenhöhe.

" " " Otto, Balthasar, Unteradjutant in Pension.

" " " Hohmeyer, Ludwig, Pedell bei dem Oberkriegsgericht.

1848. Juni 17. Ganz, Adam, vormaliger Corporal in dem 1. Reiterregiment.

" Nov. 16. Stock, Friedrich, Hauptmann in dem 1. Jägerbataillon.

" " " Lippert, Peter Philipp, Collegienhausbeschließer und Ministerialcanzleidiener bei dem Ministerium der Justiz.

" " " Breitwieser, Ludwig, Bureaudiener bei dem Staatstelegraphenbureau in Darmstadt.

" " " Kraus, Carl Conrad Jacob, Canzleidiener bei dem Hofgericht der Provinz Oberhessen.

" " " Witzler, Adam, vormaliger Gardist in dem 1. Infanterieregiment.

1849. Juli 10. Mehl, Ludwig, vormaliger Corporal in dem 3. Infanterieregiment.

" Aug. 25. Hamm, Georg, Hauptmann in dem 4. Infanterieregiment.

" " " Schmidt, Conrad, Cassediener bei der Hauptstaatscassedirection.

" " " Schombert, Carl Ludwig, Stabsquartiermeister in dem 3. Infanterieregiment.

" " " Streb, Johannes, Fourageaufseher bei der Reiterbrigade.

" " " Kuhlmann, Georg, Hospitalverwalter bei der Landesuniversität.

" " " Götz, Adam, Ministerialcanzleidiener bei dem Ministerium der Finanzen.

" " " Selzam, Friedrich, vormaliger Oberfeldwebel in dem 4. Infanterieregiment.

" " " Gompf, Johannes Heinrich, Verwalter in dem Filialarresthaus in Mainz.

" " " Ruhl, Maximilian Joseph, Unteradjutant in dem 4. Infanterieregiment.

1849. Aug. 25. Werner, Heinrich Joseph, Expeditor bei der Stationsverwaltung der Frankfurt-Offenbacher Bahn in Offenbach.

" " " Best, Georg, Landgerichtsdiener bei dem Landgericht Langen.

" " " Amend, Georg, vormaliger Feuerwerker in dem Großherzoglichen Artilleriecorps.

" " " Conrad, August, Landgerichtsdiener bei dem Landgericht Ortenberg.

" " " Albert, Ferdinand, Wildmeister und Schloßverwalter der Schloßverwaltung Kranichstein.

" " " Betz, Johannes Jacob, Fahnenträger in dem 2. Infanterieregiment.

" " " Bausch, Carl, Ortseinnehmer in Castel.

" " " Loos, Friedrich August, vormaliger Corporal in dem 3. Infanterieregiment.

" " " Fatum, Johannes Friedrich, Hauptzollamtsdiener bei dem Hauptzollamte Offenbach.

" " " Frank, Ernst Ludwig, Hausverwalter der Hausverwaltung Seeheim.

" " " Villiez, Carl Freiherr von, Ministerialcanzleiwärter bei dem Kriegsministerium.

" " " Weygandt, Johannes Wilhelm, Revisor bei dem Kriegsrechnungsamt.

" " " Breidenbach, Simon, Schloßverwalter der Schloß- und Palaisverwaltung Darmstadt.

" " " Beutel, Johannes Ludwig, Regimentsschneider der Reiterbrigade.

" " " Schnorr, Carl Philipp Heinrich, Oberfeldwebel in dem 1. Landwehrregiment.

" " " Sträßinger, Johannes Adam, Holz- und Kohlenhändler in Worms.

" " " Schüchmann, Gustav, vormaliger Obercanonier in dem Großherzoglichen Artilleriecorps.

" " " Jung, Johannes, vormaliger Bedienungscanonier in dem Großherzoglichen Artilleriecorps.

" " " Schleuning, Johannes Heinrich, Pulvermagazinswärter bei dem Artilleriedepot.

" " " Müller, Heinrich, Bauaufseher bei dem Kreisbauamt Gießen.

" " " Bayer, Jacob, vormaliger Bedienungscanonier in dem Großherzoglichen Artilleriecorps.

1849. Aug. 25. Bauer, Johannes Jacob, vormaliger Scharfschütze in dem 1. Infanterieregiment.
„ „ „ Bröning, Georg, Hofgartenwärter bei der Hofgärtnerei Darmstadt.
„ „ „ Mainhardt, Sebastian, Forstwart der Forstwartei Schwanheim in der Oberförsterei Jägersburg.
„ Sept. 15. Korndörfer, Friedrich, Ständehausverwalter.
„ „ „ Gantzert, Johannes Peter, Sergeant in dem 2. Reiterregiment.
„ „ „ Albert, Conrad, vormaliger Musketier in dem 3. Infanterieregiment.
„ Dec. 13. Saß, Johannes, Bahnmeister des Bahnbezirks Darmstadt bei der Main-Neckarbahn.
„ „ „ Dorwagen, Valentin, vormaliger Fahrcanonier in dem Großherzoglichen Artilleriecorps.
1850. Aug. 25. Autsch, Anton, katholischer Pfarrer in Biblis.
1851. Jan. 26. Lenz, Johannes, vormaliger Musketier in dem 2. Infanterieregiment.
1853. Nov. 15. Künstler, Andreas, Polizeirath, Polizeicommissär erster Classe des Polizeicommissariats Mainz I. und Intendant des Correctionshauses in Mainz.
1855. Jan. 17. Becker, Heinrich, Steuercontroleur des Steuercontrolebezirks Nidda.
„ Juli 13. Erb, Heinrich, Hauptzollamtsassistent in Pension.
1857. Aug. 25. Arzberger, Leonhard, katholischer Pfarrer in Seligenstadt.
„ Dec. 27. Rascher, Johannes, Mitglied des Gemeinderaths der Provinzialhauptstadt Mainz.
„ „ 30. Castel, Otto, Wagenfabrikant in Mainz.
„ „ „ Wenzell, Dr. Carl, practischer Arzt in Mainz.
1858. „ 26. Rheinwald, Carl, Oberförster in Pension.
„ „ „ Castres, Dr. Carl Gottfried, Medicinalassessor und Kreisveterinärarzt des Kreisveterinäramts Mainz.
„ „ „ George, Stephan, Bürgermeister der Bürgermeisterei Büdesheim, im Kreise Bingen.
1860. März 20. Bichmann, Georg Carl, Regierungsrath und Administrativ-, Justiz- und Lehn-Hofs-Registrator in Pension.
„ Juni 9. Ritsert, Friedrich, zweiter evangelischer Stadtpfarrer in Darmstadt.

1860.	Juni	9.	Rusand, David, Rechnungsrath in Pension.
"	"	"	Reusing, Ludwig, Rechnungsrath und Hauptrechner der geistlichen Wittwencasse.
"	"	"	Urich, Johannes, Forstmeister in Pension.
"	"	"	Hertel, Adam Caspar Fortunat, Decan des Decanats Oppenheim und katholischer Pfarrer in Oppenheim.
"	"	"	Müller, Georg Ernst, evangelischer Pfarrer in Oppenheim.
1861.	"	"	Klein, Peter, vormaliger zweiter Beigeordneter der Bürgermeisterei Darmstadt.
1862.	Juli	1.	Kramer, Johannes, Rendant und Districtseinnehmer in Pension.
1863.	April	17.	Pafer, Johannes Georg, Definitor und katholischer Pfarrer in Horchheim.
"	Sept.	1.	Appel, Johannes Wendel, Hauptzollamts-Rendant in Pension.
1864.	Aug.	25.	Krämer, Adam, Decan des Decanats Heppenheim und katholischer Pfarrer in Heppenheim.
1866.	Sept.	18.	Welchel, Dr. Emil, Stabsarzt in dem 2. Infanterieregiment.
"	"	"	Becker, Christian Carl, Hauptmann in dem 2. Jägerbataillon.
"	"	"	Krömmelbein, Ferdinand, Oberlieutenant in dem 3. Infanterieregiment und Brigadeadjutant bei der 2. Infanteriebrigade.
"	"	"	Diery, Carl, Hauptmann in dem 3. Infanterieregiment.
"	"	"	Kattrein, Ludwig, Oberlieutenant und Regimentsadjutant in dem 4. Infanterieregiment.
"	Oct.	26.	Bingmann, Carl Ferdinand, evangelischer Pfarrer zu Höchst an der Nidder.
"	"	"	Lorenz, Dr. Martin, vormaliger Militärarzt.
"	"	"	Becker, Dr. Albert, vormaliger Militärarzt.
"	"	"	Reuter, Emil, Fabrikant zu Darmstadt.
"	"	"	Schmitz, Gustav, Vorsteher einer Privatlehranstalt zu Darmstadt.
1867.	Juni	28.	Hof, Jacob, Hauptzollamts-Rendant in Pension.
"	Aug.	25.	Bingmann, Georg, Oberförster der Oberförsterei Ober-Roßbach.
"	Sept.	20.	Niepoth, Georg Rudolph, Intendanturrath und provisorischer Vorstand der Divisionintendantur.

1868. April 8. Schuchard, Heinrich, Hofhutfabrikant in Darmstadt.
" " " Wecker, Carl, Chaisenfabrikant in Offenbach.
" " " Schröder, Jacob, Gewerbschullehrer in Pension.
" " " Valckenberg, Franz, Weinproducent in Worms.
" " " Fink, Philipp, Weinproducent in Nierstein.
" " " Dörr, Johann Baptist, Lederfabrikant in Worms.
" " " Schmaltz, Philipp, Maschinenfabrikant in Offenbach.
" " " Helm, Ferdinand, Maschinenfabrikant in Offenbach.
" " " Büchner, Wilhelm, Ultramarinfabrikant in Pfungstadt.
" Mai 30. Felsing, Heinrich, Kupferdruckereibesitzer in Darmstadt.
" Juli 22. Frommann, Friedrich Wilhelm, Justizrath und Cassationshofs-Secretär in Pension.
" Oct. 7. Blumenthal, Heinrich, Maschinenfabrikant in Darmstadt.

II. Ausländer.

1) Großkreuze.

1834. Mai 13. Motz, Gerhard von, Excellenz, vormaliger Kurfürstlich Hessischer Staatsminister a. D.
1838. Oct. 31. Lepel, Ferdinand von, Excellenz, Herzoglich Sachsen-Coburgischer Staatsminister in Pension.
" Juni 16. Adlerberg, Wladimir Graf von, Excellenz, Kaiserlich Russischer General der Infanterie, Generaladjutant, Minister des Kaiserlichen Hauses und Mitglied des Reichsraths.
" Juli 19. Brunnow, Philipp Freiherr von, Excellenz, Kaiserlich Russischer wirklicher Geheimerath, außerordentlicher Botschafter und bevollmächtigter Minister an dem Königlich Großbritannischen Hofe.
1841. April 28. Dolgoruky, Nikolaus Fürst, Excellenz, Kaiserlich Russischer Oberschenk.

1841. Mai 14. Meyendorff, Georg Freiherr von, Excellenz, Kaiserlich Russischer Oberststallmeister, General der Cavallerie und Generaladjutant.
1844. Febr. 7. La Rochefoucauld, Hypolit Graf von, vormaliger K. Französischer außerordentlicher Gesandter und bevollmächtigter Minister an dem Großherzoglichen Hofe.
1845. April 19. Gomes de Castro, Joseph Joachim, Königlich Portugiesischer Staatsrath.
„ Mai 10. Briey, Camillus Graf von, Excellenz, vormaliger Königlich Belgischer außerordentlicher Gesandter und bevollmächtigter Minister an dem Großherzoglichen Hofe.
1850. Dec. „ Thun-Hohenstein, Friedrich Graf von, Excellenz, K. K. Oesterreichischer wirklicher Geheimerath und wirklicher Kämmerer.
1851. Mai 22. Grünne, Carl Graf von, Excellenz, K. K. Oesterreichischer Oberststallmeister, wirklicher Geheimerath, wirklicher Kämmerer, General der Cavallerie, Capitain der K. K. Leib-Garde-Gendarmerie und Inhaber des 1. Uhlanenregiments.
„ Juni 27. Manteuffel, Carl Theodor Freiherr von, Excellenz, Königlich Preußischer Staatsminister a. D.
„ Nov. 11. Scherff, Friedrich Heinrich Wilhelm Jongherr von, Excellenz, Königlich Niederländischer Staatsrath in Pension.
1852. Juni 7. Philosophoff, Alexis von, Excellenz, Kaiserlich Russischer General der Artillerie und Generaladjutant.
„ „ 29. Schuwaloff, Andreas Petrowitsch Graf, Excellenz, Kaiserlich Russischer Oberhofmarschall.
1853. Febr. 11. Drouyn de Lhuys, Eduard, Kaiserlich Französischer Senator und Mitglied des Geheimen Raths.
„ Aug. 9. Pfordten, Dr. Ludwig Carl Heinrich Freiherr von der, Excellenz, Königlich Bayerischer Staatsrath im ordentlichen Dienst.
1854. Oct. 15. Mertens, Carl Freiherr von, Excellenz, K. K. Oesterreichischer wirklicher Geheimerath, Feldzeugmeister, lebenslänglicher Reichsrath,

Präsident des obersten Militärjustizsenats und zweiter Inhaber des 37. Infanterieregiments — Erzherzog Joseph.

1855. März 14. Budberg, Alexander Freiherr von, Excellenz, Kaiserlich Russischer General der Cavallerie und Generaladjutant.

„ Oct. 12. Susan, Johannes Freiherr von, K. K. Oesterreichischer Feldmarschalllieutenant in Pension und zweiter Inhaber des 26. Infanterieregiments — Großfürst Michael von Rußland.

1857. Juli 2. Gortchakoff, Alexander Fürst, Excellenz, Kaiserlich Russischer wirklicher Geheimerath, Reichskanzler und Minister der auswärtigen Angelegenheiten.

1858. Aug. 4. Heß, Heinrich Freiherr von, Excellenz, K. K. Oesterreichischer wirklicher Geheimerath, Feldmarschall, lebenslänglicher Reichsrath, Hauptmann der Trabantenleibgarde und der Hofburgwache, und Inhaber des 49. Infanterieregiments.

1859. Dec. 21. Calderon Collantes, Don Saturnino, Excellenz, vormaliger Königlich Spanischer Minister der auswärtigen Angelegenheiten.

1860. Sept. 2. Rechberg und Rothenlöwen, Johannes Bernhard Graf von, Excellenz, K. K. Oesterreichischer wirklicher Geheimerath, wirklicher Kämmerer und Reichsrath.

„ „ 11. Folliot de Crenneville, Franz Graf Excellenz, K. K. Oesterreichischer Oberstkämmerer, wirklicher Geheimerath, Feldzeugmeister und Inhaber des 75. Infanterieregiments.

1861. Juni 5. Thurn und Taxis, Maximilian Carl Fürst von, Durchlaucht, Königlich Bayerischer Kronoberpostmeister, Generalmajor à la suite, Oberst-Inhaber des 2. Chevauxlegers-Regiments und Reichsrath.

1864. „ 14. Adlerberg, Alexander Graf von, Excellenz, Kaiserlich Russischer Generallieutenant, Generaladjutant, Chef des Hauptquartiers und der Feldkriegscanzlei Seiner Majestät des Kaisers.

1864. Oct. 1. Bariatinsky, Alexander Fürst, Durchlaucht, Kaiserlich Russischer Generalfeldmarschall und Generaladjutant Seiner Majestät des Kaisers.

" " 18. Stroganoff, Sergius Graf von, Excellenz, Kaiserlich Russischer General der Cavallerie und Generaladjutant Seiner Majestät des Kaisers.

1865. April 2. Budberg, Andreas Freiherr von, Excellenz, Kaiserlich Russischer wirklicher Geheimerath.

1868. März 5. Labensky, Casimir von, Excellenz, Kaiserlich Russischer Geheimerath, außerordentlicher Gesandter und bevollmächtigter Minister an dem Großherzoglichen Hofe.

2) Commandeure erster Klasse.

1818. April 30. Hessenstein, Wilhelm Graf von, Excellenz, K. K. Oesterreichischer wirklicher Kämmerer und Großherzoglich Mecklenburg-Schwerinischer wirklicher Geheimerath.

1834. Mai 13. Wilkens von Hohenau, Carl Friedrich, Excellenz, vormaliger Kurfürstlich Hessischer wirklicher Geheimerath a. D.

" Nov. 2. Werner, Joseph Freiherr von, Excellenz, K. K. Oesterreichischer wirklicher Geheimerath, Reichsrath, außerordentlicher Gesandter und bevollmächtigter Minister an dem Königlich Sächsischen Hofe.

1839. Juni 15. Jurjewitsch, Simon von, Excellenz, Kaiserlich Russischer General der Infanterie und Generaladjutant.

" " " Lieven, Wilhelm Freiherr von, Excellenz, Kaiserlich Russischer General der Infanterie und Generaladjutant.

1840. Mai 13. Markelow, Johannes von, Excellenz, Kaiserlich Russischer wirklicher Staatsrath.

" Juni 17. Hersen, Paulus Graf, Excellenz, Kaiserlich Russischer Oberjägermeister.

" Sept. " Rochow auf Stülpe, Adolph Friedrich August von, Königlich Preußischer Hofmarschall a. D., Oberst a. D. und Mitglied des Staatsraths.

1841. Jan. 17. Borbone del Monte Santa Maria, Lucas Marquis, Großherzoglich Toskanischer Kammerherr.

" April 28. Krusenstern, Nicolaus von, Excellenz, Kaiserlich Russischer Generallieutenant und Senator.

" Juli 12. Eichmann, Franz August, Excellenz, Königlich Preußischer wirklicher Geheimerath und Oberpräsident der Provinz Preußen.

1842. Juni 23. Peucker, Eduard von, Excellenz, Königlich Preußischer General der Infanterie und General-Inspector des Militär-Erziehungs- und Bildungs-Wesens.

1843. März 1. Frolow, Elias von, Excellenz, Kaiserlich Russischer Generallieutenant und Generaladjutant.

" Sept. 7. Stadion, Rudolph Graf von, Excellenz, K. K. Oesterreichischer wirklicher Geheimerath und wirklicher Kämmerer.

1845. Mai 16. Schwedes, Theodor, vormaliger Kurfürstlich Hessischer Geheimerath a. D.

" Sept. 5. Lebzeltern, Wilhelm Freiherr von, Excellenz, K. K. Oesterreichischer wirklicher Geheimerath und Feldzeugmeister in Pension.

1846. Oct. 8. Patow, Erasmus Robert Freiherr von, Königlich Preußischer Staatsminister und Chef des Ministeriums der Finanzen a. D.

" Oct. 26. Linde, Dr. Justin Timotheus Balthasar von, vormaliger Fürstlich Liechtensteinischer Bevollmächtigter zu der deutschen Bundesversammlung.

1847. Aug. 18. Heeringen, Josias von, Excellenz, Königlich Preußischer Präsident der Königlichen General-Verwaltung des Kurfürstlichen Hausfideicommisses.

1849. Nov. 29. Schweizer, Ferdinand Alesina Freiherr von, Excellenz, Großherzoglich Badischer wirklicher Geheimerath, außerordentlicher Gesandter und bevollmächtigter Minister an dem Kaiserlich Französischen, dem Königlich Belgischen und dem Königlich Niederländischen Hofe.

1850. März 21. Pückler, Hermann Erdmann Constantin Graf von, Excellenz, Königlich Preußischer wirklicher Geheimerath, Generallieutenant à la suite der Armee, Oberhof- und Hausmarschall und Intendant der Königlichen Schlösser.

" April 8. Baumbach, Alexander von, vormaliger Kurfürstlich Hessischer Geheimer Legationsrath.

1851. Mai 28. Wrbna und Freudenthal, Eugen Graf von, K. K. Oesterreichischer Generalmajor in Pension und wirklicher Kämmerer.

1853. Aug. 18. O'Donell von Tyrconell, Maximilian Carl Lamoral Graf, K. K. Oesterreichischer Generalmajor in Pension und wirklicher Kämmerer.

1854. Juni 23. Bardeleben, Albrecht Friedrich von, vormaliger Kurfürstlich Hessischer Generalmajor.

" Oct. 15. Herwarth von Bittenfeld, Carl Eberhard, Excellenz, Königlich Preußischer General der Infanterie, Commandeur des 8. Armeecorps und Chef des 1. Westphälischen Infanterieregiments Nr. 13.

1855. Juni 29. Schmerling, Joseph Ritter von, Excellenz, K. K. Oesterreichischer wirklicher Geheimerath, Feldmarschalllieutenant, commandirender General in Temesvár und Inhaber des 67. Infanterieregiments.

1856. " 8. Loßberg, Carl Wilhelm Jeremias von, vormaliger Kurfürstlich Hessischer Generalmajor.

" Sept. 30. Samsonoff, Alexander Petrowitsch von, Kaiserlich Russischer Generalmajor à la suite Seiner Majestät des Kaisers und Gouverneur des Gouvernements Wladimir.

1858. Aug. 5. Biegeleben, Ludwig von, Excellenz, K. K. Oesterreichischer wirklicher Geheimerath, Hof- und Ministerialrath in dem Ministerium des Kaiserlichen Hauses und des Aeußern.

1859. Oct. 27. Lambert, Joseph Graf von, Kaiserlich Russischer Generalmajor und Generaladjutant Seiner Majestät des Kaisers.

1859. Nov. 3. **Gablenz**, Ludwig Freiherr von, Excellenz, K. K. Oesterreichischer wirklicher Geheimerath, Feldmarschallieutenant, commandirender General im Agram, lebenslänglicher Reichsrath und zweiter Inhaber des 6. Uhlanenregiments — Kaiser Franz Joseph.

" Dec. 21. **D'Asensi**, Don Tomás, Königlich Spanischer Director der Handelsangelegenheiten in dem Ministerium der auswärtigen Angelegenheiten.

" " " **Muro**, Gaspar, Königlich Spanischer erster Botschaftssecretär bei der Gesandtschaft an dem Kaiserlich Französischen Hofe.

1860. Aug. 10. **Delbrück**, Martin Friedrich Rudolph, Königlich Preußischer wirklicher Geheimer Ober-Regierungsrath und Ministerial-Director in dem Ministerium für Handel, Gewerbe und öffentliche Arbeiten.

" " " **La Roche**, Friedrich du Jarrys, Freiherr von, Königlich Bayerischer Kämmerer und Generallieutenant in Disponibilität.

1862. Jan. 17. **Brück**, Ludwig Freiherr von, Königlich Bayerischer Kämmerer, Generaldirector und Vorstand der Generaldirection der Verkehrsanstalten.

1864. Mai 12. **Bülow**, Hermann von, Großherzoglich Mecklenburg-Schwerinischer Generalmajor, Generaladjutant, Chef des Militärdepartements und Chef der Gendarmerie.

" Juni 14. **Karell**, Dr. Philipp Jacob, Excellenz, Kaiserlich Russischer wirklicher Geheimerath und Leibarzt Seiner Majestät des Kaisers.

" " " **Kirilin**, Andreas von, Excellenz, Kaiserlich Russischer wirklicher Staatsrath und Geschäftsführer der Kriegsfeldcanzlei Seiner Majestät des Kaisers.

" Oct. 18. **Richter**, Otto von, Kaiserlich Russischer Generalmajor und Generaladjutant Seiner Majestät des Kaisers.

" Dec. 1. **Possiet**, Constantin, Kaiserlich Russischer Contreadmiral à la suite Seiner Majestät des Kaisers.

1865. Jan. 14. Malsen, Ludwig Freiherr von, Excellenz, Königlich Bayerischer Kämmerer und Oberst-Hofmarschall.

1867. Juni 15. Bock, Georg von, Kaiserlich Russischer Contreadmiral à la suite Seiner Majestät des Kaisers.

„ Nov. 21. Piret de Bihain, Eugen Freiherr, K. K. Oesterreichischer Generalmajor und Brigadier bei der 2. Truppendivision in Wien.

1868. März 15. Stosch, Albrecht von, Königlich Preußischer Generalmajor und Director des Militär-Oeconomie-Departements.

„ Sept. 18. Ryleef, Alexander von, Kaiserlich Russischer Generalmajor à la suite Seiner Majestät des Kaisers.

3) Commandeure zweiter Classe.

1820. Oct. 5. Rothschild, Jacob Mayer Freiherr von, K. K. Oesterreichischer Generalconsul in Paris.

1830. Juni 4. Tschewkin, Constantin von, Excellenz, Kaiserlich Russischer General der Infanterie, Generaladjutant und Mitglied des Reichsraths.

„ Nov. 10. Gemmingen, August Carl Franz Johannes Freiherr von und zu, Großherzoglich Badischer Kammerherr.

„ „ 27. Schubert, Heinrich von, Kaiserlich Russischer Staatsrath.

1833. „ 3. Brints zu Treuenfeld und zu Falkenstein, Maximilian Graf von, Excellenz, K. K. Oesterreichischer wirklicher Geheimerath, wirklicher Kämmerer und lebenslänglicher Reichsrath.

1834. Sept. „ Bussiere, Edmund Freiherr von, vormaliger K. Französischer Geschäftsträger an dem Großherzoglichen Hofe.

1835. Aug. 29. Brandt, Heinrich von, Excellenz, Königlich Preußischer General der Infanterie a. D.

1836. Nov. 12. Andlaw-Bierseck, Franz Freiherr von, Excellenz, Großherzoglich Badischer Kammerherr, Geheimerath 2. Classe und Gesandter a. D.

1837. Oct. 2. Galen, Ferdinand Graf von, Excellenz, Königlich Preußischer wirklicher Geheimerath, Kammerherr und Gesandter a. D.

1839. Juni 15. Patkul, Alexander von, Kaiserlich Russischer Generalmajor und Generaladjutant.

1840. „ 17. Menschikoff, Wladimir Fürst, Durchlaucht, Kaiserlich Russischer Generallieutenant und Generaladjutant.

„ „ „ Adlerberg, Nicolaus Graf von, Excellenz, Kaiserlich Russischer Generallieutenant, Generaladjutant Seiner Majestät des Kaisers und Generalgouverneur von Finnland.

„ Dec. 13. Schlick, Benjamin, vormaliger Herzoglich Parmaischer Kammerherr.

1841. Febr. 21. Königsmark, Adolph Wilhelm Hans Graf von, Königlich Preußischer Major a. D. und Schloßhauptmann von Rheinsberg.

„ April 24. Menßhengen, Ferdinand Freiherr von, Excellenz, K. K. Oesterreichischer wirklicher Geheimerath, wirklicher Kämmerer und Gesandter a. D.

1842. Mai 4. Redern, Heinrich Alexander Graf von, Königlich Preußischer Kammerherr, außerordentlicher Gesandter und bevollmächtigter Minister an dem Königlich Sächsischen Hofe.

1843. Sept. 2. Ogarew, Nicolaus, Excellenz, Kaiserlich Russischer Generallieutenant und Generaladjutant.

„ „ 7. Graida, Moritz Graf von, Excellenz, K. K. Oesterreichischer wirklicher Geheimerath, wirklicher Kämmerer, Feldzeugmeister in Pension und zweiter Inhaber des 44. Infanterieregiments — Erzherzog Albrecht.

„ „ 15. Poit, Georg von, Kaiserlich Russischer Oberst a. D.

1844. Dec. 25. Sell, Adolph von, Excellenz, Großherzoglich Mecklenburg-Schwerinischer Generallieutenant, Kammerherr, Oberhofmeister, außerordentlicher Gesandter und bevollmächtigter Minister an dem Königlich Preußischen Hofe.

1845. März 31. du Hamel, Sergei, Kaiserlich Russischer Generalmajor a. D.

1846. März 22. Wimpffen, Gustav Graf, K. K. Oesterreichischer Feldmarschallieutenant in Pension und wirklicher Kämmerer.

„ Dec. 29. Roon, Albert von, Excellenz, Königlich Preussischer General der Infanterie, Kriegs- und Marineminister, Chef des ostpreußischen Füsilierregiments Nr. 33 und des Directoriums des Potsdamer großen Militär-Waisenhauses.

1847. Oct. 19. Stillfried von Alcantara und Rattonitz, Rudolph Maria Bernhard Graf, Grande von Portugal 1. Classe, Excellenz, Königlich Preußischer wirklicher Geheimerath, Oberceremonienmeister, Kammerherr, Ceremonienmeister des schwarzen Adlerordens und Mitglied der Generalordenscommission.

1849. Jan. 26. Gebler, Wilhelm Edler von, K. K. Oesterreichischer Feldmarschallieutenant in Pension.

1850. Juni 10. Chelius, Dr. Maximilian Joseph von, Excellenz, Großherzoglich Badischer Geheimerath 2. Classe und ordentlicher Professor a. D.

1851. „ 6. Reichlin-Meldegg, Joseph Freiherr von, K. K. Oesterreichischer Feldmarschallieutenant und Festungscommandant in Comorn.

„ Oct. 21. Ingelheim, Friedrich Hugo Graf von, genannt Echter von und zu Mespelbrunn, Excellenz, K. K. Oesterreichischer wirklicher Geheimerath, wirklicher Kämmerer und Gesandter a. D.

„ Dec. 12. Dachenhausen, Alexander von, Excellenz, vormaliger Königlich Hannöverischer Generallieutenant a. D.

„ „ 16. Otterstedt, Friedrich Freiherr von, Königlich Preußischer Legationsrath a. D.

1852. März 1. Schöler, August von, Excellenz, Königlich Preußischer Generallieutenant von der Armee.

„ Juli „ Hock, Carl Freiherr von, Excellenz, K. K. Oesterreichischer wirklicher Geheimerath, Staatsrath und Reichsrath.

„ „ 20. Fleury, Emil Felix, Excellenz, Kaiserlich Französischer Divisionsgeneral, Senator, Flügeladjutant und erster Stallmeister Seiner Majestät des Kaisers.

1854. Dec. 12. Jablonsky bei Monte-Berico, Joseph Freiherr, K. K. Oesterreichischer Feldmarschallieutenant, Festungscommandant in Olmütz und zweiter Inhaber des 1. Infanterieregiments — Kaiser Franz Joseph.

1855. März 14. Jeetze, Theodor Freiherr von, Königlich Bayerischer Generallieutenant in Disponibilität.

1856. Mai 5. Wimpfen zu Wöllberg, Adolph Freiherr von, K. K. Oesterreichischer Generalmajor in Pension.

" " 11. Hadik von Futak, Bela Graf, Excellenz, K. K. Oesterreichischer wirklicher Geheimerath, wirklicher Kämmerer und Contre-Admiral in Pension.

" " 12. Lepic, Ludwig Joseph Napoleon Graf, Kaiserlich Französischer Brigadegeneral und Generalintendant der Kaiserlichen Paläste.

" " " Pierres, Stephan, Baron von, erster Stallmeister Ihrer Majestät der Kaiserin der Franzosen.

1858. Aug. 11. Trubetzkoi, Alexander Fürst, Kaiserlich Russischer Oberst a. D.

" Oct. 6. Waldstätten, Georg Freiherr von, K. K. Oesterreichischer Generalmajor in Pension.

" " " Schönfeld, Anton Graf von, K. K. Oesterreichischer wirklicher Kämmerer und Oberstlieutenant in der Armee.

" " " Mondel, Friedrich, K. K. Oesterreichischer Generalmajor und Brigadier bei der 9. Truppendivision in Prag.

" Dec. 28. Müller, Dr. Samuel Gottlieb, vormaliger Schöff und Senator der Stadt Frankfurt am Main.

1859. Jan. 4. Jsupow, Michael, Kaiserlich Russischer Generalmajor a. D.

" " " Klaß, Heinrich Albert von, Königlich Preußischer Generalmajor a. D.

" Juli 30. Schütte von Warensberg, Adolph Freiherr, K. K. Oesterreichischer Generalmajor und Brigadier bei der 22. Truppendivision in Carlstadt.

1859. Oct. 16. Welcker, Dr. Friedrich Gottlieb, Königlich Preußischer Geheimerath und ordentlicher Professor der philosophischen Facultät an der rheinischen Friedrich-Wilhelms-Universität in Bonn.

1860. „ 9. Tomas, Joseph, K. K. Oesterreichischer Generalmajor und Brigadier bei der 17. Truppendivision in Agram.

„ Nov. 1. Hartmann, Julius von, Excellenz, Königlich Preußischer Generallieutenant von der Armee.

„ „ 10. Faber, Christian, vormaliger Herzoglich Nassauischer Präsident, Ministerialdirector und Mitglied des Staatsraths.

„ Dec. 1. Slepzoff, Paul, Kaiserlich Russischer Generalmajor à la suite Seiner Majestät des Kaisers.

1861. Oct. 22. Beyer, Gustav von, Excellenz, Großherzoglich Badischer Generallieutenant, Generaladjutant und Kriegs-Minister.

1862. Jan. 5. Goltz, Carl Graf von, Königlich Preußischer Generalmajor in Pension.

„ Juni 3. Ulrich, Caspar Ignaz, Königlich Preußischer Geheimer Obertribunalrath.

„ Sept. 11. Bijot, Franz, Königlich Bayerischer Oberst in Pension.

1863. Aug. 18. Clam-Martinitz, Richard Graf, K. K. Oesterreichischer Oberst in der Armee und wirklicher Kämmerer.

„ „ „ Latour von Thurnburg, Joseph, K. K. Oesterreichischer Oberst in dem 5. Infanterieregiment — König von Bayern — und Flügeladjutant Seiner Majestät des Kaisers.

„ Nov. 13. Schulz, Ferdinand, Königlich Preußischer Oberst und Inspecteur der 2. Pionier-Inspection in Glogau.

1865. März 17. Pirner, Carl, K. K. Oesterreichischer Generalmajor in Pension.

„ Mai 18. Müller, Hermann von, Großherzoglich Mecklenburg-Schwerinischer Oberstlieutenant und Commandeur der Artillerie.

1865. Juni 8. **Beroldingen**, Cäsar Paul Eugen Graf von, Königlich Württembergischer Oberst, Adjutant Seiner Majestät des Königs und Stallmeister Ihrer Majestät der Königin.

1866. Jan. 28. **Trentinaglia**, Johannes von, K. K. Oesterreichischer Generalmajor und Brigadier bei der 17. Truppendivision in Temesvár.

„ April 19. **Oven**, Dr. Anton Heinrich Emil von, vormaliger Senator in Frankfurt am Main.

„ Oct. 1. **Mengden**, Alexander Freiherr von, Kaiserlich Russischer Staatsrath und Generalconsul in Frankfurt am Main.

1867. Mai 14. **Hartmann**, Eberhard von, Königlich Preußischer Oberstlieutenant und Abtheilungschef in dem Kriegsministerium.

„ Juni 15. **Saltykow**, Alexander von, Kaiserlich Russischer Oberst.

„ „ „ **Gortschakow**, Prinz Michael, Durchlaucht, Kaiserlich Russischer Collegienrath und Kammerjunker.

„ „ „ **Boyeikow**, Nicolaus, Kaiserlich Russischer Generalmajor à la suite Seiner Majestät des Kaisers.

„ „ 19. **Dietz**, Dr. Rudolph, Großherzoglich Badischer Geheimer Referendär und Mitglied in dem Handelsministerium.

„ Juli 3. **Bülow**, Otto von, Königlich Preußischer wirklicher Legationsrath in dem Ministerium der auswärtigen Angelegenheiten.

1868. Jan. 16. **Wiebe**, Friedrich Wilhelm Leonhard, Königlich Preußischer Geheimer Oberpostrath im Generalpostamte des Norddeutschen Bundes.

„ März 15. **Karczewski**, Carl von, Königlich Preußischer Oberst und Abtheilungschef in dem Kriegsministerium.

„ „ „ **Rieff**, Carl Theodor von, Königlich Preußischer Oberst und Abtheilungschef in dem Kriegsministerium.

„ Mai 11. **Hoyos**, Ladislaus Graf, K. K. Oesterreichischer wirklicher Kämmerer und Legationssecretär.

„ Juni 30. **Kanitz**, Rudolph Graf von, Königlich Preußischer Oberst, Commandeur des 2. Garderegiments zu Fuß und Flügeladjutant Seiner Majestät des Königs.

1868. Sept. 18. Schulz, Alexander von, Kaiserlich Russischer Staatsrath.

" " " Arsenieff, Dimitry, Kaiserlich Russischer Fregatten-Capitän.

" " 26. Jordan, Königlich Preußischer Legationsrath.

" " " Heise, Königlich Preußischer Geheimer Oberregierungsrath.

" Oct. 23. Kottwitz, Hugo Freiherr von, Oberst und Commandeur des 4. Westphälischen Infanterieregiments Nr. 17.

" " " Steinäcker, Freiherr von, Königlich Preußischer Oberst und Flügeladjutant.

4) Ritter erster Classe.

1810. Mai 15. Sayn-Wittgenstein-Berleburg, Christian Ludwig Carl Wilhelm Friedrich Graf von, vormaliger Hauptmann in dem 3. Infanterieregiment.

1814. " 10. Lukacsich, Michael von, K. K. Oesterreichischer Major in der Armee.

1816. Juli 9. Engelhard, Peter Joseph, Königlich Preußischer Major a. D.

1818. Febr. 14. Schorlemmer, August Freiherr von, Königlich Preußischer Oberstlieutenant a. D.

" Nov. 23. O'Naghten von Tomaslown, Joseph Freiherr von, K. K. Oesterreichischer wirklicher Kämmerer.

1822. Oct. 25. Rönigen, August von, Excellenz, vormaliger Herzoglich Nassauischer wirklicher Geheimerath.

1832. Jan. 14. Dorée de Nion, Anton Maria Daniel, Attaché in dem Kaiserlich Französischen Ministerium der auswärtigen Angelegenheiten.

" " " de Clerq, Ludwig Franz Theophylus, Kaiserlich Französischer Director in dem Ministerium der auswärtigen Angelegenheiten.

1834. Oct. 15. Bubna von Littitz, Vinzenz Graf, K. K. Oesterreichischer Major in Pension.

1835. Febr. 4. Rothschild, Anselm Salomon Freiherr von, vormaliger Kurfürstlich Hessischer Geheimer Finanzrath.

1836.	Aug.	26.	Marezoll, Dr. Gustav Ludwig Theodor, Königlich Sächsischer Hofrath und ordentlicher Professor in Pension.
"	"	29.	Bonin, Otto Heinrich von, Excellenz, Königlich Preußischer Generallieutenant a. D.
"	Dec.	16.	Andreault, Theodor, Excellenz, Kaiserlich Russischer wirklicher Staatsrath.
1837.	Jan.	14.	Liebig, Dr. Justus Freiherr von, Königlich Bayerischer Geheimerath und ordentlicher Professor der Chemie an der Ludwigs-Maximilians-Universität in München.
"	Mai	27.	Ludwig, Dr. Carl Ferdinand Heinrich von, Rentner in der Capstadt in Afrika.
"	Sept.	28.	Stolberg-Wernigerode, Eberhard Graf zu, Königlich Preußischer Vice-Oberjägermeister, Canzler des Johanniterordens, erster Vicepräsident des Herrnhauses, Oberstlieutenant à la suite des 12. Landwehr-Husarenregiments und Landrath des Landshuther Kreises.
1839.	Oct.	24.	Jäger, Edler von Jaxthal, Dr. Friedrich, K. K. Oesterreichischer Rath und Stabsfeldarzt in Pension.
1840.	Mai	10.	Milz, Franz von, Königlich Württembergischer Oberst in dem Ehreninvalidencorps.
"	Dec.	6.	Zeroni, Dr. Joseph, Großherzoglich Badischer Hofrath.
1841.	März	"	Segur-Cabanac, Arthur Graf, K. K. Oesterreichischer Generalmajor in Pension und wirklicher Kämmerer.
"	Juli	11.	Rudzewicz, Nicolaus, Excellenz, Kaiserlich Russischer Generallieutenant, Militärgouverneur der Stadt Kostroma und Kostroma'scher Civilgouverneur.
"	Sept.	17.	Tünnermann, Friedrich, Königlich Bayerischer Oberstlieutenant a. D.
"	Dec.	19.	Sichart, Heinrich Ludwig von, vormaliger Königlich Hannöverischer Generalmajor.
"	"	"	Linsingen, Bernhard von, vormaliger Königlich Hannöverischer Oberstlieutenant.
"	"	"	Noé von Nordberg, Carl, K. K. Oesterreichischer Ministerialrath in Pension.

1842. März 24. Lüninck, Carl Freiherr von, Königlich Preußischer Major a. D.
1843. „ 21. Marschall von Biberstein, Adolph Freiherr, Excellenz, Großherzoglich Badischer Geheimerath 1. Classe und Gesandter a. D.
„ April 17. Schmertzing, Ferdinand Freiherr von, Fürstlich Reußischer Oberst, Oberstallmeister und Adjutant Seiner Durchlaucht des Fürsten.
„ „ „ Strauch, Hermann von, Fürstlich Reußischer Forstmeister.
„ „ „ Ruhl, Eugen Julius, Königlich Preußischer Oberbaudirector.
1844. Febr. 28. Sassi, Cajetan, scriptor apostolicus.
„ Juni 14. Garriot, Hector Baron, vormaliger Königlich Sardinischer Lieutenant.
„ Sept. 10. Kobell, Franz Ritter von, Königlich Bayerischer ordentlicher Professor der Mineralogie an der Ludwigs-Maximilians-Universität in München.
„ Nov. 11. Reuter, Jacob, K. K. Oesterreichischer Professor an dem K. K. politechnischen Institut in Wien.
„ Dec. 25. Schack, Adolph von, Großherzoglich Mecklenburg-Schwerinischer Kammerherr und Geheimer Legationsrath.
1845. Febr. 9. Schwartz, Johannes, K. K. Oesterreichischer Oberst a. D.
„ Mai 10. van den Steen de Jehay, Leopold Graf, Königlich Belgischer Legationsrath.
„ „ 27. Dobrzensky von Dobrzenitz, Procop Freiherr, K. K. Oesterreichischer Feldmarschalllieutenant in Pension und Inhaber des Dragonerregiments — Eugen Prinz von Savoyen Nr. 1.
„ „ 28. Berg, Gustav Freiherr von, K. K. Oesterreichischer Oberstlieutenant in Pension.
„ Juni 7. Sparre, Carl Philipp Theodor von, Königlich Preußischer Landrath a. D.
„ „ 11. Roeth, Friedrich von, Excellenz, Großherzoglich Badischer Generallieutenant a. D.
„ Aug. 18. Baur, Fidel Carl Friedrich von, Excellenz, Königlich Württembergischer Generallieutenant in Pension.

1845. Aug. 18. Reinhardt, Christian von, Königlich Würtembergischer Generalmajor a. D.

" " 25. Gröben, Georg Graf von der, Königlich Preußischer Generalmajor und Commandeur der 14. Cavalleriebrigade.

" " " Sayn-Wittgenstein-Berleburg, Emil Prinz von, Durchlaucht, Kaiserlich Russischer Generalmajor und Generaladjutant.

1846. Febr. 22. Eisenbecher, Dr. Wilhelm von, Großherzoglich Oldenburgischer Geheimerath.

" März " Wrbna, Rudolph Graf, K. K. Oesterreichischer wirklicher Kämmerer.

" Mai 24. Herwarth von Bittenfeld, Hans, Excellenz, Königlich Preußischer Generallieutenant von der Armee.

" Aug. 3. Gall, Ferdinand Freiherr von, Königlich Würtembergischer Kammerherr und Intendant des Hoftheaters.

" " 10. Mavromichalis, Demetrius, Königlich Griechischer Oberstlieutenant a. D.

" Sept. 18. Knesebeck, August von dem, vormaliger Königlich Hannöverischer Generalmajor.

" " " Girsewald, Gustav Freiherr von, Herzoglich Braunschweigischer Oberst und Commandeur des Infanterieregiments.

" Oct. 25. Tettenborn, Alexander Freiherr von, Kaiserlich Russischer Generalmajor à la suite Seiner Majestät des Kaisers.

1847. März 3. Rubinyi von Felsö-Rubin und Nagy-Olassy, August, K. K. Oesterreichischer Kämmerer, Rath und Director des Nationalmuseums in Pesth.

" Oct. 2. Stein von Altenstein, Joseph Freiherr, Königlich Belgischer Bureauchef in dem Ministerium der auswärtigen Angelegenheiten.

" " 7. Mauritz, Peter von, Excellenz, Kaiserlich Russischer wirklicher Staatsrath und Secretär Ihrer Majestät der Kaiserin.

" " 9. Scheda, Joseph Ritter von, K. K. Oesterreichischer Oberst in der Armee, und Vorstand der lithographischen Abtheilung an dem militärgeographischen Institute.

1847. Dec. 15. **Spruner von Mertz**, Carl, Königlich Bayerischer Generalmajor und Generaladjutant.

" " 22. **Auer**, Aloys Ritter von Welsbach, K. K. Oesterreichischer Hofrath und Director der Hof- und Staatsdruckerei in Wien.

1849. April 6. **Taubes von Lebenswarth**, Dr. Johannes Ritter, K. K. Oesterreichischer Rath und Oberstabsarzt in Pension.

" Oct. 24. **Korth**, Ludwig von, Königlich Preußischer Generalmajor und Commandeur der 35. Infanteriebrigade.

1850. April 8. **Eschwege**, Hermann Ludwig Carl Julius Hans von, vormaliger Kurfürstlich Hessischer Oberstallmeister und Oberstlieutenant.

" Juni 6. **Schenck zu Schweinsberg**, Heinrich August Ludwig Freiherr von, vormaliger Kurfürstlich Hessischer Generalmajor.

" " 10. **Chelius**, Dr. Franz Carl von, Großherzoglich Badischer außerordentlicher Professor der medicinischen Facultät an der Universität in Heidelberg.

" " 22. **Gietl**, Dr. Franz Seraph Ritter von, Königlich Bayerischer Geheimerath, Leibarzt, Beisitzer in dem Obermedicinalausschuß und Professor der medicinischen Facultät an der Ludwigs-Maximilians-Universität in München.

" Aug. 4. **Rechberg und Rothenlöwen**, Ludwig Graf von, Königlich Bayerischer Kämmerer, Generallieutenant und Generaladjutant Seiner Majestät des Königs.

" Sept. 16. **Gmainer**, Franz von, Königlich Bayerischer Kämmerer und Oberstlieutenant in dem 15. Infanterieregiment — König von Sachsen.

1851. Mai 12. **Stepsky**, Felix Moriz Ritter von, K. K. Oesterreichischer Oberst in Pension.

" Aug. 7. **Prohaska**, Georg, K. K. Oesterreichischer Oberst in Pension.

" " " **Mylius**, Hermann Freiherr von, K. K. Oesterreichischer Oberstlieutenant in Pension.

" " " **Bauer**, Joseph, K. K. Oesterreichischer Hauptmann in Pension.

1851. Aug. 7. Niebauer, Carl, K. K. Oesterreichischer Hauptmann in Pension.

" Sept. 30. Keller, Johannes, Königlich Bayerischer Oberst in Pension.

1852. Juli 2. Rosenberg, Adalbert Freiherr von, Königlich Preußischer Kammerherr, Legationsrath und außerordentlicher Gesandter und bevollmächtigter Minister an dem Königlich Württembergischen Hofe.

" Oct. 30. Strunz, Emil von, Königlich Bayerischer Oberst in dem Generalquartiermeisterstab und erster Adjutant Seiner Königlichen Hoheit des Prinzen Carl.

1853. Jan. 28. Le Roe, Ludwig Celestin, Kaiserlich Französischer Bureauchef in dem Ministerium der auswärtigen Angelegenheiten.

" März 18. Schmidt, Moriz von, Königlich Württembergischer Regierungsdirector und Vorstand des katholischen Kirchenraths.

" Juli 2. Daubrée, August, Decan der philosophischen Facultät an der Universität in Straßburg.

" Oct. 31. Tschernoff, Paul, Kaiserlich Russischer Major in dem Feldjägercorps.

" Nov. 9. Weil, Dr. Carl Ritter von, K. K. Oesterreichischer Regierungsrath in dem außerordentlichen Dienst des Ministeriums des Kaiserlichen Hauses und des Aeußern.

" " 26. Alt-Leiningen-Westerburg, Victor Graf von, K. K. Oesterreichischer wirklicher Kämmerer, Generalmajor und Brigadier bei der 8. Truppendivision in Ofen-Pesth.

" Dec. 29. Jüptner von Jonstorff, Anton Ritter, K. K. Oesterreichischer Generalmajor in dem Artilleriestab, Vorstand der 7. Abtheilung in dem Kriegsministerium und Inhaber des 11. Artillerieregiments.

1854. Febr. 20. Heimrod, Ludwig Friedrich von, vormaliger Kurfürstlich Hessischer Oberst.

" Mai 12. Ziegler, Gustav von, Königlich Preußischer Generalmajor und Commandant von Minden,

1854. Mai 22. Gilfinger, Georg Bernhard von, Königlich Württembergischer Oberrechnungskammerrath, Vicedirector der Oberrechnungskammer und Mitglied der Centralstelle für die Landwirthschaft.

„ „ 27. Klein, Johannes Baptist, Königlich Bayerischer Generallieutenant und Commandant der Stadt und Festung Ingolstadt.

„ Juni 23. Baumbach, Friedrich von, vormaliger Kurfürstlich Hessischer Oberstlieutenant.

„ Aug. 22. Scharpff, Dr. Franz Anton, Domcapitular bei dem bischöflichen Ordinariat, Stadtdecan, Dom- und Stadtpfarrer in Rottenburg.

„ Sept. 2. Monthé, Alban von, Königlich Sächsischer Major in dem Generalstab und Commandant des Cadettencorps.

„ Oct. 15. Matzal, Vincenz, K. K. Oesterreichischer Major in Pension.

„ „ „ Leonhardi, Ludwig Freiherr von, K. K. Oesterreichischer Hauptmann in der Armee.

1855. April 18. Dubois, Heinrich, Königlich Niederländischer Legationsrath.

„ Juli 23. Schuwaloff, Peter Graf, Excellenz, Kaiserlich Russischer Generallieutenant und Generaladjutant Seiner Majestät des Kaisers.

„ Sept. 5. Waldmann, Vincenz, Königlich Bayerischer Generaldirectionsrath bei der Generaldirection der K. Verkehrsanstalten.

1856. Mai „ Jenison-Wallworth, Carl Graf, K. K. Oesterreichischer Major in der Armee.

„ „ „ Röder von Diersburg, Felix Freiherr, Großherzoglich Badischer Oberstlieutenant in Pension.

„ „ „ Billiez, Theodor Freiherr von, [illegible] Badischer Generalmajor und [illegible] der 2. Infanteriebrigade [illegible]

„ „ „ Fischer, Gustav [illegible] Oberpost[illegible]

„ „ „ Rauh [illegible]

1856. Juni 8. Lajus, Johannes Baptist Franz Felix Baron von, Kaiserlich Französischer Aide des cérémonies.

" " 8. Eschwege, Friedrich Ludwig Cäsar von, vormaliger Kurfürstlich Hessischer Major.

" Sept. 22. Laubök, Franz, Königlich Bayerischer Oberpostmeister, Vorstand des Oberpost- und Bahnamts von Schwaben und Neuburg und Vorstand des Betriebsamts der Bodensee-Dampfschifffahrt.

" " 30. Kanalosky-Lefler, Ferdinand von, Kaiserlich Russischer Generalmajor und Campagnestallmeister.

" Oct. 21. Reising von Reisinger, Carl Freiherr, K. K. Oesterreichischer Oberstlieutenant in Pension.

" Nov. 3. Graf, Dr. Carl von, Königlich Bayerischer Obermedicinalrath und Beisitzer in dem Obermedicinalausschuß des Staatsministeriums des Innern.

1857. Juli 6. Krause, Ferdinand, Kaiserlich Russischer Stabscapitän a. D.

" " 12. Delatour d'Auvergne Lauragais, Eduard Joseph Ludwig Melchior Prinz, Kaiserlich Französischer Bataillons-Chef des 4. Jägerbataillons.

" " 21. Euler-Chelpin, Carl, Königlich Bayerischer Oberpostmeister und Vorstand des Oberpost- und Bahnamts von Mittelfranken und Kanalamts in Nürnberg.

" Aug. 2. Taulow von Rosenthal, Hugo Ritter, K. K. Oesterreichischer Oberstlieutenant in dem 14. Infanterieregiment — Großherzog von Hessen.

" " " Leibschang von Scharfenburg Heinrich, K. K. Oesterreichischer Hauptmann in Pension.

" " 26. Schreyer, Erasmus, Großherzoglich Badischer Oberpostrath und Directorialrath bei der Direction der Main-Neckarbahn.

" " " Müller, Dr. Johannes Jacob, Mitglied bei der Bauamts-Eisenbahn-Commission in Frankfurt a. M.

1857.	Sept.	12.	Feinaigle, Carl Ritter von, Königlich Bayerischer Generalverwaltungsdirector in dem Kriegsministerium.
„	Oct.	2.	Uhlig von Uhlenau, Gottfried, K. K. Oesterreichischer Oberstlieutenant in Pension.
„	„	5.	Hoffmann von Bestenhof, Dr. Franz, K. K. Oesterreichischer Generalstabsarzt und Vorstand der 14. Abtheilung des Kriegsministeriums.
„	„	„	Rosborski, Anton, K. K. Oesterreichischer Oberst und Commandant des Garnisonsspitals Nr. 1 zu Prag.
1858.	Juni	12.	Leonrod, August Freiherr von, Königlich Bayerischer Kämmerer und Oberst-Commandant des 3. Chevauxlegersregiments — Herzog Maximilian.
„	„	„	Silber, Heinrich von, vormaliger Landgräflich Hessischer Major.
„	Aug.	5.	Karl, Ludwig, K. K. Oesterreichischer Oberst und Commandant des 3. Infanterieregiments — Erzherzog Carl Ludwig.
„	„	25.	Schuhmacher, Ignatz, Königlich Bayerischer Generalmajor und Commandant der 3. Infanteriebrigade.
„	„	„	Manley-Dittmer, Carl Freiherr von, Königlich Bayerischer Generalmajor und Commandant der Stadt Regensburg.
„	„	„	Rottmann, Jacob, Königlich Bayerischer Oberst, 2. Commandant der Stadt Würzburg und der Veste Marienberg.
„	„	„	Roth, Albert, Königlich Bayerischer Oberst-Commandant des 1. Infanterieregiments — König.
„	Dec.	3.	Niethammer, Eduard von, Königlich Würtembergischer Oberstlieutenant und Commandant des Ingenieur- und Pioniercorps.
„	„	26.	Böckh, Dr. Christian Friedrich, Königlich Bayerischer Oberconsistorialrath in Pension.
„	„	28.	Dunten, Eugen Graf von, Kaiserlich Russischer Stabsrittmeister in dem Garde-Cürassierregiment.
„	„	30.	Habeln I. Carl, Freiherr von, vormaliger Herzoglich Nassauischer Major.

1859. Jan. 4. Taubner, Dr. Carl, K. K. Oesterreichischer Consistorialrath und evangelischer Feldprediger.

" " " Lawton, Carl, Mitglied der Kaiserlich Russischen archäologischen Gesellschaft in St. Petersburg.

" " " Leoprechting, Franz Maximilian Ludwig Freiherr von, Großherzoglich Badischer Kammerherr.

" " 15. Meiller, Andreas Edler von, K. K. Oesterreichischer Rath, Geheimer Haus-, Hof- und Staatsarchivar und Truchseß.

" Febr. 18. Reigersberg, Maximilian Graf von, Königlich Bayerischer Kämmerer, Oberpostmeister und Vorstand des Oberpost- und Bahnamts von Oberbayern.

" März 6. Lefebvre de Behaine, Eduard, Kaiserlich Französischer Legationssecretär bei der Gesandtschaft an dem Königlich Preußischen Hofe.

" Juli 30. Josa, Alexander, K. K. Oesterreichischer Major in dem 14. Infanterieregiment — Großherzog von Hessen.

" " " Gröller, Achilles Edler von, K. K. Oesterreichischer Major in Pension.

" " " Henriquez, Hugo von, K. K. Oesterreichischer Major in dem 14. Infanterieregiment — Großherzog von Hessen.

" " " Gstir, Gottfried, K. K. Oesterreichischer Garde und Rittmeister in der 1. Arcierenleibgarde.

" " " Fischer, Joseph, K. K. Oesterreichischer Hauptmann in dem 14. Infanterieregiment — Großherzog von Hessen.

" " " Danninger, Matthäus, K. K. Oesterreichischer Hauptmann im dem 14. Infanterieregiment — Großherzog von Hessen.

" Aug. 28. Kriner, Dr. Peregrin, K. K. Oesterreichischer Oberstabsarzt 1. Classe und Garnisons-Chefarzt in Wien.

" Sept. 7. Waldstätten, Johannes Freiherr von, K. K. Oesterreichischer Oberstlieutenant in dem 12. Dragonerregiment — Graf von Neipperg.

1859. Sept. 7. Wolf, Johannes, K. K. Oesterreichischer Hauptmann in Pension.
„ Oct. 24. Fürgantner, Friedrich, K. K. Oesterreichischer Oberst in dem 6. Infanterieregiment — Freiherr Gerstner von Gersterkorn.
„ „ „ Schmeling, Eckhardt von, Königlich Preußischer Major a. D.
„ „ „ Mesentzoff, Nicolaus, Kaiserlich Russischer Generalmajor und Generaladjutant Seiner Majestät des Kaisers.
„ Dec. 15. Oppenheim, Abraham Freiherr von, Königlich Preußischer Geheimer Commerzienrath.
„ „ „ Mewissen, Gustav, Königlich Preußischer Geheimer Commerzienrath.
„ „ 21. Potestad, Don Bernardo Luis de, Königlich Spanischer erster Attaché bei der Gesandtschaft an dem Kaiserlich Französischen Hofe.
„ „ „ O'Donnel, Don Juan Coy y, Königlich Spanischer Attaché in dem Ministerium der auswärtigen Angelegenheiten.
„ „ „ Rochussen, Wilhelm Friedrich, Königlich Niederländischer Legationssecretär bei der Gesandtschaft an dem Kaiserlich Französischen Hofe.
1860. März 23. Cornberg, Christian von, vormaliger Kurfürstlich Hessischer Oberst.
„ Aug. 9. Zentner, Friedrich Ritter von, Königlich Bayerischer Kämmerer, Oberstlieutenant und Platzstabsoffizier bei dem Gouvernement der Festung Landau.
„ „ 29. Snouckart von Schauburg, Wilhelm Carl Freiherr, Königlich Niederländischer Capitän, Adjutant und Hofstallmeister Seiner Majestät des Königs.
„ Sept. 11. Grobben, Wilhelm Ritter von, K. K. Oesterreichischer Oberstlieutenant in dem 1. Infanterieregiment Kaiser Franz Joseph — commandirt zur Militärcanzlei Seiner Majestät des Kaisers.
„ „ 14. Freischlag Edler von Freienstein, Adolph, K. K. Oesterreichischer Hauptmann in dem 14. Infanterieregiment — Großherzog von Hessen.

1860. Nov. 10. Hendel, Heinrich; vormaliger Herzoglich Nassauischer Regierungsrath bei der Landesregierung.

1861. Jan. 13. Fischer, Dr. Heinrich von, Königlich Bayerischer Hofrath, Obermedicinalrath und Beisitzer in dem Obermedicinalausschuß des Staatsministerium des Innern.

„ „ 28. Pfistermeister, Franz Seraph von, Königlich Bayerischer Staatsrath in dem außerordentlichen Dienst.

„ Febr. 15. Rommel, Gustav Adolph, Königlich Preußischer Geheimer Oberfinanzrath z. D.

„ „ 27. Wurm, Johannes, K. K. Oesterreichischer Oberst in Pension.

„ März 5. Wohlers, Friedrich Wilhelm Heinrich, Königlich Preußischer Regierungsrath bei der Regierung in Düsseldorf und Justitiarius I.

„ April 21. Mack, Martin von, vormaliger Landgräflich Hessischer Geheimer Hofrath.

„ Aug. 9. Weiden, Alexander Freiherr von, K. K. Oesterreichischer Major in Pension.

„ Oct. 7. Romas, Cäsar, Königlich Griechischer Hauptmann a. D.

1862. Jan. 17. Badhauser, Heinrich, Königlich Bayerischer Generaldirectionsrath der Generaldirection der Verkehrsanstalten.

„ März 24. Beck, Friedrich Ritter von, K. K. Oesterreichischer Oberst in dem 49. Infanterieregiment — Freiherr von Heß — und Vorstand der Militärcanzlei Seiner Majestät des Kaisers.

„ Mai 30. Bamberger, Dr. Heinrich, Königlich Bayerischer Hofrath, ordentlicher Professor der medicinischen Facultät an der Julius-Maximilians-Universität zu Würzburg und Oberarzt bei dem Oberpflegamt des Julius-hospitals zu Würzburg.

„ Juni 24. Neuhaus de St. Mauro, Julius Graf, K. K. Oesterreichischer Hauptmann in dem 14. Infanterieregiment — Großherzog von Hessen.

„ „ „ Jesser, Wolfgang, K. K. Oesterreichischer Hauptmann in Pension.

1862. Juni 28. Ráday de Ráda, Gedeon Graf, K. K. Oesterreichischer wirklicher Kämmerer und Rittmeister in der Armee.

" " " Fritsch, Dr. Johannes, K. K. Oesterreichischer Regierungsrath und Leibarzt Seiner Majestät des Kaisers.

" Juli 19. Kreith, Caspar Graf von, Königlich Bayerischer Kämmerer, Oberst in Pension, Hofmarschall und Adjutant Seiner Königlichen Hoheit des Prinzen Adalbert.

" Sept. 2. Schwalb, Joseph, Königlich Bayerischer Oberstlieutenant und Landwehr-Bezirks-Commandant in Neu-Ulm.

" " 6. Thienen-Adlerflycht, Carl Freiherr von, vormaliger Herzoglich Nassauischer Legationssecretär.

" " 11. Elblein, Caspar, Königlich Bayerischer Oberst in Pension.

" " " Högele, Eduard, Königlich Bayerischer Oberstlieutenant in Pension.

" " 22. Wank, Dr. Peter, K. K. Oesterreichischer Stabsarzt in Pension.

" Oct. 31. Nobiling, Eduard Adolph, Königlich Preußischer Geheimer Regierungsrath und Director der Rheinstrombau-Verwaltung.

" Dec. 15. Cramer-Clett, Theodor von, Königlich Bayerischer Reichsrath und Fabrikbesitzer in Nürnberg.

1863. März 24. Thürheim, Andreas Graf, K. K. Oesterreichischer wirklicher Kämmerer und Rittmeister in der Armee.

" Juli 1. Rex, Hermann Gustav Clemens von, Königlich Preußischer Major in dem 4. Westphälischen Infanterieregiment Nr. 17.

" " " Kalinowsky, August Heinrich Ferdinand Ludwig von, Königlich Preußischer Major a. D.

" Aug. 18. Wimpffen, Franz Freiherr von, K. K. Oesterreichischer Kämmerer, Major in dem 65. Infanterieregiment — Erzherzog Ludwig Victor — und Vorsteher der Kammer Seiner Kaiserlichen Hoheit des Erzherzogs Ludwig Victor.

1863.	Aug.	18.	Rudolphi, Adolph von, Herzoglich Braunschweigischer Hauptmann und Flügeladjutant.
„	Oct.	12.	Elchel, Salomon Bernhard, vormaliger Großherzoglicher Consul in Amsterdam.
„	Nov.	26.	Zarco del Valle, Don Mariano Remon, Königlich Spanischer Kammerjunker und Legationssecretär bei der Gesandschaft an dem Großherzoglichen Hofe.
1864.	Jan.	27.	Gendebien, Felix, Königlich Belgischer Generalinspector der Staatsbahnen.
„	„	31.	Ingenhaeff, Sitzlo Freiherr von, K. K. Oesterreichischer Major in Pension.
„	Mai	10.	Orelli, Maximilian von, K. K. Oesterreichischer Major in der Armee.
„	„	12.	Lützow, Ludwig von, Großherzoglich Mecklenburg-Schwerinischer Rittmeister in dem Dragonerregiment.
„	„	„	Koppelow, Paul von, Großherzoglich Mecklenburg-Schwerinischer Hauptmann in dem Grenadier-Garde-Bataillon.
„	„	14.	Flügge, Ludwig Carl Heinrich, Großherzoglich Mecklenburg-Schwerinischer Cabinetsrath.
„	Juni	2.	Dunant, Johannes Heinrich, Secretär der internationalen Conferenz und des Genfer nationalen Comites zur Pflege verwundeter Militärs.
„	Juli	12.	Dillen, Friedrich Ludwig Theodor Graf von, Königlich Württembergischer Rittmeister in dem 3. Reiterregiment — König Wilhelm.
„	„	„	Faber du Faur, Otto Eduard von, Königlich Württembergischer Rittmeister in dem 4. Reiterregiment — Königin Olga.
„	„	„	Henner, Lothar Freiherr von, K. K. Oesterreichischer Kämmerer und Oberstlieutenant in dem 10. Husarenregiment — König Friedrich Wilhelm III. von Preußen.
„	Aug.	1.	Hemmerich, Franz, Oberst in Pension und vormaliger Commandeur des gewesenen Linienbataillons der Stadt Frankfurt am Main.
„	Sept.	29.	Litwinoff, Nicolaus, Kaiserlich Russischer Capitän in der reitenden Garde-Artillerie.

1864. Oct. 1. Bariatinsky, Wladimir Fürst, Durchlaucht, Kaiserlich Russischer Lieutenant in dem Garderegiment Preobrajensky und Ordonnanzoffizier Seiner Kaiserlichen Hoheit des Großfürsten Thronfolgers.

" " 5. Wimmer, Dr. Georg, vormaliger Leibarzt Seiner Majestät des Königs der Belgier.

" " 18. Kozlow, Paul von, Kaiserlich Russischer Stabsrittmeister in dem Garde-Cürassier-Regiment.

" Dec. 21. Zech-Lobning, Graf von, Königlich Bayerischer Kämmerer, Rittmeister im 1. Cürassier-Regiment — Prinz Carl — und zweiter Adjutant Seiner Königlichen Hoheit des Prinzen Adalbert.

" " " Schröder, Dr. Hugo, Königlich Bayerischer Regimentsarzt 1. Classe bei der Commandantschaft der Haupt- und Residenzstadt München und Leibarzt Seiner Königlichen Hoheit des Prinzen Adalbert.

1865. März 17. Bergh von Trips, Maximilian Graf, K. K. Oesterreichischer Oberst in Pension.

" " " Einem, Johannes Carl August Gottfried, Königlich Preußischer Oberstlieutenant in Pension.

" " " Daler, August Victor, K. K. Oesterreichischer Oberkriegscommissär.

" Mai 18. Zülow, Heinrich von, Großherzoglich Mecklenburg-Schwerinischer Major in dem Grenadier-Garde-Bataillon.

" Aug. 19. Michel, Vincenz Alfred, Director-Stellvertreter der K. K. Oesterreichischen privilegirten Kaiserin Elisabeth-Bahn.

1866. Febr. 24. Witzleben, Erich Freiherr von, Königlich Preußischer Hauptmann in dem Kaiser Franz Garde-Grenadier-Regiment Nr. 2.

" März 4. Warnstädt, Dr. Adolph von, vormaliger Königlich Hannöverischer Geheimer Regierungsrath.

" April 19. Rüdiger, Conrad, Königlich Preußischer Directorialrath und Mitglied der Direction der Main-Neckarbahn.

1866. April 25. Bivenot, Alfred Edler von, K. K. Oesterreichischer Hauptmann in dem 35. Infanterieregiment — Freiherr Philippovic von Philippsberg.
„ Sept. 9. Kelidoff, Alexander von, Kaiserlich Russischer Hofrath und 1. Secretär bei der Gesandtschaft an dem Königlich Bayerischen Hofe.
„ Oct. 26. Axthelm, August von, Königlich Bayerischer Kämmerer, Inspector und Vorstand des Post- und Bahnamts Aschaffenburg.
„ „ „ Wessenig, Bruno von, Königlich Bayerischer Oberstlieutenant in Pension.
1867. März 20. Weiler, Wilhelm Freiherr von, Großherzoglich Badischer Kammerherr und Bahnverwaltungs-Vorstand in Pension.
„ Juni 12. Hülst, Eduard Franz von, Königlich Preußischer Major in dem 4. Westphälischen Infanterieregiment Nr. 17.
„ Juli 3. Lentze, August, Königlich Preußischer Hauptmann in dem großen Generalstab.
„ „ 16. Wiencke, Dr. Georg Julius, Königlich Niederländischer Gesundheitsoffizier 2. Classe.
„ Oct. 9. Duntzfeld, Eduard, Königlich Dänischer Capitänlieutenant in der Marine.
1868. März 16. Hauff, Julius Freiherr von, vormaliger Großherzoglicher Consul.
„ Sept. 26. Sidorowitch, Constantin von, Kaiserlich Russischer Hofrath, Kammerjunker und Legationssecretär bei der Gesandtschaft an dem Großherzoglichen Hofe.

5) Ritter zweiter Classe.

1815. Aug. 25. Leisse, Friedrich, vormaliger Corporal in dem 4. Infanterieregiment.
1820. Nov. 22. Kleinsorgen, Franz, vormaliger Königlich Preußischer Feldwebel.
1842. Jan. 19. Bell, Johannes Carl Friedrich Eberhard, Architect in Neustadt in dem Königreich Württemberg.
1849. Aug. 25. Müller, Peter, Königlich Preußischer Gendarm.
1851. „ 7. Huemer, Joseph, K. K. Oesterreichischer Bahnamtsofficial.

1854. Juli 15. Wirsching, Johannes, Königlich Bayerischer Landgerichtsdiener bei dem Landgericht Rothenfels.

" " " Semmler, Conrad, Königlich Bayerischer Casernenhausinspector in Aschaffenburg.

1856. Oct. 20. Booß, Georg Andreas, Königlich Bayerischer Hartschier bei der Leibgarde der Hartschiere.

1857. Juli 6. Kononoff, Anton, Kaiserlich Russischer Gouvernementssecretär und Unterarzt, zur Disposition des Leibmedicus gestellt.

" " " Fédosséjef, Theodor, Kaiserlich Russischer Gouvernementssecretär und Unterarzt bei dem 3. medicinischen Bezirk des Kaiserlichen Hofes.

" Dec. 27. Schwester Adolphe, Oberin der barmherzigen Schwestern in Straßburg.

1858. Febr. 23. Thomas, Wilhelm, Dechant zu Ratscheradez in Böhmen.

1859. Juli 30. Packenj von Kielstätten, Adolph, K. K. Oesterreichischer Oberlieutenant in dem 14. Infanterieregiment — Großherzog von Hessen — und Adjutant des zweiten Inhabers.

" " " Kern, Franz Joseph Albin, K. K. Oesterreichischer Oberlieutenant in dem 14. Infanterieregiment — Großherzog von Hessen.

" " " Borgeiß, Franz, K. K. Oesterreichischer Oberlieutenant in dem 14. Infanterieregiment — Großherzog von Hessen.

" " " Pault, Ludwig, K. K. Oesterreichischer Oberlieutenant in dem 14. Infanterieregiment — Großherzog von Hessen.

" " " Balogh, Stephan von, K. K. Oesterreichischer Hauptmann in dem 4. Infanterieregiment — Hoch- und Deutschmeister.

" " " Schubert, August, K. K. Oesterreichischer Oberlieutenant in dem 4. Infanterieregiment — Hoch- und Deutschmeister.

" Aug. 28. Finkenzeller, Paul, K. K. Oesterreichischer Hauptmann in Pension.

" Sept. 7. Mayer, Anton, K. K. Oesterreichischer Hauptmann in dem 14. Infanterieregiment — Großherzog von Hessen.

" " " Wolf, Leonhard, vormaliger K. K. Oesterrei-

			chischer Lieutenant in dem 4. Infanterieregiment — Hoch- und Deutschmeister.
1860.	Aug.	29.	Hardenbroek, Carl Johannes Gysbert Freiherr von, Königlich Niederländischer Premierlieutenant und Ordonnanzoffizier Seiner Majestät des Königs.
„	Sept.	6.	Kobelew, Johannes, Kaiserlich Russischer Hofbereiter und Titularrath.
„	„	7.	Czelsch von Lindenwald, Heinrich, K. K. Oesterreichischer Hauptmann in dem 14. Infanterieregiment — Großherzog von Hessen.
1861.	„	19.	Durst, Anton, K. K. Oesterreichischer Hauptmann in dem Carlsstädter Militärgrenz-Infanterieregiment Nr. 3.
„	„	„	Hild, Julius, K. K. Oesterreichischer Hauptmann in dem 19. Infanterieregiment — Kronprinz Erzherzog Rudolph.
„	„	„	Peyrl, Carl, K. K. Oesterreichischer Oberlieutenant in dem 14. Infanterieregiment — Großherzog von Hessen.
1862.	Jan.	13.	Knatz, Johannes, Königlich Preußischer Canzleirath bei der Gesandtschaft am Königlich Württembergischen Hofe.
1863.	Juli	1.	Sanitz, Albrecht Carl Ludwig Theodor von, Königlich Preußischer Hauptmann in dem 4. Westphälischen Infanterieregiment Nr. 17.
„	„	„	Streccius, Christian Felix, Königlich Preußischer Hauptmann in dem 4. Westphälischen Infanterieregiment Nr. 17.
1864.	Oct.	18.	Nikiforoff, Constantin, Kammerdiener Seiner Majestät des Kaisers von Rußland.
1865.	März	17.	Nagel, Friedrich, K. K. Oesterreichischer Registratur-Official 1. Classe bei dem Kriegsministerium.
1866.	Oct.	26.	Reuther, Seraphin, katholischer Dechant in Lausach, im Königreich Bayern.
„	„	„	Müller sen., Kilian, Gastwirth in Frohnhofen, in dem Königreich Bayern.
1867.	April	17.	Weber, Franz, Königlich Preußischer Musikdirector, Domorganist und Professor am Musik-Conservatorium in Cöln.
„	Aug.	3.	Abeille, Emil, Kaiserlich Französischer Attaché bei der Botschaft an dem Königlich Preußischen Hofe.

1868. Oct. 7. Dzierzon, katholischer Pfarrer in Carlsmarkt bei Brieg, in dem Königreich Preußen.
" " 23. Hummell, Julius, Königlich Preußischer Premierlieutenant in dem 4. Westphälischen Infanterieregiment Nr. 17.
" " " Delhees, Otto, Königlich Preußischer Secondelieutenant in dem 4. Westphälischen Infanterieregiment Nr. 17.

II.

Verdienst-Medaillen des Ludewigs-Ordens.

Gestiftet von Seiner Königlichen Hoheit dem Großherzog Ludewig II., mit besonderen Statuten versehen am 22. Februar 1853.

I. Inländer.

1. Goldene.

1853. Oct. 1. Fischer, Bernhard, Kammerofficiant in Pension.
1856. Jan. 11. Dittmann, Adam, Hofmusikmeister in Pension.
1858. Dec. 26. Hamm, Ludwig, Jagdzeugmeister der Jagdzeugmeisterei Kranichstein.
1860. Juni 5. Zimmer, Johannes, Hofmusiker in Pension.
1862. Mai 30. Bonaventura, Schwester und Oberin in dem Hause der barmherzigen Schwestern in Darmstadt.
" Juli 31. Banger, Adam, Hofmusiker in Pension.
1863. April 28. Warnecke, Philipp, Hofconditor in Pension.
" Oct. 24. Struve, Wilhelm, Palaisverwalter in Pension.
1864. Jan. 1. Schellmann, Ernst, Canzleidiener bei dem Hofgericht der Provinz Oberhessen.
1866. Sept. 18. Heuß, Jacob, Schloß-Verwalter der Schloßverwaltung Braunshardt.
" " " Schilling, Johannes Heinrich, Feldwebel in dem 1. Infanterieregiment.
" " " Wolff, Carl Heinrich Franz, Feldwebel in dem 2. Infanterieregiment.

1866. Sept. 18. Schmidt, Johannes Caspar, Feldwebel in dem 3. Infanterieregiment.
" " " Göbel, Johannes, Zugsfeldwebel in dem 3. Infanterieregiment.
" " " Wöll, Wilhelm, Feldwebel in dem 3. Infanterieregiment.
" " " Auer, Carl, Feldwebel in dem 2. Landwehrregiment.
" " " Koch, Georg, Zugs-Feldwebel in dem 4. Infanterieregiment.
" Dec. 1. Vögel, Christian, Hoffourier in Pension.
1867. März " Wolff, Peter, Hofstallfouragemagazinsverwalter.
1868. Jan. " Harbordt, Philipp, Kammermusiker.
" Oct. 8. Schäfer, Eberhard, Musikmeister in dem 3. Infanterieregiment.

2. Silberne.

1862. Mai 30. Gorgonia, Schwester in dem Hause der barmherzigen Schwestern in Darmstadt.
" Aug. 19. Ebling, Christian, Schiffer in Nierstein.
1863. Juni 9. Krämer, Heinrich, Schiffer in Nierstein.
1865. Sept. 17. Riedlinger, Johannes Ludwig, Hofzimmermeister.
1866. " 18. Kreuder, Heinrich Adam, Portier auf der Station Langen der Main-Neckarbahn.
" " " Schmidt, Johannes Peter, Corporal in dem 1. Landwehrregiment.
" " " Balzer, Christian, Corporal in dem 3. Infanterieregiment.
" " " Schäfer, Johannes, Corporal in dem 3. Infanterieregiment.
" " " Schmandt, Heinrich, Corporal in dem 3. Infanterieregiment.
" " " Enders, Georg, Corporal in dem 4. Infanterieregiment.
" " " Meyer, Jacob, Corporal in dem 4. Infanterieregiment.
" Oct. 26. Vogt, Ernst, Mitprediger zu Darmstadt.
" " " Seyd, Wilhelm, Forstaccessist zu Darmstadt.
" " " Reuling, Wilhelm, Hofgerichts-Advokat zu Darmstadt.

1866. Oct. 26. Fenner, Emil, zu Darmstadt.
" " " Wagner, Heinrich, Pfarrverwalter zu Nieder-Modau.
" " " Stockhausen, Hermann, Kaufmann zu Offenbach.
" Nov. 4. Schmidt, Carl August, Trompeter in dem 2. Reiterregiment.

II. Ausländer.

1. Goldene.

" Oct. 26. Röttger, Amanda, Tochter des Königlich Bayerischen Forstmeisters des Forstamts Aschaffenburg Max Röttger.

2. Silberne.

" " " Stockhausen, Otto, Fabrikant in Mannheim.
1868. Sept. 18. Iwanoff, Iwan, Kaiserlich Russischer Officiant.

III.

Verdienst-Orden
Philipps des Großmüthigen.

Gestiftet von Seiner Königlichen Hoheit dem Großherzog

Ludwig II.

am 1. Mai 1840.

Erhielt einen Nachtrag zu den Statuten am 1. Mai 1849 und einen weiteren am 10. November 1859.

Großmeister:

Seine Königliche Hoheit der Großherzog.

Großkreuze.

a) Aus dem Großherzoglichen Hause:

1840. Mai 1. Seine Großherzogliche Hoheit der Prinz Carl von Hessen.

1840. Mai 1. Seine Großherzogliche Hoheit der Prinz Alexander von Hessen.
1854. April 11. Seine Großherzogliche Hoheit der Prinz Ludwig von Hessen.
" " " Seine Großherzogliche Hoheit der Prinz Heinrich von Hessen.
1862. " 15. Seine Großherzogliche Hoheit der Prinz Wilhelm von Hessen.

b) Aus auswärtigen Regentenhäusern:

1843. Dec. 25. Seine Majestät der Kaiser von Rußland.
1849. Nov. 4. Seine Majestät der König von Preußen.
1850. Juni 18. Seine Königliche Hoheit der Prinz Gustav von Wasa.
1864. Sept. 27. Seine Durchlaucht der Fürst Heinrich LXIX. zu Reuß-Schleiz-Köstritz.
1865. Juni 6. Seine Königliche Hoheit der Prinz Alfred von Großbritannien, Herzog von Edinburg, Herzog zu Sachsen.

I. Inländer.

1) Großkreuze.

1840. Dec. 26. Erbach-Fürstenau, Graf zu, Erlaucht (s. S. 13).
1841. Mai 1. Sayn-Wittgenstein-Berleburg, Prinz von, Durchlaucht (s. S. 12).
" Dec. 26. Ysenburg-Philippseich, Graf zu, Erlaucht (s. S. 13).
1843. " 1. Senarclens von Grancy, Freiherr, Excellenz (s. S. 13).
1844. März 6. Erbach und von Wartenberg-Roth, Graf zu, Erlaucht (s. S. 13).
" Dec. 8. Stolberg-Wernigerode, Graf zu, Erlaucht (s. S. 13).
1845. Mai 1. Solms-Laubach, Graf zu, Erlaucht (s. S. 12).
1851. Juni 22. Schlitz, genannt von Görtz, Graf von, Erlaucht (s. S. 13).
1853. " 14. Wachter, von, Excellenz (s. S. 12).

1857. Aug. 25. Dalwigk-Lichtenfels, Dr. Freiherr von, Excellenz (s. S. 12).
" " " Schenk zu Schweinsberg, Freiherr von, Excellenz (s. S. 12).
1858. Dec. 26. Dörnberg, Freiherr von, Excellenz (s. S. 12).
1860. Jan. 1. Trotha, Freiherr von, Excellenz (s. S. 13).
1864. Aug. 25. Lindelof, Freiherr von, Excellenz (s. S. 13).
" Sept. 21. Gagern, Heinrich Freiherr von, Excellenz, wirklicher Geheimerath, außerordentlicher Gesandter und bevollmächtigter Minister an dem K. K. Oesterreichischen und Königlich Bayerischen Hofe.
1865. Mai 31. Solms-Hohensolms-Lich, Fürst zu, Durchlaucht (s. S. 12).
1866. Oct. 26. Ysenburg und Büdingen, Fürst zu, Durchlaucht (s. S. 19).
1868. Juli 18. Keim, Excellenz (s. S. 13).

2) Comthure erster Classe.

1853. Juni 14. Günderrode, Freiherr von, Excellenz (s. S. 14).
1858. Dec. 26. Frey, Excellenz (s. S. 13).
" " " Bechtold, von, Excellenz (s. S. 14).
1860. Juni 9. Birnbaum, Dr. (s. S. 14).
" Oct. 10. Grückmann, Excellenz (s. S. 13).
1861. " 22. Ricou, Freiherr von (s. S. 14).
1863. Sept. 24. Weitzel (s. S. 14).
1864. Aug. 1. Schmitt (s. S. 15).
" " 25. Norbeck zur Rabenau, Freiherr von, Excellenz (s. S. 15).
" " " Starck, Rinck Freiherr von, Excellenz (s. S. 14).
1867. " " Capellen, Freiherr van der, Excellenz (s. S. 15).

3) Comthure zweiter Classe.

1846. Dec. 26. Scriba (s. S. 16).
1848. " 16. Keil (s. S. 16).
1849. Sept. 17. Bechtold, von (s. S. 15).
1860. Juni 9. Hausen-Gleichenstorff, Freiherr von (s. S. 17).
" " " Schenck zu Schweinsberg, Freiherr von (s. S. 17).
" " " Pergler von Perglas, Freiherr (s. S. 13).
" " " Gerlach, Freiherr von (s. S. 16).

1851.	Jan.	21.	Erbach-Fürstenau, Edgar Graf zu, K. K. Oesterreichischer Oberst in Pension.
1853.	Juni	14.	Geyso, Freiherr von (s. S. 15).
"	"	"	Schleußner (s. S. 16).
1854.	"	9.	Zimmermann Dr. (s. S. 15).
1858.	Dec.	26.	Werner, von, Excellenz (s. S. 15).
"	"	"	Renner, Dr. (s. S. 17).
"	"	"	Sulzer (s. S. 16).
1859.	März	25.	Diemar, Freiherr von (s. S. 17).
"	Sept.	9.	Erbach-Fürstenau, Graf zu (s. S. 16).
"	Oct.	12.	Solernou-Fernandez, von (s. S. 15).
1860.	März	19.	Schey, Edler von Koromla, Ritter (s. S. 16).
"	"	20.	Angelrodt, Ernst Carl von, Generalconsul in St. Louis.
"	Juni	9.	Benner (s. S. 16).
"	Oct.	16.	Frey (s. S. 16).
1861.	April	17.	Günther (s. S. 18).
"	Aug.	25.	Müller (s. S. 18).
"	"	27.	Goldmann, Dr. (s. S. 18).
1863.	"	13.	Goräissen (s. S. 16).
"	Sept.	24.	Wilkens, Carl, Oberst in Pension.
"	"	"	Grolman, von, Excellenz (s. S. 16).
"	"	"	Becker (s. S. 17).
"	"	"	Willich, genannt von Pöllnitz (s. S. 18).
"	"	"	Jungenfeld, Ferdinand Georg Joseph, Freiherr Gedult von, Kammerherr, Generalmajor und Commandeur der Reiterbrigade.
"	Dec.	28.	Schenck (s. S. 16).
1864.	Aug.	25.	Bibra, Berthold Freiherr von, Viceoberstjägermeister, Kammerherr und Mitglied der Oberforst- und Domänendirection.
"	"	"	Schwaner (s. S. 17).
"	"	"	Seederer (s. S. 18).
"	"	"	Ochsenstein, von (s. S. 17).
"	"	"	Bickel, Johannes Christian, Oberst und Commandeur der 1. Infanteriebrigade.
"	"	"	Kehrer (s. S. 17).
"	"	"	Lyncker, von (s. S. 16).
"	"	"	Franck (s. S. 18).
"	"	"	Knyn, Dr. (s. S. 18).
"	"	"	Biegeleben, von (s. S. 19).

1866.	Juni 25.	Müller, Dr. (s. S. 18).
„	Sept. 18.	Pabst (s. S. 17).
„	Mai 14.	Lauteren (s. S. 20).
„	Aug. 25.	Simon, Dr. (s. S. 18).
„	„ „	Krug, Dr. (s. S. 19).
„	Sept. 24.	Crève, Dr. (s. S. 19).

4) Ritter erster Classe.

1842.	Sept. 27.	Rößler, Hector, Geheimer Bergrath und Münzmeister.
„	„ „	Trygophorus, Dr. Ludwig Moritz, Oberappellations- und Cassationsgerichtsrath.
„	„ „	Geyger (s. S. 19).
1844.	April 8.	van der Hoop, Walther Freiherr, Forstmeister in Pension.
„	Aug. 25.	Arnold (s. S. 18).
„	Dec. 26.	Stephani, Friedrich, Bezirksgerichtspräsident in Pension.
„	„ „	Böckmann (s. S. 20).
1845.	März 11.	Heuß, Dr. Eduard, Hofrath und Hofmaler.
„	Dec. 26.	Kritzler (s. S. 20).
1846.	Aug. 25.	Wüst, Georg Wilhelm, Kreisveterinärarzt in Pension.
„	„ „	Laue (s. S. 20).
„	Dec. 22.	Schacht, Dr. Theodor, Oberstudienrath in Pension.
„	„ 26.	Schäfer, Dr. Heinrich, ordentlicher Professor der philosophischen Facultät an der Landesuniversität.
„	„ „	Seederer (s. S. 20).
1847.	Febr. 10.	Iseghem-Duclos, August van, Consul in Ostende.
„	Mai 1.	Thudichum, Georg, Oberstudienrath in Pension und Gymnasialdirector in Pension.
„	Dec. 26.	Hill, Christian, Oberstabsquartiermeister in Pension.
„	„ „	Pfeiffer, Caspar, Stabsarzt in Pension.
1848.	Juni 12.	Hof (s. S. 20).
„	Aug. 25.	Ramspeck, Georg Melchior, Oberstabsquartiermeister in Pension.
1849.	Juni 9.	Zimmermann (s. S. 18).

1849.	Dec.	4.	Wüst, Friedrich Ludwig, Obermedicinalrath bei der Obermedicinaldirection, Hofveterinärarzt und Landgestütsveterinärarzt.
1850.	Juni	9.	Moos (s. S. 19).
"	"	"	Hartmann (s. S. 19).
"	"	"	Bechtold, Carl Ludwig Christian von, Hauptmann in Pension.
"	"	"	Rüti, Franz Jacob, Major in dem Gendarmeriecorps und Commandant der Division Starkenburg.
"	"	"	Pisanics, Ludwig Wilhelm von, Major in Pension.
"	"	"	Heidenreich, Dr. Andreas August, Oberstabsarzt in Pension.
"	"	"	Nebel, Dr. Wilhelm, Stabsarzt in Pension.
"	"	"	Köhler, Friedrich Wilhelm, Stabsquartiermeister in dem 1. Reiterregiment.
"	"	"	Hifferich, Traugott Georg Friedrich Christian, Steuercommissär in Pension.
"	"	"	Engelbach, Dr. Friedrich Ernst, Hofgerichtsadvocat bei dem Hofgericht der Provinz Oberhessen und lebenslängliches Mitglied der ersten Kammer der Stände.
"	"	"	Engelbach, Conrad, erster Registrator bei dem Hofgericht der Provinz Oberhessen.
"	"	10.	Küchler, Dr. Heinrich, Obermedicinalrath in der Obermedicinaldirection.
"	Aug.	25.	Rinck, Dr. Johannes Georg, Oberconsistorialrath, geistliches Mitglied in dem Oberconsistorium, Decan des Decanats Darmstadt, erster evangelischer Stadtpfarrer in Darmstadt, Mitglied der Prüfungscommission zur Prüfung der Pfarramtscandidaten, ordentliches Mitglied der Kreisschulcommission Darmstadt und außerordentlicher Lehrer an der Realschule in Darmstadt.
"	"	"	Mitzenius, Dr. Johannes Wilhelm, Director der Hofbibliothek-Direction.
1851.	Juni	9.	Walther, Dr. Philipp Alexander, Director der Cabinetsbibliothekdirection, der Cabinetsmuseumsdirection und Hofbibliothekar bei der Hofbibliothekdirection.

1851. Oct. 30. Bang, Dr. Ludwig, Fürstlich Thurn- und Taxis'scher Generalpostdirectionsrath in Pension.
1852. Jan. 22. Pfnorr, Wilhelm, Canzleirath und Oberforst- und Domänenprotocollist in Pension.
" Aug. 25. Wernher (s. S. 18).
" " " Lebert (s. S. 20).
1853. Febr. " Marloff, Friedrich Wilhelm, Rendant und Salzmagazinsverwalter in Pension.
" Juni 14. Follenius, Friedrich Ludwig Freiherr von, Geheimer Hofgerichtsrath in Pension.
" " " Ploch (s. S. 20).
" " " Jaide (s. S. 19).
" " " Sell (s. S. 20).
1854. Febr. 21. Weber, Ludwig, Director der Maschinenfabrik und Eisengießerei in Darmstadt.
" April 11. Grolman, von (s. S. 19).
" Juni 9. Frey, Friedrich Carl Ludwig, Geheimer Oberconsistorialrath und weltliches Mitglied in dem Oberconsistorium.
" " " Gölzenleuchter, Eduard, erster Präsident der Handelskammer in Offenbach.
" Sept. 12. Bender, Ferdinand, Hofprediger bei der Hofkirche in Darmstadt.
1855. Jan. 21. Breidenbach, Dr. von (s. S. 21).
" Juni 9. Willich, genannt von Pöllnitz (s. S. 21).
" " " Schmitt, Dr. (s. S. 21).
" " " Muhl, Carl Theodor, Stadtrichter des Stadtgerichts Gießen.
" " " Müller, Dr. Franz Joseph, Justizrath, Friedensrichter des Friedensgerichts Ober-Ingelheim und außerordentliches Mitglied der Kreisschulcommission Bingen.
" " " Kerz, Ferdinand, Oberstlieutenant und Commandeur des Gendarmeriecorps.
" " " Kopp, Gustav von, Oberstlieutenant in Pension.
" " " Klingelhöffer (s. S. 20).
" " " Scholl, Friedrich Ludwig, Oberst in Pension.
" " " Scholl, Carl Gottfried, Oberstlieutenant und Vorstand des Artilleriedepots.
" " " Kuhlmann, Gustav, Major und Vorsteher der Stellvertretungsanstalt.
" " " Bichmann, Carl, Major in Pension.

1855. Juni 9. Coulmann, Friedrich Ludwig Jacob August, Major und Commandeur des 1. Bataillons des 1. Infanterieregiments.
„ Aug. 25. Zöppritz, Ludwig, Kaufmann in Darmstadt.
„ „ „ Schwab, Wilhelm, Rentier in Darmstadt.
„ Dec. 14. Hoffmann, Georg Philipp, Hofgerichtsrath und Criminalrichter in Pension.
1856. April 17. Wolf, Dr. Andreas, Medicinalrath und Kreisarzt in Pension.
„ Juni 9. Issel, Georg Wilhelm, Hofrath und Hofmaler.
„ „ 30. Muralt, von (s. S. 17).
„ Juli 12. Kellner, Georg, Consul in Odessa.
„ Aug. 18. Trumpler (s. S. 20).
„ „ „ Klipstein, von (s. S. 18).
„ „ „ Lyncker, Georg Wilhelm Gustav von, Major in Pension.
„ „ „ Becker, Heinrich Leonhard, Major, Rendant und Proviantmeister des Proviantamtes.
„ „ „ Hofmann, Johannes, Ober-Stabsquartiermeister in Pension.
„ „ „ Becker, Michael, Canzleirath und Ministerialcanzleiinspector bei dem Kriegsministerium.
„ „ 25. Dörth, Freiherr von (s. S. 19).
„ Sept. 7. Förster, Rudolph, Consul in Moskau.
1857. März 5. Rosenlecher, Gottlieb, Consul in Havre.
„ „ „ Luze, Alfred von, Consul in Bordeaux.
„ Aug. 25. Decker, Carl Friedrich Ferdinand, Geheimerath und Director des Hofgerichts der Provinz Starkenburg.
„ „ „ Uhler, Georg Gottfried, Geheimer Obergerichtsrath in Pension.
„ „ „ Wernher, Dr. Adolph, Geheimer Medicinalrath und ordentlicher Professor der medicinischen Facultät an der Landesuniversität.
„ „ „ Germershausen, Johannes Christoph, Justizrath und Obergerichtssecretär in Pension.
„ „ „ Schuster, Franz, Obereinnehmer der Obereinnehmerei Gießen.
„ „ „ Kreuzer, Wilhelm, Steuercommissär des Steuercommissariats Worms.

1857.	Aug.	25.	Bernhard, Carl Wilhelm Emil, evangelischer Pfarrer in Reinheim.
"	"	"	Görtz, Ernst Friedrich Wilhelm, Decan des Decanats Friedberg und evangelischer Pfarrer in Nieder-Florstadt.
"	"	"	Meyer, Christian Friedrich, Decan des Decanats Büdingen und erster evangelischer Pfarrer in Büdingen.
"	"	"	Fitting, Georg Christian, Decan des Decanats Alzey und erster evangelischer Pfarrer in Alzey.
"	"	"	Müller, Amandus Jacob, evangelischer Pfarrer in Wallertheim.
"	"	"	Dornseiff, Ludwig Wilhelm, Decan des Decanats Zwingenberg, evangelischer Pfarrer in Bickenbach und ordentliches Mitglied der Kreisschulcommission Bensheim.
1858.	Jan.	5.	Clotz, Heinrich Ludwig Valentin, Decan des Decanats Groß-Gerau und evangelischer Pfarrer in Groß-Gerau.
"	Juni	"	Steiner Dr. (s. S. 22).
"	Dec.	26.	Felsing, Jacob, Professor und Hofkupferstecher.
"	"	"	Baur, Dr. Ludwig, Geheimerath, Director der Cabinets-, Haus- und Staats-Archivdirection.
"	"	"	Winter, Christian, Director der Cabinetscassedirection, Cabinetsgütercassier bei der Cabinetsgüterdirection, Hofgartencassier bei der Hofgartendirection, Hofmusikcassier bei der Hoftheater- und Hofmusikdirection, Rechner der Hofjagdcasse für den Hofjagdbezirk Darmstadt und Rechner des Elisabethenstifts Nieder-Ramstadt.
"	"	"	Menges, Ludwig, Director der Cabinetsgüterdirection und Hofintendant Seiner Großherzoglichen Hoheit des Prinzen Alexander.
"	"	"	Tescher, Carl, Director der Hoftheater- und Hofmusik-Direction.
"	"	"	Lipp, Philipp, Rechnungsrath und Hoftheaterhauptcassier bei der Hoftheater- und Hofmusikdirection.

1858. Dec. 26. Riedesel, Freiherr zu Eisenbach, Giesebert, Kammerherr, Oberst und Commandeur des 1. Reiterregiments.

" " " Haaß, Peter, Major in Pension.

" " " Anschütz, Carl Ludwig, Major und Commandeur des 1. Jägerbataillons.

" " " Biegeleben, von (s. S. 21).

" " " Ebel, Daniel, vormaliger Bürgermeister der Bürgermeisterei Gießen.

" " " Heyl, Leonhard, Commerzienrath, Präsident der Handelskammer in Worms, lebenslängliches Mitglied der ersten Kammer der Stände und Königlich Spanischer Consul.

" " " Buderus, Georg Carl Theodor, Bergrath und Hüttenwerksbesitzer in Hirzenhain.

" " " Mayer sen., Ernst, Lederfabrikant in Mainz.

" " " Mönch, Jacob, Commerzienrath in Offenbach.

" " " Otto, Justus, evangelischer Pfarrer in Neunkirchen.

" " " Koch, Georg, Decan des Decanats Groß-Linden und evangelischer Pfarrer in Groß-Linden.

" " " Hofmann, Carl Christian, Kirchenrath, Decan des Decanats Hungen und evangelischer Pfarrer in Griedel.

" " " Scheid, Friedrich Carl Ludwig, Decan des Decanats Oppenheim und evangelischer Pfarrer in Dexheim.

" " " Fritz, Jacob, Decan des Decanats Osthofen und evangelischer Pfarrer in Bechtheim.

" " " Wasserschleben, Dr. Friedrich Wilhelm Hermann, Geheimer Justizrath und ordentlicher Professor der juristischen Facultät an der Landesuniversität.

" " " Buff, Dr. Heinrich, ordentlicher Professor der philosophischen Facultät an der Landesuniversität.

" " " Hesse, Dr. Hermann, ordentlicher Professor der evangelisch-theologischen Facultät an der Landesuniversität.

" " " Stahl, Dr. Wilhelm, ordentlicher Professor der philosophischen Facultät an der Landesuniversität.

1858. Dec. 26. Baur, Carl Christian Wilhelm, Professor und Gymnasiallehrer in Pension.
" " " Geist, Dr. Eduard, Director an dem Gymnasium in Gießen und ordentliches Mitglied der Kreisschulcommission Gießen.
" " " Soldan, Dr. Gottlieb Wilhelm, Professor und Gymnasiallehrer an dem Gymnasium in Gießen.
" " " Ochsenstein, von (s. S. 20).
" " " Pfister, Franz, Oberappellations- und Cassationsgerichtsrath.
" " " Eigenbrodt, Friedrich Georg, Oberappellations- und Cassationsgerichtsrath.
" " " Pistor, Carl, Stadtrichter des Stadtgerichts Darmstadt.
" " " Brumhard, Gustav Adolph, Landrichter des Landgerichts Zwingenberg.
" " " Mylius, Johannes Conrad Carl Gustav, Landrichter des Landgerichts Lauterbach.
" " " Grode, Dr. Johannes Adolph, Friedensrichter des Friedensgerichts Nieder-Olm.
" " " Schleiermacher (s. S. 22).
" " " Hügel, Dr. Adolph, Director der Obersteuerdirection und Mitglied der Prüfungscommission für das Finanz- und technische Fach.
" " " Ewald (s. S. 22).
" " " Baur, August, Geheimer Oberforstrath in der Oberforst- und Domänendirection und vorsitzendes Mitglied der Forstdiener-Wittwencassecommission.
" " " Weidig, Ludwig, Forstmeister des Forstamts Lorsch.
" " " Eichhammer, Friedrich, Geheimer Baurath, Vorsitzender der Direction der Main-Neckarbahn und Commissär bei der Verwaltung der Offenbach-Frankfurter Bahn.
1859. Jan. 8. Rotsmann, Freiherr von (s. S. 19).
" Aug. 19. Kempf, Wilhelm, K. K. Oesterreichischer Hauptmann in dem 59. Infanterieregiment — Erzherzog Rainer.
" Dec. 15. Kempf, Johannes, Commerzienrath, Mitglied des Verwaltungsraths der Hessischen Lud-

wigsbahn und Director der Cramer-Klett'schen Eisenwaarenfabrik in Nürnberg.

1859. Dec. 15. **Kramer**, Justus, Baurath und Oberingenieur der Hessischen Ludwigsbahn.

„ „ „ **Parcus**, Dr. August, Director der Banken für Handel und Industrie und für Süddeutschland.

1860. Juni 9. **Weber** (s. S. 19).

„ „ „ **Hallwachs**, Dr. (s. S. 22).

„ „ „ **Zimmermann**, Adolph, Generalauditeur und Präsident des Generalauditoriats.

„ „ „ **Eigenbrodt**, Carl Ernst Georg Christian, Oberstabsauditeur in Pension, Hofgerichtsadvocat und Procurator bei dem Hofgericht der Provinz Starkenburg.

„ „ „ **Weyland**, Dr. Johannes Stephan, Oberstabsarzt in Pension.

„ „ „ **Metzler**, Jacob Daniel, Stabsquartiermeister in dem Großherzoglichen Artilleriecorps.

„ „ „ **Reuling**, Dr. Georg, Divisionsgeneralarzt.

„ „ „ **Dernburg**, Dr. Jacob, Oberappellations- und Cassationsgerichtsrath und Mitglied der Prüfungscommission für das Justiz- und Verwaltungsfach.

„ „ „ **Stockhausen**, Eduard von, Oberforstrath in der Oberforst- und Domänendirection, Mitglied der Prüfungscommission für das Finanz- und technische Fach und Mitglied der Forstdienerwittwencasse-Commission.

„ „ „ **Rautenbusch**, Dr. Wilhelm, Regierungsrath, Kreisrath des Kreisamts Nidda und vorsitzendes Mitglied der Kreisschulcommission Nidda.

„ „ „ **Kaltrein**, Ludwig, Landrichter des Landgerichts Darmstadt.

„ „ „ **Köhler**, Dr. Heinrich Christian, Medicinalrath und Kreisarzt in Pension.

„ „ „ **Jäger**, Philipp, Geheimer Regierungsrath und erster Ministerialregistrator bei dem Ministerium des Innern.

1860. Juni 9. Blumhof, Heinrich Ludolph Wilhelm, Decan des Decanats Butzbach und evangelischer Pfarrer in Melbach.
„ Juli 2. Rheinwald (s. S. 25).
„ Sept. 6. Wambolt von Umstadt (s. S. 21).
„ Oct. 10. Lauer (s. S. 15).
„ „ „ Jungenfeld, Ferdinand Freiherr Gedult von, Kammerherr und Oberstlieutenant zur Disposition.
„ „ „ Kelm, Carl Wilhelm, Oberstlieutenant in Pension.
„ „ „ Bickel, Johannes Ludwig, Major und Commandeur der 2. Artillerie-Abtheilung in dem Großherzoglichen Artilleriecorps.
1861. Febr. 9. Lambert, Samuel, Consul in Brüssel.
„ April 4. Rosenberg, von (s. S. 20).
„ Juni 3. Steck, Franz Georg, Königlich Niederländischer Major in Pension.
„ „ 9. Ueberbruck von Rodenstein, Freiherr (s. S. 21).
„ „ „ Lehmann, Freiherr von (s. S. 21).
„ „ „ Buff (s. S. 20).
„ „ „ Weber, Friedrich, Geheimerath und Director des Hofgerichts der Provinz Oberhessen.
„ „ „ Wortmann, Carl, Geheimer Hofgerichtsrath in dem Hofgericht der Provinz Oberhessen.
„ „ „ Trapp (s. S. 21).
„ „ „ Fuhr, Ludwig, Geheimer Oberrechnungsrath in der Oberrechnungskammer.
„ „ „ Kühn, Johannes Heinrich, Decan des Decanats Schotten und erster evangelischer Pfarrer in Schotten.
„ „ „ Bauer, Peter Marcelin, Oberpostrath und Mitglied der Großherzoglichen Commission für Postangelegenheiten.
„ „ „ Müller, Daniel, Regierungsrath und Rechner der Criminal- und Polizeicasse in der Provinz Rheinhessen.
„ „ „ Friedrich, Michael, Steuerrath, Hauptstempelverwalter und Rechner der Hauptstempelverwaltung.

1861. Juni 25. Loser, Heinrich, Rechnungsrath und Hauptstempelverwaltungs-Buchhalter in Pension.
„ Aug. 5. Deibel, Dr. Wilhelm, Medicinalrath und Kreisarzt in Pension.
„ „ „ Lichtenberg (s. S. 17).
1862. März 13. Wimmenauer, Carl Ludwig, Forstrath und Oberforstregistrator in Pension.
„ April 15. Zangen, Carl Christian Robert von, Major à la suite der Infanterie und Adjutant Seiner Großherzoglichen Hoheit des Prinzen Carl.
„ Aug. 25. Frey, Wilhelm, Oberappellations- und Cassationsgerichtsrath.
„ „ „ Stein zu Lausnitz, Adolph Ludwig Freiherr von, Kammerherr, Geheimer Oberstudienrath in der Oberstudiendirection und Großherzoglicher Commissär bei der Bank für Süddeutschland.
„ „ „ Wagner, Dr. Carl, Oberstudienrath in der Oberstudiendirection.
„ „ „ Frölich, Wilhelm, Regierungsrath, Kreisrath des Kreisamts Alsfeld und vorsitzendes Mitglied der Kreisschulcommission Alsfeld.
„ „ „ Follenius, Ludwig, Regierungsrath, Kreisrath des Kreisamts Büdingen und vorsitzendes Mitglied der Kreisschulcommission Büdingen.
„ „ „ Phöbus, Dr. Philipp, Professor in Pension.
„ „ „ Lauteren, Christian, Commerzienrath und Präsident der Handelskammer in Mainz.
„ „ „ Hanffe, Johannes Jacob, Director der Hauptstaatscassedirection.
„ „ „ Habermehl, Heinrich, Obereinnehmer und Hauptzollamtsrendant des Hauptzollamts Mainz.
„ „ „ Hoffmann, Friedrich, Forstmeister des Forstamts Mainz.
„ „ „ Breidenbach zu Breidenstein, Theodor Freiherr von, Oberstlieutenant in Pension.
„ „ „ Bouchenröder, Ludwig Freiherr von, Oberst und Commandeur des 2. Reiterregiments.
„ „ „ Aßmus, Conrad Friedrich Jacob, Hauptmann in Pension.

1862. Aug. 25. Wachter, Friedrich von, Oberstlieutenant in Pension.
" " " Dornseiff (s. S. 21).
" " " Knispel, Julius Ludwig, Oberstlieutenant, Commandant und Director des Landeszuchthauses.
" " " Kraus, Carl Ferdinand, Oberst und Commandeur des 2. Infanterieregiments.
" " " Glock, Georg August, Hauptmann in Pension.
" " " Gandenberger, Ernst Wilhelm, Oberstlieutenant zur Disposition und Bezirkscommandeur des 1. Bataillons des 1. Landwehrregiments.
" " " Jenner, Ludwig Emil Joseph Carl, Oberstlieutenant zur Disposition und Bezirkscommandeur des 3. Bataillons des 2. Landwehrregiments.
" " " Reineck, Julius von, Major zur Disposition und Bezirkscommandeur des 1. Bataillons des 2. Landwehrregiments.
" " " Cellarius, Georg, Stabsquartiermeister in Pension.
" Dec. 10. Fink, Franz, Commerzienrath und Secretär des Gewerbvereins.
" " 21. Groß, Dr. Theodor, Stabsarzt in Pension.
1863. Juni 14. Schmitz, Carl, vormaliger Bürgermeister der Bürgermeisterei Mainz.
" Juli " Ewald, August, Consul in Paris.
" " " Pfeiffer, Otto, Consul in Cassel.
" Oct. " Heyer, Karl Georg Friedrich, K. K. Oesterreichischer Hauptmann in Disponibilität.
1864. April 6. Vullers, Dr. Johannes August, ordentlicher Professor der philosophischen Facultät an der Landesuniversität.
" Mai 19. Curtman, Dr. Wilhelm Jacob Georg, Schullehrerseminardirector in Pension.
" Juli 24. Kehrer, Christian Wilhelm, Gräflich Erbachischer gemeinschaftlicher Archivrath.
" Aug. 25. Grolman, Ferdinand von, Kammerherr, Major und 2. Stabsoffizier in dem 1. Reiterregiment.
" " " Gerschlauer, Ludwig, Hauptmann in Pension.

1864. Aug. 25. Löhr, Franz Carl Joseph von, Hauptmann in Pension.

" " " Jäger, Christian, Major zur Disposition und Bezirkscommandeur des 2. Bataillons des 1. Landwehrregiments.

" " " Stamm (s. S. 21).

" " " Zangen, Carl Alexander Christian Emil von, Major und Platzstabsoffizier der Haupt- und Residenzstadt Darmstadt.

" " " Schober, Friedrich, Major in Pension.

" " " Wiegand, Eberhard, Kriegszahlmeister bei dem Kriegszahlamt.

" " " Heim, Heinrich, Ministerialregistrator bei dem Kriegsministerium.

" " " Nicola, David, Oberstabsquartiermeister in Pension.

" " " Petsch, Carl, Polizeirath und Polizeiinspector bei der Polizeiverwaltung der Haupt- und Residenzstadt Darmstadt.

" " " Nover, Lorenz, Polizeirath und Polizeicommissär erster Classe bei der Polizeiverwaltung der Provinzialhauptstadt Gießen.

" " " Kaup, Dr. Jacob, Professor und Inspector des Naturaliencabinets bei der Museumsdirection.

" " " Will, Dr. Heinrich, ordentlicher Professor der philosophischen Facultät an der Landesuniversität.

" " " Leuckart, Dr. Rudolph, ordentlicher Professor der philosophischen Facultät an der Landesuniversität.

" " " Boßler, Dr. Christian, Professor und Director des Gymnasiums in Darmstadt.

" " " Bone, Heinrich, Professor und Director des Gymnasiums in Mainz.

" " " Schödler, Dr. Friedrich, Director der Realschule in Mainz.

" " " Weigand, Dr. Friedrich Ludwig Carl, ordentlicher Professor der philosophischen Facultät an der Landesuniversität.

" " Nöllner, Dr. Friedrich, Oberappellations- und Cassationsgerichtsrath und Specialdirector der Aachener- und Münchener-Feuerversicherungsgesellschaft.

1864.	Aug.	25.	Zentgraf, Dr. Otto, Oberappellations- und Cassationsgerichtsrath.
"	"	"	Schenck, Gustav, Geheimer Hofgerichtsrath in dem Hofgericht der Provinz Starkenburg.
"	"	"	Kraft, Dr. Friedrich, Hofgerichtsrath in dem Hofgericht der Provinz Oberhessen.
"	"	"	Bölker, August Friedrich David, Hofgerichtsrath in dem Hofgericht der Provinz Oberhessen.
"	"	"	Kempf, Georg, Hofgerichtsrath in dem Hofgericht der Provinz Oberhessen.
"	"	"	Henco, Jacob, Geheimer Obergerichtsrath in dem Obergericht der Provinz Rheinhessen.
"	"	"	Belluc, Dr. Andreas, General-Staatsprocurator in dem Obergericht der Provinz Rheinhessen.
"	"	"	Stein, Heinrich, Director des Bezirksstrafgerichts Gießen.
"	"	"	Jäger, Friedrich Wilhelm, Landrichter des Landgerichts Vilbel.
"	"	"	Reatz, Franz, Justizrath und Fiscalanwalt der Provinz Starkenburg.
"	"	"	Breidert, Dr. Georg, Oberbaurath in der Oberbaudirection.
"	"	"	Stockhausen, Christian, Baurath und Kreisbaumeister des Kreisbauamtes Darmstadt.
"	Dec.	16.	Röder, Carl, Commerzienrath und Mitglied der Handelskammer in Mainz.
1865.	Juni	18.	Schlösser, Ludwig, Hofcapellmeister in Pension.
"	Juli	15.	Weil, Dr. Ignatz Victor, Medicinalrath und Kreisarzt des Kreismedicinalamtes Bensheim.
"	"	"	Klein, Wilhelm Ludwig, Steuerrath und Steuercommissär in Pension.
"	Aug.	"	Guntrum, Philipp, Finanzrath und Ministerialregistrator in Pension.
"	"	25.	Vogt, Heinrich Balthasar, Bürgermeister der Bürgermeisterei Gießen.
"	"	30.	Weyland, Dr. Ludwig, Hof- und Militärbaurath, Hofbaumeister des Hofbauamts und Militärbaumeister des Militärbauamts.
"	Sept.	4.	Plagge, Dr. Theodorich, Oberstabsarzt in dem Großherzoglichen Artilleriecorps.

1865. Oct. 7. Eimer, Conrad, Rechnungsrath und Civildienerwittwencassierechner in Pension.

„ „ 23. Krämer, Johannes Joseph, Consul in Rotterdam.

„ „ „ Barth, Robert, Consul in St. Louis.

„ Nov. 18. Strzemieczny, Alexander von, Gräflich Erbach-Fürstenauischer Kammerrath.

1866. Jan. 11. Langheinz, Dr. Gustav Friedrich, praktischer Arzt in Darmstadt.

„ April 9. Bauer, Ernst, Hof-Concertmeister.

„ Juli 12. Röschel, Georg Christoph, Commerzienrath und Präsident des Handelsgerichts in Mainz.

„ Aug. 25. Wanser, Eduard, Mitglied des Oberstallmeisteramts und Hofstallcassier bei der Hofstallcasse.

„ Sept. 18. Hoffmann, Philipp Friedrich, Major und Commandeur des 2. Bataillons des 2. Infanterieregiments.

„ „ „ Winter, Wilhelm Ernst, Major und Commandeur des 2. Jägerbataillons.

„ „ „ Kreuter, Franz Jacob, Major und zweiter Stabsoffizier in dem 2. Infanterieregiment.

„ „ „ Herget, Carl von, Hauptmann und Mitglied des Kriegsministeriums.

„ „ „ Franck, Philipp Carl, Hauptmann in dem 1. Infanterieregiment.

„ „ „ Röder von Diersburg, August Freiherr, Hauptmann in dem 1. Infanterieregiment.

„ „ „ Gerlach, Gustav Franz Caspar Eugen, Hauptmann in dem 2. Jägerbataillon.

„ „ „ Rotsmann, Adolph Freiherr von, Kammerherr und Hauptmann in dem 3. Infanterieregiment.

„ „ „ Schulz, August, Hauptmann in dem 3. Infanterieregiment.

„ „ „ Kreuter, Carl Franz Joseph Friedrich, Hauptmann zur Disposition.

„ Oct. 1. Leonhardi, Ludwig Freiherr von, Kammerherr.

„ „ „ Leydhecker, Dr. Nicolaus, Obermedicinalrath in Pension.

„ „ „ Büchner, Dr. Ludwig, practischer Arzt zu Darmstadt.

1866. Oct. 26. Verdier de la Blaquière, Dr. Oskar, practischer Arzt zu Darmstadt.

„ „ „ Pfeiffer, Dr. Hermann, Arzt an dem städtischen Hospital in Darmstadt.

„ „ „ Dettweiler, Dr. Peter, practischer Arzt zu Pfeddersheim.

„ „ „ Böhm, Dr. Theodor, practischer Arzt zu Offenbach.

„ „ 31. Brunner, Georg, Maler und Lithograph.

„ Nov. 1. Ebel, Dr. Friedrich, Medicinalrath und Kreisarzt des Kreismedicinalamts Langen.

„ „ 3. Wendelstadt, Theodor, Director der Bank für Handel und Industrie.

„ „ 30. Leichtweis (s. S. 22).

„ Dec. „ Fischer (s. S. 58).

1867. Jan. 1. Mönch, Julius, erster Präsident der Handelskammer in Offenbach.

„ „ 20. Kullmann, Dr. Hermann, Kreisarzt des Kreismedicinalamts Altenstadt.

„ Febr. 2. Worms, Georg, Generalconsul in London.

„ „ 18. Enzenberg, Gustav Adolph Graf von, Major à la suite der Infanterie und Ministerresident an dem Kaiserlich Französischen, Königlich Belgischen und Königlich Niederländischen Hofe.

„ März 7. Levita, Dr. Carl, Geheimer Justizrath aus Mainz, dermalen in Paris.

„ April 29. Faist, Dr. Carl, vormaliger Kreisarzt.

„ Mai 6. Hochstätter, Felix, Fabrikant in Darmstadt.

„ „ 7. Probst, Franz Anton, Commerzienrath in Mainz.

„ Juni 6. Hegar, Dr. Johannes August, Medicinalrath und Hofarzt.

„ „ 18. Helm, August, Consul in Antwerpen.

„ Aug. 25. Küchler, Carl Friedrich Ludwig Otto Gustav von, Major, Flügeladjutant und dienstthuender Hofmarschall.

„ „ „ Mellor, Carl, Oberconsistorialrath in dem Oberconsistorium.

„ „ „ Pfannebecker, Johannes, Regierungsrath und Kreisrath des Kreisamtes Worms.

„ „ „ Haberkorn, Georg, Regierungsrath und Universitätsrichter an der Landesuniversität.

1867.	Aug.	26.	Ebel, Ludwig Friedrich Philipp, Decan des Decanats Kirtorf und evangelischer Pfarrer in Kirtorf.
„	„	„	Fuchs, Johannes Adam, Bürgermeister der Bürgermeisterei Darmstadt.
„	„	„	Jonghaus, Gustav, Hofbuchhändler.
„	„	„	Lehmann, Wilhelm August Freiherr von, Kammerherr und Oberappellations- und Cassationsgerichtsrath.
„	„	„	Jungenfeld, Arnold Ferdinand Freiherr Gedult von, Obergerichtsrath in dem Obergericht der Provinz Rheinhessen.
„	„	„	Krug, Carl, Hofgerichtsrath in dem Hofgericht der Provinz Oberhessen.
„	„	„	Fischer, Heinrich, Ministerialrath in dem Ministerium der Justiz.
„	„	„	Schalck, Dr. Hermann Julius, Staatsprocurator an dem Bezirksgericht Mainz.
„	„	„	Wirth, Carl, Director des Bezirksstrafgerichts Darmstadt.
„	„	„	Thaler, Reinhard, Director des Bezirksstrafgerichts und Landrichter des Landgerichts Ortenberg.
„	„	„	Buff, Dr. Carl, Landrichter des Landgerichts Nidda.
„	„	„	Metzler, Dr. Christian, Landrichter des Landgerichts Offenbach.
„	„	„	Bose, Heinrich Ludwig, Oberforstrath in der Oberforst- und Domänen-Direction.
„	„	„	Dlemar, Carl Freiherr von, Kammerherr und Forstmeister des Forstamtes Seligenstadt.
„	„	„	Eickemeyer, August, Baurath und Königlich Preußischer Dirigent der Direction der Main-Weserbahn.
„	„	„	Hanesse, Carl, Steuerrath und Oberzollinspector der Hauptzollämter Darmstadt und Offenbach.
„	Nov.	9.	Herrmann, Franz Joseph, Professor und Gymnasiallehrer in Pension.
„	Dec.	25.	Dick, Heinrich, Bürgermeister der Bürgermeisterei Offenbach.
1868.	Febr.	1.	Michell, Adolph, aus Mainz, dermalen Chef des Hauses Michell und Depierre in Paris.
„	„	8.	Stötz, Carl, Consul in Liverpool.

1868.	Febr.	19.	Voltz, Johannes, Rechnungsrath und Dirigent der 1. Justificatur-Abtheilung bei der Oberrechnungskammer.
„	April	1.	Decher, Anton Christian, Kirchenrath, Decan des Decanats Eberstadt und evangelischer Pfarrer in Pfungstadt.
„	„	8.	Knußmann, Wolfgang, Möbelfabrikant in Mainz.
„	„	„	Denninger, Carl Franz, Lederfabrikant in Mainz.
„	„	„	Merck, Dr. Georg, Chemiker in Darmstadt.
„	„	14.	Röder von Diersburg, Christian Carl Freiherr von, Hauptmann in dem 1. Infanterieregiment.
„	Juni	23.	Keim, Eduard, Decan des Decanats Worms und erster evangelischer Pfarrer in Worms.
„	„	„	Eich, Dr. Friedrich, Gymnasiallehrer in Pension.
„	Juli	2.	Heyl, Cornelius Wilhelm, Fabrikant in Worms.
„	Sept.	12.	Ritgen, Dr. Hugo von, Baurath und ordentlicher Professor der philosophischen Facultät an der Landesuniversität.
„	„	„	Wiegand, Dr. Wilhelm, Director des Gymnasiums in Worms.
„	„	„	Klein, Dr. Carl, Professor und ordentlicher Lehrer an dem Gymnasium in Mainz.
„	„	„	Haas, Friedrich Heinrich, Hofrath und ordentlicher Lehrer an dem Gymnasium in Darmstadt.
„	„	19.	Dillmann, Dr. August, ordentlicher Professor der evangelisch-theologischen Facultät an der Landesuniversität.
„	„	„	Lange, Dr. Ludwig, ordentlicher Professor der philosophischen Facultät an der Landesuniversität und Director des philologischen Seminars.
„	Oct.	10.	Weber, Dr. Adolph, Augenarzt in Darmstadt.
„	„	„	Walckenberg, Dr. Cornelius, Staatsprocurator und Generalstaatsprocuratur-Substitut in Pension.
„	„	18.	Horst, Christian, Kreisbaumeister des Kreisbauamtes Bensheim.

5) Ritter zweiter Classe.

1859.	Dec.	1.	Frommann (s. S. 27).
„	„	15.	Thomas, Georg, Obermaschinenmeister bei der Hessischen Ludwigsbahn.
1860.	März	18.	Schnitzspahn, Christian, Professor und Hofmünzmedailleur.
„	Juni	9.	Nick, Johannes Peter, Ministerialregistrator bei dem Ministerium der Justiz und Ordenscanzlist 1. Classe bei der Ordenscanzlei.
„	„	„	Klöß, Johannes Paul, Secretär, Registrator und Protocollist bei der Oberstudiendirection.
„	„	„	Fölsing, Dr. Johannes, Lehrer an der evangelischen Garnisonsschule in Darmstadt.
„	Aug.	27.	Bittong, Franz, Betriebsinspector der Hessischen Ludwigsbahn.
1861.	Oct.	26.	Pick, Gustav, Secretär bei dem General-Consulat in Wien.
1862.	Aug.	25.	Eberhardt, Georg Ludwig, Registrator bei dem Oberconsistorium.
„	„	„	Müller, Friedrich, Canzleisecretär, Ministerialcanzlei-Inspector, Paßexpeditor bei dem Ministerium des Großherzoglichen Hauses und des Aeußern und außerordentlicher Lehrer an dem Gymnasium in Darmstadt.
„	„	„	Schneider, Heinrich, Ministerialcanzlei-Inspector bei dem Ministerium des Innern.
„	„	„	Schuchard, Ferdinand, Gutsverwalter auf dem Selgenhof.
„	Sept.	3.	Wundt, Betriebscontroleur der Hessischen Ludwigsbahn.
„	Dec.	15.	Lotharz, Christian, Bauunternehmer in Mainz.
„	„	„	Weiß, Philipp Otto, Betriebsingenieur der Hessischen Ludwigsbahn.
1863.	Febr.	21.	Dernst, Paul, Bezirksgerichtssecretär bei dem Bezirksgericht Mainz.
„	März	4.	Burger, Philipp, Districtseinnehmer in Pension.
„	April	3.	Amend, Carl, Steuercontroleur des Steuercontrolebezirks Mainz.
„	Juni	25.	Engel, Wilhelm, Freiherrlich von Nordeck zur Rabenau'scher Rentmeister.

1864.	März 26.	**Scherff**, Conrad, Ministerialcanzlei-Inspector bei dem Ministerium der Justiz.
„	Mai 8.	**Zimmermann**, Heinrich, erster Universitätsdiener bei der Landesuniversität.
„	Aug. 25.	**Jäger**, Heinrich, Hofoeconomie-Inspector bei dem Obersthofmarschallamt.
„	Dec. 6.	**Daubt**, Hermann, Königlich Preußischer Maschinenmeister bei der Main-Weserbahn.
1865.	April 29.	**Neus**, Friedrich, Betriebscontroleur bei der Hessischen Ludwigsbahn.
„	Juli 15.	**Opel**, Christian, Hauptzollamtsassistent 1. Classe bei dem Hauptzollamt Mainz.
„	„ 21.	**Kyritz**, Georg Friedrich, Districtseinnehmer der Districtseinnehmerei Osthofen.
1866.	Jan. 24.	**Horst**, Heinrich, Ober-Baudirections-Kanzlei-Inspector in Pension.
„	März „	**Prätorius**, Heinrich Christian, Districtseinnehmer der Districtseinnehmerei Buchbach I.
„	April 1.	**Seippel**, Friedrich August, Revisionscontroleur bei dem Hauptzollamte Mainz.
„	„ 20.	**Scharmann**, Theodor, Rendant und Districtseinnehmer der Districtseinnehmerei Bensheim.
„	Mai 3.	**Korndörfer** (s. S. 25).
„	„ 25.	**Schmidt** (s. S. 23).
„	Sept. 18.	**Gemmingen-Hornberg**, Carl Ludwig Eberhard Freiherr von, Oberlieutenant in dem 1. Reiterregiment und Brigadeadjutant bei der Reiterbrigade.
„	„ „	**Otto**, Johannes Heinrich Carl, Lieutenant in dem 2. Reiterregiment.
„	„ „	**Hunsinger**, Hermann, Lieutenant in dem 2. Infanterieregiment.
„	„ „	**Felsing**, Adolph, Lieutenant in dem 1. Jägerbataillon.
„	Dec. 29.	**Brandt**, Carl, Hoftheatermaschinenmeister.
1867.	Jan. 10.	**Schwab**, Friedrich, Oberrechnungsrevisor in Pension.
„	März 5.	**Pfnorr**, Rudolph, Kupferstecher in Paris.

1867.	April 16.	Wagner, Elias, Districtseinnehmer der Districtseinnehmerei Schotten I.
„	Mai 1.	Jäger, Theodor Eduard Ludwig, Districtseinnehmer der Districtseinnehmerei Nieder-Flörsheim.
„	„ 10.	Trupp, Philipp, Rendant und Mainzolleinnehmer in Pension.
„	Aug. 25.	Metzler, Carl Wilhelm, erster Hofgerichtsregistrator bei dem Hofgericht der Provinz Starkenburg.
„	„ „	Sellheim, Carl, Landgerichtsactuar bei dem Landgericht Schotten.
„	„ „	Trapp, Joseph, Obersteuerrevisor bei dem Catasteramt.
„	„ „	Wendel, Christoph, Secretär, Canzlei-Inspector bei der Cabinetsbibliothek- und Cabinets-Museums-Direction und der Hofbibliothek-Direction.
„	„ „	Fleck, Jacob, Leibkammerdiener.
„	„ „	Ritsert, Conrad, Hofkellermeister.
„	„ „	Herbert (s. S. 23).
„	Nov. 19.	Schröder, Heinrich, Obersteuerrevisor bei der Steuercontrole der Obersteuerdirection.
1868.	März 31.	Biezsel, Carl, Schloßinspector in Pension.
„	April 8.	Wahlig, Alexander, Bürgermeister der Bürgermeisterei Lorsch.
„	„ „	Hoffmann, Reinhardt, Director des Blaufarbwerks Marienberg.
„	„ „	Müller, Gustav, Lederfabrikant in Bensheim.
„	„ „	Hildebrand, Georg, Oeconom in Osthofen.
„	Mai 5.	Wolf, Anton, Gefangenwärter in dem Arresthause in Darmstadt.
„	„ 6.	Kramer, Johannes Michael, Domänen[illegible]meister in Pension.
„	Juli 10.	Mayer, Carl, Kaufmann und Agent in Worms.
„	„ 31.	Scharmann, Caspar, Districtseinnehmer der Districtseinnehmerei Butzbach II.
„	Nov. 11.	Schnell, Conrad, zweiter Registrator bei dem Hofgericht der Provinz Starkenburg.

6*

6) Silbernes Kreuz.

1849.	Nov.	29.	Lippert (s. S. 23).
„	Dec.	13.	Hoffmann, Georg, Unteradjutant in Pension.
1850.	Juni	9.	Baumbach, Johannes, Kriegsministerialcanzlist 1. Classe in Pension.
„	„	„	Schäfer (s. S. 59).
„	„	„	Hasselbaum, Peter, Unteradjutant in Pension.
1851.	Juli	10.	Fadum (s. S. 22).
1852.	Jan.	22.	Franck, Heinrich, vormaliger Bedienungscanonier in dem Großherzoglichen Artilleriecorps.
„	Aug.	25.	Koch, Michael, Hauswärter bei dem Kriegsministerium.
„	„	„	Benner, Johannes, Landgerichtsdiener bei dem Landgericht Vilbel.
„	„	„	Ganß, Philipp Jacob, Cassediener bei der Staatsschuldentilgungscasse-Direction.
„	„	„	Hochstätter, Jacob Amandus, vormaliger Oberfeldwebel in dem 2. Infanterieregiment.
„	„	„	Kaufhold, Peter Joseph, Feldwebel in dem 2. Landwehrregiment.
1853.	Febr.	1.	Friedmann (s. S. 22).
„	Juni	14.	Castelhun, Christoph, evangelischer Schullehrer in Guntersblum.
„	„	„	Weihrauch, Johannes Philipp, evangelischer Schullehrer in Mainz.
„	„	„	Borde, Ludwig, Gardecorporal in der Gardeunteroffizierscompagnie.
„	„	„	Achenbach, Hermann, Hofkammerdiener in Pension.
„	„	„	Struve, Martin, Hofkammerdiener in Pension.
„	„	„	Struve (s. S. 58).
1854.	Febr.	1.	Mieth, Franz Albert, Forstwart in Pension.
„	Dec.	28.	Dambmann, Johannes, Verwalter in dem Correctionshause in Darmstadt.
1855.	April	24.	Schaurer, Nicolaus, Bürgermeister der Bürgermeisterei Frei-Weinheim.
„	Juni	9.	Mahr, Georg Heinrich, Ministerialprotocollist und Registraturgehülfe bei dem Kriegsministerium.

1855.	Juni	9.	Krämer, Johannes Heinrich, Oberbrigadier zu Pferd in dem Gendarmeriecorps.
„	„	„	Müller, Johannes, Brigadier zu Fuß in dem Gendarmeriecorps.
„	„	„	Lind (s. S. 22).
„	„	„	Stein, Wilhelm Heinrich, Stabsfourier in der Plankammer.
„	„	„	Jäger, Johannes, Standartenführer in Pension.
„	„	„	Däsch, Friedrich, Verwalter der Palaisverwaltung Frankfurt am Main.
„	„	„	Meyer, Ludwig, Unteradjutant in Pension.
„	„	„	Hain, Ludwig, Unteradjutant in dem 1. Jägerbataillon.
„	„	„	Dörr, Joseph, Verwalter in dem Justizgebäude in Mainz.
„	„	„	Olivier, Joseph, Regimentstambour in Pension.
„	„	„	Dähler, Friedrich Wilhelm, Unteradjutant in Pension.
„	„	„	Schäfer, Peter, Regimentstambour in dem 4. Infanterieregiment.
„	Nov.	1.	Nillius, Georg, Werkmeister und Arbeitsinspector in dem Correctionshaus in Mainz.
1856.	Febr.	12.	Mathes, Johannes Adam, evangelischer Schullehrer in Offenbach.
„	Aug.	18.	Krämer, Conrad, Unteradjutant in der Gardeunteroffizierscompagnie.
„	„	„	Ackermann, Johannes Anton, Hofmusiker in Pension.
„	„	„	Roth, Daniel, Quartiermeister in dem Großherzoglichen Artilleriecorps.
„	„	„	Heuß (s. S. 59).
„	„	„	Grönrich, Helwig Wilhelm, Oberquartiermeister in dem Stab der Reiterbrigade.
„	„	„	Jöckel, Johannes Peter, Stabsquartiermeister in dem 4. Infanterieregiment.
„	„	„	Appel, Johannes Peter, Fahnenträger in dem 1. Infanterieregiment.
„	„	„	Dauber, Ludwig Friedrich, Oberquartiermeister in dem 1. Jägerbataillon.
„	„	„	Etling, Wilhelm Heinrich, Sergeant in dem 2. Infanterieregiment.
„	„	„	Grünewald, Johannes Heinrich, Ministerialcanzleidiener bei dem Ministerium des Innern.

1856.	Aug.	18.	Sauer, Friedrich, Hausbeschließer und Canzleidiener bei dem Bezirksgericht Alzey.
„	„	„	Schmitt, Georg Jacob, Quartiermeister und Oberzeugwart bei dem Artilleriedepot.
1857.	„	10.	Kauß, Johannes Egidius, evangelischer Schullehrer in Pension.
1858.	Dec.	26.	Warnecke (s. S. 58).
„	„	„	Hippenstiel, Christian, Hofsilberverwalter in Pension.
„	„	„	Watzinger, Joseph, Hoftheatercassier.
„	„	„	Schnittspahn, Ernst, Hofmaler und Hoftheatermaler.
„	„	„	Scheerer, Ludwig, Hofbauaufseher bei dem Hofbauamt.
„	„	„	Will, Peter Jacob, Quartiermeister und Hospitalverwalter bei dem Militär-Hospital Darmstadt.
„	„	„	Horch, Johannes, Gardesergeant in der Gardeunteroffizierscompagnie.
„	„	„	Blum, Sebastian, Kanzlist bei der Obersteuerdirection.
„	„	„	Schmitt, Lorenz, Wachtmeister in dem 2. Reiterregiment.
„	„	„	Hechler, Wilhelm, Oberquartiermeister bei dem Stab der Reiterbrigade.
„	„	„	Rapp, Wilhelm, Palaisverwalter der Palaisverwaltung Mainz.
„	„	„	Römer, Wilhelm, Canzlist bei dem Oberappellations- und Cassationsgericht.
„	„	„	Müller, Georg Wilhelm Christian, Verwalter in dem Arresthause in Darmstadt.
	„	„	Frank, Georg Heinrich, Hauptzollamtsdiener bei dem Hauptzollamt Darmstadt.
„	„	„	Korwan, Heinrich, Oberquartiermeister in dem Großherzoglichen Artilleriecorps.
„	„	„	Bauer, Wilhelm, Oberquartiermeister in dem 3. Infanterieregiment und Casernenverwalter der Garnison Darmstadt.
„	„	„	Kraft, Johannes Jacob, Fahnenträger in dem 3. Infanterieregiment.

1859. Dec. 26. Ackermann, Wilhelm Friedrich, Verwalter in dem Correctionshause in Mainz.

" " " Schmidt, Conrad, Casernenwärter in dem 2. Infanterieregiment.

" " " Greiffenstein, Johannes Georg, Districtseinnehmer der Districtseinnehmerei Fürth.

" " " Dambmann, Jacob, Oberbrigadier zu Fuß in dem Gendarmeriecorps.

" " " Ronstadt, Christian, Oberfeldwebel in Pension.

" " " Harräus, Carl Ludwig, Oberbrigadier zu Fuß in dem Gendarmeriecorps.

" " " Menges, Philipp, Verwalter in dem Arresthause in Mainz.

" " " Schmitt, Philipp Jacob, Bürgermeister der Bürgermeisterei Finthen.

" " " Ramspeck, Gerhard Jacob, Bürgermeister der Bürgermeisterei Alsfeld.

" " " Calmberg, Friedrich August, Landgerichtsactuar in Pension.

" " " Schellmann (s. S. 27).

" " " Kall, Georg, Kreisbauaufseher in Pension.

1860. Juni 9. Schäcker, Friedrich, Kreisbauaufseher bei dem Kreisbauamt Gießen.

" " " Seiler, Georg, Hausbeschließer und Ministerialcanzleidiener bei dem Ministerium des Großherzoglichen Hauses und des Aeußern.

" " " Wagner, Georg, Gendarmerie-Brigadier in Pension.

" Oct. 10. Müller, Johannes, Trainlieutenant in Pension.

" " " Gompf, Heinrich, Feuerwerker in dem Großherzoglichen Artilleriecorps.

" " " Hermes, Carl Wilhelm Ludwig, Unteradjutant in dem 1. Infanterieregiment.

" " " Schwarz, Johannes Peter, Fahnenträger in dem 2. Infanterieregiment.

" " " Schneider, Wilhelm, Feldwebel in dem 3. Infanterieregiment.

" " " Scharmann, David Carl, Unteradjutant in dem 4. Infanterieregiment.

1861. Jan. 1. Reh, Johannes, Canzleidiener bei der Obersteuerdirection.

1861.	Juni	9.	Schäfer, Georg Wilhelm, Canzleidiener bei dem Oberconsistorium.
„	„	„	Etling, Georg, Brigadier zu Fuß in dem Gendarmeriecorps.
1862.	Jan.	3.	Schlapp, Heinrich Ludwig, Schullehrer in Pension.
„	März	19.	Schuchmann, Wilhelm, Polizeisoldat bei der Polizeiverwaltung der Haupt- und Residenzstadt Darmstadt.
„	Juni	9.	Armbrust, Georg Friedrich, Hofjäger und Forstwart in Pension.
„	„	17.	Rungesser, Ludwig, Steuerpfandmeister in Pension.
„	Aug.	25.	Görzheim, Jacob, Oberbrigadier zu Pferd in dem Gendarmeriecorps.
„	„	„	Roth, Johannes, Brigadier zu Pferd in dem Gendarmeriecorps.
„	„	„	Pfeiffer, Andreas, Brigadier zu Fuß in dem Gendarmeriecorps.
„	Sept.	3.	Feldmann, Wilhelm, Dampfschiffscapitän der Hessischen Ludwigsbahn.
1863.	März	22.	Metzger, Johannes, Kreisdiener in Pension.
„	April	11.	Budde, Franz, Ortseinnehmer in Pension.
„	Juli	8.	Jäger, Johannes Peter, Domänenpfandmeister in Pension.
„	Sept.	24.	Berres, Johannes Philipp, erster evangelischer Schullehrer in Höchst.
1864.	Jan.	23.	Laub, Caspar, Forstwart in Pension.
„	„	29.	Zulauf, Conrad, Förster und Forstwart in Pension.
„	Oct.	5.	Pirsch, Gottfried, Bürgermeister der Bürgermeisterei Heppenheim.
1865.	Juni	15.	Wohlfahrt, Adam, Förster und Forstwart in Pension.
„	„	16.	Henkelmann, Jacob, evangelischer Schullehrer in Beuern.
„	„	19.	Bergmann, Philipp, Steuerpfandmeister in Pension.
„	„	30.	Müller, Ludwig, Verwalter in dem Arresthause in Alzey.
„	Juli	14.	Spielmann, Johannes, Bürgermeister der Bürgermeisterei Groß-Steinheim.

1865.	Juli	26.	**Friedrich**, Jacob, Forstwart in Pension.
„	„	31.	**Leo**, Georg Wilhelm, Ortseinnehmer in Neu-Isenburg.
„	Sept.	13.	**Barth**, Philipp, Hofgartenaufseher in der Hofgärtnerei Bessungen I.
„	Nov.	17.	**Roth**, Franz Ludwig, Zollaufseher bei dem Hauptzollamt Mainz.
1866.	März	28.	**Ebling**, Georg, Landeszuchthaus-Verwalter in Pension.
„	Aug.	3.	**Kiss**, Johannes, Zollaufseher bei dem Hauptzollamt Mainz.
„	Sept.	18.	**Mohr**, Johannes, vormaliger Wachtmeister in dem 2. Reiterregiment.
„	„	„	**Georg**, Johannes Adam, Sergeant in dem Großherzoglichen Artilleriecorps.
„	„	„	**Andreas**, Georg, Feldwebel bei der Stammmannschaft des Landwehrbezirks Darmstadt I.
„	„	„	**Kirchner**, Andreas, Sergeant in dem 2. Jägerbataillon.
„	„	„	**Wilhelm**, Johannes Georg, Sergeant in dem 2. Jägerbataillon.
„	„	„	**Groll**, Friedrich, Sergeant in dem 3. Infanterieregiment.
„	„	„	**Schmidt**, Jacob, Feldwebel in dem 2. Landwehrregiment.
„	Nov.	4.	**Lehr**, Wilhelm, Sergeant in dem 4. Infanterieregiment.
1867.	April	17.	**Kahl**, Valentin, Hauptzollamtsdiener bei dem Hauptzollamte Worms.
„	Aug.	26.	**Glöckner**, Philipp, Landgerichtsdiener bei dem Landgericht Altenstadt.
„	„	„	**Schönfeld**, Leopold, Kreisbauaufseher bei dem Kreisbauamte Bensheim.
„	„	„	**Rauch**, Gustav, Königlich Preußischer Bahnmeister des Bezirks Friedberg der Main-Weserbahn.
„	Oct.	22.	**Hoffmann**, Johannes, Kammerlaquai bei Seiner Großherzoglichen Hoheit dem Prinzen Carl von Hessen.

1868. Jan. 16. Sutter, Georg, Förster und Forstwart der Forstwartei Bleidenrod in der Oberförsterei Homberg.
„ Febr. 4. Raab, Philipp, Ortseinnehmer in Pension.
„ „ 29. Beyfel, Georg Wilhelm, Bürgermeister der Bürgermeisterei Beerfelden.
„ April 1. Bock, Friedrich, Zollaufseher bei dem Hauptzollamte Mainz.
„ Sept. 26. Eckhardt, Heinrich, Steueraufseher bei der Ortseinnehmerei Mainz.
„ „ 30. Götz, Philipp, Zollaufseher bei dem Hauptzollamte Mainz.

II. Ausländer.

1) Großkreuze.

1840. Mai 10. Budberg, Freiherr von (s. S. 29).
„ Juli 13. Markus, Dr. Michael von, Excellenz, Kaiserlich Russischer Geheimerath und Leibarzt.
„ Dec. 27. Heß, Freiherr von, Excellenz (s. S. 29).
1841. Jan. 17. Ignatiew, Paul von, Excellenz, Kaiserlich Russischer General der Infanterie und Generaladjutant.
„ April 28. Schuwalow, Graf (s. S. 29).
„ „ „ Grünwald, Rodian, Excellenz, Kaiserlich Russischer General der Cavallerie und Generaladjutant.
„ Juni 30. Nothomb, Johannes Baptist Baron von, Königlich Belgischer außerordentlicher Gesandter und bevollmächtigter Minister an dem Königlich Preußischen, Königlich Sächsischen, Großherzoglich Sachsen-Weimarischen, Herzoglich Anhalt'schen, Herzoglich Braunschweigischen Hofe und an den Herzoglich Sächsischen Höfen.
1842. Dec. 27. Bittinghof, Johannes Freiherr von, Excellenz, Kaiserlich Russischer General der Cavallerie, Gehülfe des Commandeurs der vereinigten Cavalleriecorps und Commandeur der Garde-Cürassierdivision.

1843. Sept. 2. Tolstoy, Nicolaus von, Excellenz, Kaiserlich Russischer General der Infanterie, Generaladjutant, Director des Nicolajewitschischen Invalidenhauses in Tschesma und Mitglied des Comite's der Verwundeten.

1844. April 7. Jurjewitsch, von (s. S. 30).

1846. März 22. Redern, Graf von (s. S. 35).

„ Sept. 18. Schnehen, Wilhelm von, Excellenz, vormaliger Königlich Hannöverischer Generallieutenant a. D.

1847. „ 8. Witzleben, Adam Ernst Rochus von, Excellenz, Großherzoglich Oldenburgischer Oberstallmeister, Kammerherr und Vorstand des Hofstallmeisterstabes.

„ Dec. 9. Pencker, von, Excellenz (s. S. 31).

1850. Febr. 5. Degenfeld-Schonburg, August Graf von, Excellenz, K. K. Oesterreichischer wirklicher Geheimerath, lebenslänglicher Reichsrath, Feldzeugmeister in Pension und Inhaber des 36. Infanterieregiments.

„ Juni 6. Helmschwerd, Wilhelm Burghardt von, Excellenz, vormaliger Kurfürstlich Hessischer Generallieutenant a. D.

„ „ 22. La Roche, Heinrich Delyn von, Excellenz, Königlich Bayerischer Generallieutenant und Generaladjutant.

1851. Mai 20. Kellner von Köllenstein, Friedrich Freiherr von, Excellenz, K. K. Oesterreichischer wirklicher Geheimerath, Feldmarschalllieutenant, Oberlieutenant in der ersten Arcierenleibgarde in Pension und Inhaber des 41. Infanterieregiments.

„ „ 25. Werner, Freiherr von, Excellenz (s. S. 31).

„ Juni 20. Engel, Carl August Maximilian von, Excellenz, Königlich Sächsischer Generallieutenant der Reiterei, Generaladjutant und Oberstallmeister.

„ „ „ Gersdorff, Georg Rudolph Freiherr von, Excellenz, Königlich Sächsischer Oberhofmarschall a. D.

1851. Juli 7. Keller, Alexander Iwan Graf von, Excellenz, Königlich Preußischer wirklicher Geheimerath, Oberschloßhauptmann, Intendant der Königlichen Gärten und Major a. D.

„ Aug. „ Ajroldi, Paul Freiherr von, Excellenz, K. K. Oesterreichischer wirklicher Geheimerath, Feldzeugmeister in Pension, Obersthofmeister Seiner Majestät des Kaisers Ferdinand I. und Inhaber des 23. Infanterieregiments.

„ Oct. 9. Mertens, Freiherr von (s. S. 28).

„ Dec. 27. Budberg, Freiherr von, Excellenz (s. S. 30).

1852. März 23. Bentheim-Tecklenburg-Rheda, Franz Prinz von, Durchlaucht.

„ Juni 7. Korff, Basil Freiherr von, Excellenz, Kaiserlich Russischer Generallieutenant, Generaladjutant und Hofmeister bei Seiner Kaiserlichen Hoheit dem Großfürsten Nicolai-Nicolajewitsch.

„ Oct. 10. Rochow auf Stülpe, von (s. S. 30.)

1853. Jan. 30. Marescalchi, Carl Ferdinand Napoleon Graf, vormaliger Kaiserlich Französischer außerordentlicher Gesandter und bevollmächtigter Minister an dem Großherzoglichen Hofe.

„ Juli 19. Schweizer, Freiherr von (s. S. 31).

„ Aug. 9. Baumbach, von (s. S. 32).

„ Sept. 19. Wernhardt, Stephan Freiherr von, Excellenz, K. K. Oesterreichischer wirklicher Geheimerath, wirklicher Kämmerer, Feldmarschallieutenant in Pension und Inhaber des 16. Infanterieregiments.

„ „ Jacobi, Carl, Excellenz, vormaliger Königlich Hannöverischer General der Infanterie a. D.

„ Nov. 12. Eltz, Franz Graf von, Excellenz, K. K. Oesterreichischer wirklicher Geheimerath, wirklicher Kämmerer und Feldmarschallieutenant in Pension.

1855. Jan. 7. Bismark-Schönhausen, Otto Graf von, Excellenz, Königlich Preußischer wirklicher Geheimerath, Generalmajor, Ministerpräsident und Mitglied des Staatsraths.

1855.	Juni 29.	**Rechberg und Rothenlöwen**, Graf von (s. S. 29).
„	Juli 17.	**Canitz und Dallwitz**, Carl Freiherr von, Königlich Preußischer Kammerherr, vormaliger außerordentlicher Gesandter und bevollmächtigter Minister.
„	Aug. 25.	**Bellegarde**, August Graf, Excellenz, K. K. Oesterreichischer wirklicher Geheimerath, wirklicher Kämmerer und Feldmarschall-lieutenant in Pension.
„	Nov. 23.	**Dönhoff**, Eugen Ferdinand Graf von, Excellenz, Königlich Preußischer wirklicher Geheimerath, Kammerherr, Hofmarschall Ihrer Majestät der Königin Elisabeth und Schloßhauptmann von Königsberg.
1856.	Mai 5.	**Ludwig**, Damian, Excellenz, Großherzoglich Badischer General der Infanterie in Pension.
„	„ 11.	**Mensdorff-Pouilly**, Alexander Graf, Excellenz, K. K. Oesterreichischer wirklicher Geheimerath, wirklicher Kämmerer, lebenslänglicher Reichsrath, Feldmarschalllieutenant, Minister des Kaiserlichen Hauses und des Aeußern und Inhaber des 9. Uhlanenregiments.
„	Aug. 21.	**Notaras**, Panagiotis, Königlich Griechischer Generalmajor a. D.
„	Sept. 30.	**Kotschubey**, Michael Fürst, Excellenz, Kaiserlich Russischer wirklicher Geheimerath a. D.
1857.	Mai 18.	**Samsonoff**, von (s. S. 32).
„	Juni 2.	**Adlerberg**, Graf von, Excellenz (s. S. 29).
„	„ 6.	**Schaffhausen-Schönberg-Eck-Schaufuß**, Nicolaus von, Excellenz, Kaiserlich Russischer Geheimerath.
„	„ 12.	**Fleury** (s. S. 36).
„	Aug. 2.	**Stillfried-Ratenicz**, August Freiherr von, K. K. Oesterreichischer wirklicher Kämmerer Feldmarschalllieutenant in Pension und zweiter Inhaber des 50. Infanterieregiments — Großherzog von Baden.
„	Oct. 14.	**Damrémont**, August Dionysius Graf von, Kaiserlich Französischer außerordentlicher Gesandter und bevollmächtigter Minister zur Disposition.

1857. Dec. 15. Perponcher-Sedlnitzky, Wilhelm Ludwig Heinrich Arend Graf von, Königlich Preußischer Kammerherr, Geheimer Legationsrath, außerordentlicher Gesandter und bevollmächtigter Minister an dem Königlich Niederländischen Hofe.

1858. Mai 8. Nostitz und Jänkendorff, Julius Gottlob von, Excellenz, Königlich Sächsischer wirklicher Geheimerath.

„ Aug. 5. Wurmbrand-Stuppach, Ferdinand Graf von, Excellenz, K. K. Oesterreichischer wirklicher Geheimerath, wirklicher Kämmerer, Oberst und Obersthofmeister Seiner Kaiserlichen Hoheit des Erzherzogs Franz Carl.

„ „ „ Fligély, August von, K. K. Oesterreichischer Feldmarschallieutenant bei dem Generalquartiermeisterstabe und Director des militär-geographischen Institutes in Wien.

„ 14. v. Byrn, Friedrich Constantin Wenzeslaus Freiherr, Excellenz, Königlich Sächsischer wirklicher Geheimerath, Kämmerer und Oberhofmeister Ihrer Majestät der Königin.

„ Dec. 28. Heeringen, von (s. S. 31).

1859. April 20. Vaublanc, Victor Heinrich Vicomte von, Königlich Bayerischer Kämmerer und Oberhofmeister in Pension.

„ Oct. 24. Folliot de Crenneville, Ludwig Graf, Excellenz, K. K. Oesterreichischer wirklicher Geheimerath, wirklicher Kämmerer, General der Cavallerie in Pension und Inhaber des 3. Husarenregiments.

„ Dec. 15. Hohenlohe-Oehringen, Felix Eugen Wilhelm Ludwig Albrecht Carl Prinz von, Durchlaucht.

„ „ 21. Comin, Don Juan Tomás, Excellenz, Königlich Spanischer Unterstaatssecretär in dem Ministerium der auswärtigen Angelegenheiten.

1860. Jan. 1. Comminges-Guitaud, Graf Rénée von, Kaiserlich Französischer außerordentlicher Gesandter und bevollmächtigter Minister bei der schweizerischen Eidgenossenschaft.

1860. Jan. 16. Beaulieu, Alcindor Freiherr von, Königlich Belgischer Generalmajor, außerordentlicher Gesandter und bevollmächtigter Minister an dem Königlich Niederländischen Hofe.

" Sept. 11. Reischach, Sigmund Freiherr von, Excellenz, K. K. Oesterreichischer wirklicher Geheimerath, wirklicher Kämmerer, Feldmarschall-lieutenant in Pension und Inhaber des 21. Infanterieregiments.

" " " Braida, Graf von, Excellenz (s. S. 35).

" Dec. 4. Roon, von, Excellenz (s. S. 36).

1861. Febr. 5. Vogel von Falkenstein, Eduard Ernst Friedrich, Excellenz, Königlich Preußischer General der Infanterie, Commandeur des 1. Armeecorps und Chef des 7. Westphälischen Infanterieregiments Nr. 56.

" Sept. 18. Bach, Eduard Freiherr von, Excellenz, K. K. Oesterreichischer wirklicher Geheimerath, Statthalter und Landeschef des Herzogthums Krain.

" " 27. Hügel, Carl Freiherr von, Excellenz, Königlich Württembergischer wirklicher Geheimerath und Kammerherr.

" Nov. 7. Manteuffel, Edwin Freiherr von, Excellenz, Königlich Preußischer General der Cavallerie, Generaladjutant und Chef des rheinischen Dragonerregiments Nr. 5.

1862. Mai 28. Vitzthum von Eckstädt, Carl Friedrich Graf, Königlich Sächsischer Kammerherr, außerordentlicher Gesandter und bevollmächtigter Minister an dem Königlich Großbritannischen Hofe.

" Juni " Reischach, Carl Freiherr von, Excellenz, K. K. Oesterreichischer wirklicher Geheimerath, wirklicher Kämmerer, Generalmajor und Vorsteher der Kammer Seiner Kaiserlichen Hoheit des Erzherzogs Franz Carl.

" " " Wrbna und Freudenthal, Graf von (s. S. 32).

" Sept. 11. Hartmann, Jacob Ritter von, Excellenz, Königlich Bayerischer Generallieutenant und General-Commandant von Würzburg.

1862. Dec. 24. **Habermann von Habersfeld, Joseph** Freiherr, Excellenz, K. K. Oesterreichischer wirklicher Geheimerath, Feldmarschalllieutenant in Pension und Inhaber des 39. Infanterieregiments.

1863. Aug. 15. **Sallaba,** Johannes Freiherr von, Excellenz, K. K. Oesterreichischer wirklicher Geheimerath, Feldmarschalllieutenant und Obersthofmeister Seiner Kaiserlichen Hoheit des Erzherzogs Wilhelm.

„ Sept. 5. **St. Julien,** Graf von und zu Wallsee, Clemens, Excellenz, K. K. Oesterreichischer wirklicher Geheimerath und Major in der Armee.

„ „ „ **Taaffe,** Eduard Graf von, Excellenz, K. K. Oesterreichischer wirklicher Geheimerath, Kämmerer, Minister und Minister-Präsidenten-Stellvertreter.

„ Nov. 21. **Reiset,** Gustav Graf von, Excellenz, Kaiserlich Französischer Gesandter zur Disposition.

„ „ 26. **Rascon,** Dr. Don Juan Antonio de, Excellenz, Königlich Spanischer vormaliger außerordentlicher Gesandter und bevollmächtigter Minister und Mitglied der Spanischen Cortes.

„ Dec. 24. **Stockhausen,** Bodo Albrecht von, vormaliger Königlich Hannoverischer Geheimerath und Gesandter.

1864. April 13. **Rechberg und Rothenlöwen,** Graf von (s. S. 29).

„ Mai 12. **Sell,** Freiherr von (s. S. 35).

„ „ „ **Bülow,** Jasper Friedrich von, Excellenz, Großherzoglich Mecklenburg-Schwerinischer Oberhofmarschall und Kammerherr.

„ Juni 19. **Rancés y Villanueva,** Don Manuel, Königlich Spanischer vormaliger außerordentlicher Gesandter und bevollmächtigter Minister und Mitglied der Spanischen Cortes.

1864. Aug. 15. Canitz und Dallwitz, Julius Freiherr von, Königlich Preußischer Kämmerer, Legationsrath, außerordentlicher Gesandter und bevollmächtigter Minister in Spanien.

„ „ 25. La Roche du Jarrys Freiherr von (s. S. 33).

„ „ „ Labensky, von, Excellenz (s. S. 30).

„ Sept. 2. Pérofsky, Boris Graf, Generaladjutant Seiner Majestät des Kaisers von Rußland.

„ Oct. 18. Sayn-Wittgenstein-Berleburg, Prinz von, Durchlaucht (s. S. 43).

„ Nov. 11. Murphy, Thomas, vormaliger Kaiserlich Mexicanischer außerordentlicher Gesandter und bevollmächtigter Minister an dem K. K. Oesterreichischen Hofe.

1865. Jan. 14. Lerchenfeld-Aham, Otto Freiherr von, Königlich Bayerischer Oberststallmeister in Pension und Kämmerer.

„ März 25. Schele, Eduard Freiherr von, vormaliger Fürstlich Thurn- und Taxis'scher Generalpostdirector.

„ April 11. Lessorsky, Stephan, Kaiserlich Russischer Contreadmiral à la suite Seiner Majestät des Kaisers und Chef der Flotte in dem Mittelmeere.

„ „ 15. Gavini de Campile, Denis, Kaiserlich Französischer Präfect des Departements der Seealpen.

„ Juli 10. Lützow, Franz Graf von, Excellenz, K. K. Oesterreichischer wirklicher Geheimerath und wirklicher Kämmerer.

„ Dec. 8. Ficalho, Marquis de, Pair und erster Kammerherr Seiner Majestät des Königs von Portugal.

1866. Jan. 9. Nasse, Alphons Paul Alexander von, Königlich Belgischer Senator.

„ Mai 24. Raule, Dr. Franz Freiherr von, K. K. Oesterreichischer wirklicher Geheimerath und Präsident des Handelsgerichts in Wien.

„ Aug. 9. Baur, von, Excellenz (s. S. 42).

1866. Sept. 9. **Oubril**, Paul von, Excellenz, Kaiserlich Russischer Geheimerath, außerordentlicher Gesandter und bevollmächtigter Minister an dem Königlich Preußischen Hofe.

" " " **Ozeroff**, Iwan Ritter von, Excellenz, Kaiserlich Russischer Geheimerath, außerordentlicher Gesandter und bevollmächtigter Minister an dem Königlich Bayerischen Hofe.

1867. März 17. **Varnbüler von und zu Hemmingen**, Carl Gottlob Friedrich, Königlich Württembergischer Minister des Königlichen Hauses und der auswärtigen Angelegenheiten.

" Juni 15. **Karell**, Dr., Excellenz (s. S. 33).

" " " **Hamburger**, Andreas von, Excellenz, Kaiserlich Russischer Geheimerath und Mitglied des Conseils in dem Ministerium der auswärtigen Angelegenheiten.

" " " **Schuwalow**, Graf (s. S. 46).

" " " **Kirkine** (s. S. 33).

" " 19. **Le Play**, Kaiserlich Französischer Staatsrath.

" Juli 1. **Könneritz**, Rudolph von, Excellenz, Königlich Sächsischer wirklicher Geheimerath, Kammerherr, außerordentlicher Gesandter und bevollmächtigter Minister an dem K. K. Oesterreichischen Hofe.

" Aug. 25. **Capriani**, Philipp Graf von, K. K. Oesterreichischer wirklicher Geheimerath, wirklicher Kämmerer und Obersthofmeister Ihrer Majestät der Kaiserin Caroline Auguste.

" Oct. 13. **Röder**, Julius von, Excellenz, Königlich Preußischer Generallieutenant und Inspector der Besatzung der Festung Mainz.

" Nov. 11. **Bose**, Carl Gustav Adolph von, Excellenz, Königlich Sächsischer wirklicher Geheimerath, Kammerherr, außerordentlicher Gesandter und bevollmächtigter Minister an dem Großherzoglichen Hofe.

" " 14. **Zelenoy**, Alexander von Excellenz, Kaiserlich Russischer Minister der Kaiserlichen Domänen, Generallieutenant und Generaladjutant Seiner Majestät des Kaisers.

1869. März 1. Schönburg-Waldenburg, Ernst Prinz zu, Durchlaucht.

" " 15. Podbielsky, Eugen Anton Theophil, Excellenz, Königlich Preußischer Generallieutenant und Director des allgemeinen Kriegs-Departements.

" Sept. 18. Bariatinsky, Wladimir Fürst, Durchlaucht, Kaiserlich Russischer Generaladjutant Seiner Majestät des Kaisers und Oberstallmeister.

" " " Galitzine, Boris Fürst, Durchlaucht, Kaiserlich Russischer Generalmajor à la suite Seiner Majestät des Kaisers.

" Oct. 23. Pückler, Graf, Excellenz (s. S. 32).

2) Comthure erster Classe.

1846. Mai 13. Wenzhengen, Franz Xaver Freiherr von, K. K. Oesterreichischer Hof- und Ministerialrath und Canzleidirector in dem Ministerium des Aeußern.

" " 14. Swistunow, Alexis von, Excellenz, Kaiserlich Russischer Geheimerath, Director des Oekonomie- und Rechnungsdepartements in dem Ministerium der auswärtigen Angelegenheiten.

" Dec. 29. Brints-Treuenfeld, Carl Freiherr von, K. K. Oesterreichischer wirklicher Kämmerer und vormaliger Fürstlich Thurn- und Taxis'scher Oberpostmeister.

1849. Nov. 15. Morzin, Peter Graf, K. K. Oesterreichischer wirklicher Kämmerer und Feldmarschall-Lieutenant in Pension.

" Dec. 18. Balan, Hermann Ludwig von, Excellenz, Königlich Preußischer wirklicher Geheime Legationsrath, außerordentlicher Gesandter und bevollmächtigter Minister an dem Königlich Belgischen Hofe.

1850. " 3. Cerrini von Monte-Varchi, Heinrich, K. K. Oesterreichischer wirklicher Kämmerer und Feldmarschalllieutenant in Pension.

7*

1851. April 2. Roguet, Michael Christoph Graf, Kaiserlich Französischer Divisionsgeneral und Adjutant Seiner Majestät des Kaisers.

„ Juli 7. Häseler auf Blankenfeld, Eduard Graf von, Königlich Preußischer Rittmeister a. D., Kammerherr, Schloßhauptmann von Königs-Wusterhausen und Hauptritterschafts- und General-Land-Feuer-Societätsdirector.

„ Sept. 30. Roppelt, Johannes Baptist, Königlich Bayerischer Generallieutenant in Pension.

1852. Juni 7. Bagration, Peter Prinz, Kaiserlich Russischer Generalmajor à la suite Seiner Majestät des Kaisers.

„ „ „ Krasnolutsky, Nicolaus von, Kaiserlich Russischer Generalmajor à la suite Seiner Majestät des Kaisers.

„ Sept. 22. Hohe, Gustav von, Königlich Bayerischer Präsident der Regierung von Niederbayern.

„ Oct. 30. Lambert, Graf von (s. S. 32).

1853. März 10. Stengel, Dr. Franz Freiherr von, Excellenz, Großherzoglich Badischer Geheimerath erster Classe und Präsident der Oberrechnungskammer.

„ „ 15. Meloizes-Fresnoy, Renaud d'Avesnes Vicomte de, Kaiserlich Französischer außerordentlicher Gesandter und bevollmächtigter Minister an dem Königlich Bayerischen Hofe.

1854. Febr. 20. Loßberg, von (s. S. 32).

„ Juni 23. Mayer, Siegmund Friedrich von, vormaliger Kurfürstlich Hessischer Geheimer Cabinetsrath.

1855. Nov. „ Finck von Finckenstein, Carl Adolph Emil Graf, Königlich Preußischer Oberstlieutenant a. D. und erster diensttuender Kammerherr Ihrer Majestät der Königin Elisabeth.

1856. Mai 5. Reischach, Carl Freiherr von, Großherzoglich Badischer Oberstkammerherr.

„ Nov. 30. Wiederhold, Carl Friedrich Kuno Freiherr von, Excellenz, Königlich Württembergischer Generallieutenant a. D.

1857. Juli 12. Dalberg, Carl Robert Joseph Philipp Herzog von, erster Kammerherr Ihrer Majestät der Kaiserin der Franzosen.

„ „ „ Migneret, Johannes Baptist Stanislaus Martial, Kaiserlich Französischer Staatsrath.

1858. April 20. Senter von Lötzen, Carl, Excellenz, Großherzoglich Badischer Generallieutenant in Pension.

„ Juni 12. Tann, Ludwig Freiherr von der, Excellenz, Königlich Bayerischer Kämmerer, Generallieutenant, Generaladjutant und General-Commandant von München.

„ Aug. 5. Hartung, Ernst, K. K. Oesterreichischer Feldmarschalllieutenant, interimscommandirender General in Wien und Inhaber des 47. Infanterieregiments.

„ Oct. 1. Mulken, Johannes Joseph von, Königlich Niederländischer Generalmajor, Brigadier und militärischer Commandant der Provinzen Friesland, Groningen und Drönthe.

„ „ 15. Quistorp, Theodor von, Excellenz, vormaliger Königlich Hannöverischer Generallieutenant.

1859. Jan. 4. Schönburg-Waldenburg, Hugo Prinz zu, Durchlaucht, Königlich Preußischer Oberstlieutenant à la suite der Armee.

„ Sept. 21. Möller, Eduard von, Königlich Preußischer Oberpräsident der Regierung zu Cassel.

„ Nov. 3. Wussin, Ferdinand Freiherr von, K. K. Oesterreichischer Feldmarschalllieutenant, Generalmontursinspector und zweiter Inhaber des 7. Uhlanenregiments — Erzherzog Carl Ludwig.

„ „ 21. Diaz del Moral, Don Mariano, Königlich Spanischer Unterdirector für die Handelsangelegenheiten in dem Ministerium der auswärtigen Angelegenheiten.

„ Dec. „ Fitz-James, Graf von Galve, Don Enrique Stuart de, Königlich Spanischer 2. Secretär bei der Gesandtschaft an dem Kaiserlich Französischen Hofe.

1860. Juni 23. Uechtritz, Paul Franz Emil Freiherr von, Herzoglich Sachsen-Meiningen'scher Kammerherr und Oberhofmeister.
" Juli 28. Santelli, Marcus Graf, vormaliger Major in Päpstlichen Diensten.
" Aug. 25. Jeetze, Freiherr von (s. S. 37).
1861. Febr. 1. Weisweiler, Daniel von, Königlich Bayerischer Generalconsul in Madrid.
" März 5. Massenbach, Carl Friedrich Leo von, Königlich Preußischer Präsident der Regierung in Düsseldorf.
" Sept. 19. Rupprecht von Virtsolog, Heinrich, K. K. Oesterreichischer Feldmarschalllieutenant, Commandant der 6. Truppendivision zu Grätz und Inhaber des 40. Infanterieregiments.
" Nov. 7. Fabisch, Joseph, K. K. Oesterreichischer Generalmajor in Pension und zweiter Inhaber des 2. Artillerieregiments — Erzherzog Ludwig.
1862. Sept. 11. Hagens, Caspar von, Königlich Bayerischer Generallieutenant ad latus des General-Commando's Würzburg.
" " " Hake, Johannes von, Königlich Bayerischer Generalmajor in Pension.
1863. " 14. Lausch, Michael, K. K. Oesterreichischer Generalmajor in Pension.
" " 20. Arendtschild, Alexander von, vormaliger Königlich Hannöverischer Generalmajor.
" " " Schenck zu Schweinsberg, Freiherr von, (s. S. 44).
" " " Köhne, Dr. Bernhard Freiherr von, Excellenz, Kaiserlich Russischer wirklicher Staatsrath und Director der heraldischen Abtheilung des Kaiserlich dirigirenden Senats in St. Petersburg.
1864. Mai 12. Stenglin, Otto Henning Freiherr von, Großherzoglich Mecklenburg-Schwerinischer Kammerherr und Oberhofmeister Ihrer Königlichen Hoheit der Großherzogin Mutter.
" " " Wickede, Otto von, Großherzoglich Mecklenburg-Schwerinischer Ministerialrath und Kammerjunker.

1864. Juni 14. Haartman, Dr. Franz Carl Gabriel von, Excellenz, Kaiserlich Russischer wirklicher Staatsrath und Leibarzt Ihrer Majestät der Kaiserin.

„ Oct. 18. Müller, Nikolai von, Excellenz, Kaiserlich Russischer wirklicher Staatsrath in der Geschäftskanzlei Seiner Majestät des Kaisers und Kammerherr.

„ Dec. 14. Thumb-Neuburg, Otto Freiherr von, Königlich Württembergischer Geheimer Legationsrath und Geschäftsträger an dem Großherzoglich Badischen Hofe.

1865. Jan. „ Kreith, Graf von (s. S. 52).

„ „ „ Pappenheim, Maximilian Graf zu, Königlich Bayerischer Major à la suite und Oberhofmeister Ihrer Majestät der Königin Mutter.

„ Febr. 24. Gachard, Ludwig Prosper, Königlich Belgischer Generalarchivar.

„ März 17. Kleinschrod, Carl Theodor von, Königlich Bayerischer Geheimrath und Rheinschifffahrtscommissär in Pension.

„ April „ Grandsaigne, Peter Isidor Vicomte de, Fürstlich Monaco'scher Oberst und erster Adjutant Seiner Durchlaucht des Fürsten.

„ Mai 18. Stenglin, Adolph Freiherr von, Großherzoglich Mecklenburg-Schwerinischer Hofmarschall und Kammerherr.

„ „ „ Brandenstein, Otto Freiherr von, Großherzoglich Mecklenburg-Schwerinischer Oberstallmeister und Kammerherr.

„ „ 21. Staratine, Alexander von, Excellenz, Kaiserlich Russischer wirklicher Staatsrath und Generalconsul in Neapel.

„ Juni 8. Egloffstein, August Freiherr von, Königlich Württembergischer Kammerherr, Staatsrath und Chef des Cabinets Seiner Majestät des Königs.

„ „ 14. Waag, Ludwig, Excellenz, Großherzoglich Badischer Generallieutenant und Gouverneur der Festung Rastatt.

1865. Aug. 25. Boxberg, Carl Freiherr von, K. K. Oesterreichischer Feldmarschallieutenant und Commandant der 1. Cavallerie-Truppendivision zu Salzburg.
" Oct. 13. Müller, Dr. (s. S. 38).
" " 30. Eschwege, von (s. S. 44).
" " " Dörnberg, Moritz Freiherr von, Königlich Preußischer Director der Direction des Haupt-Hofhospitals zu Cassel.
1866. Febr. 10. Castell, Gustav Graf von, Obersthofmeister Seiner Majestät des Königs von Bayern.
" " " Pfistermeister, von (s. S. 51).
" Aug. 28. Bergsträßer, Dr. Carl von, Excellenz, Kaiserlich Russischer wirklicher Staatsrath.
" Sept. 12. Rizy, Dr. Theobald, K. K. Oesterreichischer Sectionschef in dem Ministerium der Justiz.
" " 14. Pron, Maria Joseph August Baron von, Kaiserlich Französischer Präfect des Departements des Niederrheins.
" Oct. 19. Stein-Liebenstein zu Barchfeld, Franz Carl Freiherr von, Herzoglich Sachsen-Meiningen'scher Kammerherr und Hofmarschall.
" Dec. 3. Sleptzoff (s. S. 38).
1867. April 16. Mauritz, von, Excellenz (s. S. 43).
" Mai 14. König, Bernhard, Königlich Preußischer Geheimer Legationsrath und vortragender Rath in dem Ministerium der auswärtigen Angelegenheiten.
" Juni 15. Ryleef, von (s. S. 34).
" Juli 2. Kanalotzy-Lefler, von (s. S. 47).
" " 3. Ribbeck, Friedrich Julius, Königlich Preußischer Geheimer Oberregierungsrath.
" Aug. " Hofmann, Leopold von, K. K. Oesterreichischer Sectionschef in der Reichscanzlei.
1868. März 15. Fleck, Eduard, Königlich Preußischer Generalauditeur der Armee.
" Juni 23. Hoffmann, Dr. Ludwig, Königlich Preußischer Oberconsistorialrath, Generalsuperintendent der Kurmark, Hof- und Domprediger.

1868.	Juni	29.	Kessel, Bernhard von, Königlich Preußischer Generalmajor à la suite und Flügeladjutant Seiner Majestät des Königs.
„	Sept.	18.	Boycikow (s. S. 39.)
„	„	26.	Weißhaupt, Königlich Preußischer Geheimer Oberbaurath.

3) Comthure zweiter Classe.

1840.	Mai	27.	Evora y Vega de, Theodul Rodriguez, Marquis des Rodes, Königlich Belgischer Legationsrath.
„	Juli	6.	Cochorn, Eduard Baron, vormaliger K. Französischer Legationssecretär bei der Gesandtschaft an dem Großherzoglichen Hofe.
1841.	Mai	8.	Stoffregen, August von, Excellenz, Kaiserlich Russischer wirklicher Staatsrath, Kammerherr und Generalconsul in Amsterdam.
184..	„	3.	Grün, Heinrich Anton von, Fürstlich Reuß-Greitzischer Geheimer Cabinetsrath.
„	Sept.	6.	Durant, de Mareuil, Joseph, vormaliger K. Französischer Gesandtschaftssecretär bei der Gesandtschaft an dem Großherzoglichen Hofe.
„	„	27.	Pratobevera-Wiesborn, Adolph Freiherr von, Excellenz, K. K. Oesterreichischer wirklicher Geheimerath.
„	Dec.	„	Rodionow, Paul von, Excellenz, Kaiserlich Russischer wirklicher Staatsrath.
1843.	Febr.	15.	Siber, Carl Freiherr von, K. K. Oesterreichischer Sectionsrath in dem Ministerium des Kaiserlichen Hauses und des Aeußern.
„	März	21.	Souchay, Dr. Eduard Franz, vormaliger Senator und Appellationsgerichtsrath in Frankfurt am Main.
„	April	30.	Marogna, Maximilian Graf von, Königlich Bayerischer Kämmerer, Legationsrath und Ministerresident an dem Königlich Belgischen und Königlich Niederländischen Hofe.
„	Aug.	29.	Feuillet de Conches, Felix, Kaiserlich Französischer Maître de Cérémonies, Intro-

		ducteur des Ambassadeurs, Unterdirector und Chef des Protocolls in dem Ministerium der auswärtigen Angelegenheiten.
1843.	Aug. 29.	Génie, Johannes Anton August, vormaliger Chef des Cabinets des Kaiserlich Französischen Ministers der auswärtigen Angelegenheiten.
„	Dec. 10.	Grainger zu Tywisog, Walther Freiherr von, Königlich Bayerischer Kämmerer, Generalmajor à la suite, Landwehroberst und Commandant der Landwehr des Landgerichtsbezirks Erding.
1844.	April 12.	Rodinow, Rostislaus, Kaiserlich Russischer Hofrath.
„	Aug. 26.	Friedrichs, Gustav von, Excellenz, Kaiserlich Russischer Generallieutenant und Gouverneur der Provinz der Sibirischen Kirgisen.
1846.	Mai 24.	Gröben, Julius Graf von der, Königlich Preußischer Kammerherr und Mitglied der Generalordenscommission.
1847.	„ 2.	Mörder, Peter von, Kaiserlich Russischer Generalmajor à la suite Seiner Majestät des Kaisers, Mitglied des Gestütsraths Seiner Majestät des Kaisers und Dirigent eines Bezirksgestütes.
„	Sept. 26.	Zollikofer, Friedrich von, Königlich Preußischer Oberst a. D.
1848.	Jan. 14.	Büseck, Carl Freiherr von, vormaliger Landgräflich Hessischer Hofstallmeister.
1849.	Juni 6.	Schmidt, Carl Friedrich Wilhelm, Königlich Preußischer Oberstlieutenant a. D.
„	Aug. 22.	Reinhardt, von, (s. S. 43).
„	Sept. 25.	Bernstorff, Joachim Wilhelm August Freiherr von, Großherzoglich Mecklenburg-Strelitzischer Kammerherr und Oberstallmeister.
„	Oct. 24.	Kalte, Bodo von, Königlich Preußischer Oberstlieutenant a. D.
„	„ 28.	Nolte, Ludwig von, Königlich Preußischer Generallieutenant a. D.

1849. Nov. 15. Frannl von Weißenthurm, Ludwig, K. K. Oesterreichischer Oberst in Pension.

„ Dec. 5. Giese, Johannes Wilhelm von, Königlich Preußischer Generalmajor a. D.

„ „ „ Weiß, Otto Wilhelm Theodor, vormaliger Kurfürstlich Hessischer Oberst.

1850. Febr. 17. Ruhl (s. S. 42).

„ Mai 26. Müller, Johannes Wilhelm Freiherr von, vormaliger K. K. Oesterreichischer Generalconsul.

„ Juli 1. Biegeleben, von (s. S. 32).

„ „ 29. Rodzianko II., Michael von, Kaiserlich Russischer Oberst a. D.

1851. Mai 26. Weigelsberg, Friedrich Freiherr von, K. K. Oesterreichischer Feldmarschalllieutenant — zugetheilt bei dem Kriegs-Ministerium.

„ „ 31. Cappy, Heinrich Graf von, K. K. Oesterreichischer Oberst in dem 13. Dragonerregiment — Prinz Eugen von Savoyen — und Adjutant Seiner Kaiserlichen Hoheit des Erzherzogs Albrecht.

„ „ „ Fröhlich von Sallanze, Johannes Freiherr, K. K. Oesterreichischer Oberst in der Armee.

„ Juli 7. Trotha, Gustav Freiherr von, Königlich Sächsischer Oberst in Pension.

„ Aug. „ Richter von Binnenthal, Anton, K. K. Oesterreichischer Oberstlieutenant in Pension.

„ „ 30. Liebig, Dr. Freiherr von (s. S. 41).

„ Nov. 23. Ruff, August Ritter von, K. K. Oesterreichischer Feldmarschalllieutenant und Commandant der 21. Grenz-Truppendivision.

„ „ „ Auvert, Dr. Alexander von, Kaiserlich Russischer Staatsrath und Inspector der Civilhospitäler in Moskau.

1853. Jan. 28. Lafont, Léon Philipp, Kaiserlich Französischer Redacteur in dem Ministerium der auswärtigen Angelegenheiten.

„ Mai 6. Chenu, Dr. Johannes Carl, Kaiserlich Französischer Professor an der Militärarzneischule in Paris.

1853 Juli 15. **Zedlitz-Neukirch**, Otto Freiherr von, Königlich Preußischer Kammerherr und Wirthschaftsintendant von Erdmannsdorf.

„ Sept. 19. **Meyerfeld**, Ferdinand Alexander Ludwig von, Königlich Preußischer Generalmajor und Commandeur der 14. Infanteriebrigade.

1854. März 27. **Bethmann**, Moritz Freiherr von, vormaliger Königlich Preußischer Generalconsul in Frankfurt am Main.

„ Oct. 15. **Pirner** (s. S. 38).

„ „ „ **Köckritz**, Albrecht Heinrich von, Königlich Preußischer Oberstlieutenant a. D.

„ Dec. 25. **Stephan**, Baptist, Königlich Bayerischer Generallieutenant und General-Commandant des Generalcommando's Nürnberg.

1855. Jan. 13. **Brussele**, Felix Freiherr von, K. K. Oesterreichischer Oberst in Pension.

„ Febr. 14. **Coccapani**, Ludwig Marquis, vormaliger Herzoglich Modenesischer Kammerherr.

„ Mai 10. **Orloff-Denisoff**, Peter Graf, Kaiserlich Russischer Oberst a. D.

„ Juni 20. **Medl**, Theodor Ritter von, K. K. Oesterreichischer Feldmarschalllieutenant in Pension.

„ Juli 28. **Bäckhl**, Franz, K. K. Oesterreichischer Generalmajor in Pension.

1856. Mai 5. **Faber**, Philipp von, Großherzoglich Badischer Generalmajor und Commandant der Artillerie.

„ Juni 8. **Biedenfeld**, Hermann Heinrich Friedrich Ludwig von, vormaliger Kurfürstlich Hessischer Oberst.

„ Aug. 25. **Bozaris**, Demetrius, Königlich Griechischer Oberstlieutenant a. D.

„ Sept. 4. **Bouros**, Dr. Johannes, vormaliger Chef des gesammten Königlich Griechischen Medicinalwesens.

„ Dec. 6. **Rothschild**, Mayer Carl Freiherr von, Königlich Bayerischer Generalconsul in Darmstadt.

„ „ 14. **Coynard**, Raymond von, Kaiserlich Französischer Escadronschef in dem Generalstab und Attaché bei dem Kriegsminister.

1857. Febr. 26. Kallée, Eduard von, Königlich Württembergischer Generalmajor und Chef des Generalquartiermeisterstabes.

" März 6. Wentzel, Otto von, Königlich Preußischer Legationsrath und außerordentlicher Gesandter und bevollmächtigter Minister an dem Großherzoglichen Hofe.

" Juli ". Dolgoruky, Demetrius, Fürst, Kaiserlich Russischer Kammerjunker, Staatsrath und Gehülfe des Staatssecretärs im Reichsrathe.

" " ". Mohrenheim, Arthur Freiherr von, Excellenz, Kaiserlich Russischer wirklicher Staatsrath, außerordentlicher Gesandter und bevollmächtigter Minister an dem Königlich Dänischen Hofe.

" " 12. Renouard von Bussiere, Alfred Baron, Mitglied des Verwaltungsraths der Kaiserlich Französischen Ostbahnen.

" " ". Reboul, Ludwig Julius, Kaiserlich Französischer Generalsecretär der Präfectur des Departements des Niederrheins.

" " 17. Freistedt, Ludwig Freiherr von, Großherzoglich Badischer Generalmajor von dem Armeecorps.

" Aug. 2. Wagner, Aloys, K. K. Oesterreichischer Oberstlieutenant in der Armee und Verpflegs-Magazins-Controlor in Olmütz.

" Sept. 27. Tschertkoff, Michael, Kaiserlich Russischer Generalmajor à la suite Seiner Majestät des Kaisers.

" " 30. Galitzin, Sergius Fürst, Kaiserlich Russischer wirklicher Staatsrath.

" Oct. 16. Bayer-Ehrenberg, Friedrich von, Königlich Württembergischer Oberst a. D.

" Dec. 25. Rey, Philipp, Kaiserlich Französischer Brigadegeneral in Pension.

" " 27. Neuland, Fedor, Königlich Preußischer Oberst a. D.

1858. Febr. 25. Tomas (s. S. 88).

" März 24. Münchhausen, Carl Börries Ludwig Freiherr von, Herzoglich Braunschweigischer

Kammerherr, Hofmarschall, Chef des Oberst-hofmarschallamtes und Intendant des Hof-theaters.

1858. Juni 12. Pappenheim, Carl Graf zu, Königlich Bayerischer Generalmajor und Generaladjutant.

Juli 30. Schitter von Niedernberg, Johannes, K. K. Oesterreichischer Generalmajor in Pension.

Aug. 4. Bärtling, James Ritter von, K. K. Oesterreichischer Generalmajor und Brigadier bei der 3. Cavalleriedivision in Preßburg.

" " Rádosy, von Rádos, Alexander, K. K. Oesterreichischer Generalmajor in Pension.

" " Dräxler von Carin, Philipp Ritter, K. K. Oesterreichischer wirklicher Hofrath und Canzleidirector bei dem Obersthofmeisteramt, Unterstabelmeister und Erzherzoglicher Herold.

" 5. Schütte, Edler von Warensberg, (s. S. 30).

" " Töply von Hohenvest, Johannes Freiherr, K. K. Oesterreichischer Generalmajor und Brigadier in der 15. Truppendivision.

" 25. Klein (s. S. 47).

Sept. 24. Otting und Fünfstetten, Maximilian Joseph Graf von, Königlich Bayerischer Kämmerer.

Oct. 15. Renz, Heinrich von, Großherzoglich Badischer Oberst und Commandant der Gendarmerie.

Dec. Renard, Carl, Kaiserlich Russischer Staatsrath und erster Secretär der naturforschenden Gesellschaft in Moskau.

29. Speidl, Edmund Freiherr von, Königlich Bayerischer Kämmerer, Oberstlieutenant in dem 1. Artillerieregiment — Prinz Luitpold — Hofmarschall und Adjutant Seiner Königlichen Hoheit des Prinzen Luitpold.

" " 30. Zieneicki, Hieronymus von, K. K. Oesterreichischer Generalmajor und Brigadier bei der 19. Truppendivision zu Prag.

1859. Jan. 9. Röder von Diersburg, Ferdinand Freiherr, Großherzoglich Badischer Hofmarschall a. D.

1859.	Juni	4.	Waßl, Anton, Großherzoglich Badischer Ministerialrath in dem Justizministerium.
„	„	14.	Lessel, Philipp, Königlich Bayerischer Oberst in dem Generalquartiermeisterstabe.
„	Juli	30.	Ullrich, Joseph von, K. K. Oesterreichischer Oberst in Pension.
„	„	„	Pletzger, Eduard Freiherr von, K. K. Oesterreichischer Oberst in Pension.
„	Aug.	28.	Gomboß von Hathaza, Ladislaus, K. K. Oesterreichischer Generalmajor in Pension.
„	Oct.	24.	Gamerra, Gustav Freiherr von, K. K. Oesterreichischer Generalmajor und Brigadier bei der 7. Truppendivision zu Görz.
„	„	„	Ernst, Heinrich von, Königlich Preußischer Oberst a. D.
„	Dec.	20.	Podewils, Philipp Freiherr von, Königlich Bayerischer Oberst in der Artillerie und Director der Gewehrfabrik in Amberg.
1860.	Jan.	8.	Weber, Gallus, Königlich Bayerischer Oberst in Pension.
„	Aug.	25.	Gmainer, von (s. S. 44).
„	„	29.	Heemskerk, Eduard Gustav Ludwig Wilhelm von, Königlich Niederländischer Oberst, Adjutant Seiner Majestät des Königs und Commandeur des Großherzoglich Luxemburgischen Contingentes.
„	„	„	Casembroot, Jonkheer F. von, Königlich Niederländischer Oberstlieutenant, Fregatten-Capitän und Adjutant Seiner Majestät des Königs.
„	Sept.	28.	Uechtritz, Alexander Theodor von, Excellenz, Königlich Preußischer Generallieutenant und Inspecteur der Artillerieinspection in Coblenz.
„	„	„	Neumann, Rudolph Selvius, Königlich Preußischer Generalmajor von der Armee und Präses der Artillerie-Prüfungs-Commission.
„	Nov.	3.	Andreis, Andreas, K. K. Oesterreichischer Oberst in Pension.

1860. Dec. 1. Meran, Freiherr von Brandhof, Franz Graf, K. K. Oesterreichischer Major in der Armee.

" 4. Göpp, Theodor, Kaiserlich Französischer Rheinschifffahrts-Commissär und Consul in Mannheim.

" " 14. Hurrelbrink, Friedrich Wilhelm, Königlich Preußischer Generalmajor und Commandeur der 2. Artilleriebrigade.

1861. Jan. 13. Begesack, Ernst von, Königlich Preußischer Oberstlieutenant a. D.

" " " Lanitz, Rudolph Graf von, Königlich Preußischer Oberst, Commandeur des 2. Garderegiments zu Fuß und Flügeladjutant.

" Febr. 27. Jüptner von Jonstorff, Ritter (s. S. 45).

" März 5. Hegel, Thomas Immanuel Christian, Königlich Preußischer Geheimer Oberregierungsrath und vortragender Rath in dem Staatsministerium.

" April 16. Steinheil, Wetcheslaw Baron, Kaiserlich Russischer Generalmajor und Redacteur der Russischen Militärchronik.

" Mai 10. Blecker, Dr. Peter, Königlich Niederländischer Oberstabsarzt.

" Aug. 20. Puttkammer, Theodor, Königlich Preußischer Oberstlieutenant z. D. und Vorstand der Gewehr-Revisionscommission in Suhl.

" Sept. 19. Taulow von Rosenthal, Ritter (s. S. 47).

" " " Josa (s. S. 49).

" Oct. 7. Drákos, Johannes, Königlich Griechischer Major a. D.

" " 13. Holzhausen, Hector Freiherr von, K. K. Oesterreichischer Generalmajor in Pension und wirklicher Kämmerer.

" " " Alt-Leiningen-Westerburg, Graf von (s. S. 45).

" " 22. Sydow, Albrecht Julius von, Königlich Preußischer Oberstlieutenant a. D.

" Nov. 2. Brause, Hans Carl von, Königlich Preußischer Oberst a. D.

" " 10. Briesen, Reinhold von, Excellenz, Königlich Preußischer Generallieutenant zur Disposition.

1862. Mai 30. **Bolo**, Theodor Bayard Graf von, vormaliger Herzoglich Modenesischer Kammerherr.

" " " **Scanzoni von Lichtenfels**, Dr. Friedrich Wilhelm, Königlich Bayerischer Geheimerath, ordentlicher Professor der medicinischen Facultät an der Julius-Maximilians-Universität, Vorstand der Kreisentbindungsanstalt und der Hebammenschule in Würzburg.

" Sept. 11. **Tausch**, Baptist von, Königlich Bayerischer Generalmajor und Commandant der 4. Cavalleriebrigade.

" Nov. 2. **Pauli**, Theodor von, Kaiserlich Russischer Collegienrath und wirkliches Mitglied der Kaiserlichen geographischen Gesellschaft in St. Petersburg.

" Dec. 6. **Oken**, Dr. (s. S. 39).

" " " **Bernus**, Franz Alfred Jacob Freiherr von, vormaliger Senator in Frankfurt am Main.

" " 10. **Hoene**, Richard, Königlich Preußischer Geheimer Oberregierungsrath und vortragender Rath bei der 4. Abtheilung in dem Ministerium für Handel, Gewerbe und öffentliche Arbeiten.

" " " **Schwarz**, Dr. Wilhelm Ritter von, K. K. Oesterreichischer Sectionsrath und Director des Generalconsulats in Paris.

1863. Juli 1. **Werner**, Alexander Johannes Ludwig Adolph, Königlich Preußischer Oberst z. D.

" " " **Koblinski**, Benno Hermann von, Königlich Preußischer Oberstlieutenant in dem 4. Rheinischen Infanterieregiment Nr. 30.

" Sept. 5. **Schwab**, Friedrich Ritter von, K. K. Oesterreichischer Oberst und Bataillonscommandant des 11. Feldjägerbataillons.

" " 20. **Döpfner**, Joseph Freiherr von, K. K. Oesterreichischer Oberst in dem Generalstabe und Vorstand des Bureaus für Eisenbahn-, Dampfschiff- und Telegraphenwesen.

1864. März 18. **Mulzer**, Carl Wilhelm Freiherr von, Königlich Bayerischer Kämmerer und Oberst-Commandant des 1. Chevauxlegersregiments — Kaiser Alexander von Rußland.

1864. Mai 12. Müller, von (s. S. 38).

" " " Hertzberg, Adolph von, Königlich Preußischer Oberstlieutenant und Chef des Generalstabes in dem 7. Armeecorps.

" " " Laffert-Schwechow, Hermann Freiherr von, Großherzoglich Mecklenburg-Schwerinischer Kammerherr.

" Juni 14. Saltykoff, Alexander von, Kaiserlich Russischer Oberst in der Garde und Geschäftsführer der Kriegsfeldcanzlei Seiner Majestät des Kaisers.

" " " Arsenieff (s. S. 40).

" Sept. 1. Schönfeld, Anton Ritter von, K. K. Oesterreichischer Oberst und Regimentscommandant des 47 Infanterieregiments — Hartung.

" Oct. 5. Prisse, Ludwig Freiherr von, Königlich Belgischer Major und Adjutant Seiner Majestät des Königs.

" " 18. Tschernoff (s. S. 45).

" " " Schestoff, Dr. Nicolai, Kaiserlich Russischer Collegienrath, Leibarzt Seiner Majestät des Kaisers und Professor bei der medecinischen Academie zu St. Petersburg.

" " " Dom, Theodor, Kaiserlich Russischer Collegienrath.

" " " Tschitscherin, Boris von, Kaiserlich Russischer Professor an der Kaiserlichen Universität in Moskau.

" " " Müller, Eugen von, Kaiserlich Russischer Kammerjunker und Collegienrath in dem Ministerium des Kaiserlichen Hauses.

" " " Bock, von (s. S. 34).

" " " Woronzow-Daschkow, Hilarius Graf, Kaiserlich Russischer Generalmajor à la suite Seiner Majestät des Kaisers.

1865. Jan. 14. Bothmer, Friedrich Graf von, Königlich Bayerischer Kämmerer, Generalmajor und Brigadier bei dem Artilleriecorps-Commando.

1865. März 17.	Hofmann von Donnersberg, Carl, K. K. Oesterreichischer Generalmajor und Commandant der Artillerie-Academie.
„ „ „	Fröhlich von Elmbach, Ludwig, K. K. Oesterreichischer Oberst in dem Generalstab und Generalstabschef bei dem General-Commando in Hermannstadt.
„ „ „	Biehler, Alexis, Königlich Preußischer Oberst, Inspector der 7. Festungsinspection und Mitglied der Prüfungscommission für Ingenieur-Hauptleute und Premierlieutenants in Berlin.
„ April 15.	Fedoroffsky, Michael, Kaiserlich Russischer Linienschiffscapitän und Commandant der Fregatte „Alexander Newsky."
„ „ „	Birileff, Nicolaus, Kaiserlich Russischer Linienschiffscapitän, Flügeladjutant Seiner Majestät des Kaisers und Commandant der Fregatte „Oleg."
„ „ „	Kremer, Oscar von, Kaiserlich Russischer Fregattencapitän und Commandant der Corvette „Bitiaz."
„ „ „	Zelenoy, Paul, Kaiserlich Russischer Corvettencapitän und Commandant des Klipper's „Almaz."
„ „ „	Gentz, August, Kaiserlich Französischer Generalsecretär der Präfectur des Departements der Seealpen.
„ Mai 18.	Plessen, Leopold von, Großherzoglich Mecklenburg-Schwerinischer Kammerherr.
„ Juni 8.	Spitzemberg, Wilhelm Hugo Freiherr von, Königlich Würtembergischer Generalmajor und erster Adjutant Seiner Majestät des Königs.
„ Juli 11.	Muth, Heinrich Friedrich, Großherzoglich Badischer Ministerialrath in dem Ministerium des Handels.
„ „ „	Minet, Dr. Johannes, Großherzoglich Badischer Ministerialrath in dem Ministerium des Großherzoglichen Hauses und des Aeußern.
„ „ 14.	Freydorf, Berthold von, Großherzoglich Badischer Oberst und Commandeur des Festungs-Artilleriebataillons.

8*

1865. Aug. 14. Seubert, Adolph Friedrich, Königlich Württembergischer Major, Adjutant des Kriegsministers und Canzleidirector.

" " 25. Wimpffen, Freiherr von (s. S. 52).

" Oct. 8. Edelmann, Heinrich Michael von, Königlich Württembergischer Generalmajor und Referent in dem Kriegsministerium.

" " 30. Bischoffshausen, James Terrenz Christian Oliver von, Königlich Preußischer Oberst — dem 1. Magdeburgischen Infanterieregiment Nr. 26 aggregirt.

" " " Eschwege, von (s. S. 47).

" Nov. 8. Froben, August von, Großherzoglich Badischer Geheimer Kriegsrath.

" " 25. Weiler, Adolph Freiherr von, Großherzoglich Badischer Oberst — dem 2. Dragonerregiment Markgraf Maximilian aggregirt — und Garnisonscommandant von Kehl.

1866. Jan. 9. Bosschaert, Chevalier Carl von, Königlich Belgischer Rath.

" Febr. 11. Molitor von Mühlfeld, Ernst Franz, Königlich Bayerischer Kämmerer und Major à la suite.

" April 6. Romberg, Leonhard Gottfried Freiherr von, vormaliger Kurfürstlich Hessischer Kammerherr.

" Mai 10. Laxmann, Alexander von, Kaiserlich Russischer Staatsrath und Consul in Lissabon.

" Juni 12. Kübel, Dr. Franz Philipp Friedrich, Königlich Württembergischer Obertribunalrath.

" Sept. 9. Lefebvre de Vihaine, Eduard, erster Secretär bei der Kaiserlich Französischen Botschaft an dem Königlich Preußischen Hofe.

" " 14. Davivier, Nicolaus, Kaiserlich Französischer Unterpräfect in Weißenburg.

" Oct. 26. Tauchnitz, Dr. Christian Theodor, Königlich Sächsischer Oberappellationsgerichtsrath.

" Nov. 13. Verschuer, Friedrich Wilhelm Ernst August Georg Julius Alexander Joseph Freiherr von, Kammerherr Seiner Königlichen Hoheit des Kurfürsten von Hessen.

1867. März 17. Soden, Alfred Freiherr von, Königlich Württembergischer Kammerherr, Geheimer Legationsrath und außerordentlicher Gesandter und bevollmächtigter Minister an dem Königlich Bayerischen Hofe.

" April 7. Schmitt, Carl Joseph, Großherzoglich Badischer Geheimerath 3. Classe und Director des Obermedicinalraths.

" Juni 12. Pollwitz, Freiherr von (s. S. 40).

" " 14. Arntzenius, Jean Otto Hendrik, Königlich Niederländischer Oberstlieutenant und Adjutant bei Seiner Königlichen Hoheit dem Prinzen Heinrich.

" " 19. Donnat, Léon, Kaiserlich Französischer Ingenieur.

" Juli 1. Villers, Alexander von, Königlich Sächsischer Legationsrath bei der Gesandtschaft an dem K. K. Oesterreichischen Hofe.

" Sept. 15. Böhn, Philipp Octavio von, Königlich Preußischer Major dem 1. Garderegiment zu Fuß aggregirt und Commandeur des Lehr-Infanteriebataillons.

" Oct. 13. Zwenger, Ludwig, Königlich Preußischer Oberstlieutenant in dem Infanterieregiment Nr. 87.

" Nov. 16. Schwerin, Curt von, Königlich Preußischer Oberst und Commandeur des 2. Thüringischen Infanterieregiments Nr. 32.

1868. Febr. 1. Herzog, Carl, Königlich Preußischer Geheimer Ober-Regierungsrath und vortragender Rath in dem Ministerium für Handel, Gewerbe und öffentliche Arbeiten.

" " " Turban, Ludwig Carl Friedrich, Großherzoglich Badischer Ministerialrath in dem Handels-Ministerium.

" " 17. Simundt, Samuel, Kaiserlich Russischer Commerzienrath.

" " 11. Tann, Hugo Freiherr von der, Königlich Bayerischer Kämmerer und Oberstlieutenant in dem 3. reitenden Artillerieregiment — Königin Mutter.

1868. März 15. **Hartrott**, Ludwig Eugen, Königlich Preußischer Major und 1. Adjutant des Kriegsministers.

" " " **Bronsart von Schellendorf**, Paul, Königlich Preußischer Major vom großen Generalstabe.

" " " **Trost**, Richard, Königlich Preußischer Major von der Armee und Präses der Gewehrrevisions-Commission in Sömmerda.

" Mai 19. **Balois**, Dr. Julius Freiherr von, Königlich Württembergischer Oberfinanzrath und Vereinsbevollmächtigter bei der Oberzoll-Direction.

" Juni 8. **Brandenstein**, Carl von, Königlich Preußischer Major in dem großen Generalstab.

" " 23. **Holtzmann**, Dr. Carl Julius, Großherzoglich Badischer Prälat und Mitglied des evangelischen Oberkirchenraths.

" 29. **Hymmen**, Carl von, Königlich Preußischer Oberstlieutenant und Flügeladjutant Seiner Majestät des Königs.

" " " **Lehndorff**, Heinrich Graf von, Königlich Preußischer Oberstlieutenant und Flügel-Adjutant Seiner Majestät des Königs.

" " 30. **Knappe von Knappstädt**, Otto, Königlich Preußischer Oberst und Commandeur des Kaiser Alexander Garde-Grenadierregiments Nr. 1.

" " **Wedem**, Alexander Freiherr von, Königlich Preußischer Oberst und Commandeur des Kaiser Franz Garde-Grenadierregiments Nr. 2.

" " " **Werder**, Bernhard von, Königlich Preußischer Oberst und Commandeur des Garde-Füsilierregiments.

" " " **Besser**, Hugo von, Königlich Preußischer Oberstlieutenant und Commandeur des Garde-Schützenbataillons.

" Sept. 18. **Haase**, Ferdinand von, Kaiserlich Russischer Hofrath.

" " 27. **Fetzer**, Edmund von, K. K. Oesterreichischer Major in der Armee.

1868. Oct. 23. Rex, von (s. S. 52).

" " " Hülst, von (s. S. 55).

" " " Blume, Hermann, Königlich Preußischer Major in dem 4. Westphälischen Infanterieregiment Nr. 17.

" " " Radziwill, Anton Fürst, Königlich Preußischer Major und Flügeladjutant Seiner Majestät des Königs.

4) Ritter erster Classe.

1840. Sept. 14. Schüler von Senden auf Radschütz, Ernst Ludwig Freiherr, Königlich Preußischer Kammerherr.

" " 21. Pospischil, Edler von Kaiserschwert, Adam, K. K. Oesterreichischer Rittmeister 1. Classe und Arcieren-Leib-Garde-Vice-Secondwachtmeister in Pension.

1841. Jan. 12. Koch, Christian Friedrich, Königlich Großbritannischer Consul in Frankfurt am Main.

" " 29. Müller, Leonhard, Königlich Preußischer Baurath, außerordentliches Mitglied bei der Regierung zu Hanau und Mitglied des Vorsteheramtes der Handwerksschule in Hanau.

" Sept. 17. Bosgiovich, Ivo, Königlich Preußischer erster Dolmetscher bei der Gesandtschaft an dem Kaiserlich Türkischen Hofe.

" Nov. 10. Sichel (s. S. 53).

1842. Jan. 19. Mugler, Christoph Friedrich Ludwig von, Königlich Württembergischer Regierungsrath und Oberamtmann a. D.

" " " Kober, Immanuel Gottlob, Königlich Württembergischer Oberamtmann und Secretär bei der Regierung des Schwarzwaldkreises.

" Sept. 6. Struensee, Gustav Carl Otto von, Königlich Preußischer Oberregierungsrath und Abtheilungsdirigent bei dem Regierungscollegium in Breslau.

1843.	Aug.	26.	Teulet, Johannes Baptist Theodor Alexander, Kaiserlich Französischer Bibliothekar des Hauptstaatsarchivs.
„	Sept.	2.	Tettenborn, Freiherr von (s. S. 43).
„	„	18.	Rogister, Carl Theodor Ritter von, Königlich Bayerischer Major in Pension.
„	Dec.	30.	Jacobson, Dr. Heinrich Friedrich, Königlich Preußischer ordentlicher Professor der juristischen Facultät an der Alberts-Universität in Königsberg.
1845.	April	19.	Ferreira Borgès de Castro, Joseph, Königlich Portugiesischer Legationssecretär bei der Gesandtschaft an dem Königlich Spanischen Hofe.
„	Mai	28.	Neuberg, Johannes, K. K. Oesterreichischer Registraturofficial in Pension.
„	Juni	3.	Haindl, Franz Xaver von, Königlich Bayerischer Obermünzmeister bei dem Hauptmünz- und Stempel-Amt.
„	„	11.	Araujo, Anton Joseph von, vormaliger Hofcavalier Seiner Großherzoglichen Hoheit des Prinzen Friedrich von Hessen.
„	Juli	9.	Potassow, Nicolaus von, Kaiserlich Russischer Oberst a. D.
1846.	Jan.	3.	Margulies, Moritz von, Kaiserlich Russischer Stabsarzt a. D. und practischer Arzt in London.
„	März	22.	Türkheim zu Altdorf, Hans Freiherr von, Großherzoglich Badischer Kammerherr, Geheimer Legationsrath, außerordentlicher Gesandter und bevollmächtigter Minister an dem Königlich Preußischen Hofe.
„	April	17.	Kerckhove von Kirckhove van der Varent, Joseph Romanus Ludwig Vicomte von, Präsident der archäologischen Academie in Antwerpen.
„	Aug.	10.	Tschernajew, Nicolaus, Kaiserlich Russischer Staatsrath.
„	Sept.	18.	Fleschner-Fetzer, Eugen Freiherr von, K. K. Oesterreichischer Oberst in der Armee.
„	„	„	Bothmer, August von, Stalldirector bei dem Stalldepartement Seiner Kaiserlichen Hoheit des Erzherzogs Albrecht von Oesterreich.

1846. Nov. 24. Paschkarew, Kaiserlich Russischer Collegienassessor.

" Dec. 26. Bischoff, Dr. Theodor Ludwig Wilhelm, Königlich Bayerischer Professor der menschlichen Anatomie an der Ludwigs-Maximilians-Universität in München, Conservator der anatomischen Anstalt, Vorstand des Medicinalcomites und Mitglied der Königlichen Academie der Wissenschaften.

1847. Jan. 31. Schloißnigg, Franz Freiherr von, K. K. Oesterreichischer Sectionsrath in Pension.

1848. " 18. Lachner, Franz, Königlich Bayerischer Generalmusikdirector und Hofcapellmeister in Pension.

" Juli 13. Wepfer, Maximilian, Königlich Bayerischer Oberstlieutenant in Pension.

" Oct. 8. Ow, Maximilian Freiherr von, Königlich Bayerischer Generalmajor in dem Generalquartiermeisterstab und Referent in dem Kriegsministerium.

1849. Jan. 17. Weiler, Freiherr von (s. S. 55).

" April 7. Barfuß, Friedrich von, Königlich Preußischer Rittmeister a. D.

" " 12. Paris, Friedrich August, Königlich Preußischer Oberst und Commandeur des 4. Niederschlesischen Infanterieregiments Nr. 51.

" Dec. 5. Stengel, Wilhelm Freiherr von, Großherzoglich Badischer Oberstlieutenant von dem Armeecorps und Garnisonsverwaltungsoffizier bei der Commandantschaft Carlsruhe.

" " " Degenfeld, Edmund Freiherr von, Großherzoglich Badischer Generalmajor von dem Armeecorps.

" " " Davans, Franz von, Großherzoglich Badischer Inspector und Vorstand des Eisenbahnamts Würzburg.

" " " Hartmann, Heinrich von, Großherzoglich Badischer Rittmeister von dem Armeecorps.

" " " Kraus, Eduard, Großherzoglich Badischer Oberstlieutenant in dem 6. Infanterieregiment.

" " " Selbeneck, Leopold Freiherr von, vormaliger K. K. Oesterreichischer Oberlieutenant.

1849.	Dec.	5.	Federer, Julius, Großherzoglich Badischer Oberstlieutenant a. D.
1850.	Febr.	23.	Nußbaum, Carl Adolph Ehrenreich von, Großherzoglich Mecklenburg-Schwerinischer Oberstlieutenant a. D.
„	April	21.	Dahrenstedt, Dr. Gustav Wilhelm, Arzt in Hamm, in dem Königreich Preußen.
„	Aug.	16.	Hefner-Alteneck, Dr. Heinrich Jacob von, Königlich Bayerischer Professor der Zeichnungskunde, Mitglied der K. Academie der Wissenschaften und Conservator für das Cabinet der Kupferstiche und Handzeichnungen bei der Central-Gemälde-Gallerie-direction.
„	Sept.	14.	Weßner, Aloys, Königlich Bayerischer Oberstlieutenant in Pension.
„	„	27.	Lindholm, Wilhelm von, Königlich Dänischer Kammerjunker, Rittmeister in dem Garde-Husarenregiment und Schulvorsteher.
1851.	März	31.	Boch, Dr. Carl Jacob, Großherzoglich Badischer Stabsarzt a. D.
„	April	28.	Kettelhodt, Eduard Freiherr von, Großherzoglich Mecklenburg-Schwerinischer Kammerherr.
„	„	„	Rouillé, Adhémar von, Königlich Belgischer Legationssecretär.
„	Mai	12.	Pallua, Joseph, Schiffscapitän des Lloyd in Triest.
„	„	13.	Mayering, Joseph, K. K. Oesterreichischer Hausoberintendant in Venedig.
„	„	26.	Eiber, Rudolph Freiherr von, K. K. Oesterreichischer Oberkriegscommissär bei dem Kriegsministerium.
„	„	„	Leibenfrost, Joseph, K. K. Oesterreichischer Liquidator bei dem Hofzahlamt.
„	„	31.	Kocziczka Edler von Freibergswall, Franz, K. K. Oesterreichischer Major in Pension.
„	„	„	Möraus, Michael, K. K. Oesterreichischer Hofcontrolor bei dem Hofcontroloramt.
„	Juli	7.	Schönbeck I., Albert, Königlich Preußischer Stallmeister und Vorsteher des Wagenstalls.

1851. Juli 14. **Garcia de la Vega**, von, Königlich Belgischer Legationssecretär.

„ Aug. 7. **Scharinger**, Joseph, K. K. Oesterreichischer Major in Pension.

„ „ „ **Zerboni di Sposetti**, Theodor, K. K. Oesterreichischer Major und Garde-Secondwachtmeister bei der 1. Arcieren-Leibgarde.

„ „ „ **Funck**, Wenzel, K. K. Oesterreichischer Hauptmann in Pension.

„ „ „ **Crammer**, Moritz, vormaliger K. K. Oesterreichischer Oberlieutenant.

„ „ „ **Proschko**, Dr. Franz Isidor, K. K. Oesterreichischer Obercommissär der Linzer Polizeidirection.

„ Sept. 25. **Schilling**, Dr. August, K. K. Oesterreichischer Regierungsrath und wirklicher Hofsecretär bei dem Oberstkämmereramt.

„ „ 30. **Veith**, Johannes Baptist, Königlich Bayerischer Oberst in Pension.

„ „ „ **Sebus**, Carl, Königlich Bayerischer Major in dem 6. Infanterieregiment — König Wilhelm von Preußen.

„ „ „ **Wigand**, Dr. Franz, Königlich Bayerischer Stabsarzt bei dem Generalcommando Nürnberg.

„ Oct. 15. **Märker**, Dr. Traugott, Königlich Preußischer Geheimer Archivrath und Hausarchivar.

„ „ „ **Schuler**, Ernst, Königlich Preußischer Major a. D.

1852. Mai 11. **Gemmingen**, Wilhelm Freiherr von, Großherzoglich Badischer Major und Stabsoffizier in dem 3. Dragonerregiment — Prinz Carl.

„ „ 13. **Schmölzl**, Joseph, Königlich Bayerischer Oberst bei der Zeughaushauptdirection und Artillerie-Director der Festung Germersheim.

„ Juni 7. **Trubetzkoi**, Fürst Sergei, Kaiserlich Russischer Hauptmann in dem Leibgarderegiment Preobrajensky und Adjutant Seiner Kaiserlichen Hoheit des Großfürsten Michael.

1852. Juni 7. Schuwaloff, Paul Graf, Kaiserlich Russischer Generalmajor, Flügeladjutant Seiner Majestät des Kaisers und stellvertretender Director des Departements der allgemeinen Angelegenheiten in dem Ministerium des Innern.

„ Juli 24. Sancy, Ferdinand Graf von, Kaiserlich Französischer Attaché bei dem Ministerium der auswärtigen Angelegenheiten.

„ Oct. 6. Denis, Paul von, Königlich Bayerischer Oberbaurath.

„ „ 16. Schulz, Wilhelm, Königlich Preußischer Hofrath und Hofstaatssecretär.

„ „ 30. Krause (s. S. 47).

„ Nov. 20. Stabl, Ottokar Freiherr von und zu, K. K. Oesterreichischer Rittmeister in Pension.

1853. Jan. 13. Flemming, Johannes, K. K. Oesterreichischer Steueramtsverwalter in Altsohl.

„ „ 28. Lefebvre von Béhaine (s. S. 49).

„ April 16. Dyck, Carl von, Königlich Bayerischer Generaldirectionsrath der Verkehrsanstalten und Vorstand des Telegraphenamts.

„ Juni 25. Conscience, Hendrik, Greffier der Academie in Antwerpen.

„ „ 29. Arneth, Alfred, Ritter von, K. K. Oesterreichischer Regierungsrath und Vicedirector in dem Haus-, Hof- und Staatsarchiv.

„ Juli 14. Heilmann, Johannes, Königlich Bayerischer Major in dem Generalquartiermeisterstab.

„ Sept. 19. Kronenfeldt, Carl Friedrich Wilhelm von, Königlich Preußischer Major a. D.

„ „ „ Rieß, Johannes, K. K. Oesterreichischer Hauptmann in Pension.

„ Oct. 26. Bollermann, Anton, vormaliger Großherzoglicher Consul in New-York.

„ Nov. 5. Scherfeneder, August, K. K. Oesterreichischer Hauptmann in Pension.

„ „ „ Wimmer, Jacob, K. K. Oesterreichischer Oberst-Auditor und Referent bei dem Militärappellationsgericht.

1853.	Nov.	19.	Albrecht, Joseph Carl, Fürstlich Hohenloh'scher Domänenrath.
„	Dec.	21.	Bosotti, Dr. Joseph, in Rom.
1854.	April	17.	Heckler, Johannes Friedrich, Gutsbesitzer auf Indra-Majoe, Provinz Cheribon, auf der Insel Java.
„	Juni	23.	Thann, Wilhelm Erdmann Ferdinand Julius Christian Carl Ludwig von der, vormaliger Kurfürstlich Hessischer Hauptmann a. D.
„	„	„	Wiederhold, Wilhelm Heinrich, vormaliger Kurfürstlich Hessischer Hauptmann a. D.
„	„	„	Schmerfeld, Siegmund von, Königlich Preußischer Director der Bahndirection, Ober-Postdirector der General-Postdirection und Mitglied der Centraldirection der Main-Weserbahn.
„	Juli	10.	Grosch, Ferdinand, Großherzoglich Badischer Ober-Postrath und Rath bei der Direction der Verkehrsanstalten.
„	„	14.	Witte, Georg Gustav, Königlich Preußischer Major a. D.
„	„	15.	Schuhmacher (s. S. 48).
„	„	„	Manley-Dittmer, Freiherr von (s. S. 48).
„	„	„	Gender, genannt Rabensteiner, Siegmund Freiherr von, Königlich Bayerischer Oberstlieutenant und Platzstabsoffizier bei der Stadt- und Festungscommandantschaft Ulm.
„	„	„	Schwalb (s. S. 52).
„	„	„	Heydenaber, Traugott von, Königlich Bayerischer Hauptmann in dem 5. Infanterieregiment — Großherzog von Hessen.
„	„	„	Reitzenstein, Eduard Freiherr von, Königlich Bayerischer Hauptmann in dem 3. Infanterieregiment — Prinz Carl.
„	„	„	Holzinger, Carl, Königlich Bayerischer Oberauditor bei dem General-Auditorial.
„	Aug.	2.	Martinoff, Alexis, Kaiserlich Russischer Hofrath.
„	Oct.	15.	Scheffler, Carl, Königlich Preußischer Oberst und Commandeur des Westpreußischen Grenadierregiments Nr. 6.

1854. Oct. 15. Gerstein-Hohenstein, Heinrich von, Königlich Preußischer Generalmajor und Commandeur der 11. Infanteriebrigade.

" " " Baldnin, Rudolph, K. K. Oesterreichischer Hauptmann in dem 56. Infanterieregiment — Freiherr von Gorizutti.

" Dec. 2. Schubarth, Benedict Jacob, Rentner in Regensburg.

" " 8. Horn, Carl Freiherr von, Königlich Bayerischer Oberstlieutenant in dem Generalquartiermeisterstab.

1855. Febr. 7. Hüther, Joseph von, Königlich Bayerischer Hofrath.

" " 21. Eckart, Dr. August, Königlich Bayerischer Regimentsarzt in dem 5. Jägerbataillon.

" März 26. Röder von Diersburg, Dr. Ernst Freiherr, Königlich Preußischer Oberpostcommissär in Pension.

" April 2. Doumerc, Eugen, vormaliger Kaiserlich Französischer Rheinschifffahrts-Bevollmächtigter in Mainz.

" Mai 14. Schulze, Hermann Friedrich Rudolph, Königlich Preußischer Buchhalter bei der Staatsschuldentilgungscasse.

" Juni 10. Roller, Dr. Christian Friedrich, Großherzoglich Badischer Geheimerath 2. Classe und Director der Heil- und Pflegeanstalt in Illenau bei Achern.

" " 23. Frankenstein, Dr. Bernhard, Kaiserlich Russischer Staatsrath und Hofarzt.

" " 26. Detzem, Andreas Jacob Anton, Kaiserlich Französischer Ingenieur in Mühlhausen.

" " 30. Dupont, Paul Franz, Buchdruckereibesitzer in Paris.

" Aug. 25. Blesnowic, Wenzel, K. K. Oesterreichischer Hauptmann in Pension und angestellt bei dem Kriegsministerium.

" " 26. Lotto di Tiziano, Cäsar von, K. K. Oesterreichischer Ingenieur in Venedig.

" Sept. 1. Schellerer, Oscar von, Königlich Bayerischer Kämmerer, Oberpostmeister und Vorstand des Oberpost- und Bahn-Amts von Unterfranken und Aschaffenburg.

1855. Sept. 27. **Petri**, Friedrich, Königlich Bayerischer Baurath und Inspicirungs-Commissär der Generaldirection der Verkehrsanstalten.

" Nov. 1. **Bleimüller**, Alexander, vormaliger Kurfürstlich Hessischer Consul in Paris.

" " 23. **Falkenstein**, Rudolph Carl Gustav Freiherr von, Königlich Preußischer Oberst à la suite des 1. Schlesischen Grenadierregiments Nr. 10 und Commandeur der 2. Infanteriebrigade.

" " 24. **Rudolph**, Heinrich Georg, Königlich Preußischer Ober-Ingenieur und Mitglied der Direction des Baues der Bebra-Fulda-Hanauer Bahn.

" " 25. **Kleyensteuber**, Ludwig Christoph, vormaliger Kurfürstlich Hessischer Hauptmann a. D.

" Dec. 12. **Lützow**, Carl, Graf von, vormaliger K. K. Oesterreichischer Oberlieutenant.

1856. Jan. 18. **Starkloff**, Adolph von, Königlich Württembergischer Oberst und Commandant des 1. Infanterieregiments — Königin Olga.

" " " **Kadrzer** I. Carl, Königlich Württembergischer Major in dem 3. Infanterieregiment.

" Febr. 12. **Hauser**, Joseph, K. K. Oesterreichischer Unterlieutenant in Pension.

" " 21. **Koch**, Ferdinand, vormaliger Großherzoglicher Consul in Stettin.

" März 12. **Müller** Edler von **Müllenegg**, Franz, K. K. Oesterreichischer Hauptmann in dem 14. Infanterieregiment — Großherzog von Hessen.

" " 13. **Kappel**, Johannes Friedrich, Königlich Preußischer Bahnverwalter und Vorstand der Bahnverwaltung bei der Main-Neckarbahn in Frankfurt am Main.

" " " **Förster**, Heinrich, vormaliger Director der Frankfurt-Homburger Bahn.

" Mai 5. **Wolter** Edler von **Eckwehr**, Johannes, K. K. Oesterreichischer Oberstlieutenant und Geniedirector zu Agram.

" " " **Schubert**, Carl, K. K. Oesterreichischer Hauptmann in Pension.

1856.	Mai	5.	Dürr, Ludwig, Großherzoglich Badischer Oberst und Director der Gendedirection.
„	„	„	Schilling von Canstatt, Franz Carl Freiherr, Großherzoglich Badischer Oberstlieutenant von der Armee und Bezirks-Commandeur des Landwehrbezirks Donau-Eschingen.
„	„	„	Burg, Anton, Großherzoglich Badischer Oberpostrath und Vorstand des Eisenbahnamts Carlsruhe.
„	„	7.	Adelebsen, Reinhard von, vormaliger Königlich Hannöverischer Hauptmann.
„	„	12.	Bennesch, Friedrich Ritter von, K. K. Oesterreichischer Hauptmann in Pension.
„	„	29.	Thun-Hohenstein, Franz Graf, K. K. Oesterreichischer Generalmajor und Brigadier bei der 13. Truppendivision in Innsbruck.
„	Juli	26.	Borosini von Hohenstern, Gustav Ritter, K. K. Oesterreichischer Major in dem 4. Infanterieregiment — Hoch- und Deutschmeister.
„	Aug.	18.	Lüninck, Freiherr von (s. S. 42).
„	„	21.	Mourousy, Constantin, Königlich Griechischer Schiffscapitän in Pension.
„	„	30.	Sachs, Wilhelm Friedrich, Großherzoglich Badischer Bahninspector und Vorstand des Bahnamts Heidelberg.
„	„	„	König, Johannes, Betriebsingenieur der Königlich Bayerischen Pfälzischen Maximilians-Bahn.
„	Sept.	4.	Manarakis, Anton, vormaliger Secretär des Königlich Griechischen Hofmarschallstabes.
„	„	7.	Hauff, Freiherr von (s. S. 55).
„	Nov.	3.	Voigt, Carl Friedrich, Königlich Bayerischer Medailleur bei dem Hauptmünz- und Stempel-Amt.
„	Dec.	6.	Rothschild, Wilhelm Carl Freiherr von, K. K. Oesterreichischer Generalconsul in Frankfurt am Main.
1857.	Jan.	„	Laboulaye, Paul, Kaiserlich Französischer Attaché in dem Cabinet des Ministers der auswärtigen Angelegenheiten.

1857. März 28. Neuberg, Franz, K. K. Oesterreichischer Major und Gebäude-Inspections-Offizier in Wien.

„ Mai 20. Scharrer, Dr. Joseph, K. K. Oesterreichischer Stabsarzt und Chefarzt des Garnisons-spitals zu Josephstadt.

„ Juli 6. Popoff, Jacob, Kaiserlich Russischer Hofrath und Secretär des Kaiserlichen Hauptquartiers.

„ „ „ Ilzin, Gabriel, Kaiserlich Russischer Collegien-assessor und Secretär der Feldcanzlei Seiner Majestät des Kaisers.

„ „ „ Walbeck, Jacob, Kaiserlich Russischer Collegien-assessor und Buchhalter.

„ „ „ Mette, Theodor, Kaiserlich Russischer Major a. D.

„ „ „ Semenoff, Alexander, Kaiserlich Russischer Stabscapitän.

„ „ „ Widder, Alexander, Kaiserlich Russischer Lieutenant in dem Feldjägercorps.

„ „ „ Nikiforoff (s. S. 57).

„ „ 10. Kurth, Friedrich Wilhelm Carl, Königlich Preußischer Major in dem Niederrheinischen Füsilierregiment Nr. 39.

„ „ „ Destresse de Laborie, Alexander, Unter-Chef bei den Kaiserlich Französischen Ostbahnen.

„ „ „ Bourgerel, Heinrich von, Unter-Chef bei den Kaiserlich Französischen Ostbahnen.

„ „ 21. Dettmering, Wilhelm, vormaliger Kaiserlich Russischer Lieutenant in dem Feldjägercorps.

„ Aug. 2. Annetzhofer, Andreas, K. K. Oesterreichischer Hauptmann in Pension.

„ „ „ Dassenbacher, Aloys, K. K. Oesterreichischer Hauptmann in Pension.

„ „ „ Zahradnik, Vincenz, K. K. Oesterreichischer Kriegskasse-Official 4. Classe bei dem Universal-Kriegszahlamt.

„ „ „ Wolberitz, Dr. Friedrich, K. K. Oesterreichischer Regimentsarzt in dem 55. Infanterieregiment — Graf Gondrecourt.

„ „ 8. Monnier, Anton le, K. K. Oesterreichischer Regierungsrath und Polizeidirector in Brünn.

1857. Aug. 25. Ihering, Dr. Rudolph, Geheimer Justizrath und ordentlicher Professor der juristischen Facultät an der Universität in Wien.

Sept. 30. Mouchanoff, Alexander von, Kaiserlich Russischer Kammerjunker und Hofrath bei der Canzlei des Ministeriums der auswärtigen Angelegenheiten.

Oct. 16. Dorn, Christian Gottlob, Königlich Württembergischer Hauptmann in dem Artillerieregiment und Waffencontroleur.

Nov. 13. Röderer, Claudius Vicomte von, Kaiserlich Französischer Legationssecretär bei der Gesandschaft an dem K. K. Oesterreichischen Hofe.

Dec. 15. Le Lorgne d'Ideville, Heinrich Amadeus, Kaiserlich Französischer Attaché bei der politischen Direction des Departements der auswärtigen Angelegenheiten.

„ „ Dubsky-Trzebomyslic, Guido Graf, K. K. Oesterreichischer wirklicher Kämmerer, Hauptmann in dem Generalstabe und Generalstabschef bei der 20. Truppendivision zu Pesth.

„ 27. Borgell-Hulzhalb, Arnold, K. K. Oesterreichischer Hauptmann in der Armee.

Lustig, Carl, K. K. Oesterreichischer Hauptmann in dem 1. Genieregimente — Kaiser Franz Joseph.

Stankowics, Carl Freiherr von, K. K. Oesterreichischer Hauptmann in dem 21. Infanterieregiment — Freiherr von Reischach.

Hütter, Franz, vormaliger K. K. Oesterreichischer Oberlieutenant in dem vormaligen 9. Geniebataillon.

Wirff, von (s. S. 39).

Tiedemann, Benno von, Königlich Preußischer Oberstlieutenant in dem Ingenieur-Corps und Ingenieur vom Platz in Pillau.

Spankeren, Oscar von, Königlich Preußischer Hauptmann bei der 1. Ingenieur-Inspection des Ingenieur-Corps.

1858. Jan. 28. Denkh, Ambros, K. K. Oesterreichischer Major in Pension.

" " " Morawitzky, Maximilian Graf Topor, Königlich Bayerischer Major in Pension.

" Febr. 8. Rantzau, Hans Freiherr von, Königlich Württembergischer Major, Divisionsstallmeister und Commandant der Equitationsschule in Stuttgart.

" März 24. Hanssen, Dr. Georg, Königlich Preußischer Geheimer Regierungsrath und Professor an der Königlichen Academie der Wissenschaften in Berlin.

" " " Herrmann, Dr. Emil, Königlich Preußischer Hofrath und ordentlicher Professor der juristischen Facultät an der Universität Göttingen.

" " " Aegidi, Dr. Ludwig Carl, Königlich Bayerischer ordentlicher Professor der juristischen Facultät an der Universität Erlangen.

" April 8. Ebersberg, Julius, K. K. Oesterreichischer Hauptmann in dem 14. Infanterieregiment — Großherzog von Hessen — und Lehrer an der Militär-Academie in Wiener-Neustadt.

" " 26. Jeckl, Carl von, K. K. Oesterreichischer Rath und Zahlmeister in dem Ministerium des Kaiserlichen Hauses und des Aeußern.

" " " Ascher, Adolph, K. K. Oesterreichischer Expeditionsadjunct in dem Ministerium des Kaiserlichen Hauses und des Aeußern.

" Juni 12. Schleiß von Löwenfeld, Dr. Maximilian, Königlich Bayerischer Obermedicinalrath und Leibchirurg.

" Juli 15. Jäger, Albert, Königlich Bayerischer Regierungsrath und Director der Pfälzischen Bahnen.

" " 30. Spinette, Wladimir Freiherr von, K. K. Oesterreichischer Hauptmann in dem 37. Infanterieregiment — Erzherzog Joseph.

" Aug. 4. Zehkorn, Wilhelm, K. K. Oesterreichischer Adjunct bei dem Hofcontroloramt.

9*

1858. Aug. 5. **Montoyer**, Ludwig, K. K. Oesterreichischer Burghauptmann in Wien.

" " " **Seidl**, Johannes Gabriel, K. K. Oesterreichischer Regierungsrath und Schatzmeister der Schatzkammer.

" " " **Lentner**, Carl, vormaliger K. K. Oesterreichischer Hauptmann in dem 14. Infanterieregiment — Großherzog von Hessen.

" " " **Danninger** (s. S. 49).

" " " **Winkler**, Johannes, K. K. Oesterreichischer Hauptmann in dem 14. Infanterieregiment — Großherzog von Hessen.

" " 8. **Müller**, Wilhelm Albert, Königlich Sächsischer Hofsecretär bei dem Oberhofmarschallamt.

" " 25. **Kreß von Kreßenstein**, Joseph Freiherr, Königlich Bayerischer Hauptmann in dem 5. Infanterieregiment — Großherzog von Hessen.

" " " **Sicherer**, Dr. Franz von, Königlich Bayerischer Oberstabsarzt bei dem Generalcommando München.

" " " **Reibelt**, Rudolph Freiherr von, Königlich Bayerischer Kämmerer, Oberpostmeister und Vorstand des Oberpostamts von Niederbayern.

" " " **Stuck**, Dr. Adam, Königlich Bayerischer Regimentsarzt in dem 5. Infanterieregiment — Großherzog von Hessen.

" Sept. 3. **Kohlhagen**, Gustav von, Königlich Bayerischer Inspector und Vorstand des Post- und Bahnamts Lichtenfels.

" " 4. **Zobel**, Johannes Peter Wilhelm, Director der Frankfurt-Hanauer-Bahn.

" " 18. **Schmeling**, von (s. S. 50).

" Oct. 1. **Staar**, Johannes Matthäus van der, Königlich Niederländischer Hauptmann in dem Generalstab.

" " 15. **Hammerstein**, Ludwig Freiherr von, Königlich Hannöverischer Rittmeister a. D.

" " " **Hetzer**, Eduard, vormaliger Königlich Hannöverischer Hauptmann.

" " 25. **Schäffer**, Christian Ritter von, K. K. Oesterreichischer Hauptmann in der Armee.

1858. Dec. 21. Renaud, Philipp Richard Ernst, Capitän von der Kaiserlich Französischen Brigg „Maurice."

„ „ 23. Lamoninari, Alfred, Chef der Ostbahnzüge in Paris.

„ „ 27. Goes, Carl, Königlich Bayerischer Major in dem 5. Infanterieregiment — Großherzog von Hessen.

„ „ 29. Limböck, Carl Freiherr von, Königlich Bayerischer Rittmeister in dem 1. Cürassierregiment — Prinz Carl — und Adjutant Seiner Königlichen Hoheit des Prinzen Luitpold.

1859. Jan. 4. Ehrhardt, Johannes Ludwig, Königlich Preußischer Major in dem 4. Posen'schen Infanterieregiment Nr. 59 und Adjutant bei dem Stab des 5. Armeecorps.

„ „ „ Woschtschinin, African, Kaiserlich Russischer Secondlieutenant in Pension.

„ Febr. 21. Schamberger, Adolph, Königlich Bayerischer Bezirksinspector bei dem Oberpost- und Bahnamt von Oberbayern.

„ „ 25. Jörg, Franz, K. K. Oesterreichischer Rath und Präsidial-Canzlei- und Hülfsämter-Director in dem Staatsministerium.

„ „ „ Roßmanith, Aloys, K. K. Oesterreichischer Statthalterei- und Präsidial-Secretär.

„ April 15. Roder, Ernst, Königlich Bayerischer Rath bei der Generaldirection der Königlichen Verkehrsanstalten.

„ Mai 21. Villefrenz, Eduard Baron de la.

„ Juli 30. Schmedes, Carl Ritter von, K. K. Oesterreichischer Major und Generalstabschef bei der 11. Truppendivision in Lemberg.

„ „ „ Popp, Leonidas, K. K. Oesterreichischer Major in dem Generalstab und Generalstabschef bei der 14. Truppendivision in Preßburg.

„ „ „ Fugger-Kirchberg, Otto Graf, K. K. Oesterreichischer Rittmeister in Pension.

„ „ „ Best, Georg, K. K. Oesterreichischer Hauptmann in dem 58. Infanterieregiment — Erzherzog Ludwig Salvator.

1859.	Juli	30.	Hilil, Johannes, K. K. Oesterreichischer Hauptmann in Pension.
"	"	"	Baravalle, Edler von Brackenburg, Albert, K. K. Oesterreichischer Major in dem 11. Infanterieregiment — Kronprinz von Sachsen.
"	"	"	Danninger, Johannes, K. K. Oesterreichischer Hauptmann in dem 14. Infanterieregiment — Großherzog von Hessen.
"	Aug.	26.	Froschmayer von Scheibenhof, Eduard Ritter, K. K. Oesterreichischer Major in der Armee und Controleur bei dem Verpflegs-Bezirks-Hauptmagazin zu Gratz.
"	"	28.	Fließer, Dr. Friedrich Edler von, K. K. Oesterreichischer Regimentsfeldarzt bei dem Garnisonsspitale in Pesth.
"	Sept.	4.	Molitor, Peter Olivier Vicomte von, Kaiserlich Französischer Legationssecretär.
"	"	7.	Grasböck, Leopold, K. K. Oesterreichischer Hauptmann in Pension.
"	"	"	Barisani, Moritz Edler von, K. K. Oesterreichischer Hauptmann in Pension.
"	"	"	Eggner, Carl, K. K. Oesterreichischer Oberlieutenant in dem 14. Infanterieregiment — Großherzog von Hessen.
"	"	12.	Hübler, Joseph, K. K. Oesterreichischer Kriegs-Commissär.
"	Oct.	24.	Elnem (s. S. 54).
"	"	"	Erni, August, Königlich Preußischer Hauptmann in dem Hohenzollern'schen Füsilierregiment Nr. 40.
"	"	"	Bangels, Otto von, Königlich Preußischer Major à la suite in dem 4. Garde-Grenadierregiment — Königin — und commandirt zum Herzoglich Sachsen-Altenburgischen Contingent.
"	Nov.	5.	Müller, Martin, Kaiserlich Russischer Lieutenant in dem Feldjägercorps.
"	"	30.	Hödl, Edmund Johannes, K. K. Oesterreichischer Hauptmann in dem 14. Infanterieregiment — Großherzog von Hessen.

1859. Dec. 21. Godoy, Emmanuel de, Königlich Spanischer Attaché bei der Gesandtschaft an dem Kaiserlich Französischen Hofe.

1860. Jan. 1. Selle, Dr. Adolph, Königlich Preußischer Oberstabsarzt a. D.

„ „ 21. Wienecke, Dr. (s. S. 56).

„ Mai 24. Gemeiner, Carl Hans Fallet Edler von, Königlich Bayerischer Kammerjunker.

„ „ „ Schröder, Dr. (s. S. 55).

„ Juni 27. Hardenberg, Carl August Johannes Freiherr von, vormaliger Großherzoglich Badischer Hauptmann.

„ Juli 11. Busse, Albert Ernst Maximilian von, Königlich Preußischer Oberstlieutenant in dem 4. Ostpreußischen Grenadierregiment Nr. 5.

„ „ 20. Mindler, Eugen, zweiter Director und Maschinenmeister bei der Königlich Bayerischen Pfälzischen Ludwigsbahn in Ludwigshafen.

„ „ 29. Levita, Dr. Julius, Anwalt der K. K. Oesterreichischen und der Königlich Preußischen Gesandtschaft an dem Kaiserlich Französischen Hofe.

„ Aug. 8. Wernher, August, Director bei der Betriebsadministration der Taunus-Bahn.

„ „ „ Töpfer, Moritz Leopold August, vormaliger Herzoglich Nassauischer Hofrath, Herzoglich Sachsen-Altenburgischer Commerzienrath, Secretär bei der Verwaltung und stellvertretender Director bei der Betriebsadministration der Taunus-Bahn.

„ „ 29. Tolsma, Gerhard Elbertus, Königlich Niederländischer Rittmeister in der Ostindischen Armee und Adjutant Seiner Majestät des Königs.

„ „ 30. Axthelm, August von, Königlich Bayerischer Kämmerer, Inspector und Vorstand des Post- und Bahnamts Aschaffenburg.

„ Sept. 2. Keisler, Carl von, K. K. Oesterreichischer Rath und Director der K. K. Oesterreichischen privilegirten Kaiserin-Elisabeth-Bahn.

„ „ „ Michel (s. S. 54).

1860. Sept. 7. Fischer von See, Richard, K. K. Oesterreichischer Hauptmann in dem 14. Infanterieregiment — Großherzog von Hessen.

" " " Fürich von Fürichshain, Emil, K. K. Oesterreichischer Hauptmann in dem 14. Infanterieregiment — Großherzog von Hessen.

" " " Gareis, Franz, K. K. Oesterreichischer Oberlieutenant in Pension.

" " 14. Schiffer, Bernhard, K. K. Oesterreichischer Major und zweiter Stabsofficier bei der Montours-Commission zu Alt-Ofen.

" " " Morawetz, Joseph, K. K. Oesterreichischer Kriegscommissär.

" " 28. Goltz, Moritz Baron von der, Königlich Preußischer Major in dem Garde-Feld-Artillerie-Regiment.

" Oct. 3. Praun, Paul, K. K. Oesterreichischer Commandant der Feuerwehr in Lemberg.

" " 25. Fliegel, Dr. Carl Friedrich Wilhelm, Königlich Preußischer Assistenzarzt.

" Nov. 1. Grünne, Philipp Graf, K. K. Oesterreichischer wirklicher Kämmerer und Oberstlieutenant in dem 11. Infanterieregiment — Kronprinz von Sachsen.

" Dec. 14. Mechow, Carl Selmar Rudolph von, Königlich Preußischer Oberstlieutenant in dem Magdeburgischen Festungs-Artillerieregiment Nr. 4.

" " " Amsberg, Felix von, Königlich Preußischer Hauptmann und Mitglied der 2. Abtheilung des allgemeinen Kriegsdepartements des Kriegsministeriums.

" " " Sallbach, Heinrich Reinhold Eduard, Königlich Preußischer Hauptmann und Mitglied der 2. Abtheilung des allgemeinen Kriegsdepartements des Kriegsministeriums.

1861. Jan. 18. Kleist, Eduard Christian Leopold von, Königlich Preußischer Major in dem 1. Garderegiment zu Fuß.

" " " Schmitt, Joseph von, Königlich Bayerischer Generalauditor und Referent in dem Kriegsministerium.

1861. Jan. 23. Hofmann, Julius von, Königlich Bayerischer Hofrath und Hofsecretär.

" " 27. Mühlberg-Schack, Carl Wilhelm von, K. K. Oesterreichischer Adjunct der Finanzpräfectur in Venedig.

" Febr. 3. Schmitt, Wilhelm, Königlich Bayerischer Hoftheaterintendanzrath.

" " 5. Schmidt von Knobelsdorf, Carl Heinrich Paul, Königlich Preußischer Rittmeister in dem 1. Westphälischen Husarenregiment Nr. 8.

" " 27. Pfeffer, Johannes, K. K. Oesterreichischer Hauptmann in dem Artillerie-Comite.

" März 5. Bilger, Eduard, vormaliger Rentmeister Seiner Durchlaucht des verewigten Landgrafen Georg Carl von Hessen.

" April 4. Spach, Ludwig, Kaiserlich Französischer Archivar der Präfectur des Departements des Nieder-Rheins.

" " 13. Holzbach, Johannes, K. K. Oesterreichischer Hauptmann in dem 14. Infanterieregiment — Großherzog von Hessen.

" Juni 19. Ritgen, Gerhard Joseph, Königlich Preußischer Forstmeister.

" Juli 12. Toschubajew, Alexander Nicolajew, erblicher Ehrenbürger in St. Petersburg.

" " 20. Moshammer, Joseph, K. K. Oesterreichischer Hauptmann in Pension und Compagniecommandant in dem Invalidenhause in Wien.

" Sept. 19. Normann-Ehrenfels, Carl Graf, K. K. Oesterreichischer Hauptmann in dem 14. Infanterieregiment — Großherzog von Hessen.

" Oct. 22. Richthofen, Emil Ludwig Friedrich Freiherr von, vormaliger Königlich Preußischer Premierlieutenant.

" Nov. 15. Mayer von Mayerfels, Dr. Carl Heinz Ritter und Edler, Königlich Bayerischer Kammerjunker.

" Dec. 9. Hanfstängel, Franz, Herzoglich Sachsen-Coburg-Gotha'scher Hofrath.

" " 21. Hähner, Johannes, Königlich Preußischer Bahn-Director.

1862.	Mai	15.	Pfistermeister, Joseph Ritter von, Königlich Bayerischer Hauptmann und Adjutant bei dem Gendarmeriecorps-Commando.
„	Juni	24.	Hofer, Johannes, K. K. Oesterreichischer Hauptmann in Pension.
„	„	„	Filek Edler von Wittinghausen, Julius, K. K. Oesterreichischer Hauptmann in dem 14. Infanterieregiment — Großherzog von Hessen.
„	„	„	Michalek, Ferdinand, K. K. Oesterreichischer Rechnungsführer in dem 28. Infanterieregiment — Ritter von Benedek.
„	„	28.	Schücht, Franz, K. K. Oesterreichischer Regierungsrath und Schloßhauptmann von Laxenburg, Schönbrunn, Hetzendorf und Baden.
„	Juli	1.	Gigl, Eugen, Betriebsinspector der Königlichen privilegirten Bayerischen Ostbahn.
„	Aug.	25.	Tutschek, Dr. Lorenz, Königlich Bayerischer Hofrath und Regimentsarzt 1. Classe in dem 1. Artillerieregiment — Prinz Luitpold.
„	Sept.	2.	Klein, Siegmund, Königlich Bayerischer Hauptmann in Pension.
„	„	„	Berg, genannt Schrimpf, Friedrich von, Königlich Bayerischer Kammerjunker und Hauptmann in dem 6. Infanterieregiment — König Wilhelm von Preußen.
„	„	11.	Narciß, Ferdinand, Königlich Bayerischer Major in dem 9. Infanterieregiment — Wrede.
„	„	„	König von Königsthal, Christian, Königlich Bayerischer Major in dem 9. Infanterieregiment — Wrede.
„	„	„	Uebler, Conrad, Königlich Bayerischer Oberlieutenant in dem 5. Infanterieregiment — Großherzog von Hessen.
„	„	„	Rohe, Julius, Königlich Bayerischer Hauptmann in dem 5. Infanterieregiment — Großherzog von Hessen.
„	„	„	Bomhard, Moritz, Königlich Bayerischer Oberlieutenant in dem 5. Infanterieregiment — Großherzog von Hessen und Brigadeadjutant.

1862. Sept. 2. Hechtl, Norbert, Königlich Bayerischer Regimentsquartiermeister in dem 6. Infanterieregiment — Großherzog von Hessen.
„ „ 16. Hedemann, Wilhelm von, vormaliger K. K. Oesterreichischer Oberlieutenant in dem 60. Infanterieregiment — Prinz Gustav von Wasa.
„ „ 20. Dimonès, genannt Verius, Friedrich August Kaiserlich Französischer Premierlieutenant in dem 15. Artillerieregiment.
„ Oct. 30. Sprengler, Eugen, Königlich Bayerischer Major bei der Zeughaus-Hauptdirection und Vorstand des Gieß- und Bohrhauses in München.
„ „ 31. Coumes, Julius August, Kaiserlich Französischer Ober-Ingenieur.
„ „ „ Lavale, Georg, Königlich Bayerischer Regierungsrath und Kreisbaurath bei der Regierung in der Pfalz.
„ „ „ Ortt von Schonauwen, Johannes Jonkheer, Königlich Niederländischer Ober-Ingenieur.
„ Dec. 10. Leiden, Damian, Königlich Preußischer Commerzienrath.
„ „ 24. Hügel, Alexander, Freiherr von, K. K. Oesterreichischer Rittmeister in der Armee.
1863. Jan. 25. Gounod, Carl, Kapellmeister in Paris.
„ Febr. 12. Arthofer, Johannes, K. K. Oesterreichischer Major, Referent und Kanzleidirector in dem Militärdepartement der Gendarmerie.
„ April 7. Domajirow, Basil, Kaiserlich Russischer Premierlieutenant in dem Belaserski'schen Infanterieregiment Seiner Königlichen Hoheit des Großherzogs von Hessen.
„ „ 26. Breda, Paul, Graf von, Kaiserlich Französischer Legationssecretär a. D.
„ Juli 1. Rogalla von Bieberstein, Richard Carl Georg Ferdinand, Königlich Preußischer Major in dem 4. Westphälischen Infanterieregiment Nr. 17.
„ „ „ Waldschmidt, Heinrich Hermann Christian, Königlich Preußischer Hauptmann in dem 4. Westphälischen Infanterieregiment Nr. 17.

1863.	Juli	1.	Schmidt, Johannes August Ernst, Königlich Preußischer Zahlmeister in dem 4. Westphälischen Infanterieregiment Nr. 17.
„	„	16.	Feraudy, Dominik Honoré Hipolyt von, Kaiserlich Französischer Hauptmann in dem 4. Infanterieregiment.
„	Aug.	5.	Dunker, Dr. Wilhelm, Königlich Preußischer Professor der Mineralogie und Geognosie an der Landesuniversität Marburg.
„	„	14.	Feigele, Clemens, Königlich Bayerischer Betriebsingenieur an dem Oberpost- und Bahnamt von Mittelfranken.
„	Sept.	5.	Merveldt, Paul Graf von, K. K. Oesterreichischer wirklicher Kämmerer und Rittmeister in dem 3. Uhlanenregiment — Erzherzog Carl Ludwig.
„	„	„	Merbeller, Alexander, K. K. Oesterreichischer Regierungsrath und dirigirender Polizei-Obercommissär in Salzburg.
„	„	20.	Hipssich, Carl Freiherr von, K. K. Oesterreichischer Hauptmann in dem 83. Infanterieregiment — Graf Gyulai von Maros-Németh und Nádaska.
„	„	„	Cordemann, August, vormaliger Königlich Hannöverischer Rittmeister.
„	„	„	Krause, Ernst Eduard, Königlich Preußischer Major in dem großen Generalstab.
„	„	„	Ende, Ernst von, Königlich Preußischer Major in dem 3. Thüringischen Infanterieregiment Nr. 71.
„	„	„	Poschau, Ernst Friedrich, Königlich Preußischer Hauptmann in dem 2. Brandenburgischen Infanterieregiment Nr. 12.
„	„	25.	Harder, geb. Freiin von Stieglitz, Natalie von.
„	Nov.	6.	Erebert, Alexander, Königlich Bayerischer Rath und Hofsecretär Seiner Königlichen Hoheit des Prinzen Adalbert.
„	„	26.	Garay, Don Recaredo de, Königlich Spanischer Attaché bei der Gesandtschaft an dem Großherzoglichen Hofe.
„	Dec.	19.	Zech-Lobning, Graf von (s. S. 54).

1863. Dec. 29. Häutle, Dr. Christian, Königlich Bayerischer Secretär in dem allgemeinen Reichsarchiv.

1864. Jan. 19. Lubeking, Dr. Eberhard Wynand Adrian, Königlich Niederländischer Stabsarzt.

" " 27. Masy, Victor, Königlich Belgischer Bureauchef in dem Departement der öffentlichen Arbeiten.

" April 13. Rechberg und Rothenlöwen, Ernst Graf von, Königlich Bayerischer Oberlieutenant in dem 1. Cürassierregiment — Prinz Carl.

" Mai 12. Vietinghoff, Dmitry von, Großherzoglich Mecklenburg-Schwerinischer Premierlieutenant und Flügeladjutant.

" " 19. Fadejeff, Alexander, erster Wappenmaler der heraldischen Abtheilung des Kaiserlich Russischen dirigirenden Senates.

" Aug. 17. Zeza, Spyridion G., Dr. juris in Zante, in dem Königreich Griechenland.

" " 25. Sidorowitch, von (s. S. 55).

" " 30. Sailler, Johannes, K. K. Oesterreichischer Major-Auditor bei dem Landes-Militärgerichte in Wien.

" Sept. 1. Fiedler, Wilhelm von, Gutsbesitzer in Isjum, Provinz Charkow, in dem Kaiserreich Rußland.

" " 14. Schreuk von Notzing, Albert, Freiherr, K. K. Oesterreichischer Oberlieutenant in dem 60. Infanterieregiment — Prinz Gustav von Wasa.

" Oct. 1. Simon, Dr. Gustav, Großherzoglich Badischer ordentlicher Professor der medicinischen Facultät und Director der chirurgischen Clinik der Landesuniversität zu Heidelberg.

" " 26. Malsburg, Otto von der, vormaliger Kurfürstlich Hessischer Legationssecretär.

" " 27. Swertschkoff, Nicolay, Maler und Professor an der Kaiserlich Russischen Academie der schönen Künste in St. Petersburg.

" Nov. 9. Traub, Paul Heinrich, Handelsagent in Neufchatel in der Schweiz.

1864. Dec. 7. Stamm, Friedrich, vormaliger Herzoglich Nassauischer Hauptmann.

" " 8. Diegerick, Johannes, Archivar und Bibliothekar der Stadt Ypern.

1865. Jan. 6. Mayer, Carl, Königlich Bayerischer Bezirksinspector bei dem Oberpost- und Bahnamt von Unterfranken und Aschaffenburg.

" Febr. 10. Siry, Carl Theodor, Königlich Bayerischer Vorstand des Post- und Bahnamts Lindau und Inspector bei dem Betriebsamt der Bodenseedampfschifffahrt.

" " " Möller, Adolph, Königlich Bayerischer Verwalter bei dem Betriebsamt der Bodenseedampfschifffahrt.

" März 17. Kutzinsky, Alexander von, Kaiserlich Russischer Stabsrittmeister in dem Gardehusarenregiment — Grodno — und Adjutant des Oberbefehlshabers der Truppen in dem Königreich Polen.

" " " Klimisch Edler von Klimburg, Eugen, K. K. Oesterreichischer Major in dem 53. Infanterieregiment — Erzherzog Leopold Ludwig — und Flügeladjutant des Kriegsministers.

" " " Fischer, Emil, Königlich Preußischer Hauptmann in dem Pommer'schen Füsilierregiment Nr. 34.

" " " Avenarius, Heinrich Albert, Königlich Preußischer Rechnungsrath in dem Garnisonsverwaltungswesen des VIII. Armeecorps und Garnisonsverwaltungs-Director der Festung Mainz.

" April 15. Smortschkoff, Alexander, Kaiserlich Russischer Collegienassessor.

" " " Breden, Carl Friedrich Adalmar, K. K. Oesterreichischer Rittmeister in der Armee.

" " " Hirschfeld, Paul von, Großherzoglich Mecklenburg-Schwerinischer Kammerjunker.

" " " Lühe, Adolph von der, Großherzoglich Mecklenburg-Schwerinischer Premierlieutenant in dem Dragonerregiment.

1865. April 15. Hirschfeld, Ludwig von, Großherzoglich Mecklenburg-Schwerinischer Secondelieutenant in der Artillerie.

„ „ 30. Voigtländer, Friedrich, Herzoglich Braunschweigerischer Commerzienrath.

„ Juli 22. Lämmert, Heinrich, Großherzoglich Badischer Consul in Rio de Janeyro.

„ Aug. 19. Klaudy, Claudius, Sectionsingenieur bei der K. K. Oesterreichischen privilegirten Kaiserin Elisabeth-Bahn.

„ „ 25. Mecséri de Tshoor, Emerich Michael Freiherr, K. K. Oesterreichischer wirklicher Kämmerer und Rittmeister in dem 13. Husarenregiment — Fürst zu Liechtenstein.

„ „ 30. Dollmann, Georg Heinrich Carl, Architect und Königlich Bayerischer Abtheilungsingenieur bei dem Oberpost- und Bahnamt von Oberbayern.

„ „ „ Widnmann, Maximilian, Königlich Bayerischer Professor der Bildhauerkunst und Mitglied der Academie der bildenden Künste.

„ Sept. 16. Andreä, Achilles, Banquier in Frankfurt am Main.

„ „ 26. Lagarrigue, Ritter Fernand, Fürstlich Monaco'scher Kammerherr.

„ „ 30. Breßler, Wilhelm, Königlich Preußischer Hauptmann in dem Infanterieregiment Nr. 82.

„ Nov. 10. Noé, Edler von Nordberg, Carl, K. K. Oesterreichischer Rittmeister in dem 12. Uhlanenregiment — König beider Sicilien.

„ „ „ Stolz, Ernst, Chef de gare in Straßburg.

„ Dec. 4. Fürstenrecht, Ludwig von, Königlich Preußischer Forstmeister.

1866. Jan. 9. Le Ghait, Alfred, Königlich Belgischer Attaché.

„ „ „ Rasse, Heinrich Leopold Baron de, Königlich Belgischer Attaché.

„ „ 10. Schmitt, Friedrich, Königlich Bayerischer Hauptmann in dem 2. Infanterieregiment — Kronprinz.

„ „ „ Obermayer, Carl, Königlich Bayerischer Landwehroberst und Commandant des Landwehrregiments Augsburg.

1866.	Febr.	8.	Lüneschloß, Friedrich von, Königlich Bayerischer Kammerjunker und Major in dem Infanterieleibregiment.
"	"	"	Feberl, Joseph, Königlich Bayerischer Hofjagdinspector und Vorstand der Hofjagdintendanz.
"	"	10.	Sauer, Carl, Königlich Bayerischer Major und Flügeladjutant Seiner Majestät des Königs.
"	"	"	Thurn und Taxis, Paul Fürst von.
"	"	12.	Riederer, Carl, Königlich Bayerischer Landwehroberst en retraite und Director des Verwaltungsraths der Actiengesellschaft des Münchener Volkstheaters.
"	März	3.	Schmidt-Polex, Philipp, Banquier in Frankfurt am Main.
"	"	24.	Lehr, Ernst, Generalsecretär des evangelisch-lutherischen Consistoriums in Straßburg.
"	April	28.	Schönhueb, Anton Freiherr von, Königlich Bayerischer Major in dem 8. Infanterieregiment — Seckendorf.
"	Mai	10.	Konski, Apollinar von, Director des musikalischen Conservatoriums in Warschau.
"	Juli	24.	Hettler, Heinrich, Königlich Württembergischer Oberinspector des Bahnbetriebs in Stuttgart.
"	"	"	Unger, Benedict, Königlich Bayerischer Bahninspector und Vorstand des Post- und Bahnamts Neu-Ulm.
"	Sept.	9.	Dunten, Paul Graf, Kaiserlich Russischer Collegiensecretär und zweiter Secretär bei der Gesandtschaft an dem Königlich Bayerischen Hofe.
"	"	10.	Heintzeler, August, Königlich Württembergischer Kanzleirath und Festungshauptcassier.
"	"	"	Bossert, Hermann, Königlich Württembergischer Bahnhofinspector.
"	"	15.	Spreti, Ferdinand Graf von, Königlich Bayerischer Major und Commandant der Garnisonscompagnie Nymphenburg.
"	"	"	Frays, Theodor Freiherr von, Königlich Bayerischer Kämmerer und Major in dem Gendarmeriecorps — zur Compagnie der Oberpfalz und von Regensburg commandirt.

1866. Sept. 18. Busec, Carl Freiherr von, vormaliger Landgräflich Hessischer Major und Commandeur des früheren Scharfschützencorps.

„ „ „ Wernigk, Ferdinand, Königlich Preußischer Hauptmann a. D.

„ Oct. 1. Rößler, Wilhelm, K. K. Oesterreichischer Hauptmann in dem Geniestabe.

„ „ „ Seyschab, Friedrich, K. K. Oesterreichischer Hauptmann in dem 10. Artillerieregiment — Hutschenreiter von Glinzendorf.

„ „ 4. Kuchen, Theodor, Königlich Großbritannischer Consul zu Frankfurt am Main.

„ „ 12. Kotzebue, Ernst von, Kaiserlich Russischer Titularrath und Legationssecretär bei der Gesandtschaft an dem Königlich Preußischen Hofe.

„ „ 26. Czihak, Dr. Jacob von, Fürstlich Moldauischer Oberst und Stabsarzt.

„ „ „ Degg, Dr. Joseph, Königlich Bayerischer Bezirksgerichtsarzt.

„ „ „ Stumpf, Dr. Eugen, Königlich Bayerischer Bezirksarzt.

„ „ „ Vogler, Dr. Leonhard, rechtskundiger Bürgermeister der Stadt Aschaffenburg.

„ „ „ Fregonneau, Dr. Wilhelm, practischer Arzt und Gebarzt in Eichstetten, in dem Großherzogthum Baden.

„ „ „ Frantzius, Dr. Julius von, practischer Arzt zu Münster am Stein, in dem Königreich Preußen.

„ „ „ Döbner, Dr. Rudolph, practischer Arzt in Aschaffenburg.

„ „ „ Bardorff, Dr. Wilhelm, practischer Arzt in Frankfurt am Main.

1867. Jan. 25. Wagner, Dr. Carl, Königlich Bayerischer Appellationsgerichtsrath in Aschaffenburg.

„ März 7. Martin, Esquire Dr. John, Vicepräsident der zahnärztlichen Gesellschaft in London.

„ „ 20. Vallette, Ludwig, evangelischer Pfarrer in Paris.

1867.	April	6.	Des kovich von Oltra, Alois Ritter, K. K. Oesterreichischer Hauptmann in dem 63. Infanterieregiment — König der Niederlande.
„	„	7.	Rau, Dr. Ludwig, Großherzoglich Badischer Regierungsrath und Mitglied des Obermedicinalcollegs.
„	„	„	Fuchs, Dr. Christian Joseph, Großherzoglich Badischer Medicinalrath.
„	„	10.	Winter, Maximilian, K. K. Oesterreichischer Kriegscommissär.
„	„	27.	Faber du Faur, Moritz von, Königlich Württembergischer Hauptmann in dem 2. Infanterieregiment.
„	Mai	3.	Fuchs, Carl, Königlich Bayerischer Oberförster in Miltenberg.
„	„	4.	Bärwindt, Dr. Johannes, Königlich Preußischer Oberstabsarzt und Garnisonsarzt in Frankfurt am Main.
„	Juni	12.	Metsch, Hugo von, Königlich Preußischer Hauptmann in dem 4. Westphälischen Infanterieregiment Nr. 17.
„	„	19.	Berger, Georg, Attaché bei der Kaiserlich Französischen Ausstellungscommission.
„	Juli	3.	Röhrig, Hermann, Königlich Preußischer Regierungsassessor.
„	„	27.	Brisken, Dr. Carl Engelbert, Königlich Preußischer Sanitätsrath.
„	Aug.	6.	Gumppenberg-Peuerbach, Maximilian Freiherr von, Königlich Bayerischer Kämmerer, Major und Exempt in der Leibgarde der Hartschiere.
„	„	19.	Hoffmann, Dr. Ewald Friedrich, Königlich Sächsischer Kirchen- und Schulrath bei der Kreisdirection in Leipzig.
„	„	25.	Kotz von Dobř, Wenzel Freiherr, K. K. Oesterreichischer Kämmerer und Oberlieutenant in dem 8. Dragonerregiment — Prinz Carl von Preußen.
„	Oct.	1.	Seyfert, Eduard, Königlich Bayerischer Telegrapheningenieur.

1867.	Oct.	13.	Klocke, Franz von, Königlich Preußischer Rittmeister in dem Rheinischen Dragonerregiment Nr. 5.
„	„	28.	Lommel, Johannes Wilhelm, vormaliger Landgräflich Hessischer Cabinetssecretär.
1868.	Jan.	2.	Funch, David Emil, Großhändler in Copenhagen.
„	„	14.	Lohse, Hermann Wilhelm, Königlich Preußischer Regierungs- und Baurath und Betriebsdirector der Cöln-Mindener Bahngesellschaft.
„	„	20.	Hoffmeister, Jacob Christian Carl, Königlich Preußischer Kreisgerichtssecretär und Secretär bei der Staatsanwaltschaft in Marburg.
„	Febr.	1.	Stiebel, Heinrich, vormaliger Kaiserlich Mexicanischer Consul in Frankfurt am Main.
„	„	„	Moreno-Henriques, Johannes Heinrich, Director der Mandation bei der Handelskammer in Paris.
„	„	„	Staub, Jacob Arnold, Fabrikant in Kuchen, in dem Königreich Württemberg.
„	„	8.	Paalzow, Wilhelm Ludwig, Königlich Preußischer Steuerinspector und Stationscontroleur in Mainz.
„	„	12.	Hahn, Friedrich Wilhelm von, Königlich Preußischer Major in dem 5. Westphälischen Landwehrregiment Nr. 53.
„	„	25.	Maestri, Dr. Peter, Director des statistischen Bureaus in Florenz.
„	März	15.	Kretschmer, Richard, Königlich Preußischer Premierlieutenant in dem Hohenzollern'schen Füsilierregiment Nr. 40.
„	„	„	Stenzler, Ernst Wilhelm August, Königlich Preußischer Geheimer Rechnungsrath und Geheimer expedirender Secretär in dem Kriegs-Ministerium.
„	Mai	1.	Devrient, Emil, Herzoglich Sachsen-Coburg-Gothaischer Hofrath.
„	Juni	8.	Eltester, Ernst Otto von, Königlich Preußischer Hauptmann in dem Kriegs-Ministerium.

1868.	Juni	23.	Gerock, Carl, Königlich Würtembergischer Oberconsistorialrath und evangelischer Stadtdecan in Stuttgart.
"	"	"	Brückner, Dr. Benno Bruno, Königlich Sächsischer Consistorialrath, ordentlicher Professor der evangelisch-theologischen Facultät und erster Prediger an der Universität Leipzig.
"	"	"	Donndorf, Carl Adolph, Bildhauer in Dresden.
"	"	"	Kietz, Gustav Adolph, Bildhauer in Dresden.
"	"	"	Schilling, Johannes, Bildhauer in Dresden.
"	"	"	Nicolai, Georg Hermann, Herzoglich Sachsen-Coburgischer Baurath und Professor.
"	"	"	Reinbrecht, Theodor Hermann, Dirigent des Gräflich Einsiedel'schen Werks Lauchhammer und Hüttenmeister.
"	"	30.	Rüchel-Kleist, Philipp von, Königlich Preußischer Rittmeister in dem 2. Garde-Ulanenregiment.
"	"	"	Below, Theodor von, Königlich Preußischer Rittmeister in dem 2. Garde-Ulanenregiment.
"	"	"	Schlieffen, Ernst Graf von, Königlich Preußischer Secondlieutenant und Regimentsadjutant in dem 2. Garde-Ulanenregiment.
"	Juli	10.	Haast, Dr. Julius, Geolog in Glückauf bei der Stadt Christchurch, Provinz Canterbury in Neu-Seeland.
"	"	22.	Metzger, Rudolph, Königlich Preußischer Intendanturrath bei der Militärintendantur des 11. Armeecorps.
"	"	29.	d'Irisson, Maurice, Maltheserritter.
"	Aug.	2.	Pourtales-Gorgier, Arthur Graf von, Kaiserlich Französischer Attaché bei der Gesandtschaft an dem Päpstlichen Stuhle.
"	"	7.	Mast, Friedrich August, evangelisch-lutherischer Pfarrer in Paris.
"	"	14.	Jacobson, Eduard, vormaliger Consul in Samarang.
"	Sept.	22.	Finger, Maximilian, K. K. Oesterreichischer Hülfsämterdirections-Adjunct.

1863. Oct. 17. Gurlt, Dr. E. Professor der Chirurgie an der Universität in Berlin.

" " 23. Streccius, Johannes, Königlich Preußischer Hauptmann in dem 4. Westphälischen Infanterieregiment Nr. 17.

5) Ritter zweiter Classe.

1860. Sept. 14. Meißl, Ernst Ritter von, K. K. Oesterreichischer Unterlieutenant in dem 16. Feldjägerbataillon.

1861. Dec. 24. Genzmer, Richard Wilhelm Adalbert, Königlich Preußischer Baumeister.

1862. Jan. 15. Schilling, Valentin Christoph, Fabrikbesitzer und Waffenlieferant in Suhl.

" Dec. " Gerber, Heinrich, Königlich Bayerischer Ingenieur.

1863. Juni 14. Lang, Hermann Wilhelm, Waffenfabrikant in Solingen.

" Juli 1. Moldenhawer, Heinrich Friedrich Wilhelm Carl, Königlich Preußischer Hauptmann in dem 73. Infanterieregiment.

" " " Hagen, Hugo von, Königlich Preußischer Premierlieutenant in dem 4. Magdeburgischen Infanterieregiment Nr. 67.

" Aug. 14. Rahm, August, Betriebsinspector bei der Königlichen privilegirten Bayerischen Ostbahn.

" " " Fomm, Ludwig, Betriebsinspector bei der Königlichen privilegirten Bayerischen Ostbahn.

" Oct. 7. Krausnick, Ludwig Ferdinand, Stallmeister Seiner Hoheit des Fürsten Carl Anton zu Hohenzollern-Sigmaringen.

1864. Mai 29. Rheinfelder, Friedrich, vormaliger Königlich Hannöverischer Legationscanzlist.

" Aug. 31. Ducar, Victor, Betriebsinspector der Königlich Bayerischen pfälzischen Ludwigsbahn in Ludwigshafen.

" Oct. 18. Jakovleff, Johannes, Kaiserlich Russischer Collegiensecretär und Hofchirurg.

1864.	Oct.	18.	Chrischtschenko, Nicila, Kammerdiener Seiner Majestät des Kaisers von Rußland.
„	„	„	Kedikoff, Johannes, Kammerdiener Ihrer Majestät der Kaiserin von Rußland.
„	„	„	Bourgeois, Constantin, Kaiserlich Russischer Kammerfourier.
1865.	April	15.	Göpffert, Theodor, Kaiserlich Russischer Lieutenant in dem Feldjägercorps.
„	„	„	Rösch, Carl, Kaiserlich Russischer Lieutenant in dem Feldjägercorps.
„	Juni	26.	Schlotthauer, Franz Fedorowitsch, Kaiserlich Russischer Oberlieutenant in dem Feldjägercorps.
„	Aug.	30.	Wenk, Ambrosius Director der Matrazfabrik in Dietz.
„	Dec.	4.	Gerstner, Christoph, Königlich Preußischer Oberförster.
1866.	Jan.	11.	Madler, Philipp, Fürstlich Leiningen'scher Revierförster in Miltenberg.
„	„	12.	Greiner, Friedrich, Königlich Bayerischer 1. Adjunct des Bürgermeisteramts der Stadt Pirmasens.
„	Febr.	„	Engelken, Friedrich, vormaliger Director der artistischen Direction an dem Actienvolkstheater in München.
„	„	„	Bayer, Philipp Jacob, Secretär und Oeconom an dem Actienvolkstheater in München.
„	Oct.	1.	Wagner, Joseph, K. K. Oesterreichischer Hauptmann in dem Küstenartillerieregiment.
„	„	26.	Mundorff, Joseph, Königlich Bayerischer Forstmeister.
„	„	„	John, Hermann, Gutsbesitzer von den Weiberhöfen bei Frohnhofen, in dem Königreich Bayern.
„	„	„	Federhaff, Adolph, Fabrikbesitzer in Lausach, in dem Königreich Bayern.
„	Dec.	22.	Schwendenwein, August, K. K. Oesterreichischer Baurath.
1867.	Febr.	5.	Frost, Peter von, Königlich Dänischer Branddirector und Artillerielieutenant.
„	März	7.	Ried, Christoph, aus Lahr, in dem Großherthum Baden, beschäftigt bei dem Consulat in Havre.

Jahr	Monat	Tag	
1867.	Mai	17.	Kresse, Franz, Königlich Preußischer Geheimer expedirender Secretär und Calculator in dem Kriegsministerium.
„	„	23.	Röder, Ferdinand, Königlich Preußischer concessionirter Theateragent.
„	„	31.	Zwierzina, Leopold Ritter von, K. K. Oesterreichischer Legationsrath bei der Gesandtschaft an dem Königlich Bayerischen Hofe.
„	Juni	15.	Romantschenko, Philipp, Kaiserlich Russischer Gouvernementssecretär und Secretär bei dem Chef der Gendarmen.
„	„	„	Rapassoff, Anastasius, Kaiserlich Russischer Collegiensecretär in der Feldcanzlei Seiner Majestät des Kaisers.
„	„	„	Karpoff, Peter, Kammerdiener Seiner Majestät des Kaisers von Rußland.
„	„	„	Kusmin, Alexander, Kammerdiener Seiner Majestät des Kaisers von Rußland.
„	Juli	3.	Schneider, Johannes Christian, Königlich Preußischer Geheimer Diätar in dem Ministerium der auswärtigen Angelegenheiten.
„	Oct.	9.	Couillaud, Dr. Johannes, practischer Arzt in Epernay, in dem Kaiserthum Frankreich.
1868.	Jan.	29.	Muck, Dr. Aloys Jacob, Musikdirector in Würzburg.
„	Juni	8.	Zahn, Johannes Alfred von, Königlich Sächsischer Regierungsrath bei der Kreisdirection in Dresden, z. Z. Attaché bei der Gesandtschaft an dem K. K. Oesterreichischen Hofe.
„	„	23.	Stahlmann, Ludwig, Steinmetzmeister in Baireuth.
„	Juli	22.	Abel, Carl, Königlich Preußischer Intendantursecretär bei der Militär-Intendantur des 8. Armeecorps.
„	„	„	Heinemann, Friedrich, Königlich Preußischer Zeuglieutenant bei dem Artilleriedepot Minden.
„	Sept.	18.	Zakharoff, Semen, Kammerdiener Seiner Majestät des Kaisers von Rußland.
„	Oct.	3.	Rheinhard, Dr. Hermann, Königlich Württembergischer Gymnasial-Professor.

6) Silbernes Kreuz.

1851. Aug. 7. Steinkellner, Johannes, Conducteur bei der K. K. Oesterreichischen südlichen Staatsbahn II. Section.

„ „ „ Bayer, Jacob, vormaliger K. K. Oesterreichischer Unterlieutenant in dem Militärfuhrwesencorps.

„ „ „ Keiml, Joseph, vormaliger K. K. Oesterreichischer Corporal in dem 14. Infanterieregiment — Großherzog von Hessen.

„ „ „ Dittlbacher, Ferdinand, vormaliger K. K. Oesterreichischer Corporal in dem 14. Infanterieregiment — Großherzog von Hessen.

1853. April 16. Scheufele, Johannes Christoph, Privatmann in Mannheim.

1854. Juli 15. Dippold, Johannes, vormaliger Königlich Bayerischer Regimentstambour in dem 5. Infanterieregiment — Großherzog von Hessen.

„ „ „ Lampert, Bernard, Königlich Bayerischer Feldwebel in der Garnisons-Compagnie Königshofen.

„ „ „ Höhne, Daniel, Königlich Bayerischer Hartschier in der Leibgarde der Hartschiere.

„ „ 23. Lampel, Carl, vormaliger Königlich Bayerischer Corporal in dem 5. Infanterieregiment — Großherzog von Hessen.

„ Sept. 22. Moré, Hermann, Bahnhofverwalter der Königlich Bayerischen Pfälzischen Ludwigsbahn in Neustadt an der Hardt.

1855. Juli 1. Huß, Georg, vormaliger Königlich Bayerischer Feldwebel in dem 5. Infanterieregiment — Großherzog von Hessen.

1856. März 12. Zach, Leopold, vormaliger K. K. Oesterreichischer Regimentstambour in dem 14. Infanterieregiment — Großherzog von Hessen.

„ Aug. 2. Witafek, Joachim, K. K. Oesterreichischer Oberlieutenant in dem 14. Infanterieregiment — Großherzog von Hessen.

„ „ „ Jahn, Ignaz, K. K. Oesterreichischer Zugsführer in dem 14. Infanterieregiment — Großherzog von Hessen.

1856. Aug. 30. Lacher, Antinus Carl, vormaliger Bahnhofverwalter der Königlich Bayerischen Pfälzischen Ludwigsbahn in Ludwigshafen.

„ Sept. 24. Kourounini, Johannes, Kaiserlich Russischer Unteroffizier in der zur Begleitung Seiner Majestät des Kaisers bestimmten Schwadron der Kosaken des Kaukasus.

„ Dec. 27. Kobbe, Johannes von, K. K. Oesterreichischer Oberlieutenant in dem 2. Genieregiment.

„ „ „ Hradl, Joseph, gewesener K. K. Oesterreichischer Feldwebel in dem vormaligen 9. Geniebataillon.

„ „ „ Nordmann, Michael, Königlich Preußischer Feldwebel in der 2. Reserve-Pioniercompagnie.

1857. „ „ Heinrichs, Friedrich, Königlich Preußischer Unteroffizier in der 2. Reserve-Pioniercompagnie.

„ „ „ Twardowsky, Michael, K. K. Oesterreichischer Kanonier in dem 5. Artillerieregiment — Freiherr von Stwrtnik.

1858. Aug. 25. Menzel, Franz, Königlich Bayerischer Auditoriatsactuar in der Garnisonscompagnie Nymphenburg.

„ „ „ Dorst, Carl, vormaliger Königlich Bayerischer Feldwebel in dem 5. Infanterieregiment — Großherzog von Hessen.

1859. Juli 30. Enzenhofer, Matthias, K. K. Oesterreichischer Führer in dem 14. Infanterieregiment — Großherzog von Hessen.

„ „ „ Fichtinger, Joseph, K. K. Oesterreichischer Feldwebel in dem 14. Infanterieregiment — Großherzog von Hessen.

„ „ „ Sagl, Franz, K. K. Oesterreichischer Feldwebel in dem 14. Infanterieregiment — Großherzog von Hessen.

„ „ „ Kuchta, Franz, K. K. Oesterreichischer Feldwebel in dem 14. Infanterieregiment — Großherzog von Hessen.

„ „ „ Engländer, David, K. K. Oesterreichischer Corporal in dem 14. Infanterieregiment — Großherzog von Hessen.

1859. Aug. 28. **Werkgarner**, Stephan, K. K. Oesterreichischer Führer in dem 14. Infanterieregiment — Großherzog von Hessen.

1860. Juni 9. **Baum**, Georg, Königlich Preußischer Gendarm.

" Juli 20. **Heller**, Peter Joseph, Bahnhofverwalter der Königlich Bayerischen Pfälzischen Ludwigsbahn in Ludwigshafen.

" Sept. 23. **Stoll**, Theodor, Königlich Bayerischer Feldwebel in dem 5. Infanterieregiment — Großherzog von Hessen.

1861. Oct. 27. **Hutten**, Joseph, Oberlieutenant in der 1. Schützencompagnie des Bezirksgerichts Hall bei der Tiroler Landesvertheidigung.

1862. Juni 24. **Fahrbach**, Philipp, Kapellmeister in Wien.

" " " **Sonntag**, Carl, K. K. Oesterreichischer Musikfeldwebel in dem 14. Infanterieregiment — Großherzog von Hessen.

" " " **Haselberger**, Franz, K. K. Oesterreichischer Unterlieutenant in dem 14. Infanterieregiment — Großherzog von Hessen.

" " " **Klein**, Johannes, K. K. Oesterreichischer Feldwebel in dem Invalidenhaus zu Prag.

" Sept. 2. **Huß**, Samuel, Königlich Bayerischer Feldwebel in dem 5. Infanterieregiment — Großherzog von Hessen.

" " " **Meyer**, Paul, Königlich Bayerischer Feldwebel in der Garnisons-Compagnie Königshofen.

" " " **Joas**, Friedrich, Königlich Bayerischer Sergeant in dem 5. Infanterieregiment — Großherzog von Hessen.

" " 11. **Beyerlein**, Heinrich, Königlich Bayerischer Feldwebel in dem 5. Infanterieregiment — Großherzog von Hessen.

" " " **Maurer**, David, Königlich Bayerischer Feldwebel in Pension.

" " " **Macher**, Peter, Königlich Bayerischer Feldwebel in Pension.

" " " **Wex**, Ludwig, Turnlehrer an den städtischen Schulen in Bamberg.

" " " **Trauth**, Christoph, Königlich Bayerischer Sergeant in dem 5. Infanterieregiment — Großherzog von Hessen.

1863.	Juli	1.	Weißenborn, Ernst, Königlich Preußischer Kapellmeister in dem 4. Westphälischen Infanterieregiment Nr. 17.
„	„	„	Ulrich, Heinrich, vormaliger Königlich Preußischer Hautboist in dem 4. Westphälischen Infanterieregiment Nr. 17.
„	„	„	Zeck, Johannes Theodor, Königlich Preußischer Bahnpostconducteur bei dem Postamt Oberhausen.
„	„	„	Steller, Friedrich, Königlich Preußischer Polizeisergeant in Düsseldorf.
1864.	Aug.	31.	Becker, Moritz Ernst Franz Maria, Bahnhofverwalter der Königlich Bayerischen Pfälzischen Ludwigsbahn in Edenkoben.
1866.	Jan.	21.	Winkler, Johannes, Königlich Bayerischer Hartschier in der Leibgarde der Hartschiere.
1867.	„	9.	Narr, Johannes, Königlich Bayerischer Stabssergeant in dem 5. Infanterieregiment — Großherzog von Hessen.
1868.	Juli	22.	Julius, August, Königlich Preußischer Zeugfeldwebel bei dem Artilleriedepot Mainz.
„	Sept.	18.	Djakoff, Chariton, Kaiserlich Russischer Unteroffizier und Kammerkosack.
„	„	„	Kalimanoff, Philipp, Kaiserlich Russischer Unteroffizier in der zur Begleitung Seiner Majestät des Kaisers bestimmten Leibwache.
„	„	„	Tabajeff, Kharlanty, Kaiserlich Russischer Unteroffizier in der zur Begleitung Seiner Majestät des Kaisers bestimmten Leibwache.
„	„	„	Udovine, Ivan, Kaiserlich Russischer Kosack in der zur Begleitung Seiner Majestät des Kaisers bestimmten Leibwache.
„	„	„	Jerschelf, Timofei, Kaiserlich Russischer Kosack in der zur Begleitung Seiner Majestät des Kaisers bestimmten Leibwache.
„	„	„	Jeremejeff, Tit., Kaiserlich Russischer Kosack in der zur Begleitung Seiner Majestät des Kaisers bestimmten Leibwache.
„	„	„	Borobzoff, Kiril, Kaiserlich Russischer Kosack in der zur Begleitung Seiner Majestät des Kaisers bestimmten Leibwache.

IV.

Verdienst-Medaille

für

Wissenschaft, Kunst, Industrie und Landwirthschaft.

Gestiftet von Seiner Königlichen Hoheit dem Großherzog

Ludwig III.

am 31. Mai 1853.

1) Goldene.

a. Inländer.

1854. Jan. 22. Schröder (s. S. 27).

1857. Nov. 12. Jordan, Gottfried, Freiherrlich von Benningen'scher Rentamtmann in Lindheim.

" " " Willich, genannt von Pöllnitz, Carl, Oeconom in Reinheim.

" " " Langen, Dr. Theodor, Oeconom auf dem Windhäuserhof.

1858. Dec. 26. Walther, Dr. (s. S. 65).

" " " Mangold, Carl Amadeus, Hofvocalmusikdirector.

1861. Juni 9. Lindenschmit, Ludwig, außerordentlicher Lehrer an dem Gymnasium in Mainz.

" Aug. 31. d'Orville, Gustav, Fabrikant in Michelstadt.

" " " Gräff, Carl, Fabrikant in Bingen.

" " " Lerch, Philipp, Fabrikant in Lauterbach.

1862. Oct. 14. Noack, August, Hofmaler.

" Nov. 20. Wagner, Wilhelm Georg Justin, Hofrath.

1863. Mai 5. Chary, Felix, Tuchfabrikant in Mainz.

1864. Dec. 27. Simon, Gustav, Decan des Decanats Erbach und evangelischer Oberpfarrer in Michelstadt.

1867. März 22. Rosenberg, von (s. S. 20).

" Aug. 25. Becker, Carl, Kammersänger.

1868. Juni 9. Nesvadba, Joseph, Hofkapellmeister.

b. Ausländer.

1854. Juni 20. Löwe, Feodor, Königlich Württembergischer Hofschauspielregisseur.

1855. Sept. 19. Devrient (s. S. 147).

1858. Jan. 1. Hoffmeister (s. S. 147).

„ Febr. 18. Westerweller von Anthony, Heinrich, Gutsbesitzer in Bourg en Bresse, in dem Kaiserthum Frankreich.

„ Dec. 26. Reuling, Wilhelm, K. K. Oesterreichischer Hofkapellmeister in Pension.

1859. April 15. Dawison, Bogumil, Königlich Sächsischer Hofschauspieler.

„ Sept. 21. Wagner, Albert, Hofgoldschmied Seiner Majestät des Königs von Preußen.

1860. April 24. Tichatscheck, Joseph Aloys, Königlich Sächsischer Kammersänger.

„ Juli „ Marpurg, Friedrich, Fürstlich Schwarzburg-Sondershausenscher Hofkapellmeister.

1861. Febr. 18. Gounod (s. S. 139).

„ Mai 23. Bock, Gustav, Hofmusikhändler J. J. M. M. des Königs und der Königin von Preußen.

„ Juni 21. Sartorius, Christian, Gutsbesitzer in Mirador in Mexico.

„ Nov. 9. Schmidt, Philipp, Großherzoglicher Hofschreiner und K. K. Oesterreichischer Hoftischler in Wien.

1862. März 2. Niemann, Albert, Königlich Preußischer Opernsänger.

„ Dec. 10. Owen, Franz Philipp Cunliffe, Director des Kensington Museums in London.

„ „ „ Beeg, Dr. Johannes Caspar, Königlich Bayerischer Rector der Gewerb- und Handelsschule in Fürth.

1863. März 28. Wachtel, Theodor, Königlich Preußischer Hofsänger.

„ Oct. 11. Carrion, Manuel, Opernsänger an der großen Oper in Madrid.

„ Nov. 17. Braun, Martin, Gußstahl- und Feilenfabrikbesitzer in Schöndorf, in dem Kaiserthum Oesterreich.

„ „ 21. Reiset, Graf von, Excellenz (s. S. 96).

1863.	Dec. 13.	Hering, Carl, Königlich Preußischer Musikdirector.
1864.	März 23.	Lehmann, Johannes Georg, evangelischer Pfarrer in Nußdorf, in dem Königreich Bayern.
„	April 8.	Steger, Franz Xaver, K. K. Oesterreichischer Hofsänger.
„	„ 25.	Verschaffelt, Ambroissa, in Gent.
„	Juni 8.	Schmidt, Gustav, Kapellmeister an dem Stadttheater in Leipzig.
1865.	Dec. 19.	Abt, Franz, Herzoglich Braunschweigischer Hofkapellmeister.
1866.	Febr. 26.	Haase, Friedrich, Director des Herzoglichen Hoftheaters in Coburg.
1867.	Juli 4.	Grützmacher, Friedrich, erster Violoncellist in der Königlich Sächsischen Hofcapelle.
„	„ 15.	Cölner Männergesang-Verein.
„	Oct. 4.	Emich, Gustav, Buchdrucker der ungarischen Academie der Wissenschaften.

2) Silberne.

a. Inländer.

1867. Mai 22. Ettling, Emil, Musikdirector in Paris.

b. Ausländer.

1859. Sept. 28. Lauts, Wilhelm, Gold- und Silberarbeiter in Hanau.

V.

Allgemeines Ehrenzeichen.

Gestiftet von Seiner Königlichen Hoheit dem Großherzog

Ludwig III.

am 14. November 1849.

---

1) Für Verdienste.

a. Inländer.

1850.	Juni	9.	Armbrust (s. S. 86).
"	"	"	Sehrl, Johannes, Domänenpfandmeister bei dem Rentamt Gießen.
"	"	"	Budde (s. S. 68).
"	"	"	Dambmann, Adam, zweiter Brückengelderheber bei der Schiffbrücke in Mainz.
"	"	"	Schmitt (s. S. 87).
"	"	"	George (s. S. 24).
"	"	"	Reinheimer, Peter, Bürgermeister der Bürgermeisterei Klein-Gerau.
"	"	"	Hofmeier, Philipp, Bürgermeister der Bürgermeisterei Schwanheim.
"	"	"	Reitz, Carl Otto, vormaliger Bürgermeister der Bürgermeisterei Stockhausen, Kreises Grünberg.
"	"	"	Wagenbach, Johannes, Bürgermeister der Bürgermeisterei Alt-Buseck.
1852.	Mai	31.	Uhrig, Adam, vormaliger Bürgermeister der Bürgermeisterei Hebstahl.
1853.	Aug.	29.	Poseiner, Carl, Kreisbauaufseher bei dem Kreisbauamt Grünberg.
1855.	April	24.	Schmidt, Andreas, Forstwart in Pension.
1857.	Aug.	25.	Fritsch, Christian Heinrich, evangelischer Schullehrer in Pension.

1857.	Aug.	25.	Kühn, Georg, evangelischer Schullehrer in Offenbach.
„	„	„	Beck, Friedrich Carl, lutherischer Schullehrer in Gießen.
„	„	„	Pfannmüller, Johannes Heinrich, lutherischer Schullehrer in Lauterbach.
„	„	„	Loos, Friedrich August, evangelischer Schullehrer in Wallertheim.
„	„	„	Roos, Joseph, katholischer Schullehrer in Heppenheim.
„	„	„	Sulzbach, Adam, katholischer Schullehrer in Rockenberg.
„	„	„	Knab, Franz, katholischer Schullehrer in Ober-Ingelheim.
„	„	„	Metzger (s. S. 88).
„	Dec.	27.	Bey, Christian, Brandmeister bei der Feuerwehr der Provinzialhauptstadt Mainz.
1858.	„	26.	Seiler (s. S. 87).
„	„	„	Arnold, Johannes Nicolaus, Bürgermeister der Bürgermeisterei Schaafheim.
„	„	„	Geis, Adam, Bürgermeister der Bürgermeisterei Zotzenbach.
„	„	„	Grimm, Wilhelm, vormaliger Bürgermeister der Bürgermeisterei Lerheim.
„	„	„	Haas, Johannes Georg, vormaliger Bürgermeister der Bürgermeisterei Roßdorf.
„	„	„	Ihrig, Georg, Bürgermeister der Bürgermeisterei Falken-Gesäß.
„	„	„	Köhl, Ludwig, Bürgermeister der Bürgermeisterei Gernsheim.
„	„	„	Pirsch (s. S. 88).
„	„	„	Trinkaus, Christoph, Bürgermeister der Bürgermeisterei Höllerbach.
„	„	„	Wolf II., Adam, Bürgermeister der Bürgermeisterei Heubach.
„	„	„	Arnold, Wilhelm, Bürgermeister der Bürgermeisterei Grünberg.
„	„	„	Birkenstock, Helwig, vormaliger Bürgermeister der Bürgermeisterei Strebendorf.
„	„	„	Elfert, David, Bürgermeister der Bürgermeisterei Lauterbach.

1858. Dec. 26. Haub, Johannes Georg, vormaliger Bürgermeister der Bürgermeisterei Nieder-Weisel.

" " " Himmelreich, Jacob, Bürgermeister der Bürgermeisterei Ober-Eschbach.

" " " Kirchhof, Hartmann, Bürgermeister der Bürgermeisterei Unter-Schmitten.

" " " Krumm, Johannes Georg, Bürgermeister der Bürgermeisterei Wenings.

" " " Ried, Jacob, vormaliger Bürgermeister der Bürgermeisterei Holzhausen, Kreises Vilbel.

" " " Schäfer, Johannes, vormaliger Bürgermeister der Bürgermeisterei Reiskirchen.

" " " Weber, Christian, Bürgermeister der Bürgermeisterei Hartmannshain.

" " " Braud, Georg, Bürgermeister der Bürgermeisterei Ober-Hilbersheim.

" " " Brand, Georg Friedrich, vormaliger Bürgermeister der Bürgermeisterei Bibelnheim.

" " " Braunwart, Jacob, vormaliger Bürgermeister der Bürgermeisterei Hechtsheim.

" " " Hirschmann, Jacob, vormaliger Bürgermeister der Bürgermeisterei Sprendlingen, Kreises Alzey.

" " " Sauer, Johannes, Bürgermeister der Bürgermeisterei Bodenheim.

" " " Schollmeyer, Conrad, vormaliger Bürgermeister der Bürgermeisterei Nostheim.

" " " Baier, Philipp, evangelischer Schullehrer in Biebesheim.

" " " Beck, Friedrich, evangelischer Schullehrer in Eich.

" " " Grunner, Jacob Christian, evangelischer Schullehrer in Rodheim vor der Höhe.

" " " Henkelmann, Jacob, evangelischer Schullehrer in Pension.

" " " Hirsch, Johannes Adam, evangelischer Schullehrer in Wörrstadt.

" " " Ringelshäuser, Christoph Jacob, evangelischer Schullehrer in Reinheim.

" " " Winter, Peter, evangelischer Schullehrer in Wallerstädten.

1858.	Dec.	26.	Beyer, Conrad, katholischer Schullehrer in Pension.
"	"	"	Krimmer, Adam Joseph, katholischer Schullehrer in Offenbach.
"	"	"	Ackermann, Georg Anton, Museumsdiener bei der Museumsdirection.
"	"	"	Ruths, Martin, Landgerichtsdiener in Pension.
"	"	"	Reiter, Johannes, Hofgerichtscanzleidiener bei dem Hofgericht der Provinz Starkenburg.
"	"	"	Cronenberg, Jacob, Landgerichtsdiener bei dem Landgericht Friedberg.
"	"	"	Scharch, Johannes Conrad, Steuerpfandmeister in Pension.
"	"	"	Jäger, Peter, Domänenpfandmeister in Pension.
"	"	"	Wolf, Adam, Hauptzollamtsdiener bei dem Hauptzollamt Mainz.
"	"	"	Habich, Philipp, Wildmeister und Forstwart der Forstwartei Einsiedel in der Oberförsterei Steinbrückerteich.
"	"	"	Kreuter, Friedrich, Forstmitaufseher und Forstwart der Forstwartei Viernheim in der Oberförsterei Viernheim.
"	"	"	Zulauf (s. S. 88).
1860.	Juni	9.	Weber, Johannes, Bürgermeister der Bürgermeisterei Dieburg.
"	"	"	Mischlich, Friedrich, Bürgermeister der Bürgermeisterei Nauheim, Kreises Groß-Gerau.
"	"	"	Gieß, Johannes, vormaliger Bürgermeister der Bürgermeisterei Reinhardshain.
"	"	"	Reibel, Wilhelm, vormaliger Bürgermeister der Bürgermeisterei Heuchelheim.
"	"	"	Jost, Ludwig, vormaliger Bürgermeister der Bürgermeister Grebenhain.
"	"	"	Best, Christian, Bürgermeister der Bürgermeisterei Wendelsheim.
"	"	"	Schredelseder, Friedrich Wilhelm, Bürgermeister der Bürgermeisterei Horchheim.
"	"	"	Lebert, Carl, Bürgermeisterei der Bürgermeisterei Offenheim.
"	"	"	Kolb, Jacob, Steinkohlenhändler in Erfelden.
"	"	"	Berres (s. S. 88).

1860.	Juni	9.	Leiß, Friedrich, evangelischer Schullehrer in Darmstadt.
„	„	„	Hechler, Heinrich Jacob, evangelischer Schullehrer in Nieder-Ingelheim.
„	„	„	Habermehl, Heinrich, lutherischer Schullehrer in Groß-Rohrheim.
„	„	„	Grode, Conrad, katholischer Schullehrer in Heßloch.
„	„	„	Lippert, Joseph, katholischer Schullehrer in Bensheim.
1861.	„	„	Krebs, Heinrich Conrad, Canzleidiener bei dem Hofgericht der Provinz Starkenburg.
„	„	„	Schickeranz, Johannes Philipp, Canzleidiener bei dem Oberappellations- und Cassationsgericht.
„	„	„	Habich, Nicolaus, Förster und Forstwart der Forstwartei Kühkopf in der Oberförsterei Mombach.
„	„	„	Köhler, Stephan, Forstwart der Forstwartei Quedborn in der Oberförsterei Grünberg.
„	„	„	Hildebrandt, Franz, Gemeindeforstwart in Seligenstadt.
„	Nov.	12.	Kaiser, Philipp, vormaliger Bürgermeister der Bürgermeisterei Gau-Bischofsheim.
„	Dec.	31.	Kiefer, Georg Michael, vormaliger Bürgermeister der Bürgermeisterei Schiersheim.
1862.	Jan.	3.	Horn, Stephan, vormaliger Bürgermeister der Bürgermeisterei Steinbach.
„	Febr.	1.	Feick, Johannes Georg, vormaliger Bürgermeister der Bürgermeisterei Neunkirchen.
„	„	7.	Müller, Philipp, vormaliger Bürgermeister der Bürgermeisterei Altheim.
„	März	4.	Wehr, Philipp, vormaliger Bürgermeister der Bürgermeisterei Frei-Laubersheim.
„	Aug.	1.	Klein, Johannes, Gemeindeeinnehmer in Hergershausen.
„	Sept.	20.	Metz, Johannes, katholischer Schullehrer in Pension.
„	Dec.	13.	Helmling, Johannes, vormaliger Bürgermeister der Bürgermeisterei Kirschhausen.

1864.	Jan.	30.	Schmidt, Jost, vormaliger Bürgermeister der Bürgermeisterei Climbach.
„	April	19.	Schumann, Conrad, Beneficiat in Heppenheim an der Bergstraße.
1865.	Febr.	„	Zimmermann, Werner, vormaliger Bürgermeister der Bürgermeisterei Esselborn.
„	April	1.	Zimmer, Johannes Georg, Bürgermeister der Bürgermeisterei Offenthal.
„	Mai	15.	Stock, Conrad, vormaliger Bürgermeister der Bürgermeisterei Allmenrod.
„	Sept.	16.	Fröhner, Jacob, Bürgermeister der Bürgermeisterei Messel.
1866.	„	30.	Zerfaß, Balthasar, Hofstallportier.
„	Oct.	26.	Walther, Philipp, Musketier in dem 3. Infanterieregiment.
„	„	„	Schnur, Conrad, zu Momart.
1867.	Jan.	1.	Merz, Jean, Portefeuillearbeiter in der Mönch'schen Fabrik in Offenbach.
„	„	„	Aulmann, Heinrich, Portefeuillearbeiter in der Mönch'schen Fabrik in Offenbach.
„	„	„	Kopp, August, Portefeuillearbeiter in der Mönch'schen Fabrik in Offenbach.
„	„	23.	Sittmann, Johannes, Bürgermeister der Bürgermeisterei Rüsselsheim.
„	Febr.	19.	Lavale, Conrad, Förster zu Stein-Bockenheim.
„	Juli	5.	Stellwagen, Johannes, vormaliger Bürgermeister der Bürgermeisterei Wonsheim.
„	Aug.	25.	Haberkorn, Theodor, Förster und Forstwart der Forstwartei Felsberg, in der Oberförsterei Zwingenberg.
„	„	„	Kreuzer, Adam, Bauaufseher des Kreisbauamts Groß-Gerau.
„	„	„	Leber, Jacob, Bürgermeister der Bürgermeisterei Griesheim.
„	„	„	Huff, Jacob, Bürgermeister der Bürgermeisterei Aspisheim.
„	„	„	Menges, Georg, Bürgermeister der Bürgermeisterei Groß-Linden.
„	„	„	Bausemer, Michael, katholischer Schullehrer in Mainz.
„	„	„	Ramspeck, Johannes, evangelischer Schullehrer in Friedberg.
„	„	„	Glock, Ludwig, evangelischer Schullehrer in Messel.

1867. Aug. 25. **Völker**, Jacob, Hofgartenaufseher in der Hofgärtnerei Darmstadt.

" " " **Bernet**, Johannes, Hofgartenwärter in der Hofgärtnerei Darmstadt.

" Oct. 12. **Schömer**, Georg, vormaliger Bürgermeister der Bürgermeisterei Seeheim.

" " 19. **Ziegler**, Andreas, vormaliger Bürgermeister der Bürgermeisterei Dorn-Dürkheim.

1868. Jan. 1. **Hehl**, Christoph, Hofgartenaufseher in der Hofgärtnerei Auerbach.

" " 3. **Borheimer**, Thomas, vormaliger Bürgermeister der Bürgermeisterei Abenheim.

b. Ausländer.

1850. Juni 9. **Wolf**, Moritz, Königlich Preußischer Bürgermeister in Höringhausen.

" " " **Block**, Johannes Georg, pensionirter Oberschmelzer in Thal-Itter, in dem Königreich Preußen.

1854. Juli 23. **Weiß**, Johannes, Königlich Bayerischer Gefreiter in dem 5. Infanterieregiment — Großherzog von Hessen.

" " " **Wehr**, Georg, Königlich Bayerischer Soldat in dem 5. Infanterieregiment — Großherzog von Hessen.

1856. Jan. 9. **Müller**, Daniel, vormaliger Bürgermeister in Battenberg, in dem Königreich Preußen.

1857. Aug. 2. **Katzenschläger**, Franz, vormaliger K. K. Oesterreichischer Führer in dem 14. Infanterieregiment — Großherzog von Hessen.

" Dec. 26. **Beyerlein** (s. S. 154).

1858. Aug. 5. **Peyrl** (s. S. 57).

" " " **Maaß**, Johannes, K. K. Oesterreichischer Unterlieutenant bei der Montursbranche.

" " " **Kahr**, Carl, K. K. Oesterreichischer Feldwebel in dem 14. Infanterieregiment — Großherzog von Hessen.

" " " **Schütz**, Jacob, K. K. Oesterreichischer Regimentsprofoß in dem 14. Infanterieregiment — Großherzog von Hessen.

1858.	Aug.	25.	Huß, Samuel, Königlich Bayerischer Feldwebel in dem 5. Infanterieregiment — Großherzog von Hessen.
„	„	„	Maurer (s. S. 154).
„	„	„	Schülein, Conrad, Königlich Bayerischer Sergeant in dem 5. Infanterieregiment — Großherzog von Hessen.
„	„	„	Raps, Georg, Königlich Bayerischer Sergeant in dem 5. Infanterieregiment — Großherzog von Hessen.
„	„	„	Schmitt, Johannes, Königlich Bayerischer Gefreiter in dem 5. Infanterieregiment — Großherzog von Hessen.
„	Sept.	9.	Fahrbach (s. S. 154).
„	Dec.	26.	Fischbach, Johannes, Königlich Preußischer Bürgermeister der Bürgermeisterei Mornshausen an der Dautphe.
„	„	„	Schmidt, Johannes, Königlich Preußischer Bürgermeister der Bürgermeisterei Breidenbach.
„	„	„	Plock, Carl, Obersteiger bei dem Bergamt Thal-Itter, in dem Königreich Preußen.
1859.	Aug.	28.	Metzger, Maria, Schwester aus der Versammlung der Barmherzigen im Mutterhaus zu Schwarzach, in dem Kaiserthum Oesterreich.
1862.	Jan.	5.	Krause, Carl Friedrich, Königlich Preußischer Feldwebel in dem 1. Garderegiment zu Fuß.
„	„	„	Franz, Johannes Carl Gottfried, Königlich Preußischer Feldwebel in dem 1. Garderegiment zu Fuß.
„	„	„	Licht, Johannes Carl August, Königlich Preußischer Feldwebel in dem 1. Garderegiment zu Fuß.
„	Juni	28.	David, Franz, K. K. Oesterreichischer Führer in dem 14. Infanterieregiment — Großherzog von Hessen.
„	„	„	Fialla, Franz, K. K. Oesterreichischer Corporal in dem 14. Infanterieregiment — Großherzog von Hessen.
„	„	„	Broß, Anton, K. K. Oesterreichischer Soldat in dem 14. Infanterieregiment — Großherzog von Hessen.

1862. Juni 28. Falosta, Carl, K. K. Oesterreichischer Soldat in dem 14. Infanterieregiment — Großherzog von Hessen.

„ Sept. 2. Narr (s. S. 155).

„ „ 11. Franck, Philipp, Königlich Bayerischer Corporal in dem 5. Infanterieregiment — Großherzog von Hessen.

„ „ „ Collet, Georg, vormaliger Königlich Bayerischer Corporal in dem 5. Infanterieregiment — Großherzog von Hessen.

1863. Juli 1. Lambert, Adam, Königlich Preußischer Secondlieutenant in dem 4. Westphälischen Infanterieregiment Nr. 17.

„ „ „ Heiming, Johannes Heinrich, Königlich Preußischer Feldwebel in dem 4. Westphälischen Infanterieregiment Nr. 17.

„ „ „ Wunderlich, Friedrich Wilhelm, vormaliger Königlich Preußischer Feldwebel in dem 4. Westphälischen Infanterieregiment Nr. 17.

„ „ „ Schikanowsky, Wilhelm, vormaliger Königlich Preußischer Feldwebel in dem 4. Westphälischen Infanterieregiment Nr. 17.

„ „ „ Gerhardt, Johannes Heinrich August, Königlich Preußischer Zahlmeister bei dem Westphälischen Festungsartillerieregiment Nr. 7.

„ „ „ Wilke, Emanuel, Königlich Preußischer Grenzaufseher in Aachen.

„ „ „ Nauroschat, Wilhelm, vormaliger Königlich Preußischer Feldwebel in dem 4. Westphälischen Infanterieregiment Nr. 17.

„ „ „ Schlupkoten, Gottfried, vormaliger Königlich Preußischer Feldwebel in dem 4. Westphälischen Infanterieregiment Nr. 17.

„ „ „ Nowaltny, Johannes Carl, vormaliger Königlich Preußischer Feldwebel in dem 4. Westphälischen Infanterieregiment Nr. 17.

„ „ „ Bauch, Alexander, Königlich Preußischer Feldwebel in dem 4. Westphälischen Infanterieregiment Nr. 17.

„ „ „ Hilgendorff, Christian, vormaliger Königlich Preußischer Feldwebel in dem 4. Westphälischen Infanterieregiment Nr. 17.

1865. Juli 1. Herbst, August Wilhelm, Königlich Preußischer Feldwebel in dem 4. Westphälischen Infanterieregiment Nr. 17.

„ Sept. 14. Krenn, Johannes, K. K. Oesterreichischer Grenadierfeldwebel in dem 14. Infanterieregiment — Großherzog von Hessen.

„ „ „ Wieser, Peter, K. K. Oesterreichischer Grenadierführer in dem 14. Infanterieregiment — Großherzog von Hessen.

„ „ „ Paulech, Stephan, K. K. Oesterreichischer Grenadier in dem 14. Infanterieregiment — Großherzog von Hessen.

„ Oct. 7. Meister, Carl August Julius, Königlich Preußischer Wachtmeister in dem Königshusarenregiment (1. Rheinischen) Nr. 7.

1866. „ 26. Reichert, August, Schullehrer in Lausach, in dem Königreich Bayern.

„ „ „ Sell, Conrad, Schullehrer in Lausach, in dem Königreich Bayern.

„ „ „ Imhof, Johannes, Bäckermeister in Lausach, in dem Königreich Bayern.

„ „ „ Franz, Josephine, zu Frohnhofen, in dem Königreich Bayern.

„ „ „ Rör, Leonhard, Schmiedmeister in Frohnhofen, in dem Königreich Bayern.

„ „ „ Müller, jun., Kilian, Oeconom in Frohnhofen, in dem Königreich Bayern.

2) Für Tapferkeit.

a. Inländer.

1866. Sept. 18. Kleinkauf, Christian, vormaliger Gefreiter in dem 1. Infanterieregiment.

„ „ „ Hust, Adam, vormaliger Gardist in dem 1. Infanterieregiment.

„ „ „ Jäger, Johannes, Gardist in dem 1. Infanterieregiment.

„ „ „ Ebert, Johannes Jacob, Musketier in dem 2. Infanterieregiment.

1866. Sept. 18. Lautenschläger, Johannes Georg, vormaliger Musketier in dem 2. Infanterieregiment.

" " " Haas, Heinrich, Musketier in dem 3. Infanterieregiment.

" " " Bißlinger, Johannes, Musketier in dem 3. Infanterieregiment.

" " " Achenbach, Georg Carl, Gefreiter in dem 4. Infanterieregiment.

" " " Schilling, Johannes, Musketier in dem 4. Infanterieregiment.

" " " Seib, Michael, vormaliger Musketier in dem 4. Infanterieregiment.

" " " Thomas, Ernst, Musketier in dem 4. Infanterieregiment.

" Nov. 4. Becker, Daniel, vormaliger Musketier in dem 4. Infanterieregiment.

b. Ausländer.

1859. Juli 30. König, Johannes, K. K. Oesterreichischer Führer in dem 14. Infanterieregiment — Großherzog von Hessen.

" " " Stutz, Ignatz, K. K. Oesterreichischer Führer in dem 14. Infanterieregiment — Großherzog von Hessen.

" " " Bolzer, Franz, K. K. Oesterreichischer Feldwebel in dem 14. Infanterieregiment — Großherzog von Hessen.

" " " Heidlmayer, Joseph, K. K. Oesterreichischer Feldwebel in dem 14. Infanterieregiment — Großherzog von Hessen.

" " " Goldberger, Salomon, K. K. Oesterreichischer Feldwebel in dem 14. Infanterieregiment — Großherzog von Hessen.

" " " Tiber, Ernst, K. K. Oesterreichischer Feldwebel in dem 14. Infanterieregiment — Großherzog von Hessen.

" " " Litzelfellner, Johannes, K. K. Oesterreichischer Feldwebel in dem 14. Infanterieregiment — Großherzog von Hessen.

1859.	Juli 30.	Walter, Anton, K. K. Oesterreichischer Feldwebel in dem 14. Infanterieregiment — Großherzog von Hessen.
„	„	Steininger, Johannes, K. K. Oesterreichischer Corporal in dem 14. Infanterieregiment — Großherzog von Hessen.
„	„	Nebl, Johannes, K. K. Oesterreichischer Corporal in dem 14. Infanterieregiment — Großherzog von Hessen.
„	„	Schmersch, Leopold, K. K. Oesterreichischer Corporal in dem 14. Infanterieregiment — Großherzog von Hessen.
„	„	Hofer, Ignatz, K. K. Oesterreichischer Corporal in dem 14. Infanterieregiment — Großherzog von Hessen.
„	„	Hochleitner, Johannes, K. K. Oesterreichischer Soldat in dem 14. Infanterieregiment — Großherzog von Hessen.
„	„	Weiß, Matthias, K. K. Oesterreichischer Soldat bei der Monturs-Commission in Venedig.
„	„	Hackl, Sebastian, K. K. Oesterreichischer Soldat in dem 14. Infanterieregiment — Großherzog von Hessen.
„	„	Schmidt, Joseph, K. K. Oesterreichischer Soldat in dem 14. Infanterieregiment — Großherzog von Hessen.
„	„	Ebenfedinger, Matthias, K. K. Oesterreichischer Soldat in dem 14. Infanterieregiment — Großherzog von Hessen.
„	„	Zobel, Franz, K. K. Oesterreichischer Führer in dem 4. Infanterieregiment — Hoch- und Deutschmeister.
„	„	Bauer, Eduard, K. K. Oesterreichischer Feldwebel in dem 4. Infanterieregiment — Hoch- und Deutschmeister.
„	„	Nowack, Johannes, K. K. Oesterreichischer Fahnenführer in dem 4. Infanterieregiment — Hoch- und Deutschmeister.
„	„	Brühwirth, Aloys, K. K. Oesterreichischer Feldwebel in dem 4. Infanterieregiment — Hoch- und Deutschmeister.

1859. Juli 30. Brenner, Johannes, K. K. Oesterreichischer Corporal in dem 4. Infanterieregiment — Hoch- und Deutschmeister.

" " " Mitterböck, Vincenz, vormaliger K. K. Oesterreichischer Gefreiter in dem 4. Infanterieregiment — Hoch- und Deutschmeister.

" " " Rieder, Georg, K. K. Oesterreichischer Gefreiter in dem 4. Infanterieregiment — Hoch- und Deutschmeister.

" " " Streicher, Moritz, K. K. Oesterreichischer Gefreiter in dem 4. Infanterieregiment — Hoch- und Deutschmeister.

" Aug. 28. Griedl, Anton, K. K. Oesterreichischer Gefreiter bei der Prager Monturs-Commission.

1860. Sept. 7. Kalapp, Alfred, K. K. Oesterreichischer Führer in dem 14. Infanterieregiment — Großherzog von Hessen.

" " " Geißler, Georg, K. K. Oesterreichischer Führer in dem 14. Infanterieregiment — Großherzog von Hessen.

" " " Zink, Anton, K. K. Oesterreichischer Corporal in dem 14. Infanterieregiment — Großherzog von Hessen.

" " " Maier, Joseph, K. K. Oesterreichischer Vicecorporal in dem 14. Infanterieregiment — Großherzog von Hessen.

" " " Bruckner, Ferdinand, K. K. Oesterreichischer Vicecorporal in dem 14. Infanterieregiment — Großherzog von Hessen.

" " " Warga, Aloys, K. K. Oesterreichischer Grenadier in dem 14. Infanterieregiment — Großherzog von Hessen.

" " " Neudecker, Johannes, K. K. Oesterreichischer Soldat in dem 14. Infanterieregiment — Großherzog von Hessen.

" " 12. Gall, Joseph, vormaliger K. K. Oesterreichischer Soldat in dem 14. Infanterieregiment — Großherzog von Hessen.

1861. " 19. Auberger, Georg, K. K. Oesterreichischer Corporal in dem 14. Infanterieregiment — Großherzog von Hessen.

1861. Sept. 19. Hurnaus, Johannes, K. K. Oesterreichischer Soldat in dem 14. Infanterieregiment — Großherzog von Hessen.

3) Für 30jährige treue Dienste.

1851. März 26. Gerkhard, Jacob, evangelischer Schullehrer in Pension.

1856. Aug. 1. Schambach, Johannes, Bauaufseher in Pension.

1860. Jan. 29. Chantre, Johannes Adam, evangelischer Schullehrer in Lampertheim.

1862. Oct. 6. Reiß, Andreas, Polizeisoldat bei der Polizeiverwaltung der Haupt- und Residenzstadt Darmstadt.

1864. Jan. 1. Müller, Reinhard, Bauaufseher in Pension.

" Febr. 12. Stapp, Johannes Adam, Landgerichtsdiener bei dem Landgericht Wimpfen.

" Oct. 11. Sommerlad, Christoph, evangelischer Schullehrer in Beerfelden.

" " 12. Jäger, Heinrich, evangelischer Schullehrer in Staden.

" Dec. 16. Blöcher, Johannes Adam, evangelischer Schullehrer in Pension.

1866. Juni 30. Schelber, Valentin, Gradirer auf der Saline Carlshalle.

1867. April 21. Gell, Philipp, evangelischer Schullehrer in Essenheim.

" Nov. 3. Stein, Johannes Heinrich, evangelischer Schullehrer in Gonterskirchen.

" Dec. 12. Decher, Heinrich, evangelischer Schullehrer in Pension.

1868. April 18. Bechtold, Johannes Conrad, erster Elementarschullehrer in Schlitz.

" Juli 3. Köhler, Johannes Adam, Bauaufseher des Kreisbauamts Worms.

" " 4. Hellmann, Friedrich, Landgerichtsdiener bei dem Landgericht Zwingenberg.

4) Für vieljährige treue Dienste.

1864. Mai 10. Werle, Georg, Hofjäger und Forstwart in Pension.
„ Aug. 25. Schaaf, Heinrich, Bürgermeister der Bürgermeisterei Eichelhain.
„ „ „ Frohn, Georg, vormaliger Bürgermeister der Bürgermeisterei Engelstadt.
„ „ „ Kirchner, Martin, Bürgermeister der Bürgermeisterei Bretzenheim.
„ „ „ Degen, Johannes, katholischer Schullehrer in Kleinhausen.
„ „ „ Kriegbaum, Johannes, evangelischer Schullehrer in Kelsterbach.
1865. Nov. „ Ochs, Heinrich, Steueraufseher in dem Steuercontrolebezirk Nidda.
1866. Oct. 11. Horn, Wilhelm Andreas, erster evangelischer Schullehrer in Brensbach.
1867. Jan. 25. Stöhr, Heinrich, Bürgermeister der Bürgermeisterei Glashütten.
„ Nov. 30. Meininger, Johannes Adam, vormaliger Bürgermeister der Bürgermeisterei Höchst an der Nidder.
„ Dec. 6. Schneider, Heinrich, Bürgermeister der Bürgermeisterei Stockstadt.

5) Für treue Dienste.

a. Inländer.

1858. Dec. 26. Vogel, Johannes, Hofofficiant.
„ „ „ Stürz, Werner, Hofofficiant.
„ „ „ Wolf (s. S. 59).
„ „ „ Hinterthür, Christoph, Leibkutscher in Pension.
„ „ „ Becker, Heinrich, Cabinetsdiener bei der Cabinetsdirection.
„ „ „ Weber, Johannes, Hoftheaterlogenmeister und Hoftheaterkassediener.
„ „ „ Jung, Georg, Hoftheater-Hausverwalter.
„ „ „ Barth (s. S. 89).
1861. Mai 3. Weis, Johannes Georg, evangelischer Schullehrer in Ellenbach.
1862. Juni 15. Bund, Jacob, evangelischer Schullehrer in Pension.

1863. Febr. 3. Weber, Johannes Philipp, evangelischer Schullehrer in Pension.
„ März 13. Roth, Heinrich Friedrich, evangelischer Schullehrer in Biebesheim.
„ Mai 1. Herzberger, Jacob, Förster und Gemeindeforstwart in Dauernheim.
„ „ 10. Mohr, Johannes, evangelischer Schullehrer in Eberstadt.
1864. Sept. 20. Deuchert, Peter, evangelischer Schullehrer in Pension.
1865. Mai 17. Straub, Johannes, evangelischer Schullehrer in Pension.
1867. Juli 9. Sturm, Michael, katholischer Schullehrer in Klein-Auheim.
„ Nov. 3. Gremm, Franz, katholischer Schullehrer in Fürth.
1868. Aug. 4. Schmitt, Franz, Bürgermeister der Bürgermeisterei Gorxheim.

b. Ausländer.

1863. Nov. 3. Seibler I., Johannes, vormaliger Bürgermeister der Bürgermeisterei Nieder-Ursel.

6) Für Rettung von Menschenleben.

a. Inländer.

1850. Jan. 5. Kaufmann, Philipp, Maurer in Castel.
„ „ „ Kappes, Peter, Steuermann in Bingen.
„ „ „ Seyfried, Georg, Fischermeister in Mainz.
„ „ „ Landgraf, Conrad, vormaliger Scharfschütze in dem 3. Infanterieregiment.
„ „ „ Dienst, Paul, Dampfbootscapitän in Mainz.
„ Juni 9. Wagner, Wilhelm, vormaliger Musketier in dem 3. Infanterieregiment.
„ „ 24. Petry, Johannes Baptist, Schiffbauergesell in Mainz.
„ Aug. „ Benroth, Ludwig, Gärtner in Oppenheim.
„ Okt. 17. Acker, Anna Maria, in Seligenstadt.
1851. Sept. 10. Henrich, genannt Eberhard, Stephan, Lauerlarcher in Mainz.
1852. Juni 23. Scheldegger, Conrad, Oeconom in Wald-Michelbach.
„ Aug. 26. Kempf II., Johannes Adam, Oeconom in Lich.

1852. Sept. 3. Fries, Georg, Schuhmachergesell in Mainz.
" Nov. 11. Retscher, Johannes Baptist, Schiffbauer in Mainz.
" " 15. Kramer, Johannes, Schiffer in Nierstein.
" Dec. " Wolff III., Philipp, in Ginsheim.
1853. Juli 20. Barth, Johannes, Examinator in Mainz.
" Aug. 29. Bechtold, Hermann von, Ministerial-Secretär 3. Classe bei dem Ministerium der Justiz.
" " " Blöh, Carl, Schiffer in Hirschhorn.
" " " Gumpel, Georg, in Bienheim.
" Oct. 24. Müller, Peter Anton, Schiffsmeister in Mainz.
" Nov. 3. Stuber, Peter, Schuhmachermeister in Offenbach.
1855. Sept. 17. Krämer, (s. S. 69).
" Nov. 26. Heß, Wilhelm, in Vilbel.
1856. Juni 16. Jäger, Valentin, Oberlieutenant in Pension.
" Oct. 13. Weiß, Conrad, Ziegler in Biedenkopf.
" Nov. 6. Stegmann, Peter Joseph, vormaliger Oberpionnier in der Pionniercompagnie.
" " " Balzer, Georg, Corporal in dem 3. Infanterieregiment.
" " " Schmidt, Philipp, vormaliger Musketier in dem 3. Infanterieregiment.
" Dec. 2. Fried, Johannes Heinrich, Vorarbeiter in Mainz.
1857. Mai 25. Fuhr IV., Johannes, in Heldenbergen.
" Juli 16. Ebling (s. S. 59).
" " 28. Günther, Balthasar, Gardist in dem 1. Infanterieregiment.
" Sept. 2. Stieglitz, Stephan, in Mainz.
" Nov. 26. Henkel, Johannes, in Wolfgruben.
1858. März 14. Münk, Johannes, in Eich.
" Juni 30. Hölder, Oscar, aus Wimpfen, dermalen Reallehrer in Rottweil, in dem Königreich Würtemberg.
" Aug. 12. Braun, Georg, in Nierstein.
1860. Mai 8. Schmidt, Bernhard, in Trebur.
" Sept. 28. Perron, Johannes, evangelischer Schullehrer in Vilbel.
" Oct. 6. Leinweber II., Heinrich, Schiffer in Bingen.
" Nov. 30. Happert, Johannes, Steuermann in Mainz.

1861. April 5. Scheurich, Ludwig, in Castel.
" Mai 3. Repp, Philipp, in Altenstadt.
" Juli 31. Engel, Johannes, in Mainz.
" Aug. 20. Grein, Ludwig Joachim, Musketier in dem 2. Infanterieregiment.
" " " Grein, Georg, in Rödelheim.
" Oct. 3. Lucas, Georg, in Hamm.
" Nov. 8. Felsing, Caspar, Müller von der Roffelsmühle bei Nieder-Gemünden.
1862. Mai 2. Ohaus, Carl Philipp, Musketier in dem 2. Infanterieregiment.
" " " Klaus, Nicolaus, Brückenwärter bei der Schiffbrücke in Offenbach.
" " " Rummel, Peter, Brückenwärter bei der Schiffbrücke in Offenbach.
" " " Rummel, Johannes, Fischer in Offenbach.
" " " Mutzbauer, Philipp, Fischer in Offenbach.
" Sept. 30. Hebling, Cornelius, Müllerbursche aus Nierstein.
1863. Aug. 15. Bergmann, Martin, Sackträger in Mainz.
" Sept. 25. Spieß, Philipp, Gefreiter in dem 2. Infanterieregiment.
" Oct. 31. Reining, Nicolaus, in Ober-Mobau.
" Nov. 24. Bauer, Ferdinand, in Lauterbach.
1864. März 11. Anstatt I., Michael, Schiffer in Weisenau.
" " " Schwarz, Margaretha, in Weisenau.
" " 26. Papst, Anton, in Mainz.
" " " Dechert IV., Heinrich, in Frischborn.
" Mai 6. Klink, Georg, vormaliger Musketier in dem 2. Infanterieregiment.
" " " Mundschenk II., Wendel, in Afitheim.
" Juni 25. Diehl, Adam, in Framersheim.
" Oct. 1. Roth, Peter, Brückenwärter an der Schiffbrücke in Worms.
1865. März 17. Forrer V., Johannes, von Ibersheim.
" April 15. Heidt, Joseph Philipp, Gardist in dem 1. Infanterieregiment.
" Mai 5. Boll II., Philipp, von Höchst.
" Aug. " Kessel, Peter, Schiffer in Nierstein.
" " " Blum, Conrad, von Höchst.
" " 27. Stork, Carl Gottlieb Friedrich, Gräflich Erbach-Schönbergischer Hofgärtner.

1865. Aug. 27. Zaubitz, Carl Gustav, Handelsgärtner in Darmstadt.

" Oct. " Rosenstengel, Caspar Balthasar, Gerbergeselle von Seligenstadt.

" Dec. 15. Hock, Sebastian, Bauaufseher bei der Hessischen Ludwigsbahn.

1866. April 6. Schüler, Jacob, Bahnwärter bei der Hessischen Ludwigsbahn.

" Oct. " Schlitz, genannt von Görtz, Graf von, Erlaucht (s. S. 13).

1867. Aug. 20. Göbel, Adam, Corporal in der Pionniercompagnie.

" " " Acker, Christoph, Fahrcanonier 2. Classe in dem Großherzoglichen Artilleriecorps.

" Nov. 5. Saalwächter, Paul Christian, von Nieder-Ingelheim.

1868. Febr. 2. Kissel III., Jacob, von Gernsheim.

" Mai 16. Lenz, Philipp, Badhausbesitzer in Offenbach.

" Oct. 14. Müller III., Michael, Maurermeister in Mainz.

b. Ausländer.

1850. Jan. 5. Portugall, Peter, Kohlenwieger in Coblenz, in dem Königreich Preußen.

1852. Dec. 23. Prohaska, Franz, vormaliger K. K. Oesterreichischer Gefreiter in dem 11. Infanterieregiment — Kronprinz von Sachsen.

1854. Sept. 11. Lemaitre, Joseph, Schiffsrheder in Havre, in dem Kaiserthum Frankreich.

1855. Jan. 13. Stein, Wilhelm, in Freienbietz, in dem Königreich Preußen.

" Aug. 8. Pracht, Carl, Bronzefabrikant in Paris in dem Kaiserthum Frankreich.

1856. " 4. Steitz, Ludwig, in Bonames, in dem Königreich Preußen.

1858. Dec. 28. Brockerhoff, Heinrich, in Duisburg, in dem Königreich Preußen.

1859. Mai 7. Moll, Wilhelm, in Rauschenberg, in dem Königreich Preußen.

" Sept. 8. Rausch, Andreas, Königlich Preußischer Pionnier in der 2. Reserve-Pionnier-Compagnie.

1860.	Mai 18.	Kubin, Heinrich, K. K. Oesterreichischer Corporal im dem 36. Infanterieregiment — Graf Degenfeld.
„	Dec. 7.	Sonneborn, Emil, aus Frankenberg, in dem Königreich Preußen.
1861.	Mai 5.	Hartung, Carl, aus Saarbrücken, in dem Königreich Preußen.
„	Sept. 7.	Fischer, Michael, vormaliger Herzoglich Nassauischer Soldat.
1863.	Aug. 21.	Mosch, Ferdinand, Königlich Preußischer Pionier in der 2. Reserve-Pionnier-Compagnie.
„	„ „	Schneider, Johannes Georg, Königlich Preußischer Pionnier in der 2. Reserve-Pionnier-Compagnie.
1864.	Juli 16.	Stüber, Nicolaus, Königlich Preußischer Musketier in dem 7. Rheinischen Infanterieregiment Nr. 69.
1865.	April 15.	Engelhard, Christian, aus Rödelheim, in dem Königreich Preußen.
„	Juli 25.	Klein, Wilhelm, aus St. Goarshausen, in dem Königreich Preußen.
„	Sept. 18.	Böllert, Carl, aus Speldorf, in dem Königreich Preußen.
„	Oct. 2.	Beyer, Leopold, aus Mahlberg, in dem Großherzogthum Baden.
1866.	März 26.	Stachelhaus II., Hermann, Schiffer aus Mühlheim an der Ruhr, in dem Königreich Preußen.
„	Nov. 13.	Böbicker, Christian Carl Friedrich, Königlich Preußischer Hauptmann in dem 1. Schlesischen Jägerbataillon Nr. 5.
1867.	Febr. 16.	Lenz, Sebastian, Schiffer von Kitzingen, in dem Königreich Bayern.
1868.	Juli 4.	Bauer, Conrad, aus Kronach, in dem Königreich Bayern.

7) Für Rettung aus Lebensgefahr.

Inländer.

1853.	Sept. 20.	Kirchner, Christine, in Eichelsdorf.

(Geschlossen am 16. November 1868.)

Ordenscanzlei.

Ordenscanzler.

Seine Excellenz Oberst-Kammerherr Freiherr von Nordeck zur Rabenau (s. S. 182).

Secretariat und Canzlei.

Ordenssecretär: den Dienst versieht Ordenscanzlist 1. Classe Nick (s. unten).

Ordenscanzlist 1. Classe: Nick (s. Ministerium der Justiz).

III.

Hof-Etat.

Oberst-Hofmeisterin.

Ihre Excellenz Friederike Freifrau du Bos du Thil. BrTher.-RCath2.

Schlüsseldamen.

Ihre Excellenz Antoinette Freifrau von Riese.

Anna Westerweller von Anthoni. OeStK.-BrTher.

I. Oberst-Hofämter.

(In alphabetischer Ordnung.)

Uniform der Oberst-Hofchargen, Vice-Oberst-Hofchargen, Hofchargen, mit Ausnahme der Hof-Jagd- und Hof-Stall-Beamten: Dunkelkornblauer Rock mit gelben Chifferknöpfen, dunkelkornblauen Kragen und Aufschlägen, und Stickerei in Gold, grau melirter Mantel mit dunkelkornblauen Kragenpatten, weiße und dunkelkornblaue Pantalons mit Goldborden, dreieckiger Hut mit goldener Schleife. — Uniform der Verwaltungsbeamten der Hofstäbe: Wie die Ministerialbeamten, jedoch ist die Unterscheidungsfarbe ponceauroth.

Uniform der Hofbeamten in dem Officiantenrang: Dunkelkornblauer Rock mit weißen Kronenknöpfen, dunkelkornblauen Kragen und Aufschlägen, und Stickerei in Silber, grau melirter Mantel mit dunkelkornblauen Kragenpatten, weiße und dunkelkornblaue Pantalons, erstere mit Silberborden, dreieckiger Hut mit silberner Schleife.

Oberst-Ceremonienmeister.

Seine Excellenz Leopold von Werner. C. II. C. II. -MWKr1.-RSt1.

Oberst-Hofmarschall.

Den Dienst versieht seine Excellenz Oberststallmeister Freiherr van der Capellen (s. unten).

Oberst-Hofmeister.

Seine Excellenz, Generallieutenant Freiherr von Trotha (s. Generaladjutanten).

Oberst-Jägermeister.

Seine Excellenz Friedrich Wilhelm Freiherr von Dörnberg zu Hausen und Herzberg, Majoratsherr von Dietershausen. -RAnn1 in Brillanten -RSt1.

Oberst-Kammerherr.

Seine Excellenz Hermann Freiherr von Nordeck zur Rabenau, Canzler des Ludewigs-Ordens und des Verdienst-Ordens Philipps des Großmüthigen, Obervorsteher des Ritterschaftlichen Kaufunger Stiftsfonds und Großherzoglicher Commissär bei der Bank für Handel und Industrie. C. I. C. II. -RAnn1.-RSt2.-GE3.

Oberst-Stallmeister.

Seine Excellenz Felix Maria Freiherr van der Capellen. C. I. C. II. -OeFJ1.-PRA1.-RAnn1 in Brillanten -RSt1.-NiL3.-NiEK3.-GE3. Inhaber des Königlich Niederländischen 20jährigen Offizierdienstzeichens und des metallenen Kreuzes für den Feldzug von 1830 und 1831.

II. Hof-Stäbe.

(In alphabetischer Ordnung.)

a) Oberst-Ceremonienmeister-Stab.

(Sitz: Darmstadt.)

Oberst-Ceremonienmeister.

Seine Excellenz von Werner (s. S. 181).

Vice-Oberst-Ceremonienmeister.

Unbesetzt.

Secretariat und Canzlei.

Secretär: Hofcanzlist 1. Classe Nau (s. S. 187).
Canzlist 1. Classe: Hofcanzlist 1. Classe Nau (s. S. 187).
Fourier: Hoffourier Rolshausen (s. unten).
Canzleidiener: den Dienst versieht Canzleidiener Martin (s. S. 187).

---

b) Oberst-Hofmarschall-Stab.

Sitz: Darmstadt.

Oberst-Hofmarschall.

Den Dienst versieht Seine Excellenz Oberststallmeister Freiherr van der Capellen (s. S. 182).

Vice-Oberst-Hofmarschall.

Unbesetzt.

Hofmarschall.

Den Dienst versieht Flügeladjutant Major von Küchler (s. Flügeladjutanten).

1. Kammer.

Leibkammerdiener: Jacob Fleck. ✠ R. II.
Kammerlaquai: Johannes Schachtel.
Leiblaquai: Wilhelm Bajus.
" Joseph Blacha.

2. Hoffourier.

Carl Rolshausen H.-BdGM.

3. Hofofficen.

a) Hofconditorei.

Hofconfectmeister: Wilhelm Ludwig Dambmann.
Hofconditor: unbesetzt.
Hofconditorgehülfin: Marie Metzler.
Hofconditoreiwärterin: Elisabethe Doyert.

b) Hofkeller.

Hofkellermeister: Conrad Nilfert. R. II.
Hofkellerofficiant: unbesetzt.
Hofküfer: Johannes Balthasar Nilfert.

c) Hofküche.

Haushofmeister: Carl Fleck.
Hofkoch: Joseph Fricker.
" Wilhelm Biel.
Hofköchin: Catharine Degent.
Hofküchenwärter: Christoph Arnheiter.
Hofküchenwärterin: Johannette Degent.
" " Catharine Schmank.

d) Hofsilberkammer.

Hofsilberverwalter: Hofofficiant Kraus (s. S. 185).
Hofsilberofficiant: unbesetzt.
Hofsilberwärterin: Catharine Haack.

e) Hofweißzeugkammer.

Hofweißzeugverwalterin: Margarethe Schiffler.
Hofweißzeuggehülfin: Wilhelmine Winter.

f) Schloß-, Palais- und Hausverwaltungen.

1. Hausverwaltung Auerbach.

Hausbeschließer: Georg Kunz.

2. Hausverwaltung Conradsdorf.

Hausverwalter: den Dienst versieht Förster Winter (s. Oberförsterei Ortenberg).

3. Schloßverwaltung Darmstadt.

Schloßverwalter: Simon Breidenbach. R. II. BdGM.
Hoffrotteur: Georg Nestel.

Hofzimmerwärter: Valentin Kraft.

Saalwärter: Ludwig Wenz.
" Heinrich Haack.
" Christian Griebel.
" Franz Holdenreuler.

Saalwärter: Philipp Schmitt.
" Adam Christ.

Hofzimmerwärterin: Christine Veit.
" " Elisabethe Kielholz.
" " Marie Haack.

4. Palaisverwaltung Darmstadt.

Palaisverwalter: den Dienst versieht Schloßverwalter Breidenbach (s. S. 184).

5. Palaisverwaltung Frankfurt am Main.

Palaisverwalter: Friedrich Däsch. -BdGM.

6. Schloßverwaltung Friedberg.

Schloßverwalter: den Dienst versieht Rentamtmann Lindeck (s. Rentamt Friedberg).

Schloßbeschließer: Johannes Dönges.

7. Palaisverwaltung Mainz.

Palaisverwalter: Wilhelm Rapp. -BdGM.

8. Schloßverwaltung Mönchbruch.

Schloßverwalter: den Dienst versieht Oberförster Muhl (s. Oberförsterei Mönchbruch).

9. Schloßverwaltung Wolfsgarten.

Schloßverwalter: den Dienst versieht Oberförster Koch (s. Oberförsterei Wolfsgarten).

4. Hofofficianten.

Hofofficiant: Friedrich Balzer.
" Adam Kraus.
" Johannes Vogel.
" Werner Stürz.

5. Ober-Hoflaquaien und Hoflaquaien.

Oberhoflaquai: Johannes Bajus.

Hoflaquai: Ludwig Desor.
" Georg Andreas.
" Christian Werner.
" Heinrich Rausch.
" Johannes Wachtel.
" Carl Brückmann.
" Georg Roß.

Hoflaquai: Ludwig Mattern. ⊕-BdGM.
" Georg Seeling. ⊕-DdGM.
" Johannes Georg Jöckel. ⊕-BdGM.
" Philipp Wolf.

6. Hofmeierei.

Administrator: den Dienst versieht der functionirende Obersthofmarschall (s. S. 187).

Rechner: den Dienst versieht Hofstallcassier Wamser (s. S. 196).

Verwalter: Philipp Kehres.
" auf dem Gehaborner Hof: Jacob Klein.

7. Hofglockenspiel.

Hofglockenist: Carl Anton.

8. Hofkünstler.

Hofbildhauer: Johannes Baptist Scholl.

Hofkupferstecher: Jacob Felsing, Professor. R. I. -RS13.
" " Carl Rauch.

Hofmaler: Georg Wilhelm Issel, Hofrath. R. I.
" Ernst Schnittspahn. SK.
" Franz Backofen.
" Carl Alberti.
" Friedrich Frisch, Hofrath. SEHO3.-RS13.-RKKr. -PersSOR.
" Joseph Hartmann.
" Ludwig Steinbach.
" August Noack.
" August Schwebler.
" Dr. Eduard Heuß, Hofrath. R. I.

Hofmünzmedailleur: Christian Schnitzspahn, Professor. ✠ R. II. PKr4.-OeGVM.-WGCVM.-BdZL4.
Hofphotograph: Georg Wagner.
" " Carl Steger.
" " Carl Holzammer. WGCVM.

9. Oberst-Hofmarschallamt.

Präsident: den Dienst versieht Seine Excellenz Oberststallmeister Freiherr van der Capellen (s. S. 182).
Mitglied: Major von Küchler (s. Flügeladjutanten).
Secretär: den Dienst versieht Hofoeconomieinspector Jäger (s. unten).
Hofoeconomieinspector: Heinrich Jäger. ✠ R. II. ◎-PRA4.-RSt3.-BdGM.
Hofcanzlist 1. Classe: Friedrich Rau.
Canzleidiener: Georg Martin.

10. Hofcasse.

Hofcassier: den Dienst versieht Hofstallcassier Wamser (s. S. 196).
Controleur: den Dienst versieht Hofoeconomieinspector Jäger (s. oben).

---

c) Obersthofmeister-Stab.

Sitz: Darmstadt.

Oberst-Hofmeister.

Seine Excellenz Generallieutenant Freiherr von Trotha (s. Generaladjutanten).

Vice-Oberst-Hofmeister.

Unbesetzt.

1. Hofkirche.

Hofprediger: Ferdinand Bender. ✠ R. I.
Hoforganist: Emil Glaser.
Hofcantor: Emil Reitz.
Hofkirchendiener: Balthasar Bechtold. [illegible]
Hoforgeldiener: Friedrich Heß.

3. Hof-Medicinalwesen.

Leibarzt: Dr. Carl Weber. R. I. -OeFJ3.-RAnn3.

Hofarzt: Dr. Johannes August Hegar, Medicinalrath. R. I. -HWM.

" Dr. August von Hesse. -PKD.-RSt3.

Leibzahnarzt: Dr. Friedrich Werner, Geheimer Medicinalrath. RSt3.

Hofzahnarzt: Carl Jochheim.

" Heinrich Schmidt.

Hofheilgehülfe: Friedrich Knispel.

---

d) Oberst-Jägermeister-Stab.

Sitz: Darmstadt.

Uniform: wie die Forstbeamten.

Oberst-Jägermeister.

Seine Excellenz Freiherr von Dörnberg (s. S. 182).

Vice-Oberst-Jägermeister.

Berthold Freiherr von Bibra, Vorstand des Oberst-Jägermeister-Amts . C. II. -RAnn1.-RSt1.

Hofjagd-Junker.

Ludwig von Werner, Forstaccessist. RSt3.

1. Oberst-Jägermeister-Amt.

Vorstand: Vice-Oberst-Jägermeister Freiherr von Bibra (s. oben).

Hofjagdsecretär: Cabinetscasse-Buchhalter Welsch (s. S. 196).

Canzleidiener: Georg Müller.

2. Hofjagdcasse.

Hofjagdcassier: den Dienst versieht Cabinetscassedirector Winter (s. S. 196).

e) Oberst-Kammerherrn-Stab.

Sitz: Darmstadt.

Oberst-Kammerherr.

Seine Excellenz Freiherr von Nordeck zur Rabenau (s. S. 182).

Vice-Oberst-Kammerherr.

Unbesetzt.

1. Kammerherrn.

1813. Oct. 13. Friedrich Carl Joseph Freiherr von Kleinforgen-Schafhausen.
1815. Mai 22. Seine Excellenz Generalmajor Freiherr Senarclens von Grancy (s. Officiere à la suite).
1816. Nov. 16. Franz Anton Marquis Barbaro.
1823. Jan. 14. Seine Excellenz Generallieutenant Freiherr von Günderrode (s. Generaladjutanten).
„ März 21. Ludwig von Charrière. C. II.-PJ.
„ Mai 15. Joseph Warlich von Bubna, Hofmarschall in Pension. C. I. -HG4.-RW3.-RAnn2 in Brillanten -FEL5.-PaepstStG2.
1827. Febr. 17. Ferdinand August Freiherr von Friedrich. C. II. -MWKr3.-SEHO3.-SSEK2.
1828. Juni 11. August Freiherr von Gall. -RAnn3.
1830. Mai 25. Seine Excellenz Generallieutenant Freiherr von Trotha (s. Generaladjutanten).
„ Juni 1. Hans Ludwig August Graf von der Schulenburg-Wolfsburg.
„ Nov. 30. Generalmajor Freiherr von Hausen-Gleichenstorff (s. Officiere à la suite).
„ „ „ Ferdinand Freiherr von Stein zu Lausnitz, Kreisrath in Pension.

1832. März 20. Generalmajor Freiherr von Gehso (s. Officiere à la suite).

1833. „ 3. Seine Excellenz Oberstceremonienmeister von Werner (s. S. 181).

„ Aug. 23. Seine Excellenz Carl Freiherr Pergler von Perglas, Generallieutenant in Pension. C. I. C. II. -KHW4.-RSt2 mit der Krone.-RG5.-BdGM.

„ Oct. 21. Seine Excellenz Minister Freiherr von Schenck zu Schweinsberg (s. Ministerium der Finanzen).

„ „ „ Seine Excellenz Minister Dr. Freiherr von Dalwigk zu Lichtenfels (s. Ministerium des Großherzoglichen Hauses und des Aeußern).

1836. Juli 5. Carl Freiherr von Dorth. R. I. R. I. -BrM4.-GE4.-PCZ.

„ Oct. 30. Geheimerath Freiherr von Ricou (s. Ministerium des Großherzoglichen Hauses und des Aeußern).

1837. Febr. 22. Viceoberstjägermeister Freiherr von Bibra (s. S. 188).

1840. April 25. August Freiherr Löw von und zu Steinfurth.

„ Mai 31. Ludwig Freiherr von Rotsmann.

„ Dec. 19. Wilhelm Franz Anton Philipp Joseph Freiherr von Normann, Hauptmann in Pension. -BdGM.

1842. Mai 15. Wilhelm Carl Gottlieb Kurt Freiherr Löw von und zu Steinfurth. R. I.-MWKr3.

„ Juni 2. Werner Freiherr von Leykam.

1843. Jan. 12. Carl Constantin Julius Franz Freiherr von Lersner, Hofgerichtsrath in Pension.

„ „ „ Oberst Freiherr Riedesel zu Eisenbach (s. erstes Reiterregiment).

„ Juni 2. Geheimer Oberstudienrath Freiherr von Stein zu Lausnitz (s. Oberstudiendirection).

1844. Febr. 13. Generalmajor Freiherr Geduld von Jungenfeld (s. Reiterbrigade).

" " " Carl Freiherr von Schenck zu Schweinsberg auf Nieder-Ofleiden. ✠ R. 1. ⊕-PJ.

1846 " 6. Ministerialrath Freiherr Ueberbruck von Rodenstein (s. Ministerium des Innern).

1847. Juni 13. Oberappellations- und Cassationsgerichtsrath Freiherr von Lehmann (s. Oberappellations- und Cassationsgericht).

" Nov. 11. Ministerialrath Freiherr von Lehmann (s. Ministerium des Innern).

1848. März 16. Forstmeister Freiherr von Dienar (s. Forstamt Seligenstadt).

1850. Nov. 10. Generalmajor von Grolman (s. Flügeladjutanten).

1851. Febr. 3. Ferdinand Freiherr Geduld von Jungenfeld, Oberstlieutenant in Pension. ✠ R. I. ✠ ⊕-BdGM.

1852. Sept. 6. Generallieutenant von Grolman (s. Officiere à la suite).

1853. Juli 2. Joseph Aloys Freiherr von Schenck zu Schweinsberg.

1854. Febr. 6. Oberförster Freiherr von Gall (s. Oberförsterei Bingenheim).

" Juli 13. Wilhelm Freiherr von Edelsheim, Großherzoglich Badischer Kammerherr. PKr2.-PRA3.-WF2.-WK3.-BdZL4.-FEL3.-SPJ2.

1855. Mai 16. Seine Excellenz Oberststallmeister Freiherr von der Capellen (s. S. 182).

" Nov. 11. Adolph Freiherr von Gemmingen-Hornberg.

1856. März 23. Philipp Freiherr Wambolt von Umstadt.

" April 2. Oberstlieutenant Freiherr Wambolt von Umstadt (s. Officiere à la suite).

1856.	Dec. 9.	Dr. Ludwig Freiherr von Leonhardi, Geheimer Legationsrath. R. I. -NA2.
1857.	Febr. 24.	Ludwig Freiherr von Trotha.
„	Juni 23.	Wilhelm Freiherr von Schenck zu Schweinsberg.
1858.	März 5.	Volprecht Freiherr Riedesel zu Eisenbach.
1860.	Jan. 1.	Friedrich Freiherr von Preuschen, Ministerialrath in Pension.
„	„ 17.	Rittmeister Freiherr von Ricou (s. zweites Reiterregiment).
1863.	Juni 24.	Adalbert Freiherr von Nordeck zur Rabenau.
„	Juli 25.	Carl Freiherr von Schenck zu Schweinsberg.
„	Nov. 6.	Major von Grolman (s. erstes Reiterregiment).
1864.	Jan. 28.	Friedrich Freiherr von Rotsmann, K. K. Oesterreichischer Major in der Armee und dienstthuender Kammerherr Seiner Großherzoglichen Hoheit des Prinzen Alexander von Hessen. R. I. R. I. -KHW4. -OeMV mit Kriegsdecoration. -PRA3. -WF3.-WK3.-BdGM.-RAnn2 in Brillanten.-RSt2 mit Krone.-RW4 mit Schwertern.
„	April 9.	Major Graf von Otting-Fünfstetten (s. Officiere à la suite).
„	Aug. 28.	Ernst Freiherr Pergler von Perglas.
„	Sept. 16.	Clemens Freiherr von Schauroth. -PJ.-BdGM.
1865.	„ „	Hofgerichtsrath Freiherr von Lepel (s. Hofgericht der Provinz Oberhessen).
1866.	Mai 19.	Ministerialsecretär I. Classe Freiherr von Ricou (s. Ministerium der Justiz).
„	Sept. 25.	Major von Zangen (s. Officiere à la suite).
„	Oct. 17.	Hauptmann Freiherr von Rotsmann (s. drittes Infanterieregiment).
„	Nov. 8.	Rittmeister Freiherr von Lepel (s. erstes Reiterregiment).

1866. Nov. 8. Ministerialsecretär 1. Classe von Werner (s. Ministerium des Großherzoglichen Hauses und des Aeußern).
1867. Jan. „ Heinrich Freiherr von Lindelof.
1868. „ 14. Rudolph von Helmolt.

2. Kammerjunker.

1848. Jan. 29. Rittmeister Freiherr von Schauroth (s. Officiere à la suite).
1854. „ 11. Carl Freiherr von Gall. H-BdGM.
1857. Febr. 27. Justizrath Freiherr von Rolsmann (s. Stadtgericht Gießen).
1861. Dec. 24. Hauptmann Freiherr von Schäffer-Bernstein (s. Großherzogliches Artilleriecorps).
1864. Nov. 8. Maximilian Freiherr von Gagern, Gerichtsaccessist. OaEKr3.
1867. Jan. 10. Oberlieutenant Freiherr von Stein zu Lausnitz (s. erstes Reiterregiment).
„ Febr. 8. Erwin Freiherr Löw von und zu Steinfurth, Regierungsaccessist.

3. Hofjunker.

1833. März 3. Provinzialdirector Willich genannt von Pöllnitz (s. Provinzialdirection Starkenburg).
1857. Nov. 4. Gustav Freiherr Löw von und zu Steinfurth.
1860. Jan. 17. Wilhelm Freiherr von Nordeck zur Rabenau.
1863. Nov. 19. Maximilian Freiherr von Bellersheim genannt Stürzelsheim, Finanzaccessist. GAL.
1867. Jan. 30. Ludwig Freiherr Senarclens von Grancy, Gerichtsaccessist.

f) Oberst-Stallmeister-Stab.

Sitz: Darmstadt.

Uniform des Oberst-Stallmeisters, des Vice-Oberst-Stallmeisters, der Hofstallmeister, Stallmeister, Oberbereiter und Bereiter: Dunkelkornblauer Rock mit gelben Chiffreknöpfen, ponceaurothen Kragen und Aufschlägen, und Stickerei in Gold, dunkelgrauer Mantel mit ponceaurothem Kragen, weiße wildlederne Hosen und dunkelgraue Pantalons mit ponceaurothem Vorstoß und zwei Streifen, dreieckiger Hut mit goldener Schleife.

Oberst-Stallmeister.

Seine Excellenz Freiherr van der Capellen (s. S. 182).

Vice-Oberst-Stallmeister.

Unbesetzt.

1. Hofstall.

Hofstallmeister: August Freiherr von Schäffer-Bernstein. ✝. -PRA4.-RS12.

Hofstallarzt: Leibarzt Dr. Weber (s. S. 188).

Hofveterinärarzt: Obermedicinalrath Wüst (s. Obermedicinaldirection).

Oberbereiter: Georg Basser. RS13.

" Friedrich Conrad Namendorf. RS13.

Hofstall-Fourage-Magazins-Verwalter: Peter Wolff. Ⓟ Ⓐ

Hofstall-Magazins-Verwalter: Georg Müller.

a) Livreediener.

Hofwagenmeister: Heinrich Schneider.

Leibkutscher: Valentin Schmidt.

Hofstall-Fouragemeister: Wilhelm Schäfer.

Leibreitknecht: Peter Philipp. ⊕-BdGM.

Hofreitknecht: Georg Dillmann. MDD ⊕-BdGM.

Hofkutscher: Johannes Bormuth.
" Georg Friedmann I.
" Georg Friedmann II.
" Philipp Cröhmann.
" Jacob Seipel.
" Adam Wolff.
" Ernst Marheinecke.

Hofkutscher: Jacob Philipp.
" Christian Schneider.
" Valentin Benz. [illegible]
" Philipp Görisch.
" Heinrich Kircher.
" Philipp Friedrich.

Hofwagenwärter: Christian Gebhardt.
" Kuno Rees.
" Christoph Schaffner.
Hofstall-Fourage-Magazins-Wärter: Heinrich Zoll.
Hofstallportier: Balthasar Jerfaß. ⓚ
Krankepferdewärter: Wilhelm Best.

b) Hofstallbeiknechte.

Carl Maximilian Schneider.
Conrad Weber. ⓢ
Johannes Müller.
Johannes Adam Amelung.
Conrad Germann.

c) Hofstallhandwerker.

Hofsattler: Heinrich Bracht.
Hofschmied: Martin Pfeiffer.
" Johannes Fink.
Hofwagner: Jacob Scheer.
Hoflackierer: Christian Klepper.

2. Oberst-Stallmeister-Amt.

Präsident: Seine Excellenz Oberststallmeister Freiherr von der Capellen (s. S. 182).
Mitglied: Hofstallmeister Freiherr von Schäffer-Bernstein (s. S. 194).
" Hofstallcassier Wamser (s. S. 196).
Secretär: Hofstallsecretär Friedrich Nessling. [illegible] ⓢ-SdGM.
Canzleidiener: Friedrich Wilhelm Lefz.

3. Hofstallcasse.

Hofstallcassier: Eduard Wamser. ✠ R. I. ⊕
Controleur: Hofstallsecretär Neßling (s. S. 195).

III. Cabinets-Aemter.

(In alphabetischer Ordnung).

Uniform: wie die der Verwaltungsbeamten der Hof-Stäbe, jedoch ist die Unterscheidungsfarbe lichtgrün.

1. Cabinetsarchiv-Direction.

Sitz: Darmstadt.

Cabinetsarchivdirector: Dr. Ludwig Baur, Geheimerath. ✠ R. I. -KHW4.-OeFJ2.-PRA3.-BrM4.-HG4.-WK2.-BdZL4.-SWGVM. -HEK2.-RSt2 mit Stern. -RAnn2.-FEL5.
Cabinetsarchivregistrator: Adam Budde.
Cabinetsarchivdiener: den Dienst versieht Carl Landzettel.

2. Cabinetsbibliothek- und Cabinetsmuseums-Direction.

Sitz: Darmstadt.

Cabinetsbibliothekdirector: Dr. Philipp Walther. ✠ R. I. RAnn3.
Cabinetsbibliothek-Canzleiinspector: Christoph Mendel, Secretär. ✠ R. II.
Cabinetsbibliothekdiener: Heinrich Brust.

3. Cabinetscasse-Direction.

Sitz: Darmstadt.

Cabinetscassedirector: Christian Winter. ✠ R. I.-BrM4.-RSt2. -RAnn3.
Cabinetscassier: den Dienst versieht Cabinetscassedirector Winter (s. oben).
Cabinetscassebuchhalter: Carl Welsch.
Cabinetscassediener: Cabinetsdiener Becker und Blech (s. S. 197).

4. Cabinets-Direction.

Sitz: Darmstadt.

Cabinetsdirector: Georg Zimmermann, Geheimerath. ✠ R. I. ✠ R. I. -KHW4.-BrK4.-RSt2 mit Stern. -RAnn2.

Cabinetscanzleiinspector: Adolph Gerbeaux.

Cabinetsprotocollist: den Dienst versieht Cabinetscanzleiinspector Gerbeaux (s. oben).

Cabinetsdiener: Heinrich Becker. ✠ ✠ ✠

" " Friedrich Blech.

5. Cabinetsgüter-Direction.

Sitz: Darmstadt.

Cabinetsgüterdirector: Ludwig Menges. ✠ R. I. -OeFJ3.-BrM4. -WK3.-WF4.-RAnn2.-RSt2 mit der Krone.

Cabinetsgütersecretär: Wilhelm Jost.

Cabinetsgütercassier: den Dienst versieht Cabinetscassedirector Winter (s. S. 196).

Cabinetsgütercanzlist 1. Classe: Georg Franz Winter.

Cabinetsgüterdiener: den Dienst versieht Carl Müller.

a) Hausverwaltung Bessungen.

Hausbeschließer: den Dienst versieht Leiblaquai Bajus (s. S. 179).

b) Schloßverwaltung Braunshardt.

Schloßverwalter: Jacob Heuß. ✠ SK. ✠ ✠ ✠-BdGM.

c) Schloßverwaltung Kranichstein.

Schloßverwalter: Ferdinand Albert, Wildmeister. ✠ R. II. ✠ ✠-BdGM.

Saalwärter: Jacob Schmidt.

d) Hausverwaltung Mathildenhöhe.

Hausverwalter: Johannes Herbert. ✠ R. II. ✠ R. II. ✠ ✠ ✠-BdGM.

e) Hausverwaltung Seeheim.

Hausverwalter: Ernst Ludwig Frank. ✠ R. II. [illegible] ⊕-BdGM.

IV. Hof-Aemter.

(In alphabetischer Ordnung.)

Uniform der Verwaltungsbeamten der Hofämter, mit Ausnahme der Hofbaudirection: wie die Verwaltungsbeamten der Hofstäbe.

1. Hofbau-Direction.

Sitz: Darmstadt.

Uniform: wie die Beamten des Finanzministeriums.

Hofbaudirector: Paul Arnold, Geheimerath. ✠ R. I. ✠ R. I. -BrK4.-RSt2 mit der Krone.
Hofbaucalculator 1. Classe: den Dienst versieht Oberbaucalculator 1. Classe Beck (s. Oberbaudirection).
Hofbaucalculator 2. Classe: Georg Förster.
" " " " Philipp Merck.
Hofbaucanzlist 1. Classe: den Dienst versieht Hofbauaufseher Scherrer (s. unten).
Hofbaudiener: Jacob Kunisch.

Hofbauamt.

Sitz: Darmstadt.

Hofbaumeister: Dr. Ludwig Weyland, Hof- und Militärbaurath. ✠ R. I.
Hofbauconducteur: unbesetzt.
Hofbauaufseher: Ludwig Scherrer. ✠ SK.

2. Hofgarten-Direction.

Sitz: Darmstadt.

Uniform: wie die übrigen Hofverwaltungsbeamten, nur dunkelgrüner Waffenrock.

Hofgartendirector: Carl Heinrich Geiger. RAnn3.
Hofgartencassier: den Dienst versieht Cabinetscassedirector Winter (s. S. 196).
Hofgärtner: Georg Dittmann.
Hofgartencanzlist 1. Classe: Cornelius Leonhard Kramer.
Hofgartendiener: Christian Schnitzspahn.

a) Hofgärtnerei Auerbach.

Hofgarteninspector: Georg Ferdinand Schnittspahn. RSt3.
Hofgartenaufseher: Christoph Hehl.
" " Philipp Wasmuth in Seeheim.

b) Hofgärtnerei Bessungen I.

Hofgärtner: Martin Noack.
Hofgartenaufseher: Philipp Barth. SK.
Hofgartenwärter: Philipp Wittmann.

c) Hofgärtnerei Bessungen II.

Hofgärtner: Rudolph Noack.
Hofgartenaufseher: Adam Ewald.

d) Hofgärtnerei Darmstadt.

Hofgärtner: den Dienst versieht Hofgartendirector Geiger (s. oben).
Hofgartenaufseher: Adam Völker.
" " Friedrich Gehbauer.
" " Jacob Schmitt.

Hofgartenwärter: Georg Wilhelm Haack.
" " Johannes Bernet. [illegible]
" " Georg Bröning. R. II. [illegible] -BdGM.
" " Heinrich Simon.
" " Carl Ewald.
" " Peter Melck in Braunshardt.

e) Hofgärtnerei Kranichstein.

Hofgärtner: Daniel Pfeffer.
Hofgartenaufseher: Friedrich Heppenheimer.
Hofgartenwärter: Carl Koch.

f) Hofgärtnerei Mathildenhöhe.

Hofgärtner: Martin Weber.
Hofgartenaufseher: Heinrich Jäger.

g) Hofgärtnerei Rosenhöhe.

Hofgärtner: Ludwig Göbel.
Hofgartenwärter: Georg Bohn.

h) Hofanlagenverwaltung Seeheim.

Hofanlageningenieur: Johannes Seitz.

---

4. Hoftheater- und Musik-Direction.

Sitz: Darmstadt.

Hoftheater- und Hofmusik-Director: Carl Tescher. R. I. OeFJ3. -RSt2.-RAnn3.-GE5.
Hoftheatersecretär: Heinrich Ploch.
Hofmusiksecretär: Ploch (s. oben).
Hoftheaterbibliothekar: Hoftheatersouffleur Hofmann (s. S. 201).
Hofmusikbibliothekar: Kammermusiker Haller (s. S. 202).

Hausverwalter: Georg Jung. Ⓡ
2 Hoftheaterwärterinnen.
Hoftheaterlogenmeister: Johannes Weber. Ⓡ
22 Hoftheaterbilleteure.
Hofmusikdiener: Carl Burkhard.
Hoftheaterdiener: Wilhelm Burkhard.
" " Ludwig Weisse.
Hoftheaterwagendiener: Jacob Burkhard.

1. Oeconomie- und Cassenverwaltung.

Hoftheateröconomieinspector: Ernst Pasqué.
Hoftheaterhauptcassier: Philipp Lipp, Rechnungsrath. ✠ R. I. Ⓜ
Hofmusikcassier: den Dienst versieht Cabinetscassedirector Winter (s. S. 196).
Hoftheatercassier: Joseph Watzinger. ✠ SK.
Hoftheatercassediener: Hoftheaterlogenmeister Weber (s. oben).

2. Regie, Inspection und Souffleur.

Hoftheaterdramaturg: Dr. Carl Dräxler-Manfred, Herzoglich Sachsen-Meiningen'scher Hofrath. OeGVM.-WGCVM.-MSchwGVM.-NGVM.-SEGVM.-NiEK4.
Regisseur der Oper: Ludwig Cramolini.
Regisseur des Schauspiels und des Lustspiels: Arthur Dary.
Regisseur der Posse und des Vaudevilles: Hermann Butterweck.
Correpetitor: Carl Amadeus Mangold, Hofvocalmusikdirector. Ⓟ
" Jathò (s. S. 204).
Hoftheaterinspicient und Nachleser: Christian Bormuth.
Hoftheatersouffleur: Leopold Hoffmann.
Hoftheatersouffleuse: Louise Curtze.

3. Technisches Personal.

Hoftheatermaschinenmeister: Carl Brandt. ✠ R. II.
Hoftheatermaschineriegehülfe: Georg Benator.
8 Hoftheatermaschinenarbeiter.
Hoftheater-Feuerungs-, Beleuchtungs- und Löschanstalten-Inspector: Christian Lautenschläger.
Hoftheatertapezier: Johannes Rumpf.

Hoftheatermaler: Hofmaler Schnittspahn (s. S. 186).
" " " Schwebler (s. S. 186.)
1 Hoftheaterfarbenreiber.
Hoftheatergarderobeinspector: Philipp Rötel.
Hoftheatergarderobier: Philipp Rösch.
3 Hoftheatergarderobegehülfen.
4 Hoftheatergarderobegehülfinnen.
Hoftheaterrequisiteur: Ludwig Pfersdorf.
Hoftheaterbeleuchter: Hausverwalter Jung (s. S. 201).
2 Hoftheaterbeleuchtungsgehülfen. 1 Hoftheaterfeuerschürer.

4. Hofmusik.

(In alphabetischer Ordnung.

Hofkapellmeister: Joseph Neswadba. ⊕ RSt3.
Hofmusikdirector: Friedrich Marpurg. ⊕ SGVM.
Hofmusikmeister: Wilhelm Niederhof.

Kammermusiker.

Georg Bickel.
Ferdinand Büchler.
Otto Haller. MDD ⊕-BdGM.
Wilhelm Heyer.
Julius Leibhecker.
Conrad Stautz. ⊕ MDD ⊕-BdGM.
Ludwig Steingrübner.
Heinrich Wack.

Hofmusiker.

Gottlieb Anton, Inspector der Instrumente.
Conrad Anton. JM.
Georg Banger.
Ferdinand Bauer.
Joseph Becker. MDD ⊕-BdGM.
Friedrich Bergmann. ⊕ ⊕-BdGM.
Heinrich Bickerle. MDD ⊕-BdGM.
Theodor Böllert.
Ernst Boose.
Peter Dern.
Jacob Eberle. MDD ⊕-BdGM.
Christian Engel. MDD ⊕.
Friedrich Frank.
Ludwig Frank. MDD ⊕-BdGM.
Georg Gottmann. MDD ⊕-BdGM.
Friedrich Haller.
Peter Hamm. MDD ⊕-BdGM.

Hänle Herz. ⊕-BdGM.
Ferdinand Liebe.
Bernhard Lorenz.
Ludwig Mangold.
Philipp Meister. ⊕-BdGM.
Carl Müller.
Edmund Neumann.
Erhardt Noll. ⊕-BdGM.
Friedrich Ohls.
Christian Petry. ⊕-BdGM.
Joseph Rapp. ⊕-BdGM.
Reitz (s. S. 187).
Friedrich Scheib.
Heinrich Wahl.

Hofmusikaspirant.

Philipp Dambmann. ✠ ⊕-BdGM.

Hofmusikeleve.

Carl Pfeil.
Christian Planz.
Carl Schelb.
Ludwig Sulzmann.

5. Darstellendes Personal.

(In alphabetischer Ordnung.)

a) Hofopern-Personal.

Kammersänger.

Carl Becker.

Hofsänger.

Heinrich Bögel.
Cramolini (s. S. 201).
Bernhard Greger.
Joseph Lederer.
Benedict Mayr.
Adolph Perz.
Dr. Johannes Pock.
Hermann Reichhardt.

Hofsängerinnen.

Josephine Amendt.
Louise Jaide.
Marie Mahlknecht.
Antonie Mayr-Olbrich.
Amalie Meyer.
Minnie Neukäufler.
Clara Perl.
Emilie Reitz.
Rosminde Ubrich.
Anna Wiesthaler.

b) Hofschauspiel-Personal.

Hofschauspieler.

Bornwitz (s. S. 201).
Butterweck (s. S. 201).
Deetz (s. S. 201).
Wilhelm Dornewaß.
Ludwig Hoffmann. ⊕-BdGM.
August Mendel.
Friedrich Merking.
Nötel (s. S. 202).
Georg Peters.
Wilhelm Schimmer.
Alexander Senger.
Emil Werner.
Max Wiesthaler.
Theodor Wilke.

Hofschauspielerinnen.

Antonie Berl.
Caroline Fischer.
Charlotte Frohn.
Clara Hausmann.
Agnes Kronfeld.
Mathilde Löffler.
Marie Steck.

c) Hofchor-Personal.

Hofchordirector: Dominicus Jatho.
Kammerchorist: Johannes Leib.
" Johannes Löffler. ✠ ⊕-BdGM.
" Heinrich Müller.
Kammerchoristin: Charlotte Müller.
17 Hofchoristen
20 Hofchoristinnen.

d) Hofballet-Personal.

Hofballetmeister: Franz Hoffmann.
Hofsolotänzer: Dornewaß (s. oben).
" August Siems.
Hofsolotänzerin: Johannette Appel.
" Elisabeth Dittmann.
" Louise Lamolière.
Correpetitor: Kammermusiker Wack (s. S. 202).
1 Hofballetinspicient und Hofballetfigurant: Georg Göbel.
22 Hofballetfigurantinnen.
20 Hofballeteleven.

A. Hofstaat Seiner Großherzoglichen Hoheit des Prinzen Carl.

Oberhofmeister.

Geheimerath Freiherr von Ricou (s. Ministerium des Großherzoglichen Hauses und des Aeußern).

Adjutant.

Major von Zangen (s. Officiere à la suite).

Secretariat.

Hofsecretär Ackermann (s. S. 206).

Kammer.

Laquai: Johannes Dauch.

Haus- und Oeconomieverwaltung.

Hausofficiant: Wilhelm Winter.
Mundkoch: Ernst Wenz.
Weißzeugverwalterin: Dorothee Winther.
Laquai: Franz Schlitz, Tafeldecker.
" Martin Frey.
Hauswärter: Georg Heß.
Stubenmädchen: Elisabeth Fleck.
Hausmädchen: Johannette Jacobi.
Küchengehülfin: Demuth Schachtel.
Küchenmädchen: Catharine Schroth.
Obergärtner auf der Rosenhöhe: Philipp Müller.

Marstall.

Kutscher: Johannes Philipp.
" Peter Pettmann.
Kutscher: Philipp Haun.
" Adam Schuster.

B. Hofstaat Ihrer Königlichen Hoheit der Prinzessin Carl.

Hofdame.

Louise Freyin von Schäffer-Bernstein. BrTher.

Kammer.

Kammerfrau: Elisabeth Dietz.
Kammerlaquai: Johannes Hoffmann. ✠ SK.

Damenjungfern.

Sophie Schimmer.
Clementine Logoz.

C. Hofstaat Seiner Großherzoglichen Hoheit des Prinzen Ludwig.

Hofmarschall und Adjutant.

Major Westerweller von Anthoni (s. Officiere à la suite).

Secretariat.

Privatsecretär: den Dienst versieht Dr. Becker (s. S. 208).
Hofsecretär: Ackermann (s. unten).

Hofcasse.

Carl Ackermann, Hofsecretär.

Kammer.

Kammerdiener: Theodor Logoz.
Garderobelaquai: unbesetzt.

Haus- und Oeconomieverwaltung.

Hausverwalterin: Mathilde Scholz.
Hausmeister: Heinrich Metz.
Mundkoch: Johannes Schwalb.
Küchengehülfin: Dorothee Müller.
Küchenmädchen: Dorothee Petri.
" Margarethe Hell.
Küchenwärter: Philipp Pfeiffer.
Weißzeugverwalterin: Josephine Neukirch.
Laquai: Johannes Habermehl, Tafeldecker.
" Heinrich Köhler. ⊕
" Heinrich Markolf. ⊕
" Heinrich Hättinger.
Hausaufseher: Jacob Haas.
Hauswärter: Jacob Reeg. ⊕
Hausmädchen: Caroline Bergheimer.
" Philippine Pettmann, Silberwärterin.
" Margarethe Müller.
Obergärtner: Hofgärtner Dittmann (s. S. 199).

Marstall.

Bereiter: Hermann Simmermacher.
Erster Kutscher: Andreas Feldpusch. ▬ ⊕
Kutscher: Joseph Winter. ▬ ⊕
" Johannes Fischer.
Stalljunge: Heinrich Kröll.
" Conrad Stier.
Beiknecht: Philipp Haun.
Wagenwärter: Conrad Koch.

D. Hofstaat Ihrer Königlichen Hoheit der Prinzessin Ludwig.

Hofdamen.

Christiane Freyin von Schenck zu Schweinsberg.
Marie Freyin Senarclens von Grancy.

Secretariat und Casse.

Dr. Ernst Becker.

Kammer.

Kammerdiener: Friedrich Plötzer.
Erste Kammerfrau: Henriette Colbran.
Zweite " Elisabeth Wagland.
Laquai: unbesetzt.
Zimmerwärterin: Elisabeth Landner.

Damenjungfern.

Ottilie Blechard. | Anna Berbenich.

Kammer Ihrer Großherzoglichen Hoheiten der Prinzessinnen Victoria, Elisabeth und Irene.

Kinderfrau: Marie Anna Orchard.
Erstes Kindermädchen: Emma Bailey.
Zweites " Catharine Müller.

E. Hofstaat Seiner Großherzoglichen Hoheit des Prinzen Heinrich.

Kammer.

Kammerdiener: Balthasar Lang. PKD.
Laquai: Johannes Happel. PKD.
Zimmerwärterin: Elisabeth Zimmermann.

Marstall.

Kutscher: Johannes Wagner. PKD.
Reitknecht: Carl Hasse.

F. Hofstaat Seiner Großherzoglichen Hoheit des Prinzen Wilhelm.

Kammer.

Laquai: Conrad Schul. ▬ Ⓢ-BdGM.

Marstall.

Reitknecht: Johannes Schmidt. Ⓢ

G. Hofstaat Seiner Großherzoglichen Hoheit des Prinzen Alexander.

Dienstthuender Kammerherr.

Major Freiherr von Rotsmann (s. S. 192).

Hofintendant.

Den Dienst versieht Cabinetsgüterdirector Menges (s. S. 197).

Kammer.

Leibjäger: Conrad Orlopp. Ⓢ

Palais- und Hofsoeconomieverwaltung.

Haushofmeister: Georg Illert. RKKr.
Mundkoch: Joseph Pinxton.
Weißzeugverwalterin: Elisabeth Illert.
Verwalter auf dem Heiligenberg: den Dienst versieht Hofgärtner Gernet (s. S. 210).
Hausofficiant: Peter Eberhard.
Laquai: Ludwig Leonhard.
" Franz Zanotti. Ⓢ
" Philipp Streb.
" Ludwig Guillod.
Hauswärter: Christian Kempf.
Zimmerwärterin: Catharine Kunze.
" Catharine Gernet.
Küchenwärterin: Catharine Giebel.
" Charlias Balser.

Güter- und Hofgarten-Verwaltung.

Hofgärtner: Johannes Gernet.
Hofgartenaufseher: Jacob Gernet.
Forstwart: den Dienst versieht Förster Werner (s. Oberförsterei Zwingenberg).

Verwaltung der Besitzungen in Rußland.

Generalbevollmächtigter: Seine Exzellenz der Kaiserlich Russische wirkliche Staatsrath Dr. Benignus Carl von Bergsträßer. ✠ C. I. -NA2.-RAnn2.-RSt2.

Marstall.

Bereiter: unbesetzt; den Dienst als Stallchef versieht Kammerherr von Rotsmann (s. S. 192).
Kutscher: Johannes Friedrich. ⊕
" Leonhard Leiß.
Reitknecht: Wilhelm Seib.
Wagenwärter: Peter Gresser.

Kammer Ihrer Durchlaucht der Prinzessin von Battenberg.

Kammerfrau: Eleonore Büchler.
Garderobejungfer: Auguste Chapuis.

Erzieherin Ihrer Durchlaucht der Prinzessin Marie von Battenberg.

Adelheid Bassing.

Erzieher J. J. D. D. der Prinzen Alexander und Heinrich von Battenberg.

Dr. Heinrich Hager. RAnn3.-RSt3.

Kammer des Prinzen Franz Joseph von Battenberg.

Kinderfrau: Emma Thornton.

IV.

Militär-Etat.

Kriegs-Ministerium.

Sitz: Darmstadt.

Uniform der Kriegsministerialbeamten: Dunkelblauer Waffenrock mit amaranthrothem Vorstoß und weißen Knöpfen, amaranthrothem Kragen und schwedischen amaranthrothen Aufschlägen; Epaulettes, die Bänder und Kränze derselben von gewirktem Silber, das Unterfutter dunkelblau; dunkelgrauer Mantel mit amaranthrothen Kragenpatten; dunkelgraue Pantalons mit amaranthrothem Vorstoß; Helm mit gelber Garnitur.

Ministerium.

Director.

Oberst Wilhelm Dornseiff. ✠ R. I. ✠ R. I. ✠ ✠ ✠-BdGM.

Adjutant des Directors.

Oberlieutenant Roth (s. 2. Reiterregiment).

Mitglieder.

Hauptmann Carl von Herget. ✠ R. I. ✠-OeEKr3.-BdGM., Chef der ersten Abtheilung.

Intendanturrath Georg Rudolph Niepoth. ✠ R. II. ✠ Chef der zweiten Abtheilung.

Intendanturassessor Ludwig Friedrich Dauber. ✠ SK. ✠ ✠-BdGM.

Oberlieutenant Roth (s. oben).

14*

Ministerial-Intendantur.

Vorstand: Intendanturrath Riepoth (s. S. 211).
Intendanturassessor Dauber (s. S. 211).
Intendantursecretär: Carl Mohr. ✠ ⊕-BdGM.
" Ludwig Cerderer. ⊕
" Peter Schäfer. ⊕
Intendantursecretärassistent: Erwin Klöpper. ⊕

Technische Consulenten.

Divisionsauditeur Dr. Verdier de la Blaquière (s. Armeedivision).
Stabsarzt Dr. Fuchs (s. 3. Infanterieregiment).
Hof- und Militärbaurath Dr. Weyland (s. Hofbaudirection).

Ministerialsecretariat.

Ministerialsecretär 2. Classe: Carl Schenck. ⊕

Ministerialregistratur und Protocoll.

Ministerialregistrator: Heinrich Heim. ✠ R. I. ⓦ ✠
Ministerialprotocollist und Registraturgehülfe: Georg Mohr. ✠ SK. ✠ ⊕-BdGM.

Ministerialkanzlei.

Ministerial-Kanzleiinspector: Michael Becker, Kanzleirath. ✠ R. I. ⓦ ✠
Ministerialkanzlist 1. Classe: Heinrich Stamm, Kanzleisecretär. ✠
" " 2. " Heinrich Pfeiffer. ✠ ⊕-BdGM.

Ministerialkanzleidiener.

Heinrich Zimmer. ⓦ ✠ ⊕-BdGM.

Ministerialkanzleiwärter.

Adolph Carl Freiherr von Willich. R. II. -BdGM.

Ministerialhauswärter.

Michael Koch. SK. -BdGM.

Kriegszahlamt.

Sitz: Darmstadt.

(Dasselbe besorgt auch die Kassier- und Rechnergeschäfte 1. der Officiers-Wittwen- und Waisenkasse, 2. der Wittwen- und Waisenkasse für Unterofficiere und Soldaten, 3. der Invalidenkasse, 4. der Sterbkasse für Unteroffiziere).

Kriegszahlmeister: Eberhard Wiegand. R. I.
Buchhalter: Wilhelm Schenck.
Assistent: Ludwig Bonhard.
Kassediener: Johannes Schäfer. -BdGM.

Kriegsrechnungsamt.

Sitz: Darmstadt.

Dirigent: Rechnungsrevisor Johannes Martin Schneider. -BdGM.
Rechnungsrevisor: Johannes Wilhelm Weygand. R. II. -BdGM.

Kriegsfiscal-Anwaltschaft.

Fiscalanwalt: unbesetzt.

Medicinalstab.

Vorsitzender: Divisionsgeneralarzt Dr. Reuling (s. Divisionscommando).

Mitglieder: Oberstabsveterinärarzt Dr. Schüler (s. 1. Reiterregiment).

Oberstabsarzt Dr. Strecker (s. 3. Infanterieregiment).

" Dr. Plagge (s. Großherzogliches Artilleriecorps).

" Dr. Kappesser (s. 1. Reiterregiment).

General- und Flügel-Adjutanten.

Uniform: Hellblauer Waffenrock mit ponceaurothem Vorstoß und weißen Knöpfen, ponceaurothem Kragen und brandenburgischen ponceaurothen Aufschlägen mit gestickten silbernen Litzen; Epaulettes, die Bänder von Silberborden, mit schmalen, ponceauroth durchwirkten Silberborden eingefaßt, silbernen Halbmonden, das Unterfutter ponceauroth; silberne Achselschnüre; dunkelgrauer Mantel mit ponceaurothen Kragenpatten; dunkelgraue Pantalons mit ponceaurothem Vorstoß; Helm mit weiß und ponceaurothem Haarbusch und gelber Garnitur.

Generaladjutanten.

Seine Erlaucht Generallieutenant à la suite Georg Casimir Graf zu Ysenburg-Philippseich. -PMV. -BrMDZ.-RAnn1 mit der Krone. -RSt1.-RW4 mit der Schleife. -RPM.-FEL5.

Seine Excellenz Generallieutenant Hermann Freiherr von Trotha, Obersthofmeister. -KHW1.-OeEK1. -OeL2.-PRA1.-BrK3.-BrM1.-SA1.-HG2.-BdZL2.-SEHO1. -RAN.-RWA.-RAnn1 in Brillanten. -RSt1.-RW3.-FEL3. -GE2.-NEK1.-SpJ1.-MC2.

Seine Excellenz Generallieutenant à la suite Eduard Freiherr von Günderrode. ☩. ✹ C. I. ✠ C. I. Ⓛ ✿-KHW2.-KHCZ.-PJ.-GAL.-RSt1.-RAnn1.-RAnn2m.Brillanten.-RW3.-GE3.-BdGM.

Flügeladjutanten.

Generalmajor à la suite Adolph von Grolman. ☩. ✠ R. I. ✠ R. I. Ⓛ ✿ -PRA2.-PKr2.-BrM3.-MWKr3.-BHL4.-RAnn2 mit Brillanten.-RSt2.-RW4.

Major Carl Friedrich Ludwig Otto Gustav von Küchler, Commandant der Gardeunterofficierscompagnie. ✠ R. I. ✿-KHW4.-PKr2.-PRA3.-BrM4.-RAnn2.-RSt2.-BdGM.

Adjutant Seiner Großherzoglichen Hoheit des Prinzen Carl.

Major von Zangen (s. Officiere à la suite).

Adjutant Seiner Großherzoglichen Hoheit des Prinzen Ludwig.

Major von Westerweller (s. Officiere à la suite).

Generalität.

Uniform: Dunkelblauer Waffenrock mit karmoisinrothem Vorstoß und weißen Knöpfen, karmoisinrothen Kragen und brandenburgischen karmoisinrothen Aufschlägen mit Stickerei von Silber; Epaulettes, die Bänder von Silberborden, mit schmalen, ponceaurroth durchwirkten Silberborden eingefaßt, silbernen Halbmonden, das Unterfutter karmoisinroth; dunkelgrauer Mantel mit karmoisinrothen Kragenpatten; dunkelgraue Pantalons mit karmoisinrothem Vorstoß und zwei Streifen; Helm mit weiß und ponceaurothem Haarbusch mit gelber Garnitur.

Generale der Infanterie.

Seine Großherzogliche Hoheit Prinz Carl von Hessen (s. 4. Infanterieregiment).

Seine Großherzogliche Hoheit Prinz Alexander von Hessen (s. 2. Infanterieregiment).

Generallieutenante.

Seine Excellenz Freiherr von Trotha (s. Generaladjutanten).
Seine Großherzogliche Hoheit Prinz Ludwig von Hessen (s. Commandeur der Armeedivision).

Generalmajore.

Königlich Preußischer Generalmajor von Wittich zur Dienstleistung hierher commandirt (s. 2. Infanteriebrigade).
Seederer (s. Großherzogliches Artilleriecorps).
Freiherr Gedult von Jungenfeld (s. Reiterbrigade).
Bickel (s. 1. Infanteriebrigade).

Armee-Division.

(25. Division.)

Divisions-Commando.

Garnison: Darmstadt.

A. Linie.

Commandeur.

Seine Großherzogliche Hoheit Generallieutenant Prinz Ludwig von Hessen, zweiter Inhaber des 1. Reiterregiments, à la suite des 1. Infanterieregiments und Mitglied des Staatsraths. ✠ ✠ ✠-KHL.-PSA.-PKA1.-BrH.-WK1.-BdTr.-BdZL1.-MWKr1.-BHL1.-SEHO1.-RAnd.-RAN.-RWA.-RAnn1.-GH.-BeL1.-NgL1-PortTh1.-TO.

Armee-Divisions-Stab.

Chef des Stabes: Major Heinrich Ludwig von Hesse. ✠ ✠-RSt2.-BdGM.

Zweiter Generalstabsofficier: Hauptmann Hermann Scherf. ✠-RW4.-BdGM.

Adjutanten:

Oberstlieutenant Davidsohn (s. Großherzogliches Artilleriecorps).
" Möller (s. 4. Infanterieregiment).

Uniform der Militärbeamten: wie bei den Kriegsministerialbeamten; nur sind Kragen, Aufschläge, Vorstoß und Kragenpatten des Mantels bei den Justizbeamten von lichtgrüner, bei den Medicinalbeamten von krapprother, und bei den Verpflegsbeamten von orangegelber Farbe.

Amtstracht der Militärgeistlichen: Schwarzer Rock mit schwarzen Knöpfen, Kragen und Aufschlägen, schwarze Pantalons, dreieckiger Hut mit schwarzer Schleife.

Divisionsauditeure.

Stabsauditeur: Dr. Edwin Verdier de la Blaquière. ⚙
Divisionsauditeur: Eduard Lotheißen. ⚙
" " Ferdinand Schenck.

Divisionsgeneralarzt.

Dr. Georg Reuling. ✠ R. I. ✠ ⚙-BdGM.

Intendantur.

Vorstand: Major Georg Albert Johannes Gerhard Schimpff. ✠ ⚙-HdGM.
Intendantur-Secretäre: Ludwig Schaffner. ⚙
" " Georg Bernhard Obermann. ⚙
Intendantur-Secretariats-Assistenten: Ludwig Meister. ⚙-BdGM.
" " Wilhelm Frank. ⚙

Garde-Unterofficiers-Compagnie.

Garnison: Darmstadt.

Uniform: Dunkelblauer Waffenrock mit ponceaurothem Vorstoß und weißen Knöpfen, ponceaurothem Kragen und brandenburgischen ponceaurothen Aufschlägen mit gestickten silbernen Schleifen; Epaulettes, die Bänder von Silberborden, mit schmalen ponceauroth durchwirkten Silberborden eingefaßt, silbernen Halbmonden, das Unterfutter ponceauroth; dunkelgrauer Mantel, mit ponceaurothen Kragenpatten; dunkelgraue Pantalons mit ponceaurothem Vorstoß; Helm mit schwarzem Haarbusch und gelber Garnitur.

(Das Commando der Compagnie wird von dem ältesten Flügeladjutanten geführt.)

Inhaber.

Seine Königliche Hoheit der Großherzog.

Compagnie-Commandant.

Major von Küchler (s. Flügeladjutanten).

Militär-Beamte.

Oberstabsarzt: Dr. Plagge (s. Großherzogliches Artilleriecorps).

Zahlmeister: den Dienst versieht Oberquartiermeister Bauer (s. 3. Infanterieregiment).

Infanterie.

Erste Infanteriebrigade.

(49 Brigade.)

Brigadestab.

Garnison: Darmstadt.

Brigade-Commandeur.

Generalmajor Johannes Christian Bickel. ✠ C. II. ⓦ ✤ ⊕ -RAnn2.-BdGM.

Brigade-Adjutant.

Oberlieutenant von Hombergk zu Bach (s. 2. Infanterieregiment).

Erstes Jägerbataillon.

Garde-Jägerbataillon.

Garnison: Friedberg.

Uniform: Dunkelblauer Waffenrock mit ponceaurothem Vorstoß und weißen Knöpfen, dunkelgrünem Kragen mit einer ponceaurothen Patte und einer gestickten silbernen Litze, dunkelblauen polnischen Aufschlägen mit ponceaurothem Vorstoß; Epaulettes, die Bänder von Silberborden, mit schmalen ponceauroth durchwirkten Silberborden eingefaßt, silbernen Halbmonden, das Unterfutter ponceauroth; dunkelgrauer Mantel mit dunkelgrünen Kragenpatten mit ponceaurothem Vorstoß; dunkelgraue Pantalons mit ponceaurothem Vorstoß; Tschako mit gelber Garnitur.

Erster Inhaber.

Seine Königliche Hoheit der Großherzog.

Zweiter Inhaber.

Unbesetzt.

Bataillons-Commandeur.

Major Carl Ludwig Anschütz. R. I. RS12.-BdGM.

Compagnie-Commandanten.

Hauptmann: Heinrich von Wachter. BdGM., 4. C.*)
" Friedrich Stock. R. II. BdGM. 3. C.
" Carl Friedrich Wilhelm Daubistel. BRL4.-BdGM. 2. C.
" Ludwig Schleuning. BdGM. 1. C.

*) C. heißt Compagnie; Gr. L.-C. des Großherzogs Leibcompagnie; L.-C. Leibcompagnie.

Oberlieutenante.

Georg Ferdinand Hofmann. ⊕ 4 C.
Adolph Euler. ⊕ 3. C.
Leopold Seederer. ⊕ Bataillonsadjutant.

Lieutenante.

Hermann Seederer. ⊕ 1. C.
Ernst Becker. ⊕ 2. C.
Adolph Felsing. ✠ R. II. ⊕ 1. C.
Ludwig Julius Hauß. ⊕ 2. C.
Gustav Emil Ludwig von Lyncker. ⊕ 4. C.
Gustav Momberger. 3. C.

Militär-Beamte.

Stabsarzt: Dr. Heinrich Steinhäuser. ⊕
Assistenzarzt: Dr. Christoph Melchior. ⊕
Zahlmeister: Oberquartiermeister Johannes Philipp Nischwitz. ⊕-BdGM.

Erstes Infanterieregiment.

Leibgarde-Regiment.

Garnison: Worms.

Uniform: Dunkelblauer Waffenrock mit ponceaurothem Vorstoß und weißen Knöpfen, ponceaurothem Kragen mit gestickten silbernen Litzen und dunkelblauen polnischen Aufschlägen mit ponceaurothem Vorstoß; Epaulettes, die Bänder von Silberborden, mit schmalen ponceauroth durchwirkten Silberborden eingefaßt, silbernen Halbmonden, das Unterfutter ponceauroth; dunkelgrauer Mantel mit ponceaurothen Kragenpatten; dunkelgraue Pantalons mit ponceaurothem Vorstoß; Helm mit gelber Garnitur.

Erster Inhaber.

Seine Königliche Hoheit der Großherzog.

Zweiter Inhaber.

Unbesetzt.

Regiments-Commandeur.

Den Dienst als Regiments-Commandeur versieht der Königlich Preußische Oberst à la suite des 11. Jägerbataillons Moritz Leopold Friedrich Ludwig von Frankenberg-Ludwigsdorf. PKr4.-PKD-RAnn2.

Bataillons-Commandeure.

Oberstlieutenant Friedrich Ludwig Jacob August Coulmann, Commandeur des 1. Bataillons. ✠ R. I. ✠ ⊕-OV4.-NA4 mit Schw. -BdGM.

Major Ferdinand Dietrich Joseph Wilhelm Hahn, Commandeur des 2. Bataillons. ✠ ⊕-BdGM.

Etatsmäßiger Stabsofficier.

Major Jacob Friedrich Carl Lautenberger. ✠ ⊕-BdGM.

Compagnie-Commandanten.

Hauptmann: Christian Carl Freiherr Röder von Diersburg. ✠ R. I. ✠ ⊕-BdGM. 6. C.
" Philipp Carl Franck. ✠ R. I. ✠ ⊕-RSt3.-BdGM. 4. C.
" Anton Michael Keller. ✠ ⊕-BdGM. 3. C.
" August Freiherr Röder von Diersburg. ✠ R. I. ⊕-WF4.-RSt3.-BdGM. Gr. L.-C.
" Wilhelm Römheld. ⊕-BdGM. 2. C.
" Otto Scriba. ⊕-BdGM. 8. C.
" Heinrich Carl Winter. ⊕-BdGM. 7. C.
" Georg Ferdinand Trupp. ⊕-BdGM. 5. C.

Oberlieutenante.

Carl Friedrich Müller. ⚬ Regimentsadjutant.
Ernst Wilhelm Caspary. ⚬ 6. C.
Julius Rudolph von Muralt. 2. C.
Georg Becker. Gr. L.-C.
Friedrich Weygand. ⚬ WF4. 7. C.
Carl August Mangold. ⚬ 3. C.
Eduard Stürtz. ⚬ 4 C.
Wilhelm Ludwig Hoffmann. ⚬ 8. C. commandirt als Adjutant zu dem 2. Landwehrregiment, Bezirks-Commando Gießen.

Lieutenante.

Carl Stamm. ⚬ 5. C.
Ernst Emil Lange. ⚬ 8. C.
Carl Ludwig Wilhelm von Grolman. ⚬ Bataillonsadjutant des 2. Bataillons.
Ernst Friedrich Arnold. ⚬ 6. C.
Carl Freiherr von Gall. ⚬ Gr. L.-C.
Albert Ludwig Friedrich Freiherr Senarclens von Grancy. ⚬ Bataillonsadjutant des 1. Bataillons.
Ernst Alexander Julius Friedrich von Lyncker. ⚬ Gr. L.-C.
Friedrich Georg Sartorius. ⚬ 2. C.
Friedrich Joseph Freiherr Röder von Diersburg. ⚬ 5. C.
Gustav Adolph Friedrich Wilhelm Winter. ⚬ 7. C.
Ernst Georg Plack. ⚬ 3. C.
Wilhelm Strauß. ⚬ 8. C.
Friedrich Carl August Anton. ⚬ 4. C.
Valentin Loos. ⚬ 6. C.

A la suite.

Seine Großherzogliche Hoheit Generallieutenant Prinz Ludwig von Hessen (s. Commandeur der Armeedivision).
Seine Großherzogliche Hoheit Oberst Prinz Heinrich von Hessen (s. zweites Reiterregiment).

Militär-Beamte.

Oberstabsarzt: Dr. Theodor Faustmann. ⚬
Stabsarzt: Dr. Friedrich Wilhelm Thurn. ⚬

Assistenzarzt: Dr. Hermann Klipstein. ✠
„ „ Dr. Georg Rabenau.
Zahlmeister. 1. Bataillon: Quartiermeister Ludwig Fadum. ✠ ⊕-BdGM.
„ 2. Bataillon: Oberquartiermeister Conrad Müller ✠ ⊕-BdGM.

Zweites Infanterieregiment.

Regiment Großherzog.

Garnison: Gießen.

Uniform: Wie bei dem 1. Infanterieregiment, jedoch sind der Kragen des Waffenrocks und die Kragenpatten des Mantels weiß.

Erster Inhaber.

Seine Königliche Hoheit der Großherzog.

Zweiter Inhaber.

Seine Großherzogliche Hoheit General der Infanterie Prinz Alexander von Hessen. ✠ ✠ ✠ ⊕-KHL.-KHMVO.-OeL1.-OeMT8.-PSA.-PRA1.-PMV.-DrH.-WK1.-BdTr.-BdZL1-SWF1.-MWKr1.-MSchwMV.-NA1.-RAnd.-RAN.-RWA.-RAnn1.-RG3.-RG4.-RGM.-RKK.-GE1.-NgL.-MC1.

Regiments-Commandeur.

Oberst Carl Ferdinand Kraus. ✠ R. I. ✠ ⊕-RAnn2.-BdGM.

Bataillons-Commandeure.

Major Johannes Philipp Georg Gräff, Commandeur des 1. Bataillons. ✠ ⊕-BdGM.
„ Philipp Friedrich Hoffmann, Commandeur des 2. Bataillons ✠ R. I. ✠ ⊕

Etatsmäßiger Stabsofficier.

Major Franz Jacob Kreuter. ✠ R. I. ✠ ⊕-BdGM.

Compagnie-Commandanten.

Hauptmann: Philipp Lannert. ✠ ⊕-BdGM. 3. C.
" Hermann Heinrich Ludwig Ramstädter. ✠ ⊕-BdGM. L.-C.
" Ludwig Stieler. ✠ ⊕-BdGM. 6. C.
" Christian Riedel. ⊕-BdGM. 8. C.
" August von Herff. ⊕-PRA4.-BdGM. 2. C.
" Heinrich Leiß. ⊕-BdGM. 4. C.
" Carl Christian von Bechtold. ⊕-BdGM. 7. C.
" Ferdinand Pirscher. ⊕-BdGM. 5. C.

Oberlieutenants.

Friedrich Ludwig Ferdinand Kröll. ⊕ 2. C.
Eduard Carl Ernst Albrecht von Hombergk zu Vach. ⊕ commandirt als Adjutant zur 1. Infanteriebrigade.
Carl Dietrich Georg Kißner. ⊕ 7. C.
Georg Buff. ⊕ L.-C.
Wilhelm Heinrich Hermann Nau. ⊕ Regimentsadjutant.
Johannes Heinrich Friedrich Wilhelm Winter. 4. C. commandirt als Adjutant zu dem 1. Landwehrregiment, Bezirks-Commando Darmstadt I.
Johannes Baptist Ludwig Armand Heybacker. ⊕ 8. C.
Ludwig Stegmayer. ⊕ 5. C. commandirt als Adjutant zu dem 2. Landwehrregiment, Bezirks-Commando Friedberg.
Carl Metzler. ⊕ 6. C.

Lieutenants.

Otto Walter. ⊕ Bataillonsadjutant des 2. Bataillons.
Georg Wilhelm Ludwig Hof. ⊕ Bataillonsadjutant des 1. Bataillons.
Heinrich Hartmann. ⊕ 7. C.
Jacob Carl Cullmann. ⊕ 5. C.

Ludwig Polh. ⊕ 3. C.
Paul Maria Heinrich Freiherr Röder von Diersburg. ⊕ 4. C.
Carl Otto Müller. ⊕ 8. C.
Ferdinand Kraus. ⊕ 2. C.
Otto Bergsträßer. ⊕ 6. C.
Carl Friedrich Hartmann. ⊕. L.-C.

Militär-Beamte.

Stabsarzt: Dr. Emil Weichel. ✠ R. II. ⊕
" Dr. Martin Schäfer. ⊕
Assistenzarzt: Dr. Wilhelm Jäger. ⊕
" Dr. Heinrich Salzer. ⊕
Zahlmeister. 1. Bataillon: Oberquartiermeister Jacob Heinrich Schlosser. ✠ ⊕-BdGM.
" 2. " Oberquartiermeister Heinrich Kalbfleisch. ✠ ⊕-BdGM.

Zweite Infanteriebrigade.

(50. Brigade.)

Brigadestab.

Garnison: Darmstadt.

Brigade-Commandeur.

Den Dienst als Brigadecommandeur versieht der Königlich Preußische Generalmajor Friedrich Wilhelm Ludwig von Wittich. PRA3.-PEKr.-PMV.-RSt1.-RAnn2.

Brigade-Adjutant.

Oberlieutenant Krümmelbein (s. 3. Infanterieregiment).

Zweites Jägerbataillon.

Leib-Jägerbataillon.

Garnison: Offenbach.

Uniform: Wie bei dem 1. Jägerbataillon; jedoch hat der Kragen des Waffenrocks eine weiße Patte und der des Mantels dunkelgrüne Patten mit weißem Vorstoß.

Erster Inhaber.

Seine Königliche Hoheit der Großherzog.

Zweiter Inhaber.

Unbesetzt.

Bataillons-Commandeur.

Major Wilhelm Ernst Winter. R. 1. -RSt2.-BdGM.

Compagnie-Commandanten.

Hauptmann: Friedrich Franz Wilhelm von Hombergk zu Vach. -BdGM. 4. C.
" Carl Freiherr von Weitershausen. -BdGM. 3. C.
" Christian Carl Becker. R. II. -BdGM. 1. C.
" Johannes Baptist Pennrich. 2. C.

Oberlieutenante.

Julius Hanesse. -RSt3. 3. C.
August Basser. Bataillonsadjutant.
Julius Ernst Schneider. 1. C.
Friedrich Ludwig Koch. 2. C.

Lieutenante.

Otto Haupt. 4. C.
Hermann Hunsinger. R. R. 2. C., commandirt als Adjutant zu dem 4. Landwehrregiment, Bezirkscommando Worms.

Johannes August Ludwig Stieler. ⚙ 2. C.
Ludwig Christian Selpp. ⚙ 3. C.
Ernst Emil Lauckhard. ⚙ 1. C.
Justus August Alexander Kelm. ⚙ 4. C.

Militär-Beamte.

Oberstabsarzt: Dr. Ernst Ludwig Maximilian Mayer. ⚙-BdGM.
Assistenzarzt: Dr. Eduard Schellmann. ⚙
Zahlmeister: Quartiermeister Daniel Roth. ✠ SK. ✠ ⚙-BdGM.

Drittes Infanterieregiment.

Leibregiment.

Garnison: Darmstadt.

Uniform: Wie bei dem 1. Infanterieregiment, jedoch sind der Kragen des Waffenrocks und die Kragenpatten des Mantels hellblau.

Erster Inhaber.

Seine Königliche Hoheit der Großherzog.

Zweiter Inhaber.

Seine Großherzogliche Hoheit Major Prinz Wilhelm von Hessen. ✠ ✠ ⚙-KHL.-BrH.-MWKr1.-RAnd.-RAN.-RWA.-RAnn1.

Regiments-Commandeur.

Oberst Georg Julius Eduard Laue. ✠ R. I. ✠ R. I. ✠ ✠ ⚙-HG4.-BHL4.-RAnn2.-BdGM.

Bataillons-Commandeure.

Major: Ferdinand Habermehl, Commandeur des 2. Bataillons. ✠ ⚙-BdZL4.-BdGM.
" Adolph Friedrich Ludwig von Herff, Commandeur des 1. Bataillons. ✠ ⚙-BdGM.

Etatsmäßiger Stabsoffizier.

Major Ferdinand von Heßert. ✠ ✠-BdGM.

Compagnie-Commandanten.

Hauptmann: Carl Friedrich Otto. ✠ ✠-BdGM. 8. C.
 „ Adolph Freiherr von Rotsmann. ✝. ✠ R. 1. ✠ ✠-BdGM. 6. C.
 „ August Schulz. ✠ R. 1. ✠-PRA4.-RSt3.-BdGM. L.-C.
 „ Carl Ludwig Beck. ✠-PKr4.-BdGM. 5. C.
 „ Hermann Ferdinand Carl Dietz. ✠ R. II. ✠ -BdGM. 2. C.
 „ Carl Johannes Theodor Otto. ✠-BdGM. 7. C.
 „ Heinrich Friedrich Georg Lauteschläger. ✠-BdGM. 3. C.
 „ Wilhelm Theodor Rau. ✠-BdGM. 4. C.

Oberlieutenante.

Julius Glock. ✠-BdGM. 4. C.
Jacob Ludwig Heinrich Julius Willenbücher. ✠ 8. C., commandirt als Adjutant zu dem 3. Landwehrregiment, Bezirkscommando Darmstadt II.
Friedrich Ferdinand Lotheißen. ✠ Regimentsadjutant.
Carl Ludwig Joseph Freiherr von Stein zu Lausnitz. ✠ 6. C.
Gottfried Weber. ✠ 3. C.
Wilhelm Carl Exner. ✠ 7. C.
Carl Emmerling. ✠ 5. C.
Ferdinand Neuling. ✠ 5. C., commandirt als Adjutant zu dem 4. Landwehrregiment, Bezirkscommando Mainz.
Adolph Sartorius. ✠ L.-C.
Ferdinand Krömmelbein. ✠ R. II. ✠ commandirt als Adjutant zu der 2. Infanteriebrigade.

Lieutenante.

Ludwig Kölsch. ✠ Bataillonsadjutant des 2. Bataillons.
Johannes August Stieler. ✠ 5. C.
Carl Stamm. 2. C.

Friedrich Eduard Zentgraf. ⊕ Bataillonsadjutant des 1. Bataillons.
Heinrich Conrad Adam Lauckhard. ⊕ 3. C.
Carl Bickel. ⊕ 4. C.
Victor Hermann Georg Schäfer. ⊕ 7. C.
Gustav Emil Theodorich Lichtenberg. ⊕ 8. C.
Ferdinand Wilhelm Freiherr von Schenck zu Schweinsberg. ⊕ 5. C.
Carl Ludwig Flach. ⊕ 8. C.
Friedrich Stieler. ⊕ L.-C.
Christian Bonhard. ⊕ 6. C.
Franz Gustav Adolph von Davans. BdFDZ. 4. C.

Aggregirt.

Oberstlieutenant Carl Julius Friedrich Stamm. ✠ R. I. ✠ R. I. ✠ ⊕-BdGM.

Militär-Beamte.

Oberstabsarzt: Dr. August Strecker. ✠ ⊕
Stabsarzt: Dr. Theodor Fuchs. ⊕-PKD.
Assistenzarzt: Dr. Emil Metzler. ⊕
" Dr. Peter Dettweiler. ✠ R. I.
Zahlmeister. 1. Bataillon: Stabsquartiermeister Carl Ludwig Schombert. ✠ R. II. ⊛ ✠ ⊕-BdGM.
" 2. " Oberquartiermeister Wilhelm Bauer. ✠ SK. ✠ ⊕-BdGM.

Viertes Infanterieregiment.

Regiment Prinz Carl.

Garnison: Darmstadt.

Uniform: Wie bei dem 1. Infanterieregiment, jedoch sind der Kragen des Waffenrocks und die Kragenpatten des Mantels dunkelgelb.

Erster Inhaber.

Seine Großherzogliche Hoheit General der Infanterie Prinz Carl von Hessen. -KHI.-PSA.-PRA1.-BrH.-HG1.-WK1.-BdTr.-BdZL1.-MWKr1.-SEHO1.-RAnd.-RAN.-RWA.-RAnn1.-GE1.

Zweiter Inhaber.

Seine Excellenz General der Infanterie à la suite Friedrich von Wachter, lebenslängliches Mitglied der ersten Kammer der Stände. -OeEKr1.-PRA2 mit Schwertern.-BrM1.-WK1.-BdZL1.-RAnn1.-RSt1.-BdGM.

Regiments-Commandeur.

Den Dienst als Regimentscommandeur versieht der Königlich Preußische Oberstlieutenant Ludwig Zwenger vom 87. Infanterieregiment. C. II. -PKr3 mit Schw. -PRA4 mit Schw. -PKD.-BdGM.-PHH.-PEKr.

Bataillons-Commandeure.

Oberstlieutenant Carl Julius von Gründler, Commandeur des 2. Bataillons. -BdGM.

Major Carl Keim, Commandeur des 1. Bataillons. -BdGM.

Etatsmäßiger Stabsofficier.

Major Gustav Franz Caspar Eugen Gerlach. R. I. -RSt3.-BdGM.

Compagnie-Commandanten.

Hauptmann: Ludwig Heinrich Emil Gustav Weyland. -BdGM. 8. C.
" Georg Franck. -BdGM. 6. C.
" Carl Gerlach. -BdGM. 2. C.
" Georg Hamm. R. II. -BdGM. [illegible] C.
" Carl Kritzler. -BdGM. 7. C.
" Ludwig Pfaff. -BdGM. 3. C.
" Ludwig Göbel. -BdGM. 4. C.
" Conrad Gustav Adolph von Murall. -BdGM. 5. C.

Oberlieutenante.

Leopold Schelch. ✠ 2. C.
Ludwig Kaltrein. ✠ R. II. ✠ Regimentsadjutant.
Hermann Conrad Weitzel. ✠ 8. C.
Ludwig Möller. ✠-RAnn3., commandirt als Adjutant zu der Großherzoglichen Armeedivision.
Albert Theodor Hauß. ✠ 3. C.
Friedrich Carl Ferdinand Freiherr von Gall. ✠ L.-C.
Johannes Heinrich Maurer. ✠ 7. C.

Lieutenante.

Heinrich August Carl Schweickhard. 5. C.
Friedrich Weber. ✠ Bataillonsadjutant des 2. Bataillons.
Ernst Emil Carl Frisch. ✠ 8. C.
Carl Wolfgang Jacob von Ochsenstein. ✠ Bataillonsadjutant des 1. Bataillons.
Ludwig Helm. ✠ 6. C.
Alexander Bornemann. ✠ 7. C.
Carl Julius von Kopp. ✠ 2. C.
Ludwig Cramolini. ✠ L.-C.
Ludwig Külp. ✠ 3. C.
Adolph Friedrich Ludwig von Witzendorff. PEKr. 5. C.
Conrad Neßling. 4. C.

A la suite.

Seine Großherzogliche Hoheit Major Prinz Wilhelm von Hessen (s. 3. Infanterieregiment).

Aggregirt.

Oberst Ludwig Alexander von Lyncker. ✠ C. II. ✠ C. II. ✠ ✠-KHW3.-OeL3.-OeEKr3.-PKr3.-BrM4.-SA4.-WF3.-RAnn2.-RSt2.-PC2.-BdGM.
Major Heinrich Ludwig Johannes Bechstatt. ✠ ✠-WK3.-PRA4.-BdGM.

Militär-Beamte.

Stabsarzt: Dr. Carl Göring.
" Dr. Carl Fehr.
Assistenzarzt: Dr. Joseph Lipp.
" Dr. Carl Hirsch.
Zahlmeister. 1. Bataillon: Stabsquartiermeister Johannes Peter Jöckel. SK.
" 2. " Quartiermeister Carl Gustav Zimmer. -BdGM.

Reiterei.

Reiterbrigade.

(25. Cavalleriebrigade.)

Brigadestab.

Garnison: Darmstadt.

Brigade-Commandeur.

Generalmajor Ferdinand Georg Joseph Freiherr Gedult von Jungenfeld. C. II. -MWKr3.-BSt1.-BdGM.

Brigade-Adjutant.

Oberlieutenant Freiherr von Gemmingen-Hornberg (s. 1. Reiterregiment).

Erstes Reiterregiment.

Garde-Chevaulegers-Regiment.

Garnison: Darmstadt.

Uniform: Dunkelgrüner Waffenrock mit ponceaurothem Vorstoß und weißen Knöpfen, ponceaurothem Kragen, auf beiden Seiten desselben eine Patte von schwarzem Tuch mit einer gestickten silbernen Litze, und dunkelgrünen polnischen Aufschlägen mit ponceaurothem Vorstoß; Epaulettes von geschlagenem Silber, das Unterfutter ponceauroth; dunkelgrauer Mantel mit ponceaurothen Kragenpatten; dunkelgraue Pantalons mit ponceaurothem Vorstoß; Helm mit schwarzem Haarbusch und gelber Garnitur.

Erster Inhaber.

Seine Königliche Hoheit der Großherzog.

Zweiter Inhaber.

Seine Großherzogliche Hoheit Generallieutenant Prinz Ludwig von Hessen (s. S. 216).

Regiments-Commandeur.

Oberst Giesebert Riedesel Freiherr zu Eisenbach. R. I. -RAnn2.-RW4.

Etatsmäßiger Stabsofficier.

Oberstlieutenant Ferdinand von Grolman. -BdGM.

Schwadrons-Commandanten.

Rittmeister: Heinrich Oakley Howard von Sanders. -OeEKr3. -BdGM. 3. S.*)

" Carl Eduard Becker. -KIIW5. L.-S.

" Wilhelm Freiherr von Lepel. -BdGM. 2. S.

" Georg Friedrich Freiherr von Rotsmann. 5. S.

" Paul Wernher. 4. S.

Oberlieutenante.

Franz Carl Alesina Freiherr von Schweitzer. 2. S.

Joseph Freiherr von Stein zu Lausnitz. -GAL. Regimentsadjutant.

Georg Friedrich Freiherr von Wedekind. 5. S.

Carl Ludwig Eberhard Freiherr von Gemmingen-Hornberg. R. II. commandirt als Adjutant zu der Reiterbrigade.

Carl Christian Ernst August Egenolff Freiherr Röder von Diersburg. L. S.

---

*) S. heißt Schwadron; L.-S. Leib-Schwadron.

Lieutenants.

Carl Zimmermann. ⚙ 3. S.
Franz Otto Carl Frank. ⚙ 4 S.
Ludwig Freiherr von Bouchenröder. ⚙ 2. S.
Jose Exequiel de Bardales. ⚙ 4. S.
Moritz Riedesel Freiherr zu Eisenbach. ⚙ 5. S.
Ludwig von Biegeleben. L.-S.
Adolph Willich genannt von Pöllnitz. 3. S.

Militär-Beamte.

Oberstabsarzt: Dr. Otto Kappesser. ⚙
Assistenzarzt: Dr. Carl Draudt. ⚙
Oberstabsveterinärarzt: Dr. Valentin Schäfer. ✠ ⚙-BdGM.
Zahlmeister: Stabsquartiermeister Friedrich Wilhelm Köhler. ✠ R. I. ⚙ ✠ ⚙-BdGM.

Zweites Reiterregiment.

Leib-Chevaulegers-Regiment.

Garnison: Regimentsstab, 3. 4 und 5. Schwadron Darmstadt, Leib- und 2. Schwadron Butzbach.

Uniform: Wie bei dem 1. Reiterregiment, jedoch sind der Kragen des Waffenrocks und die Kragenpatten des Mantels weiß.

Erster Inhaber.

Seine Königliche Hoheit der Großherzog.

Zweiter Inhaber.

Seine Großherzogliche Hoheit Oberst Prinz Heinrich von Hessen, à la suite des 1. Infanterieregiments. ⚙ ⚙ -KHL. PHH2 mit Schw. und SL -MWKr1.-BHL1.-RAnd.-RAN. -RWA.-RAnn1.-PKD.

Regiments-Commandeur.

Oberst Ludwig Freiherr von Bouchenröder. ✠ R. I. ✠ ✠ -OeEKr3.-RAnn2.-BdGM.

Etatsmäßiger Stabsofficier.

Major Emil Freiherr von Buseck. ✠ ✠-BdGM.

Schwadrons-Commandanten.

Rittmeister: Wilhelm Freiherr von Ricou. ✝. ✠ ✠-RAnn3. -BdGM. 4. S.
" Conrad Friedrich Freiherr von der Hoop. ✠-RAnn3. -BdGM. L.-S.
" Carl Heinrich August Emil von Klipstein. ✠-BrM4. 2. S.
" Justus Wilhelm Freiherr von Follenius. ✠ 5. S.
" Friedrich von Stockhausen. ✠ 3. S.

Oberlieutenante.

Hugo Georg Freiherr Duel von Köth-Wanscheid. ✠ Regimentsadjutant.
Ferdinand Graf zu Ysenburg-Philippseich. ✠ L.-S.
Carl Roth. ✠ commandirt als Adjutant in das Großherzogliche Kriegsministerium.
Johannes Heinrich Carl Otto. ✠ R. II. ✠ 5. S.
Carl Maximilian Heil. ✠ 4. S.

Lieutenante.

Friedrich Ludwig Carl Ernst Wilhelm Georg Scholl. ✠ 5. S.
Ernst Zimmermann. ✠ L.-S.
Carl Langsdorf. ✠ 2. S.
Philipp Freiherr Löw von und zu Steinfurth. ✠ 4. S.
Friedrich Riedesel Freiherr zu Eisenbach. 3. S.
Moritz Kraft Alexander Freiherr von Schenck zu Schweinsberg. 3. S.

Militär-Beamte.

Oberstabsarzt Dr. Carl Fertsch. ✠
Assistenzarzt: Dr. Ludwig Schmidt. ✠
Interimistischer Assistenzarzt: Dr. Erwin Thurn.
Stabsveterinärarzt: Carl Wilhelm Zimmer. ✠
Zahlmeister: Oberquartiermeister Wilhelm Hechler. ✠ SK. ✠ ✠-BdGM.

Großherzogliches Artilleriecorps.

Feldartillerie und Trainabtheilung.

Garnison: Bessungen.

Uniform: Dunkelblauer Waffenrock mit ponceaurothem Vorstoß und weißen Knöpfen, schwarzem Kragen mit gestickten silbernen Litzen und ponceaurothem Vorstoß und dunkelblauen polnischen Aufschlägen mit ponceaurothem Vorstoß; Epaulettes, die Binder von Silberborden, mit schmalen ponceauroth durchwirkten Silberborden eingefaßt, silbernen Halbmonden, das Unterfutter ponceauroth; dunkelgrauer Mantel mit schwarzen Kragenpatten und ponceaurothem Vorstoß; dunkelgraue Pantalons mit ponceaurothem Vorstoß; Helm mit gelber Garnitur.

Erster Inhaber.

Seine Königliche Hoheit der Großherzog.

Zweiter Inhaber.

Unbesetzt.

Corps-Commandeur.

Generalmajor Georg Seederer. ✠ C. II. ✠ R. I. ✠ ✠ ✠-RSt1.

Stabsofficiere und Abtheilungs-Commandeure.

Oberst Friedrich Caspar Hartmann. ✠ R. I. ✠ R. I. ✠ ✠-OeL3.-PKr2.-HG4.-WF4.-NEK3.

Oberstlieutenant Carl Gottfried Scholl. ✠ R. I. ✠-BdGM, Vorstand des Artilleriedepots.

Major: Johannes Ludwig Bickel, Commandeur der 2. Abtheilung. ✠ R. I. ✠ ⊕-RAnn3.
" Friedrich Wilhelm August Julius von Lyncker, Commandeur der 1. Abtheilung. ✠ R. I. ✠ ⊕-RAnn3. -BdGM.

Batterie-Commandanten und Hauptmänner.

Hauptmann: Christian Ernst Georg Carl Wilhelm Hallwachs. ✠ ⊕ 3. F.-B.*)
" Ernst Koch. ✠ ⊕-BdGM. 4. F.-B.
" Ferdinand Bellaire. ✠ ⊕-BdGM. 2. F.-B.
" Theodor Reh. ⊕ 1. F.-B.
" Hermann Wilhelm Weygand. ⊕-BdGM. Trainabtheilung. (Commandant).
" Christian Ronstadt. ⊕-BdGM. 5. F.-B.
" Ernst Georg Wilhelm Sartorius. ⊕ Vorstand des Traindepots.
" Friedrich Arnold Hofmann. ⊕ 2. F.-B.
" Adolph Freiherr von Schäffer-Bernstein. ⊕ ⊕ R.-B.
" Heinrich Joseph Maximilian Julius Carl Franck. ⊕ 3. F.-B.
" Johannes Heinrich Frieß. ⊕ Corpsadjutant.

Oberlieutenants.

Johannes August Friedrich Maurer. ⊕ 1. F.-B.
Friedrich Beck. ⊕ 4. F.-B.
Johannes Georg Heinrich Biessel. ⊕ 5. F.-B.
Eduard Davidsohn. ⊕-RAnn3. 5. F.-B. commandirt als Adjutant zu der Großherzoglichen Armeedivision.
Bernhard Ernst Stegmayer. ⊕ Trainabtheilung.
Carl Ludwig Ernst Bekker. ⊕ Adjutant der 1. Abtheilung.

*) F.-B. heißt Fuß-Batterie; R.-B. reitende Batterie.

Lieutenante.

Friedrich Arnold. ⊕ 2. F.-B.
Carl Heinrich Ludwig Bernhard Rothe. ⊕ R.-B.
Gustav von Grolman. ⊕ 2. F.-B.
Gustav Deiß. ⊕ 4. F.-B.
August Carl Draudt. ⊕ 5. F.-B.
Ernst Beck. ⊕ 3. F.-B.
Johannes Carl Leidhecker. ⊕ 1. F.-B.
Wilhelm Schenck. ⊕ 4. F.-B.
Adam Schmidt. ⊕ 3. F.-B.
Johannes Korwan. ⊕ Adjutant der 2. Abtheilung.
Heinrich Goes. ⊕ 1. F.-B.
Carl Seeberer. ⊕ R.-B.
Carl Neuhaus. ⊕-BdGM. Trainabtheilung.
Carl von Lyncker. ⊕ 2. F.-B.
Carl Theodor Kehrer. ⊕ 5. F.-B.

Militär-Beamte.

Oberstabsarzt: Dr. Theodorich Pagge. ✠ R. I. ⊕-BdGM.
Stabsarzt: Dr. Carl Zimmermann. ⊕
Assistenzarzt: Dr. Friedrich Kauffmann. ⊕
" Dr. Georg Philipp Gilbert. ⊕
Zahlmeister: Stabsquartiermeister Jacob Daniel Metzler. ✠ R. I. ✠
Stabsveterinärarzt: Dr. Jacob Müller. ⊕

Pionniercompagnie.

Garnison: Bessungen.

Uniform: Dunkelblauer Waffenrock mit karmoisinrothem Vorstoß und weißen Knöpfen, karmoisinrothem Kragen und brandenburgischen karmoisinrothen Aufschlägen mit gestickten silbernen Litzen; Epaulettes, die Bänder von Silberborden, mit schmalen ponceauroth durchwirkten Silberborden eingefaßt, silbernen Halbmonden, das Unterfutter karmoisinroth; dunkelgrauer Mantel mit karmoisinrothen Kragenpatten; dunkelgraue Pantalons mit karmoisinrothem Vorstoß; Helm mit weiß und ponceaurothem Haarbusch und gelber Garnitur.

Compagnie-Commandant.

Hauptmann Heinrich Brentano. ✠ ✠-RW4.-BdGM.

Oberlieutenant.

Friedrich Nicolaus Metzler. ✠

Lieutenants.

Wilhelm Georg Philipp Menges. ✠
Wilhelm Mootz. ✠

Militär-Beamte.

Assistenzarzt: Dr. Friedrich Martin.

B. Landwehr.

Erstes Landwehrregiment Darmstadt I.

Uniform: wie das 1. Infanterieregiment.

Bezirkscommando Darmstadt I.

Compagnie Stationsorte: 1. Compagnie Darmstadt, 2. Compagnie Darmstadt, 3. Compagnie Offenbach, 4. Compagnie Offenbach, 5. Compagnie Dieburg.

Bezirks-Commandeur.

Oberstlieutenant Heinrich Pabst. ✠ C. II. ✠ R. I. ✠ ✠ ✠-KHW5.-NA4 m. Schw. -RAnn3.-NEK5.-BdGM.

Adjutant.

Oberlieutenant Winter (s. 2. Infanterieregiment).

Zweites Landwehrregiment.

Uniform: wie das 2. Infanterieregiment.

Bezirkscommando Gießen.

Compagnie Stationsorte: 1. Compagnie Gießen, 2. Compagnie Grünberg, 3. Compagnie Alsfeld, 4. Compagnie Lauterbach, 5. Compagnie Schotten.

Bezirks-Commandeur.

Oberstlieutenant Ernst Wilhelm Gandenberger. ✠ R. I. ✠ ✠ -BdGM.

Adjutant.

Oberlieutenant Hoffmann (s. 1. Infanterieregiment).

Bezirkscommando Friedberg.

Compagnie Stationsorte: 1. Compagnie Friedberg, 2. Compagnie Nidda, 3. Compagnie Büdingen, 4. Compagnie Vilbel.

Bezirks-Commandeur.

Major Christian Jäger. ✠ R. I. ✠ ✠ ✠-BdGM.

Adjutant.

Oberlieutenant Siegmayer (s. 2. Infanterieregiment).

Drittes Landwehrregiment Darmstadt II.

Uniform: wie das 3. Infanterieregiment.

Bezirkscommando Darmstadt II.

Compagnie Stationsorte: 1. Compagnie Neustadt, 2. Compagnie Erbach, 3. Compagnie Lindenfels, 4. Compagnie Heppenheim, 5. Compagnie Bensheim, 6. Compagnie Groß-Gerau.

Bezirks-Commandeur.

Oberstlieutenant Julius von Reineck. ✠ R. I. ✠ ✠-KHW5.-NA4 m. Schw. -NEK5.-BdGM.

Adjutant.

Oberlieutenant Willenbücher (s. 3. Infanterieregiment).

Viertes Landwehrregiment.

Uniform: wie das 4. Infanterieregiment.

Bezirkscommando Mainz.

Compagnie Stationsorte: 1. Compagnie Mainz, 2. Compagnie Mainz, 3. Compagnie Bingen.

Bezirks-Commandeur.

Major Franz Schenck. ✠ ✠-BdGM.

Adjutant.

Oberlieutenant Reuling (s. 3. Infanterieregiment).

Bezirkscommando Worms.

Compagnie Stationsorte: 1. Compagnie Worms, 2. Compagnie Osthofen, 3. Compagnie Oppenheim, 4. Compagnie Alzey.

Bezirks-Commandeur.

Oberstlieutenant Ludwig Emil Joseph Carl Fenner. ✠ R. I. ✠ ⊙-OeFJ3.-BdGM.

Adjutant.

Lieutenant Hunsinger (s. 2. Jägerbataillon).

C. Commandements.

Uniform der Offiziere vom Oberst abwärts: Dunkelblauer Waffenrock mit schwefelgelbem Vorstoß und weißen Knöpfen, schwefelgelbem Kragen und brandenburgischen schwefelgelben Aufschlägen mit gestickten silbernen Litzen; Epaulettes, die Bänder von Silberborden, mit schmalen ponceaurothen durchwirkten Silberborden eingefaßt, silbernen Halbmonden, das Unterfutter schwefelgelb; dunkelgrauer Mantel mit schwefelgelben Kragenpatten; dunkelgraue Pantalons mit schwefelgelbem Vorstoß; Helm mit weiß und ponceaurothem Haarbusch und gelber Garnitur.

Commandement der Haupt- und Residenzstadt Darmstadt.

Commandant.

Oberst Adolph Kehrer. ✠ C. II. ✠ R I. ✠ ✠ ⊙-PKr2.-BdGM.

Platzstabsoffizier.

Oberstlieutenant Carl Alexander Christian Emil von Zangen. ✠ R. I. ✠ ⊙-BdZL4.-RSt2.-BdGM.

Garnisonsauditeur.

Dr. Friedrich Delp. ⊙-BdGM.

Gendarmeriecorps.

Corpsstab.

Garnison: Darmstadt.

Uniform: Dunkelgrüner Waffenrock mit karmoisinrothem Vorstoß und weißen Knöpfen, karmoisinrothem Kragen und brandenburgischen karmoisinrothen Aufschlägen mit gestickten silbernen Litzen; Epaulettes, die Ränder von Silberborden, mit schmalen ponceauroth durchwirkten Silberborden eingefaßt, silbernen Halbmonden, das Unterfutter karmoisinroth; silberne Achselschnüre; dunkelgrauer Mantel mit carmoisinrothen Kragenpatten; dunkelgraue Pantalons mit karmoisinrothem Vorstoß; Helm mit schwarzem Haarbusch und gelber Garnitur.

Corps-Commandeur.

Oberst Ferdinand Kerz. ✠ R. I. ✠ RSt2 mit der Krone -RAnn3.

Corpsadjutant.

Rittmeister Johannes Philipp Barthel. ⊕-RAnn3.-BdGM.

Divisions-Commandanten.

Major Franz Jacob Rüll, Commandant der Division Starkenburg. ✠ R. I. ✠ ⊕-OeEKr3.-PRA4.-RSt2.-RAnn3.-BdGM.

Major Gustav von Hombergk zu Vach, Commandant der Division Rheinhessen. ✠ ⊕-RAnn3.-BdGM.

Rittmeister Anton Supp, Commandant der Division Oberhessen. ✠ ⊕-RAnn3.-BdGM.

Militär-Beamte.

Zahlmeister: Quartiermeister Heinrich Schenck.

Evangelisches Garnisonspfarramt.

Sitz: Darmstadt.

Garnisonspfarrer: Carl Strack. ⊕
Garnisonsmitprediger: Ludwig Carl Friedrich Dosch.
" " Gustav Eyermann.
Garnisonskirchendiener: Johannes Philipp Adam Lorz. ▭ ⊕ -BdGM.

Evangelische Garnisonsschule.

Sitz: Darmstadt.

Garnisonsschulinspector: Garnisonspfarrer Strack (s. oben).
Erster Lehrer: Garnisonsmitprediger Dosch (s. oben).
Zweiter " " " Eyermann (s. oben).
Dritter " Dr. Johannes Fölsing. ✠ R. II.
Hülfslehrer: Conrad Wenzel.
Garnisonsschuldiener: Lorz (s. oben).

Proviantamt.

Sitz: Darmstadt.

Rendant: Major Heinrich Leonhard Becker, Proviantmeister. ✠ R. I. ✠ ⊕-BdGM.
Controleur: Oberquartiermeister Wilhelm Grönrich. ✠ SK. ✠ ⊕-BdGM.
Assistent: Quartiermeister Eduard Wiegand. ⊕
" " " Michael Bodensohn. ⊕

Montirungsdepot.

Sitz: Darmstadt.

Rendant: Stabsquartiermeister Johannes Ernst Kressel. ✠ ⊕-BdGM.

Controleur: unbesetzt.

Garnisonsverwaltungen.

Garnisonsverwaltung Darmstadt.

Garnisonsverwaltungsinspector: Stabsquartiermeister Heinrich Korwan. ✠ SK. ✠ ⊕-BdCFVM.-BdGM.

Assistent: Quartiermeister Ludwig Faust. ⊕-BdGM.

Garnisonsverwaltung Offenbach.

Garnisonsverwaltungsinspector: den Dienst versieht Quartiermeister Roth (s. 2. Jägerbataillon).

Garnisonsverwaltung Babenhausen.

Garnisonsverwaltungsinspector: den Dienst versieht Hauptmann Wagner (s. Commandement Babenhausen).

Garnisonsverwaltung Gießen.

Garnisonsverwaltungsinspector: den Dienst versieht Oberquartiermeister Kalbfleisch (s. 2. Infanterieregiment).

Garnisonsverwaltung Friedberg.

Garnisonsverwaltungsinspector: den Dienst versieht Oberquartiermeister Nischwitz (s. 1. Jägerbataillon).

Garnisonsverwaltung Butzbach.

Die Geschäfte werden von dem jeweiligen Garnisonältesten besorgt.

Garnisonsverwaltung Worms.

Garnisonsverwaltungsinspector: den Dienst versieht Quartiermeister Fadum (s. 1. Infanterieregiment).

Militär-Strafanstalt.

Sitz: Babenhausen.

Commandant: Oberst Friedrich Christian Wolff. ✠ C. II. ✠ ✠ ✠-BdGM.

Zweiter Officier: Hauptmann Friedrich Wilhelm Wagner. ✠ ✠ -BdGM.

Arzt: unbesetzt.

Militärische Bewachung des Landeszuchthauses.

Commandant des Landeszuchthauses: Oberstlieutenant Julius Ludwig Kniespel. ✠ R. I. ✠ ✠ ✠-BdGM.

Generalauditoriat.

Sitz: Darmstadt.

Präsident: Generalauditeur Adolph Zimmermann. ✠ R. I. ✠ ✠-BdGM.

Mitglieder und Räthe:

Oberstabsauditeur in Pension Carl Ernst Georg Christian Eigenbrodt. ✠ R. I. ✠ ✠-BdGM.

Ministerialrath in Pension Friedrich Freiherr von Preuschen. ✠.

Secretär: Friedrich Heyer. ✠

Pedell: Ludwig Hohmeier. ✠ R II. ✠ ✠ ✠-BdGM.

Garnisons-Lazarethe.

Garnisons-Lazareth Darmstadt.

a) Lazareth-Commission.

Militärisches Mitglied: Oberst Hartmann (s. Großherzogliches Artilleriecorps).

Assistent des militärischen Mitglieds: Oberlieutenant Winter (s. 2. Infanterieregiment).

Aerztliches Mitglied: Oberstabsarzt Dr. Plagge (s. Großherzogliches Artilleriecorps).

Oeconomisches Mitglied: Lazarethinspector, Quartiermeister Peter Jacob Wilk. ✠ SK. ✠ ✠

b) Aerztliches Personal.

Aus den Regimentern und Corps wechselnd zur Dienstleistung hierher commandirt.

Garnisons-Lazareth Offenbach.

a) Lazareth-Commission.

Militärisches Mitglied: Hauptmann Becker (s. 2. Jägerbataillon).

Aerztliches Mitglied: Oberstabsarzt Dr. Mayer (s. 2. Jägerbataillon).

b) Aerztliches Personal.

Wird aus dem Bataillon commandirt.

Garnisons-Lazareth Gießen.

a) Lazareth-Commission.

Militärisches Mitglied: Hauptmann von Bechtold (s. 2. Infanterieregiment).

Aerztliches Mitglied: Stabsarzt Dr. Weichel (s. 2. Infanterieregiment).

b) Aerztliches Personal.
Wird abwechselnd aus dem Regiment commandirt.

Garnisons-Lazareth Friedberg.

a) Lazareth-Commission.
Militärisches Mitglied: Hauptmann Stock (s. 1. Jägerbataillon).
Aerztliches Mitglied: Stabsarzt Dr. Steinhäuser (s. 1. Jägerbataillon).

b) Aerztliches Personal.
Wird aus dem Bataillon commandirt.

Garnisons-Lazareth Butzbach.

Lazareth-Commission.
Militärisches Mitglied: Lieutenant Zimmermann (s. 2. Reiterregiment).
Aerztliches Mitglied: Oberstabsarzt Dr. Fertsch (s. 2. Reiterregiment).

Garnisons-Lazareth Worms.

a) Lazareth-Commission.
Militärisches Mitglied: Hauptmann Freiherr Röder von Diersburg I. (s. 1. Infanterieregiment).
Aerztliches Mitglied: Oberstabsarzt Dr. Faustmann (s. 1. Infanterieregiment).
Oeconomisches Mitglied: Lazarethinspector, Hauptmann Johannes Mathäus Spies, ✠ ✠-BdGM.

b) Aerztliches Personal.
Wird abwechselnd aus dem Regiment commandirt.

Artilleriedepot.

Sitz: Darmstadt.

Vorstand.

Oberstlieutenant Scholl (s. Großherzogliches Artilleriecorps).

Erste Verwaltungsabtheilung.

Feuerwerksmeister: Ludwig Schäfer. ✠ ⊕

Zweite Verwaltungsabtheilung.

Verwaltungsofficier: Hauptmann Bellaire (s. Großherzogliches Artilleriecorps).

Hülfsofficier: Lieutenant Arnold (s. Großherzogliches Artilleriecorps).

Oberzeugwart: Quartiermeister Georg Jacob Schmitt. ✠ SK. ✠ ⊕-BdGM.

Dritte Verwaltungsabtheilung.

Verwaltungsofficier: Hauptmann Gustav Moritz Scriba. ✠ ⊕ -BdGM.

Hülfsofficier: Hauptmann in Pension Carl Siegmund von Heffert. ⊕-WF4.-RSt3.-BdGM.

Oberzeugwart: Johannes Carl Daub. ✠ ⊕

Secretär, Registrator und Rechner: Stabsquartiermeister Johannes Philipp Black. ✠

Büreaudiener: Johannes Jacob Großkopf. ✠

Remontirungscommission.

Sitz: Darmstadt.

Remontirungsdirector.

Generalmajor Freiherr von Jungenfeld (s. Reiterbrigade).

Remontirungscommissär der Provinz Starkenburg.

Major Freiherr von Buseck (s. 2. Reiterregiment).

Remontirungscommissär der Provinz Oberhessen.

Oberstlieutenant von Grolman (s. 1. Reiterregiment).

Remontirungscommissär der Provinz Rheinhessen.

Major von Lyncker (s. Großherzogliches Artilleriecorps).

Kriegsbibliothek.

Sitz: Darmstadt.

Vorstand: den Dienst versieht Hauptmann Sartorius (s. Großherzogliches Artilleriecorps).

Aufseher der Kriegsbibliothek: Unteradjutant Georg Berthold Bindewald in dem Großherzoglichen Artilleriecorps. [illegible]

Bibliothekdiener: Johannes Schnarr. [illegible]

Militär-Wittwen- und Waisencommission.

Sitz: Darmstadt.

Vorsitzender: Oberst Kehrer (s. Commandements).
Mitglied und Referent: Generalauditeur Zimmermann (s. Generalauditoriat).
Secretär und Registrator: Ministerialsecretär 2. Classe Schenck (s. Kriegsministerium).

Militär-Bauamt.

Sitz: Darmstadt.

Militärbaumeister: Dr. Ludwig Weyland, Hof- und Militärbaurath. ✠ R. I.
Militärbauaufseher: Johannes Stief, Kreisbauaufseher. ▬

Einstandskasse.

Sitz: Darmstadt.

Rechner: Major à la suite der Infanterie, Gustav Kuhlmann, Vorsteher der Stellvertretungsanstalten. ✠ R. I. ◉ ✠ ◉ -BdGM

Officiere à la suite.

Uniform der Officiere vom Oberst abwärts: Diejenigen der Infanterie dunkelblauer, diejenigen der Reiterei dunkelgrüner Waffenrock mit hellrothem Vorstoß und weißen Knöpfen, hellrothem Kragen und brandenburgischen hellrothen Aufschlägen und gestickten silbernen Litzen, Epaulettes diejenigen der Infanterie, wie die Infanterie, diejenigen der Reiterei, wie die Reiterei, jedoch hellroth unterfüttert; dunkelgrauer Mantel mit hellrothen Kragenpatten; dunkelgraue Pantalons mit hellrothem Vorstoß; Helm mit schwarzem Haarbusch und gelber Garnitur.

General der Infanterie.

Seine Excellenz von Wachter (s. 4. Infanterieregiment).

Generallieutenante.

Seine Erlaucht Graf zu Ysenburg-Philippseich (s. Generaladjutanten).

Seine Excellenz Freiherr von Günderrode (s. Generaladjutanten).

Seine Excellenz Christian Conrad Frey. C. I. C. I. -WF3.-BdZL3.-RW4.-BdGM.

Seine Excellenz Friedrich Wilhelm Keim. C. I. -BdZL4 mit goldenem Eichenlaub.-MSchwMV.-RAnn1.-RSt2.-BdGM.

Seine Excellenz Eduard von Grolman. C. II. C. II. -WF1.-PRA4 mit Schwertern.-BdZL4.-RSt2.-BdGM.

Generalmajore.

Seine Excellenz August Freiherr Senarclens von Grancy. -BrK1.-M.-RSt1.

Seine Erlaucht Carl Graf von Schlitz genannt von Görtz. -OeEKr1.-PRA1.-PJ.-SA1.-MWKr1.-BHL1.-RAnn1.

Moritz Freiherr von Gepso. C. II. C. II. -BdZL3 mit gold. Eichenlaub. -RAnn1.-RSt1.-RW4.-BdGM.

Georg Frey. C. II. C. II. -OeEKr2.-SA4-WK3. RSt1.-RAnn2.-BdGM.

Friedrich Freiherr von Hausen-Gleichenstorff. C. II. R. 1. -MWKr3.-RSt2 mit der Krone -RW4.-BdGM.

von Grolman (s. Flügeladjutanten).

Oberst.

Ludwig Freiherr von Diemar. C. II. R. I. BdZL4.-RSt2 mit der Krone -BdGM.

Oberstlieutenant.

Franz Philipp Christoph Maria Hubert Freiherr Wambolt von Umstadt, außerordentlicher Gesandter und bevollmächtigter Minister an dem Königlich Sächsischen Hofe. R. I. R. I. -OeL3.-PKr2 mit Stern. -BL1.-SpC4.

Majore.

Walter Gustav Asemyn.

Rudolph von Muralt. R. I. R. I. -BdGM.

Kuhlmann (s. Einstandsklasse).

Conrad Lein. R. I. -BdGM.

Franz Albrecht von Grolman. R. I. -PJ.-RSt3.

Gustav Adolph Graf von Enzenberg, Ministerresident an dem Kaiserlich Französischen, Königlich Belgischen und Königlich Niederländischen Hofe. R. I.

Seine Erlaucht Graf Gustav zu Erbach-Schönberg. -PJ.

Friedrich Camille Graf von Otting-Fünfstätten. -RSt2. -BdGM.

Major Franz Wilhelm Adolph Paul Westerweller von Anthoni, Hofmarschall und Adjutant Seiner Großherzoglichen Hoheit des Prinzen Ludwig. ✠ ⊕-RSt3.-BeL3.

Major Carl Christian Robert von Zangen, Adjutant Seiner Großherzoglichen Hoheit des Prinzen Carl. ✝. ✠ R. I. ✠ ⊕-BrM4.-MWKr4.-RAnn3.-BdGM.

Rittmeister und Hauptmänner.

Rittmeister Hugo Michael O'Keef Graf von Montgommery.

" Gustav Carl Friedrich Michael Ludwig Freiherr von Schauroth. ⊕

" Victor Hugo Wilhelm Freiherr von Nordeck zur Rabenau. ⊕

Hauptmann Eduard Ernst August Friedrich Selzam. ⊕-BdGM.

Rittmeister Friedrich Freiherr von Zwierlein. ⊕

" Ferdinand Carl Joseph Leopold Freiherr von Nordeck zur Rabenau. ⊕-RAnn3.

Lieutenant.

Ferdinand Freiherr von Botzheim.

V.

Civil-Etat.

I. Staatsrath.

Sitz: Darmstadt.

Uniform: Der Präsident und die übrigen Mitglieder tragen die ihrer anderweiten dienstlichen Stellung entsprechende Uniform.

Präsident.

Seine Excellenz Minister Dr. Freiherr von Lindelof (s. Ministerium der Justiz.)

Mitglieder.

a) Ständige Mitglieder.

Seine Großherzogliche Hoheit Generallieutenant Prinz Ludwig von Hessen (s. Commandeur der Armeedivision).

Seine Excellenz Minister Dr. Freiherr von Dalwigk zu Lichtenfels (s. Ministerium des Großherzoglichen Hauses und des Aeußern).

Seine Excellenz Minister Freiherr von Schenck zu Schweinsberg (s. Ministerium der Finanzen).

Oberst Dornseiff (s. Kriegsministerium).

Seine Excellenz Geheimer Staatsrath von Bechtold (s. Ministerium des Innern).

Geheimer Staatsrath Franck (s. Ministerium der Justiz).

Arnold von Biegeleben, Staatsrath. ✠ R. I. ✠ R. I. -PKr2 mit Stern. -PRA2.-NA1.-RAnn3.-FEL5.

b) Unständige Mitglieder.

Seine Excellenz Präsident Dr. Freiherr von Starck (s. Oberconsistorium).

Präsident Goldmann (s. Obermedicinaldirection).

Präsident Benner (s. Oberappellations- und Cassationsgericht).

Dr. Damian Crève, Geheimerath, Ministerialrath in Pension und lebenslängliches Mitglied der ersten Kammer der Stände. ✠ C. II. ✠ R. I. -RAnn2.-FEL3.-SpC2.

Geheimerath Kritzler (s. Oberstudiendirection).

Präsident Dr. Krug (s. Hofgericht der Provinz Starkenburg).

Ministerialrath Schleiermacher (s. Ministerium der Finanzen).

Ministerialrath Freiherr von Rodenstein (s. Ministerium des Innern).

Kreisrath Freiherr von Starck (s. Kreisamt Offenbach).

Oberappellations- und Cassationsgerichtsrath Dr. Hallwachs (s. Oberappellations- und Cassationsgericht).

Generalsecretariat.

Den Dienst versieht Regierungsrath Zimmermann (s. Ministerium des Innern).

Registratur, Protocoll und Canzlei.

Den Dienst versieht Ministerialregistrator Welsch (s. Ministerium der Finanzen).

Pedell.

Den Dienst versieht Ministerialcanzleidiener Lippert (s. Ministerium der Justiz).

II. Civil-Ministerien.

Der jeweilige Ministerialvorstand des Ministeriums des Großherzoglichen Hauses und des Aeußern führt in dem Plenum der Ministerien den Vorsitz und in dieser Eigenschaft den Titel: Präsident des Gesammt-Civil-Ministeriums.

A. Ministerium des Großherzoglichen Hauses und des Aeußern.

Sitz: Darmstadt.

Uniform: Dunkelkornblauer Waffenrock mit gelben Chiffreknöpfen, orangegelben Kragen und Aufschlägen, Goldborden und silberne und goldne Rosetten; grau melirter Mantel mit orangegelben Kragenpatten, weiße und grau melirte Pantalons, dreieckiger Hut mit goldner Schleife. Uniform der niederen Civilbeamten: dunkelkornblauer Waffenrock mit weißen Wappenknöpfen, orangegelben Kragen und Aufschlägen und weiße metallene Rosetten; grau melirter Mantel mit orangegelben Kragenpatten, grau melirte Pantalons, dreieckiger Hut mit silberner Schleife.

Ministerium.

Minister.

Seine Excellenz Dr. Reinhard Carl Friedrich Freiherr von Dalwigk zu Lichtenfels, wirklicher Geheimerath, Präsident des Gesammt-Civil-Ministeriums, Minister des Großherzoglichen Hauses und des Aeußern, sowie des Innern, Mitglied des Staatsraths und lebenslängliches Mitglied der ersten Kammer der Stände. [illegible]. [illegible] [illegible] -KHW1.-OeEKr1.-PRA1.-PJ.-BrK1.-DrM1.-WF1.-MWKr1.-BdZL3.-RAN.-RWA.-RAnn1.-RSt1.-SpC1-NiL1.-FEL2.

Räthe.

Carl Johannes Freiherr von Recum, Geheimerath und Oberhofmeister Seiner Großherzoglichen Hoheit des Prinzen Carl. ✝. C. I. C. II. -KHW1.-PKr2.-PHA3.-MWKr2. -RSt2 mit Stern. -RAnn2.-FEL4.-SpJ2.-BL4.

Dr. Carl Neidhardt, Geheimer Legationsrath.

Ministerialsecretariat.

Ministerialsecretär 1. Classe: Carl von Werner. ✝.
" " 3. " Carl Rothe.

Ministerialbuchhaltung.

Den Dienst versieht das Ministerialsecretariat.

Ministerial-Registratur.

Den Dienst versieht Ministerialprotocollist Ihm (s. unten).

Ministerialprotocoll.

Ministerialprotocollist: Eberhardt Ihm.

Ministerialcanzlei und Paßexpedition.

Ministerialcanzleiinspector und Paßexpeditor: Friedrich Müller, Canzleisecretär. R. II.

Ministerialcanzlist 1. Classe: Wilhelm Weingarten.
" " : Friedrich Jalbe.

Ministerialcanzleidiener und Hausbeschließer.

Georg Seiler. SK. ®

Gesandtschaften an dem Großherzoglichen Hofe und Consulate.

(In alphabetischer Ordnung).

Baden.

Außerordentlicher Gesandter und bevollmächtigter Minister.

Franz von Pfeuffer, Großherzoglich Badischer Geheimer Legationsrath. BdZL3.-PRA3.-SEHO2-RAnn2.-FEL4.-SpC2.-NiEK2.

Bayern.

Außerordentlicher Gesandter und bevollmächtigter Minister.

Dr. jur. Wolfgang Freiherr von Thüngen, Königlich Bayerischer Kämmerer. BrK4.-BrM4.-KHW3.-SEHO4.

Generalconsul.

Carl Mayer Freiherr von Rothschild. ✠ C. II. -KHW2.-BrK2. -BrM1.-SpC2-SpJ3.-BL2.-GE3.-WF1.-TM1.-WK3.-SicF3. -PRA2 mit Stern. -NiL3.-DD3.-JML3.-NA1.-FEL4.-OeEKr2. -PL2.-SEHO2.-BdZL1.-NiEK2.-SA2.-RSt1.-RAnn2.-PortE2.

Belgien.

Außerordentlicher Gesandter und bevollmächtigter Minister.

Augnet Graf van der Straten-Ponthoz. BL2.-PC1.-SpC1.

Consul.

Adolph Baron von Reinach. BL5.

Brasilien.

Geschäftsträger.

Julius Constantin von Villeneuve. BrasC2.-SEHO3.-TM5.

Generalconsul.

Joseph Bellamio.

Frankreich.

Bevollmächtigter Minister.

Carl Ferdinand Jacob Julius Eugen Graf von Astorg. -FEL4. -WK3.-BL3.-M.-PaepslS4.

Legationssecretär.

Gaston Graf von La Rochefoucauld. FEL5.-M.-PaepslStG4. -PortE4.-PKr3.

Canzler.

Heinrich Freiherr Cornod von Cussy. NA4.-M.

Großbritannien.

Geschäftsträger.

Robert Burnet David Morier, Königlich Großbritannischer Legationssecretär. GB4.

Consul.

Theodor Kuchen. ✠ R. I.

Italien.

Außerordentlicher Gesandter und bevollmächtigter Minister.

Johannes Anton Maria Marquis Migliorati. OeFJ1.-BdZL1. -JML3.-DD2.

Niederlande.

Generalconsul.

Georg Lebrecht Anton von Gualta. NiEK4.-DD2.

Nordamerika.

Außerordentlicher Gesandter und bevollmächtigter Minister.

Georg Bancroft.

Consul.

Wilhelm Walton Murphy.

Oesterreich.

Außerordentlicher Gesandter und bevollmächtigter Minister.

Carl Freiherr von Bruck. JML3.-BL4.-ToscJ3.-BdZL4.-PL3.-TM3.

Gesandtschaftscanzlist.

Johannes Baptist Daum, K. K. Oesterreichischer Kanzleisecretär.

Portugal.

Generalconsul.

Raphael Baron von Erlanger. BrM2.-OH2.-PC2.-GE3.-SWF4.
-SchwW2.-SchwNSt3.-NIEK2.-SSEK1.-JML4.

Preußen.

Außerordentlicher Gesandter und bevollmächtigter Minister.

Otto von Wentzel, Königlich Preußischer Geheimer Legationsrath.
✠ C. II. -PRA2 mit Eichenlaub. -OH2.-NA2.-NIEK3.-DD3.

Legationscanzlist.

Richard Theisen, Königlich Preußischer Canzleirath. PKr4.

Rußland.

Außerordentlicher Gesandter und bevollmächtigter Minister.

Seine Excellenz Camillus von Labensky, Kaiserlich Russischer
Geheimerath. ✠ ✠ -RWA.-RAnn1 mit der Krone. -RSt1.
-RW2.-OeEKr1.-NA1.-PC1.-PortTh3 in Diamanten. -RKM.

Legationssecretär.

Constantin von Sidorowitch, Kaiserlich Russischer Hofrath und Kammerjunker. ✠ R. I. ✠ R. I. -RSt2 mit der Krone. -RAnn3.-RKM.-OeL3.-NA3.

Attaché.

Wladimir von Molostwoff, Kaiserlich Russischer Hauptmann. RPM.

Königreich Sachsen.

Außerordentlicher Gesandter und bevollmächtigter Minister.

Richard Graf von Könneritz, Königlich Sächsischer Geheimer Legationsrath. SEHO4.-PJ.-SWP2.-HG3.-RAnn1.-PortE2. -NiEK2.-BL2.-PKr2 mit Stern.

Generalconsul.

Jacob Gerson. SA4.

Schweiz.

Außerordentlicher Gesandter und bevollmächtigter Minister.

Bernhardt Hammer, Oberst im Generalstabe der eidgenössischen Armee.

Spanien.

Außerordentlicher Gesandter und bevollmächtigter Minister.

Unbesetzt.

Consul.

Leonhard Heyl, Großherzoglicher Commerzienrath und lebenslängliches Mitglied der 1. Kammer der Stände. ✠ R. I.-OeFJ3.

Württemberg.

Geschäftsträger.

Fidel von Baur-Breitenfeld, Königlich Württembergischer Kammerherr und Legationsrath.

Dem Ministerium untergeordnete Behörden und Anstalten.

1) Gesandtschaften.

(In alphabetischer Ordnung.)

Uniform: Dunkelgrüner Rock mit gelben Chiffreknöpfen, dunkelgrünen Kragen und Aufschlägen und Stickerei in Gold, grau melirter Mantel mit dunkelgrünen Kragenpatten, weiße und dunkelgrüne Pantalons mit Goldborden, dreieckiger Hut mit goldner Schleife. **Uniform der Canzleibeamten:** wie die der Beamten des Ministeriums des Großherzoglichen Hauses und des Aeußern.

Baden.

Außerordentlicher Gesandter und bevollmächtigter Minister.

Geheimer Legationsrath Dr. von Breidenbach (s. S. 264).

Bayern.

Außerordentlicher Gesandter und bevollmächtigter Minister.

Seine Excellenz wirklicher Geheimerath Freiherr von Gagern (s. S. 264).

Belgien.

Ministerresident.

Major Graf von Enzenberg (s. Officiere à la suite).

Frankreich.

Ministerresident.

Major Graf von Enzenberg (s. Officiere à la suite).

Niederlande.

Ministerresident.

Major Graf von Enzenberg (s. Officiere à la suite).

Oesterreich.

Außerordentlicher Gesandter und bevollmächtigter Minister.

Seine Excellenz Heinrich Freiherr von Gagern, wirklicher Geheimerath. -NWM.

Preußen.

Außerordentlicher Gesandter und bevollmächtigter Minister.

Carl Hofmann, Geheimer Legationsrath. R. L-PRA1.-SA4. -SEHO1.-SpJ4.

Königreich Sachsen.

Außerordentlicher Gesandter und bevollmächtigter Minister.

Oberstlieutenant Freiherr Wambolt von Umstadt (s. Officiere à la suite).

Württemberg.

Außerordentlicher Gesandter und bevollmächtigter Minister.

Dr. Julius von Breidenbach, Geheimer Legationsrath. R. I. R. I. -BL5.

2) Commissionen.

a) Territorialcommissär bei der Festung Mainz.

Sitz: Mainz.

Geheimerath Schmitt (s. Provinzialdirection der Provinz Rheinhessen).

b) Bevollmächtigter bei der Rheinschifffahrts-Central-Commission.

Sitz: Mannheim.

Geheimerath Schmitt (s. Provinzialdirection der Provinz Rheinhessen).

c) Commission für Post-Angelegenheiten.

Sitz: Darmstadt.

Mitglieder.

Geheimer Legationsrath Dr. Neidhardt (s. S. 258).
Oberpostrath Peter Marzelin Bauer. ✠ R. I.

Registratur, Protocoll und Canzlei.

Den Dienst versieht Registrator in Pension Bernhard Bessunger.

Canzleidiener.

Den Dienst versieht Ministerialcanzleidiener Grünewald (s. S. 270).

---

3) Consulate.

(In alphabetischer Ordnung.)

Uniform: Wie die Gesandtschaften.

Algier: unbesetzt.
Amsterdam: Carl Becker. OcFJ3.
Antwerpen: August Heim. ✠ R. I.
„ Eugen Lambert, Viceconsul.
Bahia: unbesetzt.

Baltimore: Werner Dresel. WF4.
Barcellona: Franz von Paula Vincenz Stanislaus von Solernou-Fernandez, Generalconsul für Spanien. C. II. C. II. -SpC2.-SpJ2.-SpJJ3.-SpG.
" Joachim Villavecchia, Viceconsul.
Bordeaux: Alfred von Luze. R. I.
Bremen: Alexander Wortmann.
Brüssel: Samuel Lambert, Generalconsul. R. I. -BL4.-FEL5.-RSt2.-GE4.
Cadix: Gregor von Castrillones.
Cassel: Otto Pfeiffer. R. I.
Chicago: August Beck.
Cincinati: unbesetzt.
San Francisco: unbesetzt.
Frankfurt: Carl Lautern.
" Jacob Rudolph Lauter, Consulatssecretär.
Galveston: Johannes Wilhelm Jockusch.
Gent: Johannes Baptist Leo Legrand-Lauwick, Viceconsul.
Gibraltar: Ferdinand Schott.
Hamburg: Georg Ferdinand Gorissen, Generalconsul. C. II. C. II. -OeFJ3.
Havre: Gottlieb Rosenlecher. R. I. -BdZL4.
La Guayra: Friedrich Müller.
Leipzig: Wilhelm Sulzer, Generalconsul für das Königreich Sachsen und Fürstlich Reußischer Geheimer Legationsrath. C. II. C. II. -RSt2.
Liverpool: Carl Stöß. R. I. -BrM4.-BdZL4.-SpJ3.
London: Georg Worms, Generalconsul. R. I.
St. Louis: Ernst Carl von Angelrodt, Generalconsul. C. II. C. II. -PRA3 mit der Schleife. -BrM4.-SA3.-WK3.-BdZL3.-OH3.-SWF3.-SEHO3.-MSchwGVM.
" Robert Barth. R. I. -WF4.

Louisville: Johannes Schidt.
Lübeck: Conrad Platzmann.
Lyon: Johannes Schlenker. WF4.
Madrid: Joseph Cerlola. SpO3.
Mexico: Ludwig Leuthner.
Milwaukee: Ludwig Freiherr von Baumbach. WF4.-KHCZ.
" Moritz Freiherr von Baumbach, Viceconsul.
Moskau: unbesetzt.
Neu-Orleans: unbesetzt.
Neu-York: Friedrich Wilhelm Keutgen.
Odessa: Georg Keßner. ✠ R. I. -SicFr3.
Ostende: August von Iseghem-Duclos. ✠ R. I. -HG5.-BdZL4. -SpC2-DD3.
Paris: August Ewald. ✠ R. I. -FEL5.
St. Petersburg: Horatius Günzburg, Generalconsul.
Philadelphia: Carl Johannes Friedrich Bezin.
Pittsburg: Heinrich Möser.
Porto: Domingos Ribeiro dos Santos.
Rio Grande do Sul: Eufrasius Lopez von Araujo, Viceconsul.
Rio de Janeiro: Heinrich Lämmert, Generalconsul. ✠ R. I. -BrasR4.-PRA4.-BdZL4.-SEHO4.
" " " Carl Wilhelm Haring, Viceconsul.
Rotterdam: Johannes Joseph Krämer. ✠ R. I.
Samarang: unbesetzt.
Triest: unbesetzt.
Wien: Friedrich Schey Ritter von Koromla, Generalconsul. ✠ C. II. ✠ C. II. -OeEKr3.-PKr3.-WF3. -HG5.-BHL4.-FEL4.-NiEK3.-BL5.-MO3.-TM3. -GE4.
" Gustav Pick, Generalconsulatssecretär. ✠ R. II.

4) Haus- und Staats-Archiv-Direction.

Sitz: Darmstadt.

Director.

Geheimerath Dr. Baur (s. S. 196).

Secretariat, Registratur, Protocoll und Canzlei.

Cabinetsarchiv-Registrator Budde (s. S. 196).

Diener.

Den Dienst versieht Carl Landzettel.

---

5) Hessisches Gesammtarchiv.

Sitz: Kassel.

Archivar: Dr. Eduard Grein.

B. Ministerium des Innern.

Sitz: Darmstadt.

Uniform: wie bei dem Ministerium des Großherzoglichen Hauses und des Aeußern, jedoch ist die Unterscheidungsfarbe lichtblau.

Ministerium.

Minister.

Seine Excellenz wirklicher Geheimerath Dr. Freiherr von Dalwigk zu Lichtenfels (s. S. 267).

Räthe.

Seine Excellenz Friedrich Georg von Bechtold, wirklicher Geheimerath, Geheimer Staatsrath, Mitglied des Staatsraths und lebenslängliches Mitglied der ersten Kammer der Stände. ✱ C. I. ✠ C. I. -PRA2.-WF2.-BdZL2 mit Stern. -SpC2.

Max Freiherr Ueberbruck von Rodenstein, Ministerialrath. ✠.1 ✠ R. I. ✠ R. I. -RAnn2.

Gustav Adolph Freiherr von Lehmann, Ministerialrath. ✠. ✠ R. I. ✠ R. I. -PKr2.

Wilhelm Reuling, Geheimer Regierungsrath.

Ministerialsecretariat.

Ministerialsecretär 1. Classe: Carl Zimmermann, Regierungsrath.
" " " Friedrich Hallwachs.
" 2. " Hermann Lotheißen.
" 3. " Friedrich Rautenbusch.

Ministerialbuchhaltung.

Ministerialbuchhalter: Ludwig Planz.

Ministerial-Registratur und Protocoll.

Ministerialregistrator: Philipp Jäger, Geheimer Regierungsrath. ✠ R. I. -OeFJ3.
" " Wilhelm Justus Reuting.
Ministerialprotocollist: Julius Köhler, Ministerialregistrator.

Ministerialcanzlei.

Ministerialcanzleiinspector: Heinrich Schneider. ✠ R. II.
Ministerialcanzlist 1. Classe: Valentin Metz.
" " " Christian Reitz.
" " 2. " Carl Korn. ⊕-BdGM.

Ministerialcanzleidiener.

Johannes Heinrich Grünewald. ✠ SK. ✠ ⊕-BdGM.

Dem Ministerium untergeordnete Behörden und Anstalten.

I. Ständisches Archiv und Ständehausverwaltung.

Sitz: Darmstadt.

1. Ständisches Archiv.

Ständischer Oberarchivar: unbesetzt.
Ständischer Archivar: Carl Wittmann.

2. Ständehausverwaltung.

Intendant: Regierungsrath Zimmermann (s. S. 269).
Ständehausbeschließer: Friedrich Korndörfer, Hausverwalter. ✠ R. II. ✠ R. II. ✠ ⊕-BdGM.

II. Fiscal-Anwaltschaft.

Sitz: Darmstadt.

Fiscalanwalt: Justizrath Reatz (s. Ministerium der Finanzen, Fiscalanwaltschaften).

III. Redaction des Regierungsblattes.

Sitz: Darmstadt.

Redacteur: Ministerialsecretär 1. Classe Hallwachs (s. S. 209).

IV. Redaction der Darmstädter Zeitung.

Sitz: Darmstadt.

Redacteur: Gerichtsaccessist Dr. Carl Wolf.

V. Redaction des Hof- und Staatshandbuchs.

Sitz: Darmstadt.

Redacteur: Geheimerath Dr. Baur (s. S. 193).

VI. Administrativ-Justizhof

zugleich

Lehnhof.

Sitz: Darmstadt.

Director.

Wilhelm Mayer, Geheimerath. ✠ C. II. — PRA3. — FEL4.

Räthe.

Gustav Eduard Städel, Geheimer Regierungsrath.
Maximilian Freiherr von Preuschen, Regierungsrath.
Ludwig Strecker, Regierungsrath.

Secretariat.

Secretär: Dr. Edmund Freiherr Gedult von Jungenfeld, Regierungsrath.

Registratur und Protocoll.

Registrator: den Dienst versieht Canzleisecretär Leyh (s. unten).
Protocollist: Ludwig Leyh, Canzleisecretär.

Canzlei.

Canzleiinspector: Leyh (s. oben).
Canzlist 1. Classe: Conrad Berghöffer.

Canzleidiener.

Georg Becker. ✠ ⊕-BdGM.

Stiftungsanwaltschaft

der katholischen Kirchen- und geistlichen Stiftungsfonds in den Provinzen Starkenburg und Oberhessen.

Sitz: Darmstadt.

Stiftungsanwalt: Hofgerichtsadvocat Philipp Werle, Justizrath.

VII. Provinzial-Directionen und Kreisämter.

(Die Kreisämter folgen, mit Ausnahme der nach der Haupt- und Residenzstadt und den Provinzialhauptstädten benannten, welche zuerst aufgeführt sind, in alphabetischer Ordnung).

A. Provinz Starkenburg.

I. Provinzial-Direction Starkenburg.

Sitz: Darmstadt.

Provinzial-Director: Wilhelm Willich genannt von Pöllnitz. ⊕, ✠ R. I. ✠ R. I. -OoFJ2.-RSt2 mit Stern. -RAnn2.

Der Provinzial-Direction Starkenburg sind untergeordnet:

a) Correctionshaus in Darmstadt.

Intendant: Kreisassessor von Marquard (s. S. 274).
Arzt: Leibarzt Dr. Weber (s. S. 188).

Geistliche: Evangelischer Geistlicher: Mitprediger Friedrich Schönfeld.
Katholischer „ Pfarrer Beyer (s. Decanat Darmstadt).
Rechner: Hahn (s. Hauptstaatscasse).
Verwalter: Johannes Dambmann. SK. [illegible]
Werkmeister: Philipp Engelhard.
Beschließer: Heinrich Keil. [illegible] ✠-BdGM.

b) Correctionshaus in Dieburg.

Intendant: Kreisrath Küchler (s. S. 275).
Arzt: Kreisarzt Dr. Kaiser (s. Kreismedicinalamt Dieburg).
Geistliche: Evangelischer Geistlicher: Pfarrer Schuchard (s. Decanat Groß-Umstadt).
Katholischer „ Caplan Johannes Hees.
Rechner: Simon Kraft.
Verwalter: Johannes Georg Schelch.
Werkmeister in der männlichen Abtheilung: Johannes Köster.
„ „ „ weiblichen „ Adam Otto.
Beschließer „ „ männlichen „ Johannes Richtberg. ✠-BdGM.
„ „ „ weiblichen „ Adam Müller. ✠-BdGM.
Aufseherin über die weiblichen Handarbeiten: Marie Schelch.

c) Landeshospital.

Sitz: Hofheim.

Director und erster Arzt: Dr. Friedrich Wilhelm Reißner.
Erster Assistenzarzt: Dr. Heinrich Albrecht Sehrt.
Zweiter „ den Dienst versieht practischer Arzt Dr. Carl Spamer.

Hospitalrentamt.

Hospitalrentamtmann: Gustav Dittmar.

Hausverwalter: den Dienst versieht Hospitalrentamtmann Dittmar (s. S. 273).

Geistliche: Evangelischer Geistlicher: Pfarrer Ritzner (s. Decanat Eberstadt).

Katholischer " Pfarrer Specht (s. Decanat Bensheim).

1 Oberwärter, 1 Oberwärterin, 20 Wärter, 19 Wärterinnen.

d) Landesirrenanstalt.

Sitz: Heppenheim.

Director und erster Arzt: Dr. Georg Ludwig.

Erster Assistenzarzt: den Dienst versieht practischer Arzt Dr. Eduard Werle.

Zweiter " unbesetzt.

Hausverwalter und Rechner: Philipp Schaum.

e) Landeswaisenanstalt.

Sitz: Darmstadt.

Rechner: Peter Lehr.

f) Criminal- und Polizeicasse der Provinz Starkenburg.

Sitz: Darmstadt.

Rechner: Philipp Schneider, Rechnungsprobator.

g) Allgemeiner katholischer Kirchenfond.

Sitz: Darmstadt.

Rechner: Regierungsrath Freiherr Gedult von Jungenfeld (s. S. 271).

h) Groß-Umstädter katholischer Kirchenfond.

Sitz: Groß-Umstadt.

Rechner: den Dienst versieht Stadtrechner zu Groß-Umstadt Joseph Groß.

II. Kreisämter.

1. Kreisamt Darmstadt.

Kreisrath: Willich genannt von Pöllnitz (s. S. 272).

Kreisassessor: Gustav von Marquard.

" Hermann Bamberger.

Kreisdiener: Nicolaus Schaffnit.

Polizeiverwaltung der Haupt- und Residenzstadt Darmstadt.

Polizeiinspector: Carl Petsch, Polizeirath. R. I. -RSt2.-RAnn3.
Polizeicommissär 1. Classe: unbesetzt.
Polizeicommissär 3. Classe: Wilhelm Schmehl.
1 Brigadier, 10 Polizeisoldaten und 8 Gendarmen.

2. Kreisamt Bensheim.

Kreisrath: Heinrich Knorr. RAnn3.
Kreisassessor: Heinrich Weyel.
Kreisdiener: Johannes Valentin Fink. G-BdGM.

3. Kreisamt Dieburg.

Kreisrath: Friedrich Küchler.
Kreisassessor: Ferdinand Eichwerling.
Kreisdiener: Jacob Kalbfleisch. G-BdGM.

Dem Kreisamt Dieburg sind untergeordnet:

a) Hospital in Schaafheim.

(Für die Gemeinden [illegible], Dietzenbach, Harpertshausen, Schaafheim und Schlierbach).

Hospitalverwalter: Ludwig Arnold.

b) Hospital in Babenhausen.

(Für die Stadt Babenhausen).

Hospitalverwalter: Simon Rößler.

4. Kreisamt Erbach.

Kreisrath: Wilhelm Freiherr von Schenck zu Schweinsberg.
Kreisassessor: Ludwig Christian Orth.
Kreisdiener: Heinrich Danz. G-BdGM.

5. Kreisamt Groß-Gerau.

Kreisrath: Dr. Carl Böckmann.
Kreisassessor: Ernst Lauteschläger.
Kreisdiener: Christian Raab. G-BdGM.

6. Kreisamt Heppenheim.

Kreisrath: Friedrich Gräff.
Kreisdiener: Carl Meister.

7. Kreisamt Lindenfels.

Kreisrath: Ludwig Friedrich Römheld.
Kreisassessor: Carl Doflein.
Kreisdiener: Adam Kornmann. ⊕ ⊕ ⊕-BdGM.

8. Kreisamt Neustadt.

Kreisrath: Robert Hoffmann.
Kreisassessor: August Barth.
Kreisdiener: Heinrich Rodel. ⊕ ⊕-BdGM.

9. Kreisamt Offenbach.

Kreisrath: Julius Rinck Freiherr von Starck.
Kreisassessor: Dr. Julius Usinger.
Kreisdiener: Johannes Scharmann. ⊕ ⊕-BdGM.

Polizeiverwaltung der Kreisstadt Offenbach.

Polizeicommissär 2. Classe: Georg Philipp Werner. ⊕-BdGM.
6 Polizeisoldaten.

10. Kreisamt Wimpfen.

Kreisrath: Dr. Gustav Spamer, Regierungsrath.
Kreisdiener: Carl Joseph Welde.

B. Provinz Oberhessen.

I. Provinzial-Direction Oberhessen.

Sitz: Gießen.

Provinzial-Director: Dr. Theodor Goldmann. ✠ R. I.

Der Provinzial-Direction Oberhessen sind untergeordnet:

a) Landeszuchthaus.

Sitz: Marienschloß.

Commandant und Director: Oberstlieutenant Knispel (s. S. 246).
Landeszuchthausarzt: Dr. Valentin Fritzel.
Geistliche: Evangelischer Geistlicher: Pfarrer Kayser (s. Decanat Butzbach).
Katholischer „ Pfarrer Gabel (s. Decanat Ockstadt).
Rechner: Johannes Christian Schäffer.
Verwalter: Martin Dern. [illegible] BdGM.
Arbeitsinspector: Carl Kunkel.
Proviantmeister: unbesetzt.
Werkmeister: den Dienst versieht Arbeitsinspector Kunkel (s. oben).
Gefangenwärter: Georg Ebert.
18 Arbeitsaufseher, 2 Krankenwärter, 1 Aufseherin, 1 Köchin.

b) Entbindungsanstalt.

Sitz: Gießen.

Director und Hebammenlehrer: den Dienst versieht der außerordentliche Professor Dr. Birnbaum (s. Landesuniversität).
Rechner: Lorenz Stumpf.
Oberhebamme und Beschließerin: Margarethe Mühlbeck.

c) Criminal- und Polizeikasse der Provinz Oberhessen.

Sitz: Gießen.

Rechner: den Dienst versieht Rechnungsprobator Schneider (s. S. 274).

II. Kreisämter.

1. Kreisamt Gießen.

Kreisrath: Provinzialdirector Dr. Goldmann (s. S. 276).
Kreisassessor: Emil Kekulé.
„ Franz Gros.
Kreisdiener: Jacob Wendel Walter.

Polizeiverwaltung der Provinzialhauptstadt Gießen.

Polizeicommissär 1. Classe: Lorenz Nover, Polizeirath. ✠ R. I. PKr4.-RS13.-OeGVM.
6 Polizeisoldaten.

2. Kreisamt Alsfeld.

Kreisrath: Wilhelm Frölich, Regierungsrath. ✠ R. I.
Kreisassessor: Friedrich Heß.
Kreisdiener: Johannes Ferdinand Pfeiffer.

3. Kreisamt Büdingen.

Kreisrath: Ludwig Follenius, Regierungsrath. ✠ R. I.
Kreisdiener: Julius Wettstein.

4. Kreisamt Friedberg.

Kreisrath: Adolph Trapp, Regierungsrath. ✠ R. I ✠ R. I.
Kreisassessor: unbesetzt.
Kreisdiener: Valentin Gräber. ✠ ✠-BdGM.

Polizeiverwaltung der Stadt Nauheim.

Polizeiinspector: Friedrich Gleim, Polizeirath.
1 Polizeisergeant und 1 Polizeisoldat.

5. Kreisamt Grünberg.

Kreisrath: Friedrich Ludwig Schaaf.
Kreisassessor: unbesetzt.
Kreisdiener: Wilhelm Balser.

6. Kreisamt Lauterbach.

Kreisrath: Julius von Kopp.
Kreisassessor: unbesetzt.
Kreisdiener: Johannes Heinrich Bindewald. ✠ ✠ ✠-BdGM.

7. Kreisamt Nidda.

Kreisrath: Dr. Wilhelm Rautenbusch, Regierungsrath. ✠ R. I.
Kreisassessor: Ludwig Wittens.
Kreisdiener: Ludwig Knöß. ⊕

8. Kreisamt Schotten.

Kreisrath: Ludwig Freiherr Röder von Diersburg. PRA4.
Kreisassessor: Carl Jost.
Kreisdiener: Carl Wilhelm Eduard Herth. ▭

9. Kreisamt Vilbel.

Kreisrath: Gustav von Zangen.
Kreisassessor: Dr. Wilhelm Ludwig Georg Dietzsch.
Kreisdiener: Johannes Georg Kaiser. ▭ ⊕-BdGM.

C. Provinz Rheinhessen.

I. Provinzial-Direction Rheinhessen.

Sitz: Mainz.

Provinzial-Director: Carl Schmitt, Geheimerath, zugleich mit den Functionen des Großherzoglichen Territorial-Commissärs bei der Festung Mainz beauftragt, und Bevollmächtigter bei der Rheinschifffahrts-Central-Commission. ✠ C. I. ✠ C. II. -OeFJ1.-OeEKr2.-PRA2 mit dem Stern.-NA2-RS2.-FEL5.

Der Provinzial-Direction Rheinhessen sind untergeordnet:

a) Correctionshaus.

Sitz: Mainz.

Intendant: Polizeirath Künstler (s. S. 282).
Arzt: Kreisarzt Dr. Caprano (s. S. 288).

Geistliche: Evangelischer Geistlicher: Pfarrer Dr. Steinmetz (s. Decanat Mainz).
Katholischer " Pfarrer Merz (s. Decanat Mainz).
Rechner: Regierungsrath Müller (s. S. 281).
Verwalter: Wilhelm Friedrich Ackermann. R. II. BdGM.
Werkmeister: Georg Heinrich Nillius, Arbeitsinspector. SK.
Beschließer: Gottlieb Friedrich Moreau.
" Heinrich Schultheiß.

b) Arresthaus.

Sitz: Mainz.

Intendant, Arzt und Geistliche wie zu a).
Verwalter: Philipp Menges. SK.
Gefangenwärter: Johannes Fischer.

c) Filialarresthaus.

Sitz: Mainz.

Intendant, Arzt und Geistliche wie zu a).
Verwalter: Heinrich Gompf. R. II. BdGM.

d) Arresthaus.

Sitz: Mainz.

Intendant: Polizeicommissär 1. Classe Ewald (s. S. 282).
Arzt: Kreisarzt Dr. Sauerwald (s. S. 289).
Geistliche: Evangelischer Geistlicher: Pfarrer Bennighof (s. Decanat Alzey).
Katholischer " Pfarrer Götz (s. Decanat Alzey).
Verwalter: Ludwig Müller. SK. BdGM.
Gefangenwärter: Valentin Dietz. BdGM.
" Sebastian Hotz. BdGM.

e) Entbindungsanstalt.

Sitz: Mainz.

Director: Dr. Wilhelm Carl Metternich.
Rechner: Regierungsrath Müller. (s. unten).
Oberhebamme: Marie Elisabeth Adam.
Portier: unbesetzt.

f) Generalreceptur des Mainzer Universitäts- und Stipendien-Fonds.

Sitz: Mainz.

Generalreceptor: Eduard Eger.
Pedell: Kreisdiener Baillet (s. unten).

g) Criminal- und Polizeicasse der Provinz Rheinhessen.

Sitz: Mainz.

Rechner: Daniel Müller, Regierungsrath. R. I.

h) Fond zur Erhaltung der Findelkinder und der verlassenen Kinder in der Provinz Rheinhessen.

Sitz: Mainz.

Rechner: Regierungsrath Müller (s. oben).

i) Kirchen- und Schulbaufond der Provinz Rheinhessen.

Sitz: Mainz.

Rechner: Regierungsrath Müller (s. oben).

k) Vicinalwegbaufond der Provinz Rheinhessen.

Sitz: Mainz.

Rechner: Regierungsrath Müller (s. oben).

II. Kreisämter.

1. Kreisamt Mainz.

Kreisrath: Geheimerath Schmitt (s. S. 279).
Kreisassessor: Dr. Bernhard Jaup. OeFJ3.-PRA4.
" Friedrich Hofmann.
Kreisdiener: Georg Bernhardt Baillet.
" Carl Wenz.

Polizeiverwaltung der Provinzialhauptstadt Mainz.

Polizeicommissariat Mainz I.	Polizeicommissär 1. Classe: Andreas Künstler, Polizeirath. ✠ R. II. -OeFJ3.-PRA4.
„ Mainz II.	Polizeicommissär 1. Classe: Christian Leichtweiß, Polizeirath. OeFJ3. -PKr4.
„ Mainz III.	Polizeicommissär 1. Classe: Carl Philipp Conrad Bertram.

1 Oberpolizeisergeant, 2 Polizeisergeanten und 24 Polizeisoldaten.

Polizeiverwaltung der Stadt Castel.

Polizeicommissär 3. Classe: Christian Georgi.

2. Kreisamt Alzey.

Kreisrath: Ernst Ludwig Wolff.
Kreisassessor: Adolph Spamer.
Kreisdiener: Anton Däbell. ✠ ✠ ✠-BdGM.

Polizeiverwaltung der Kreisstadt Alzey.

Polizeicommissär 1. Classe: Leopold Friedrich Ewald.
3 Polizeisoldaten.

3. Kreisamt Bingen.

Kreisrath: Carl Friedrich Berens. PRA4.
Kreisassessor: Alfred Klietsch.
Kreisdiener: Adam Rothermel.

Polizeiverwaltung der Kreisstadt Bingen.

Polizeicommissär 1. Classe: Wendelin Weinert.
4 Polizeisoldaten.

4. Kreisamt Oppenheim.

Kreisrath: Carl Schmidt.
Kreisassessor: Dr. Johannes Julius Braden.
Kreisdiener: Jacob Thon. ✠-BdGM.

5. Kreisamt Worms.

Kreisrath: Johannes Pfannebecker, Regierungsrath, R.I.-PKr3.
Kreisassessor: Ludwig von Grolman.
Kreisdiener: Carl Ludwig Issel. -BdGM.

Polizeiverwaltung der Kreisstadt Worms.

Polizeicommissär 3. Classe: Carl Wilhelm Bender.
6 Polizeisoldaten.

VIII. Militär-Ersatz-Behörden.

Ersatz-Behörden dritter Instanz.

Unter der Leitung der Ersatz-Behörden dritter Instanz stehen:

1. Die Departements-Ersatz-Commissionen.
   a) Departements-Ersatz-Commission im Bezirk der 49. Infanterie-Brigade.

Civilmitglied: Regierungsrath Freiherr von Preuschen (s. S. 271).

   b) Departements-Ersatz-Commission im Bezirk der 50. Infanterie-Brigade.

Civilmitglied: Regierungsrath Strecker (s. S. 271).

2. Die Prüfungs-Commission für einjährige Freiwillige.
   a) Ordentliche Mitglieder.

Vom Militär: Oberstlieutenant von Grolman (s. S. 233).
Major von Heßert (s. S. 228).
Vom Civil: Regierungsrath Strecker (s. S. 271).
Kreisassessor von Marquard (s. S. 274).

   b) Außerordentliche Mitglieder.

Gymnasialdirector: Dr. Boßler (s. Gymnasium in Darmstadt).
Lehrer der technischen Schule Dr. Dölp (s. technische Schule in Darmstadt).

IX. Ober-Medicinal-Direction.

Sitz: Darmstadt.

Präsident.

Dr. Wilhelm Christian Georg Goldmann, Geheimerath. ✠ C. II. ✠ R. I. -BdZL3.

Obermedicinalräthe.

Dr. Heinrich Küchler, Geheimer Medicinalrath. ✠ R. I.
Dr. Wilhelm Cellarius.
Dr. Ernst Wilz.
Dr. Carl Friedrich Buxmann. ✠-BdGM.

Außerordentliches Mitglied.

Obermedicinalrath Friedrich Ludwig Wüst, als veterinärheilkundiges Mitglied. ✠ R. I. ✠ ✠-BdZL4.

Secretariat.

Obermedicinalsecretär: den Dienst versieht Secretär Klöß (s. Oberstudien-Direction).

Registratur und Protocoll.

Registrator und Protocollist: den Dienst versieht Secretär Klöß (s. oben).

Canzlei.

Canzleiinspector: den Dienst versieht Secretär Klöß (s. oben).
Canzlist: den Dienst versieht Heinrich Stein.

Canzleidiener.

Den Dienst versieht Canzleidiener Schicketanz (s. Oberappellations- und Cassationsgericht).

A. Kreismedicinalämter.

I. Provinz Starkenburg.

1) Kreismedicinalamt Darmstadt I.
Kreisarzt: Obermedicinalrath Dr. Cellarius (s. S. 284).
Kreiswundarzt: Johannes Sulzmann.

2) Kreismedicinalamt Darmstadt II.
Kreisarzt: Obermedicinalrath Dr. Bix (s. S. 284).
Kreiswundarzt: Sulzmann (s. oben).

3) Kreismedicinalamt Beerfelden.
Kreisarzt: Dr. Hermann Moter.
Kreiswundarzt: Bernius (s. unten).

4) Kreismedicinalamt Bensheim.
Kreisarzt: Dr. Ignatz Victor Weil in Zwingenberg. ✠ R. I. RSt3.
Kreiswundarzt: Dr. Bernhard Joseph Kranz.

5) Kreismedicinalamt Dieburg.
Kreisarzt: Dr. Hermann Kaiser.

6) Kreismedicinalamt Erbach.
Kreisarzt: Dr. Adolph Heinrich Carl Dittmar.
Kreiswundarzt: Christoph Bernius in Michelstadt.

7) Kreismedicinalamt Fürth.
Kreisarzt: unbesetzt.

8) Kreismedicinalamt Gernsheim.
Kreisarzt: Dr. Hermann Weber.
Kreiswundarzt: Dr. Philipp Joseph Damian Wagner.

9) Kreismedicinalamt Groß-Gerau.
Kreisarzt: Dr. Georg Carl Ludwig Mimch.

10) Kreismedicinalamt Heppenheim.
Kreisarzt: Dr. August Scotti.

11) Kreismedicinalamt Hirschhorn.
Kreisarzt: unbesetzt.

12) Kreismedicinalamt Höchst.
Kreisarzt: Dr. August Föppl.

13) Kreismedicinalamt Langen.
Kreisarzt: Dr. Friedrich Ebel, Medicinalrath. PKr3.
Kreiswundarzt: Christian Büchner.

14) Kreismedicinalamt Offenbach.
Kreisarzt: Dr. Heinrich Philipp Christian Köhler.

15) Kreismedicinalamt Reinheim.
Kreisarzt: Dr. Ferdinand Block.

16) Kreismedicinalamt Seligenstadt.
Kreisarzt: Dr. Carl Geromont.
Kreiswundarzt: Dr. Engelbert Häußlein in Groß-Steinheim.

17) Kreismedicinalamt Wald-Michelbach.
Kreisarzt: Dr. Nicolaus Kubin.
Kreiswundarzt: Martin Joseph Aloys Kunz in Birkenau.

18) Kreismedicinalamt Wimpfen.
Kreisarzt: Dr. Carl Theodor Weigand.
Kreiswundarzt: Johannes Brücher.

II. Provinz Oberhessen.

1) Kreismedicinalamt Gießen I.
Kreisarzt: Dr. Eduard Stammler, Medicinalrath.
Kreiswundarzt: Dr. Ferdinand Heinrich Casimir Schmidt.

2) Kreismedicinalamt Gießen II.
Kreisarzt: Dr. Friedrich Kehrer.
Kreiswundarzt: Dr. Schmidt (s. oben).

3) Kreismedicinalamt Alsfeld.
Kreisarzt: Dr. Valentin Schlosser.
Kreiswundarzt: Dr. Carl Stammler.

4) Kreismedicinalamt Altenstadt.
Kreisarzt: Dr. Hermann Kullmann. ✠ K. I.

5) Kreismedicinalamt Büdingen.
Kreisarzt: Dr. Ludwig Westernacher, Medicinalrath.
Kreiswundarzt: Johannes Ziefing.

6) Kreismedicinalamt Butzbach.
Kreisarzt: Dr. Wilhelm Diehl.

7) Kreismedicinalamt Friedberg.
Kreisarzt: Dr. Martin Lorenz, ✠ N. I.
Kreiswundarzt: Heinrich Schenck.

8) Kreismedicinalamt Gedern.
Kreisarzt: Dr. Friedrich Dosch.

9) Kreismedicinalamt Grünberg.
Kreisarzt: Dr. Ludwig Nepschäfer, Medicinalrath.
Kreiswundarzt: Dr. Julius Glaser.

10) Kreismedicinalamt Herbstein.
Kreisarzt: Dr. Theodor Zinser.

11) Kreismedicinalamt Homberg.
Kreisarzt: Dr. Philipp Franck.

12) Kreismedicinalamt Hungen.
Kreisarzt: Dr. Carl Franc von Lichtenstein.

13) Kreismedicinalamt Laubach.
Kreisarzt: Dr. Carl Köhler.
Kreiswundarzt: Dr. Johannes Ihring in Lich.

14) Kreismedicinalamt Lauterbach.
Kreisarzt: Dr. Theodor Sartorius.
Kreiswundarzt: Dr. Christian Lorenz.

15) Kreismedicinalamt Nauheim.
Kreisarzt: Dr. Friedrich Bode, Medicinalrath.

16) Kreismedicinalamt Nidda.
Kreisarzt: Dr. Gustav Prinz.
Kreiswundarzt: Franz Xaver Faustmann.

17) Kreismedicinalamt Ortenberg.
Kreisarzt: Dr. Friedrich Christian Vose.

18) Kreismedicinalamt Schlitz.
Kreisarzt: Dr. Carl Briegleb.

19) Kreismedicinalamt Schotten.
Kreisarzt: Dr. Ludwig Müller.
Kreiswundarzt: Christian Zahn.

20) Kreismedicinalamt Ulrichstein.
Kreisarzt: Dr. Gustav Eugen Schenck.
Kreiswundarzt: Zahn (s. oben).

21) Kreismedicinalamt Vilbel.
Kreisarzt: Dr. Theodor Rietz, Medicinalrath.

III. Provinz Rheinhessen.

1) Kreismedicinalamt Mainz I.
Kreisarzt: Dr. Anton Helwig.
Kreiswundarzt: Helwig (s. oben).

2) Kreismedicinalamt Mainz II.
Kreisarzt: Dr. Anton Capzano.

3) Kreismedicinalamt Alzey.
Kreisarzt: Dr. Wilhelm Sauerwald.
Kreiswundarzt: Philipp Klenk.

4) Kreismedicinalamt Bingen.
Kreisarzt: Dr. Richard Menzel.
Kreiswundarzt: Dr. Aloys Causé in Gensingen.

5) Kreismedicinalamt Nieder-Olm.
Kreisarzt: Dr. Robert Engau.
Kreiswundarzt: Philipp Wach.

6) Kreismedicinalamt Ober-Ingelheim.
Kreisarzt: Dr. August Hirsch.

7) Kreismedicinalamt Oppenheim.
Kreisarzt: Dr. Hermann Locherer.
Kreiswundarzt: Lorenz Wisch in Nierstein.

8) Kreismedicinalamt Osthofen.
Kreisarzt: Dr. Wilhelm Wagner.
Kreiswundarzt: Dr. Carl Christian Wertheim.

9) Kreismedicinalamt Pfeddersheim.
Kreisarzt: Dr. Carl Rayß, Medicinalrath.

10) Kreismedicinalamt Wöllstein.
Kreisarzt: Dr. Rudolph Sandmann.

11) Kreismedicinalamt Wörrstadt.
Kreisarzt: Dr. Hermann Birnbaum.

12) Kreismedicinalamt Worms.
Kreisarzt: Dr. Wilhelm Sabarly.
Kreiswundarzt: Valentin Ortsmann.

B. Kreisveterinärämter.

I. Provinz Starkenburg.

1) Kreisveterinäramt Darmstadt.
Kreisveterinärarzt: Dr. Hermann Supp.

2) Kreisveterinäramt Bensheim.
Kreisveterinärarzt: Jacob Ritzel.

3) Kreisveterinäramt Dieburg.
Kreisveterinärarzt: Georg Ludwig Brilsch in Groß-Umstadt.

4) Kreisveterinäramt Erbach.
Kreisveterinärarzt: Dr. Rudolph Güngerich.

5) Kreisveterinäramt Groß-Gerau.
Kreisveterinärarzt: Michael Rothermel.

6) Kreisveterinäramt Offenbach.
Kreisveterinärarzt: Christian Hüttenmüller.

7) Kreisveterinäramt Reichelsheim.
Kreisveterinärarzt: Carl Georg Julius Geist.

8) Kreisveterinäramt Rimbach.
Kreisveterinärarzt: Georg Arras.

II. Provinz Oberhessen.

1) Kreisveterinäramt Gießen.
   Kreisveterinärarzt: Dr. Carl Philipp Leonhardt.

2) Kreisveterinäramt Alsfeld.
   Kreisveterinärarzt: Gustav Kolb.

3) Kreisveterinäramt Friedberg.
   Kreisveterinärarzt: Johannes Peter Born.

4) Kreisveterinäramt Grünberg.
   Kreisveterinärarzt: Johannes Georg Gebb. ⊕

5) Kreisveterinäramt Lauterbach.
   Kreisveterinärarzt: Franz Christoph Kreuder.

6) Kreisveterinäramt Nidda.
   Kreisveterinärarzt: Johannes Fritschler.

7) Kreisveterinäramt Schotten.
   Kreisveterinärarzt: Dr. Heinrich Weidner. ⊕

8) Kreisveterinäramt Vilbel.
   Kreisveterinärarzt: Dr. Johannes Retscher. ⊕

III. Provinz Rheinhessen.

1) Kreisveterinäramt Mainz.
   Kreisveterinärarzt: Dr. Carl Gottfried Castres, Medicinal-assessor. ✠ R. II.

2) Kreisveterinäramt Alzey.
   Kreisveterinärarzt: Johannes Peter Petri.

3) Kreisveterinäramt Bingen.
   Kreisveterinärarzt: Dr. Wilhelm Eller in Gau-Algesheim.

4) Kreisveterinäramt Oppenheim.
   Kreisveterinärarzt: Dr. Joseph Lühn.

5) Kreisveterinäramt Worms.
   Kreisveterinärarzt: Dr. Valentin Kuhn.

I. Oeffentlicher Cultus.

A. Evangelische Kirche.

Oberconsistorium.

Sitz: Darmstadt.

Präsident.

Seine Excellenz Carl Ernst August Rinck Freiherr von Starck, wirklicher Geheimerath und lebenslängliches Mitglied der ersten Kammer der Stände. ✠ C. I. ✠ C. II. -PRA2 mit Stern.

Oberconsistorialräthe.

Prälat Dr. Zimmermann (s. S. 295).

Friedrich Ferdinand Carl Frey, Geheimer Oberconsistorialrath, weltliches Mitglied. ✠ R. I.

Dr. Georg Rinck, erster Stadtpfarrer in Darmstadt, geistliches Mitglied. ✠ R. I.

Carl Melior, weltliches Mitglied. ✠ R. I.

Regierungsrath Freiherr von Preuschen, weltliches Mitglied (s. S. 271).

Dr. Julius Göring, Oberstudienrath und vierter Stadtpfarrer in Darmstadt, geistliches Mitglied.

Außerordentliche Mitglieder.

Die Superintendenten der Superintendenturen Oberhessen und Rheinhessen.

Secretariat.

Oberconsistorialsecretär: Ludwig Achenbach.

" " Carl Ernst Freiherr von Schenck zu Schweinsberg.

Registratur und Protocoll.

Registrator: Georg Ludwig Eberhardt. ✠ R. II.
Protocollist: Wilhelm Groß.

Canzlei.

Canzleiinspector: Jacob Felsing.
Canzlist 1. Classe: Heinrich Christian Heim.

Canzleidiener.

Georg Wilhelm Schäfer. ✠ SK. Ⓚ

---

1) Prüfungscommission zur Prüfung der Pfarramtscandidaten.

Sitz: Darmstadt.

Präsident.

Seine Excellenz wirklicher Geheimerath Freiherr Dr. von Stark (s. S. 291).

Mitglieder.

Prälat Dr. Zimmermann (s. S. 295).
Geheimer Oberconsistorialrath Frey (s. S. 291).
Oberconsistorialrath Dr. Rinck (s. S. 291).
" Dr. Göring (s. S. 291).
Professor Dr. Schwabe (s. S. 293).

Secretariat, Registratur, Protocoll und Canzlei.

Den Dienst versieht das Personal des Oberconsistoriums (s. S. 291).

Canzleidiener.

Den Dienst versieht Canzleidiener Schäfer (s. oben).

---

2) Predigerseminar.

Sitz: Friedberg.

Director und erster Lehrer: Dr. Franz Alexander Schwabe, Professor der Theologie und erster Pfarrer in Friedberg.
Zweiter Lehrer: Dr. Gustav Diegel, Professor der Theologie und dritter Pfarrer in Friedberg.
Dritter Lehrer: Dr. Carl Köhler, Professor der Theologie und vierter Pfarrer in Friedberg.
Lehrer der Musik: Thurn (s. Schullehrerseminar in Friedberg).
Seminardiener: Johannes Stotz. ✠

3) Stiftungs-Anwaltschaften der Kirchenfonds und der geistlichen Stiftungsfonds.

a) Provinz Starkenburg.

Sitz: Darmstadt.

Stiftungsanwalt: Hofgerichtsadvocat Friedrich Purgold, Justizrath.

b) Provinz Oberhessen.

Sitz: Gießen.

Stiftungsanwalt: Hofgerichtsadvocat Dr. Franz Eckstein.

4) Verwaltung der unmittelbar unter dem Oberconsistorium stehenden Cassen und Fonds.

a) Geistliche Wittwencasse.

Sitz: Darmstadt.

Hauptrechner: Ludwig Reuling, Rechnungsrath. ✠ R. II.

Verwaltung für die Provinz Starkenburg.

Sitz: Darmstadt.

Rechner: Rechnungsrath Reuling (s. oben).

Verwaltung für die Provinz Oberhessen.

Sitz: Gießen.

Rechner: den Dienst versieht Rechner Körber (s. Verwaltung des allgemeinen Schulfonds).

Verwaltung für die Provinz Rheinhessen.

Sitz: Alzey.

Rechner: den Dienst versieht Jacob Gundrum.

b) Allgemeiner evangelischer Kirchenfond.

Sitz: Darmstadt.

Rechner: Oberconsistorialregistrator Eberhardt (s. S. 292).

c) Pfarrverbesserungsfond für die Domaniallande der Provinz Starkenburg.

Sitz: Darmstadt.

Rechner: Rechnungsrath Reuling (s. S. 293).

d) Collectur-Rentamt Groß-Umstadt.

Sitz: Groß-Umstadt.

Collectur-Rentamtmann: Adam Rühl.

e) Direction und Inspection des geistlichen Landkastens.

Sitz: Gießen.

Director: Provinzialdirector Dr. Goldmann (s. S. 278).
Inspector: Superintendent Dr. Simon (s. S. 305).
" Geheimer Justizrath Dr. Wasserschleben (s. Landesuniversität).
" Forstmeister Freiherr von Buseck (s. Forstamt Gießen).
" Heinrich Balthasar Vogt, Bürgermeister der Provinzialhauptstadt Gießen. ✠ R. I.
Rechner: Rechner Körber (s. Verwaltung der allgemeinen Schulfonds).
Pedell und Cassediener: Jacob Wendel Walther.

5) Geistlichkeit.

Amtstracht: Schwarzer Rock mit schwarzen Knöpfen, Kragen und Aufschlägen, schwarze Pantalons, dreieckiger Hut mit schwarzer Schleife.

Prälat.

Seine Hochwürden Dr. Carl Zimmermann, Oberconsistorialrath, Superintendent der Superintendentur Starkenburg und Oberpfarrer der Haupt- und Residenzstadt Darmstadt. C. II. C. II. -PRA2.-SWF3-RAnn2.

A. Superintendentur Starkenburg.

Sitz: Darmstadt.

Superintendent: Prälat Dr. Zimmermann (s. oben).

Decanate und Pfarrämter.

1. Decanat Darmstadt.

Decan: Oberconsistorialrath Dr. Rinck (s. S. 291).

Pfarrämter.

1. Pfarramt Darmstadt.

Oberpfarrer: Prälat Dr. Zimmermann (s. oben).
Erster Stadtpfarrer: Oberconsistorialrath Dr. Rinck (s. S. 291).
Zweiter „ Friedrich Ritsert. R. II.
Dritter „ Johannes Peter Ewald.
Vierter „ Oberconsistorialrath Dr. Göring (s. S. 291).

2. Pfarramt Arheilgen.

Pfarrer: Johannes Christian Anton Krauß.

3. Pfarramt Bessungen.

Pfarrer: Carl Theodor Noack.

4. Pfarramt Erzhausen.

Pfarrer: Wilhelm Thurn.

5. Pfarramt Gräfenhausen.

Pfarrer: Theodor Höfer.

6. Pfarramt Messel.

Pfarrer: Friedrich Wilhelm Schmidt.

7. Pfarramt Weiterstadt.

Pfarrer: Florus Bus.

8. Pfarramt Wixhausen.

Pfarrer: Ludwig Friedrich Münch. (W) ⊕

2. Decanat Dornheim.

Decan: Ernst Philipp Stamm, Pfarrer in Stockstadt.

Pfarrämter.

1. Pfarramt Biebesheim.

Pfarrer: Carl Peter Wilhelm Heyer.

2. Pfarramt Crumstadt.

Pfarrer: Johannes August Kißner.

3. Pfarramt Dornheim.

Pfarrer: Carl Jacob Philipp Georg Heumann.

4. Pfarramt Geinsheim.

Pfarrer: Otto Palmer.

5. Pfarramt Goddelau.

Pfarrer: Ludwig Ebel.

6. Pfarramt Leeheim.

Pfarrer: Johannes Heinrich Gries

7. Pfarramt Stockstadt.

Pfarrer: s. Decan.

8. Pfarramt Wallerstädten.

Pfarrer: Wilhelm Weimar.

9. Pfarramt Wolfskehlen.

Pfarrer: Ludwig Wilhelm Luck.

3. Decanat Eberstadt.

Decan: Anton Christian Decher, Pfarrer in Pfungstadt, Kirchenrath. ✠ R. I. (W) ⊕

Pfarrämter.

1. Pfarramt Eberstadt.

Pfarrer: Johannes Carl Kißner.

2. Pfarramt Eschollbrücken.

Pfarrer: Wilhelm Dornseiff.

3. Pfarramt Griesheim.

Pfarrer: Johannes Philipp Wagner.

4. Pfarramt Hahn.

Pfarrer: Heinrich Wilhelm Heß.

5. Pfarramt Nieder-Beerbach.

Pfarrer: Georg Göhrs.

6. Pfarramt Nieder-Ramstadt.

Pfarrer: Jacob Vogel, Kirchenrath.

7. Pfarramt Ober-Ramstadt.

Pfarrer: Ludwig Hein.

8. Pfarramt Pfungstadt.

Pfarrer: s. Decan.
Diaconus: Pfarrer Heß (s. oben).

9. Pfarramt Roßdorf.

Pfarrer: Georg Friedrich Dingeldey.

4. Decanat Erbach.

Decan: Gustav Simon, Oberpfarrer in Michelstadt. (✠)-OeGVM.
-NGVM.

Pfarrämter.

1. Pfarramt Beerfelden.

Oberpfarrer: Carl Ludwig Netz.
Pfarrer: Georg Friedrich Fuchs.

2. Pfarramt Erbach.

Stadtpfarrer: Philipp Landmann.

3. Pfarramt Güttersbach.

Pfarrer: Friedrich Meyer.

4. Pfarramt Michelstadt.

Oberpfarrer: s. Decan.
Stadtpfarrer: Georg Adam Wagner.

5. Pfarramt Ober-Mossau.

Pfarrer: Friedrich Fischer.

6. Pfarramt Reichelsheim.

Erster Pfarrer: Georg Anthes.
Zweiter „ Carl Leydhecker.

7. Pfarramt Rothenberg.

Pfarrer: Carl Hunzinger.

5. Decanat Groß-Gerau.

Decan: Heinrich Ludwig Valentin Clotz, Pfarrer in Groß-Gerau. R. I.

Pfarrämter.

1. Pfarramt Bauschheim.

Pfarrer: Friedrich Ernst Krauß.

2. Pfarramt Bischofsheim.

Pfarrer: Ludwig Wahl.

3. Pfarramt Büttelborn.

Pfarrer: Friedrich Ernst Heinrich Staudinger.

4. Pfarramt Ginsheim.

Pfarrer: Carl Wilhelm August Kraus.

5. Pfarramt Groß-Gerau.

Pfarrer: s. Decan.
Diaconus: Pfarrer Staudinger (s. oben).

6. Pfarramt Kelsterbach.

Pfarrer: Emil Thon.

7. Pfarramt Königstädten.

Pfarrer: Johannes Conrad Jöckler.

8. Pfarramt Mörfelden.

Pfarrer: Georg Geiger.

9. Pfarramt Nauheim.

Pfarrer: August Schuknecht.

10. Pfarramt Raunheim.

Pfarrer: Philipp Ludwig Gottlieb Dannenberger.

11. Pfarramt Rüsselsheim.

Pfarrer: Ludwig Albrecht Braun, Kirchenrath.

12. Pfarramt Trebur.

Pfarrer: Heinrich Hermann Finck.
Mitprediger: Johannes Jacob Schmaltz.

13. Pfarramt Walldorf.

Pfarrer: Friedrich Schenck.

6. Decanat Groß-Umstadt.

Decan: Carl Müller, zweiter Pfarrer in Babenhausen.

Pfarrämter.

1. Pfarramt Altheim.

Pfarrer: Gustav Frey.

2. Pfarramt Babenhausen.

Erster Pfarrer: Christian Gottlieb Salzer.
Zweiter „ s. Decan.

3. Pfarramt Dieburg.

Pfarrer: Alexander Schuchard.

4. Pfarramt Groß-Umstadt, lutherische Gemeinde.

Erster Pfarrer: Valentin Krug.
Zweiter „ Christian Diehl.

5. Pfarramt Groß-Umstadt, reformirte Gemeinde.

Erster Pfarrer: Wilhelm Justus Fabricius.
Zweiter „ Philipp Wilhelm Wiener.

6. Pfarramt Groß-Zimmern.

Pfarrer: Ernst Engel.

7. Pfarramt Hering.

Pfarrer: unbesetzt.

8. Pfarramt Heubach.

Pfarrer: unbesetzt.

9. Pfarramt Kleestadt.

Pfarrer: Hermann Höfeld

10. Pfarramt Klein-Umstadt.

Pfarrer: Friedrich Ernst Kunz.

11. Pfarramt Langstadt.

Pfarrer: Justus Happel.

12. Pfarramt Lengfeld.

Pfarrer: Hermann Kromm.

13. Pfarramt Schaafheim.

Pfarrer: Friedrich Carl Wilhelm Heinemann.

14. Pfarramt Sickenhofen.

Pfarrer: Ernst Eduard Kehrer.

7. Decanat Lindenfels.

Decan: Christoph Moriz Ludwig Marchand, Pfarrer in Lindenfels.

Pfarrämter.

1. Pfarramt Birkenau.

Pfarrer: Gustav Philipp Julius Heinemann, Kirchenrath.

2. Pfarramt Gronau.

Pfarrer: Dr. Friedrich Haupt.

3. Pfarramt Hammelbach.

Pfarrer: Wilhelm Bus.

4. Pfarramt Lindenfels.

Pfarrer: s. Decan.

5. Pfarramt Neckar-Steinach.

Pfarrer: Christian Cellarius.

6. Pfarramt Reichenbach.

Pfarrer: Gustav Schlosser.

7. Pfarramt Rimbach.

Pfarrer: Georg Ludwig Strein.

8. Pfarramt Wald-Michelbach.

Pfarrer: Georg Carl Guntrum.

9. Pfarramt Zotzenbach.

Pfarrer: unbesetzt.

8. Decanat Neustadt.

Decan: Christian Albrecht Weiß, Pfarrer in Sandbach.

Pfarrämter.

1. Pfarramt Höchst.

Pfarrer: Leopold Kornmesser.

2. Pfarramt Kirch-Brombach.

Pfarrer: Adam Groh.

3. Pfarramt König.

Pfarrer: Friedrich Jacob Böhler.

4. Pfarramt Rimhorn.

Pfarrer: Johannes Baptist Geilfuß.

5. Pfarramt Sandbach.

Pfarrer: s. Decan.

6. Pfarramt Seckmauern.

Pfarrer: Friedrich Hermann Wilhelm Seeger.

7. Pfarramt Vielbrunn.

Pfarrer: Matthias Köhler.

9. Decanat Offenbach.

Decan: Carl Bonhard, erster Pfarrer in Offenbach.

Pfarrämter.

1. Pfarramt Dietzenbach.

Pfarrer: Christian Simmermacher.

2. Pfarramt Dreieichenhain.

Pfarrer: Wilhelm Egid Nebel.

3. Pfarramt Dudenhofen.

Pfarrer: Hermann Gombel.

4. Pfarramt Egelsbach.

Pfarrer: Jacob Urich.

5. Pfarramt Götzenhain.

Pfarrer: Wilhelm Conschuh.

6. Pfarramt Langen.

Pfarrer: Heinrich Anton Elotz, Kirchenrath.

7. Pfarramt Neu-Isenburg.

Reformirter Pfarrer: Philipp Wetzell.

Unirter Pfarrer: den Dienst versieht Pfarrverwalter Friedrich Ludwig Georg Ewald.

8. Pfarramt Offenbach.

Erster Pfarrer: s. Decan.
Zweiter „ unbesetzt.
Dritter „ Franz Justus Heinrich Sartorius.
Französisch-reformirter Pfarrer: Carl Cornelius Braun.

9. Pfarramt Offenthal.

Pfarrer: Otto Bonhard.

10. Pfarramt Rumpenheim.

Pfarrer: Johannes Daniel Joseph Weinrich.

11. Pfarramt Seligenstadt.

Pfarrer: Georg Stock.

12. Pfarramt Sprendlingen.

Pfarrer: Ferdinand Scriba.

10. Decanat Reinheim.

Decan: Carl Wilhelm Emil Bernhard, Pfarrer in Reinheim. ✠ R. I.

Pfarrämter.

1. Pfarramt Brensbach.

Pfarrer: Heinrich Anthes.

2. Pfarramt Fränkisch-Crumbach.

Pfarrer: Heinrich Kritzler.

3. Pfarramt Georgenhausen.

Pfarrer: Carl Schaffnit

4. Pfarramt Groß-Bieberau.

Pfarrer: Ludwig Wörrißhoffer.
Diaconus: Heinrich Diehl.

5. Pfarramt Gundernhausen.

Pfarrer: Dr. Ludwig August Huth.

6. Pfarramt Neunkirchen.

Pfarrer: Justus Otto. R. I.

7. Pfarramt Nieder-Modau.

Pfarrer: unbesetzt.

8. Pfarramt Ober-Klingen.

Pfarrer: Carl Melsheimer.

9. Pfarramt Reinheim.

Pfarrer: s. Decan.

10. Pfarramt Rohrbach.

Pfarrer: unbesetzt

11. Pfarramt Spachbrücken.

Pfarrer: Georg von Wachler.

12. Pfarramt Ueberau.

Pfarrer: Carl Friedrich Schneider, Kirchenrath.

13. Pfarramt Wersau.

Pfarrer: Heinrich Wilhelm Staudinger.

11. Decanat Wimpfen.

Decan: unbesetzt.

Pfarrämter.

1. Pfarramt Kürnbach (Condominats-Pfarrei mit dem Großherzogthum Baden).

Pfarrer: Wilhelm Hamel.

2. Pfarramt Wimpfen am Berg.

Erster Pfarrer: Wilhelm Scriba.
Zweiter " Wilhelm Schimpf.

12. Decanat Zwingenberg.

Decan: Ludwig Wilhelm Dornseiff, Pfarrer in Bickenbach. R. I.

Pfarrämter.

1. Pfarramt Alsbach.

Pfarrer: Hermann Scriba.

2. Pfarramt Auerbach.

Pfarrer: Wilhelm Ludwig Steinberger.

3. Pfarramt Beedenkirchen.

Pfarrer: Franz Joseph Maria Helferich.

4. Pfarramt Bensheim.

Pfarrer: Friedrich Anthes.

5. Pfarramt Bickenbach.

Pfarrer: s. Decan.

6. Pfarramt Groß-Rohrheim.

Pfarrer: Philipp August Vietor.

7. Pfarramt Hähnlein.

Pfarrer: Ernst Vogler.

8. Pfarramt Hofheim.

Pfarrer: Theobald Pfaff.

9. Pfarramt Jugenheim an der Bergstraße.

Pfarrer: Carl Zimmermann.

10. Pfarramt Lampertheim.

Pfarrer: August Schnittspahn.

11. Pfarramt Nordheim.

Pfarrer: Georg Kelber.

12. Pfarramt Ober-Beerbach.

Pfarrer: Hermann Algeier.

13. Pfarramt Schwanheim.

Pfarrer: Paulus Müller.

14. Pfarramt Seeheim.

Pfarrer: Ludwig Bernhard Fischer.

15. Pfarramt Zwingenberg.

Pfarrer: Dr. Christian Wilhelm Stromberger.

B. Superintendentur Oberhessen.

Sitz: Gießen.

Superintendent: Dr. Friedrich Carl Simon. C. II. R. I.

Decanate und Pfarrämter.

1. Decanat Gießen.

Decan: Gustav Christian Carl Landmann, erster Pfarrer in Gießen.

Pfarrämter.

1. Pfarramt Gießen.

Erster Pfarrer: s. Decan.
Zweiter „ Dr. Wilhelm Seel.

2. Pfarramt Allendorf an der Lumda.

Pfarrer: Wilhelm Weber.

3. Pfarramt Heuchelheim.

Pfarrer: Rudolph Briegleb.

4. Pfarramt Kirchberg.

Pfarrer: Wilhelm Klöpper.

5. Pfarramt Trais an der Lumda.

Pfarrer: Dr. Friedrich Wilhelm Klingelhöffer, Consistorialrath.

6. Pfarramt Wieseck.

Pfarrer: Dr. Friedrich Christian Jochem.

2. Decanat Alsfeld.

Decan: Johannes Georg Dingeldein, erster Pfarrer in Alsfeld.

Pfarrämter.

1. Pfarramt Alsfeld.

Erster Pfarrer: s. Decan.
Zweiter „ Carl Müller.

2. Pfarramt Billertshausen.

Pfarrer: Eduard Hainer.

3. Pfarramt Brauerschwend.

Pfarrer: unbesetzt.

4. Pfarramt Eudorf.

Pfarrer: Eduard Bierau.

5. Pfarramt Grebenau.

Pfarrer: unbesetzt.

6. Pfarramt Groß-Felda.

Pfarrer: Julius Theodor Scriba.

7. Pfarramt Heidelbach.

Pfarrer: Bernhard Berck.

8. Pfarramt Hopfgarten.

Pfarrer: Carl Gottfried Andreas Anthes.

9. Pfarramt Meiches.

Pfarrer: Heinrich Alexander Wilhelm Trautwein.

10. Pfarramt Ober-Breidenbach.

Pfarrer: Theodor Vigelius.

11. Pfarramt Romrod.

Pfarrer: Georg Klein.

12. Pfarramt Schwarz.

Pfarrer: Christian Dieffenbach.

13. Pfarramt Stumpertenrod.

Pfarrer: Ludwig Carl Ferdinand Röschen.

14. Pfarramt Ubenhausen.

Pfarrer: Friedrich Schuster.

3. Decanat Büdingen.

Decan: Christian Friedrich Meyer, erster Pfarrer in Büdingen. R. I.

Pfarrämter.

1. Pfarramt Bindsachsen (nach Wolferborn im Königreich Preußen eingepfarrt).

Pfarrer in Wolferborn: Peter Gunß.

2. Pfarramt Bös-Gesäß (nach Kirch-Bracht im Königreich Preußen eingepfarrt).

Pfarrer in Kirch-Bracht: Johannes Friedrich Hufnagel.

3. Pfarramt Büdingen.

Erster Pfarrer: s. Decan.
Zweiter „ Wilhelm Heinrich Carl Thylmann.
Dritter „ Dr. Johannes Marbach.

4. Pfarramt Düdelsheim.

Pfarrer: August Römheld.

5. Pfarramt Eckartshausen.

Pfarrer: Otto Welcker.

6. Pfarramt Glauberg.

Pfarrer: Peter Götz.

7. Pfarramt Hainchen.

Pfarrer: Georg Ludwig Frank.

8. Pfarramt Hain-Gründau.

Pfarrer: Eduard Ellenberger.

9. Pfarramt Hitzkirchen.

Pfarrer: Friedrich Schüler.

10. Pfarramt Illnhausen (nach Kirch-Bracht im Königreich Preußen eingepfarrt).

Pfarrer: Hufnagel (s. oben).

11. Pfarramt Lindheim.

Pfarrer: Otto Hoffmann.

12. Pfarramt Michelau (nach Wolferborn im Königreich Preußen eingepfarrt).

Pfarrer: Ganß (s. S. 306).

13. Pfarramt Mittel-Gründau (in die Königlich Preußische Bergpfarrei eingepfarrt).

Pfarrer: Carl Reutzel.

14. Pfarramt Ober-Mockstadt.

Pfarrer: Heinrich Jacob Ferdinand Heumann.

15. Pfarramt Rohrbach.

Pfarrer: Friedrich Wilhelm August Külp.

16. Pfarramt Wenings.

Pfarrer: Heinrich Brüning.

17. Pfarramt Wolf.

Pfarrer: Wilhelm Köhler.

4. Decanat Butzbach.

Decan: Heinrich Ludolph Wilhelm Blumhof, Pfarrer in Melbach. ✠ R. I.

Pfarrämter.

1. Pfarramt Beyenheim.

Pfarrer: Johannes Wilhelm Urich.

2. Pfarramt Butzbach.

Erster Pfarrer: Carl Naumann.
Zweiter „ Georg Engelbach.

3. Pfarramt Hoch-Weisel.

Pfarrer: Friedrich August Decker.

4. Pfarramt Kirch-Göns.

Pfarrer: unbesetzt.

5. Pfarramt Langenhain.

Pfarrer: Carl Heinrich August Erdmann.

6. Pfarramt Melbach.

Pfarrer: s. Decan.

7. Pfarramt Münster.

Pfarrer: Wilhelm Hermann Siebert.

8. Pfarramt Nieder-Weisel.

Pfarrer: Wilhelm Kayser.

9. Pfarramt Ostheim.

Pfarrer: August Walloth.

10. Pfarramt Pohl-Göns.

Pfarrer: Ludwig Christian Ritsert.

11. Pfarramt Södel.

Pfarrer: Martin Breidenstein.

12. Pfarramt Steinfurth.

Pfarrer: Julius Ebel.

5. Decanat Friedberg.

Decan: Ernst Friedrich Wilhelm Görtz, Pfarrer in Nieder-Florstadt. ✠ R. I.

Pfarrämter.

1. Pfarramt Assenheim.

Pfarrer: Heinrich Friedrich Heßler.

2. Pfarramt Bönstadt.

Pfarrer: Richard Möbius.

3. Pfarramt Bruchenbrücken.

Pfarrer: Wilhelm Becker.

4. Pfarramt Dorheim.

Pfarrer: Wilhelm Engel.

5. Pfarramt Fauerbach bei Friedberg.

Pfarrer: Peter Georg Bornaglus.

6. Pfarramt Friedberg.

Erster Pfarrer: Professor Dr. Schwabe (s. S. 293).
Zweiter „ Carl Baur.
Dritter „ Professor Dr. Diegel (s. S. 293).
Vierter „ Professor Dr. Köhler (s. S. 293).
Diaconus: Ludwig Meyer.

7. Pfarramt Nauheim.

Pfarrer: Johannes Münch.

8. Pfarramt Nieder-Florstadt.

Pfarrer: s. Decan.

9. Pfarramt Nieder-Roßbach.

Pfarrer: Friedrich Theodor Amandus Müller.

10. Pfarramt Nieder-Wöllstadt.

Pfarrer: Adolph Ernst Hartmann Buff.

11. Pfarramt Ober-Roßbach.

Erster Pfarrer: Georg Friedrich Wilhelm Fuhr, Kirchenrath.
Zweiter „ Wilhelm Weber.

12. Pfarramt Ossenheim.

Pfarrer: Johannes Jacob Buchholz.

13. Pfarramt Reichelsheim.

Pfarrer: Friedrich Heinrich Snell.

14. Pfarramt Staden.

Pfarrer: Peter Müller.

6. Decanat Gedern.

Decan: Otto Heinrichs, erster Pfarrer in Gedern.

Pfarrämter.

1. Pfarramt Bleichenbach.

Pfarrer: Dr. August Eduard Rée.

2. Pfarramt Gedern.

Erster Pfarrer: s. Decan.
Zweiter " Carl Friedrich Wilhelm Möller.

3. Pfarramt Glauberg.

Pfarrer: Heinrich Engel.

4. Pfarramt Hirzenhain.

Pfarrer: Carl Wahl.

5. Pfarramt Lißberg.

Pfarrer: unbesetzt.

6. Pfarramt Mittel-Seemen

Pfarrer: Ludwig Schmehl.

7. Pfarramt Ober-Lais.

Pfarrer: Jacob Hermann Frank.

8. Pfarramt Ober-Seemen.

Pfarrer: Friedrich Flick.

9. Pfarramt Ortenberg.

Pfarrer: Johannes Borth.

10. Pfarramt Ranstadt.

Pfarrer: Heinrich Reutzel.

11. Pfarramt Schwickartshausen.

Pfarrer: unbesetzt.

12. Pfarramt Selters.

Pfarrer: August Rückert.

13. Pfarramt Usenborn.

Pfarrer: Carl Kißner.

14. Pfarramt Volkartshain.

Pfarrer: unbesetzt.

7. Decanat Groß-Linden.

Decan: Georg Koch, Pfarrer in Groß-Linden. R. I

Pfarrämter.

1. Pfarramt Allendorf an der Lahn.

Pfarrer: Friedrich Heinrich Welcker.

2. Pfarramt Alt-Buseck.

Pfarrer: Christian Bernbeck.

3. Pfarramt Beuern.

Pfarrer: Johannes Conrad Carl Sander.

4. Pfarramt Groß-Buseck.

Pfarrer: Licentiatus theologiae Carl Strack.

5. Pfarramt Groß-Linden.

Pfarrer: s. Decan.
Diaconus: Pfarrer Welcker (s. oben).

6. Pfarramt Hausen.

Pfarrer: Heinrich Engel.

7. Pfarramt Lang-Göns.

Pfarrer: Daniel Friedrich Theodor Jacob Schlich, Kirchenrath.

8. Pfarramt Leihgestern.

Pfarrer: Eduard Eckstein.

9. Pfarramt Reiskirchen.

Pfarrer: Hermann Strack.

10. Pfarramt Rödgen.

Pfarrer: Moritz Oeser.

11. Pfarramt Steinbach.

Pfarrer: Ludwig Eigenbrodt.

12. Pfarramt Watzenborn.

Pfarrer: Dr. Carl Müller.

8. Decanat Grünberg.

Decan: Victor Habicht, erster Pfarrer in Grünberg.

Pfarrämter.

1. Pfarramt Ermenrod.

Pfarrer: Christian Broß.

2. Pfarramt Groß-Eichen.

Pfarrer: Theodor Heinrich Bindewald.

3. Pfarramt Grünberg.

Erster Pfarrer: s. Decan.
Zweiter „ Georg Pullmann.

4. Pfarramt Londorf.

Pfarrer: Otto Franz Heinrich Eckhard.
Diaconus: Pfarrer Röschen (s. unten).

5. Pfarramt Merlau.

Pfarrer: Wilhelm Perschbacher.

6. Pfarramt Nieder-Ohmen.

Pfarrer: unbesetzt.

7. Pfarramt Ober-Ohmen.

Pfarrer: Hermann Helwig.

8. Pfarramt Queckborn.

Pfarrer: Georg Lichtenberg.

9. Pfarramt Winnerod.

Pfarrer: Friedrich August Röschen.

10. Pfarramt Wirberg.

Pfarrer: Hermann Hüffel.

9. Decanat Hungen.

Decan: Carl Christian Hofmann, Kirchenrath, Pfarrer in Griedel. ✠ R I.

Pfarrämter.

1. Pfarramt Bellersheim.

Pfarrer: Julius Kißner.

2. Pfarramt Gambach.

Pfarrer: Christian Tröster.

3. Pfarramt Griedel.

Pfarrer: s. Decan.

4. Pfarramt Grüningen.

Pfarrer: Georg Christian Deichert.

5. Pfarramt Holzheim.

Pfarrer: Ludwig Friedrich Hofmann.

6. Pfarramt Hungen.

Erster Pfarrer: Christian Hofmann.
Zweiter „ August Hildebrand.

7. Pfarramt Langsdorf.

Pfarrer: Carl Cellarius.

8. Pfarramt Münzenberg.

Erster Pfarrer: Otto Kleberger.
Zweiter „ Friedrich Ludwig Henkelmann.

9. Pfarramt Muschenheim.

Pfarrer: Ottmar Eduard Kring.

10. Pfarramt Obbornhofen.

Pfarrer: unbesetzt.

11. Pfarramt Trais-Horloff.

Pfarrer: Carl Palmer.

12. Pfarramt Villingen.

Pfarrer: Emil Sellheim.

13. Pfarramt Wölfersheim.

Pfarrer: Carl Christian Friedrich.

14. Pfarramt Wohnbach.

Pfarrer: Carl August Blumhof.

10. Decanat Kirtorf.

Decan: Ludwig Friedrich Philipp Ebel, Pfarrer in Kirtorf. ✠ R. I.

Pfarrämter.

1. Pfarramt Bernsburg.

Pfarrer: Gustav Wilhelm Bigelius.

2. Pfarramt Burg-Gemünden.

Pfarrer: Friedrich Sell.

3. Pfarramt Ehringshausen.

Pfarrer: Georg Ludwig Wilhelm Georgi.

4. Pfarramt Homberg an der Ohm.

Pfarrer: Emil Münch.

5. Pfarramt Kirtorf.

Pfarrer: s. Decan.
Diaconus: Anton Orth.

6. Pfarramt Lehrbach.

Pfarrer: unbesetzt.

7. Pfarramt Maulbach.

Pfarrer: August Diefenbach.

8. Pfarramt Nieder-Gemünden.

Pfarrer: August Lotz.

9. Pfarramt Ober-Gleen.

Pfarrer: Adolph Welker.

10. Pfarramt Ober-Ofleiden.

Pfarrer: Georg Friedrich Wilhelm Wagner.

11. Pfarramt Wahlen.

Pfarrer: Philipp Wilhelm Drescher.

11. Decanat Laubach.

Decan: Ludwig Wilhelm Theodor Gottfried Bichmann, Stiftsdechant in Lich.

Pfarrämter.

1. Pfarramt Eberstadt.

Pfarrer: Philipp Berwig.

2. Pfarramt Ettingshausen.

Pfarrer: Carl Bichmann.

3. Pfarramt Freien-Seen.

Pfarrer: unbesetzt.

4. Pfarramt Gonterskirchen.

Pfarrer: unbesetzt.

5. Pfarramt Lardenbach.

Pfarrer: Heinrich Dietz.

6. Pfarramt Laubach.

Erster Pfarrer: Friedrich Jacob Schick.
Zweiter " Carl Draudt.

7. Pfarramt Lich.

Stiftsdechant: s. Decan.

Stiftspfarrer: Ludwig Clemm, zugleich Pfarrer in Nieder-Bessingen.

8. Pfarramt Münster.

Pfarrer: Wilhelm Zinßer.

9. Pfarramt Nieder-Bessingen.

Pfarrer: Stiftspfarrer Clemm (s. oben).

10. Pfarramt Ruppertsberg.

Pfarrer: Georg Schwörer.

11. Pfarramt Wetterfeld.

Pfarrer: Georg Koch.

12. Decanat Lauterbach.

Decan: Wilhelm Trautwein, Oberpfarrer in Lauterbach.

Pfarrämter.

1. Pfarramt Altenschlirf.

Pfarrer: Hermann Carl Christian Bernbeck.

2. Pfarramt Angersbach.

Pfarrer: den Dienst versieht der Pfarrer Friedrich Lehr.

3. Pfarramt Crainfeld.

Pfarrer: Ludwig Georg Friedrich Bergen.

4. Pfarramt Engelrod.

Pfarrer: Christian Suppes.

5. Pfarramt Freien-Steinau.

Pfarrer: Georg Bindewald.

6. Pfarramt Frischborn.

Pfarrer: Bernhard Kullmann.

7. Pfarramt Herbertshausen.

Pfarrer: Friedrich Heß.

8. Pfarramt Hopfmannsfeld.

Pfarrer: Johannes Rodemer.

9. Pfarramt Hutzdorf.

Pfarrer: unbesetzt.

10. Pfarramt Ilbeshausen.

Pfarrer: Adolph Kraus.

11. Pfarramt Kreutzersgrund.

Pfarrer: Stadtpfarrer Dieffenbach (s. unten).

12. Pfarramt Landenhausen.

Pfarrer: Wilhelm Windecker.

13. Pfarramt Lauterbach.

Oberpfarrer: s. Decan.

Stadtpfarrer: Friedrich Kullmann.

14. Pfarramt Moor.

Pfarrer: Gustav Wolff.

15. Pfarramt Nieder-Moos.

Pfarrer: Philipp Schnabel.

16. Pfarramt Queck.

Pfarrer: Carl Bernbeck.

17. Pfarramt Schlitz.

Oberpfarrer: Carl Schäfer.

Stadtpfarrer: Christian Dieffenbach.

18. Pfarramt Stockhausen.

Pfarrer: Thomas Stock.

19. Pfarramt Wallenrod.

Pfarrer: Johannes Georg Sackreuter.

20. Pfarramt Willofs.

Pfarrer: Conrad Euler.

13. Decanat Nidda.

Decan: unbesetzt.

Pfarrämter.

1. Pfarramt Berstadt.

Pfarrer: Friedrich Aulber.

2. Pfarramt Bingenheim.

Pfarrer: Johannes Ludwig Wilhelm Möbius.

3. Pfarramt Bisses.

Pfarrer: Carl Köhler.

4. Pfarramt Mofeld.

Pfarrer: Friedrich August Heintze.

5. Pfarramt Dauernheim.

Pfarrer: Johannes Daniel Spengel.

6. Pfarramt Echzell.

Pfarrer: Georg Marx.

7. Pfarramt Eichelsdorf.

Pfarrer: Leonhard Kötz.

8. Pfarramt Geiß-Nidda.

Pfarrer: Ludwig Eich.

9. Pfarramt Gettenau.

Pfarrer: Heinrich Renner.

10. Pfarramt Heuchelheim.

Pfarrer: Friedrich Heberer.

11. Pfarramt Langd.

Pfarrer: unbesetzt.

12. Pfarramt Leydhecken.

Pfarrer: Georg Becker.

13. Pfarramt Nidda.

Erster Pfarrer: Friedrich Wilhelm Fritz.
Zweiter „ Johannes Hofmeyer.

14. Pfarramt Ober-Widdersheim.

Pfarrer: Adolph Becker.

15. Pfarramt Rodheim.

Pfarrer: Dr. Eduard Lucius.

16. Pfarramt Wallernhausen.

Pfarrer: Friedrich Clotz.

14. Decanat Rodheim vor der Höhe.

Decan: Ferdinand Friedrich Fertsch, Pfarrer in Kaichen.

Pfarrämter.

1. Pfarramt Altenstadt.

Pfarrer: Franz Christian Gottlieb Hoffmann.

2. Pfarramt Büdesheim.

Pfarrer: Friedrich Hellwig.

3. Pfarramt Burg-Gräfenrode.

Pfarrer: Wilhelm Ludwig Volz.

4. Pfarramt Dortelweil.

Pfarrer: Christian Friedrich Benkard.

5. Pfarramt Groß-Karben.

Pfarrer: August Schüler.

6. Pfarramt Höchst an der Nidder.

Pfarrer: Carl Ferdinand Bingmann. ✠ R. II.

7. Pfarramt Holzhausen vor der Höhe.

Pfarrer: Reinherz Kromm.

8. Pfarramt Kaichen.

Pfarrer: s. Decan.

9. Pfarramt Klein-Karben.

Pfarrer: Heinrich Kalbhenn.

10. Pfarramt Nieder-Erlenbach.

Pfarrer: unbesetzt.

11. Pfarramt Nieder-Eschbach.

Pfarrer: Wilhelm Fritsch.

12. Pfarramt Oberau.

Pfarrer: Heinrich Scharmann.

13. Pfarramt Ober-Eschbach.

Pfarrer: Wilhelm Ludwig Gruber.

14. Pfarramt Okarben.

Pfarrer: Carl Stamm.

15. Pfarramt Petterweil.

Pfarrer: Friedrich Kalbhenn.

16. Pfarramt Rendel.

Pfarrer: Heinrich Gustav Landmann.

17. Pfarramt Rodenbach.

Pfarrer: Friedrich Carl Heinrich Lemp.

18. Pfarramt Rodheim vor der Höhe.

Erster Pfarrer: Carl Georg Schmidt, Kirchenrath.
Zweiter " Jacob Jung.

19. Pfarramt Steinbach.

Pfarrer: Philipp Eisser.

20. Pfarramt Vilbel.

Pfarrer: Ludwig Daudt.

15. Decanat Schotten.

Decan: Johannes Heinrich Kühn, erster Pfarrer in Schotten. ✠ R. I.

Pfarrämter.

1. Pfarramt Bobenhausen.

Pfarrer: Wilhelm Wüst.

2. Pfarramt Breungeshain.

Pfarrer: Theodor Landmann.

3. Pfarramt Burkhards.

Pfarrer: unbesetzt.

4. Pfarramt Busenborn.

Pfarrer: unbesetzt.

5. Pfarramt Eichenrath.

Pfarrer: Ludwig Köhler.

6. Pfarramt Herchenhain.

Pfarrer: Carl Friedrich Weihl.

7. Pfarramt Schotten.

Erster Pfarrer: s. Decan.
Zweiter " Ludwig Eckhardt.

8. Pfarramt Sellnrod.

Pfarrer: Ludwig Bang.

9. Pfarramt Ulfa.

Pfarrer: Friedrich Wilhelm Gustav Waist.

10. Pfarramt Ulrichstein.

Pfarrer: Jacob Schaub.

C. Superintendentur Rheinhessen.

Sitz: Mainz.

Superintendent: Dr. Carl Georg Friedrich Schmitt, Decan und erster Pfarrer in Mainz. R. I. R. I. -PRA3.

Decanate und Pfarrämter.

1. Decanat Mainz.

Decan: Superintendent Dr. Schmitt (s. oben).

Pfarrämter.

1. Pfarramt Mainz.

Erster Pfarrer: s. Decan.
Zweiter " Ludwig Friedrich Bauer.
Dritter " Dr. Emil Steinmetz.

2. Pfarramt Essenheim.

Pfarrer: Ernst Rullmann.

3. Pfarramt Harxheim.

Pfarrer: Friedrich Wilhelm Theodor Salzer.

4. Pfarramt Stadecken.

Pfarrer: Friedrich Adolph Groß.

2. Decanat Alzey.

Decan: Ernst Gustav Dittmar, Pfarrer in Framersheim.

Pfarrämter.

1. Pfarramt Albig.

Pfarrer: Friedrich Heddäus.

2. Pfarramt Alzey.

Erster Pfarrer: Georg Christian Fitting. ✠ R. I.
Zweiter " Peter Bennighof.

3. Pfarramt Bornheim.

Pfarrer: Georg Wilhelm Scriba.

4. Pfarramt Flomborn.

Pfarrer: Wilhelm Baltz.

5. Pfarramt Flonheim.

Pfarrer: Friedrich Ludwig Frank.

6. Pfarramt Framersheim.

Pfarrer: s. Decan.

7. Pfarramt Kettenheim.

Pfarrer: Dr. Wilhelm Wägner.

8. Pfarramt Köngernheim.

Pfarrer: Georg Carl Dauber.

9. Pfarramt Nieder-Wiesen.

Pfarrer: Theodor Friedrich Franz Adolph Dupont.

10. Pfarramt Odernheim.

Pfarrer: Jacob Fritz. ✠ R. I.

11. Pfarramt Offenheim.

Pfarrer: Christian Ludwig Schneider.

12. Pfarramt Wendelsheim.

Pfarrer: Carl Wolf.

9. Decanat Ober-Ingelheim.

Decan: Johannes Georg Rilfert, Pfarrer in Ober-Ingelheim.

Pfarrämter.

1. Pfarramt Appenheim.

Pfarrer: unbesetzt.

2. Pfarramt Bingen.

Pfarrer: Emil Thon.

3. Pfarramt Engelstadt.

Pfarrer: Peter Wamser.

4. Pfarramt Gensingen.

Pfarrer: Carl Müller.

5. Pfarramt Groß-Winternheim.

Pfarrer: Georg Alefeld.

6. Pfarramt Horrweiler.

Pfarrer: Georg Fuchs.

7. Pfarramt Jugenheim.

Pfarrer: Johannes Kappesser.

8. Pfarramt Nieder-Ingelheim.

Pfarrer: Ludwig August Walther.

9. Pfarramt Ober-Ingelheim.

Pfarrer: s. Decan.

4. Decanat Oppenheim.

Decan: Georg Ernst Müller, Pfarrer in Oppenheim. ✠ R. II.

Pfarrämter.

1. Pfarramt Dalheim.

Pfarrer: Carl Hoffmann.

2. Pfarramt Dexheim.

Pfarrer: Friedrich Carl Ludwig Scheid. ✠ R. I.

3. Pfarramt Dienheim.

Pfarrer: Johannes Peter Ludwig Momberger.

4. Pfarramt Dolgesheim.

Pfarrer: unbesetzt.

5. Pfarramt Guntersblum.

Pfarrer: Johannes Georg Keller.

6. Pfarramt Hahnheim.

Pfarrer: Peter Morter.

7. Pfarramt Mommenheim.

Pfarrer: Emil Ohly.

8. Pfarramt Nierstein.

Pfarrer: Hugo Otto Schaum.

9. Pfarramt Oppenheim.

Pfarrer: s. Decan.

10. Pfarramt Selzen.

Pfarrer: Heinrich Wendeberg.

11. Pfarramt Wald-Uelversheim.

Pfarrer: Philipp Helwert.

5. Decanat Osthofen.

Decan: Wilhelm Weitzel, Pfarrer in Gimbsheim.

Pfarrämter.

1. Pfarramt Alsheim.

Pfarrer: Wilhelm Pauli.

2. Pfarramt Bechtheim.

Pfarrer: Carl Draudt.

3. Pfarramt Blödesheim.

Pfarrer: Georg Schönhals.

4. Pfarramt Dittelsheim.

Pfarrer: Wilhelm Wollweber.

5. Pfarramt Dorn-Dürkheim.

Pfarrer: Friedrich Heurich.

6. Pfarramt Eich.

Pfarrer: Heinrich Jacob Kern.

7. Pfarramt Eppelsheim.

Pfarrer: Ernst Reinheimer.

8. Pfarramt Gimbsheim.

Pfarrer: s. Decan.

9. Pfarramt Hamm.

Pfarrer: Ludwig Heinrich Kröll.

10. Pfarramt Hangen-Weisheim.

Pfarrer: Wilhelm May.

11. Pfarramt Mettenheim.

Pfarrer: Dr. Johannes Georg Krätzinger.

12. Pfarramt Osthofen.

Pfarrer: Wilhelm Lyncker.

13. Pfarramt Westhofen.

Pfarrer: Johannes Dechent.

6. Decanat Wöllstein.

Decan: Wilhelm Weiffenbach, Pfarrer in Stein-Bockenheim.

Pfarrämter.

1. Pfarramt Badenheim.

Pfarrer: unbesetzt.

2. Pfarramt Bosenheim.

Pfarrer: Friedrich Engelbach.

3. Pfarramt Frei-Laubersheim.

Pfarrer: Carl Linß.

4. Pfarramt Fürfeld.

Pfarrer: Valentin Wirthwein.

5. Pfarramt Planig.

Pfarrer: Friedrich Ludwig Ritter.

6. Pfarramt Siefersheim.

Pfarrer: Johannes Philipp Olberter.

7. Pfarramt Sprendlingen.

Pfarrer: Adolph Anton Stöhr.

8. Pfarramt Stein-Bockenheim.

Pfarrer: s. Decan.

9. Pfarramt Wöllstein.

Pfarrer: Simon Reichert, Kirchenrath.

10. Pfarramt Wonsheim.

Pfarrer: Adam Knobt.

11. Pfarramt Zotzenheim.

Pfarrer: Wilhelm Carl Paul.

7. Decanat Wörrstadt.

Decan: Carl Fitting, Pfarrer in Biebelnheim.

Pfarrämter.

1. Pfarramt Armsheim.

Pfarrer: Christoph Körwer.

2. Pfarramt Bechtolsheim.

Pfarrer: Peter Hermann Orth.

3. Pfarramt Biebelnheim.

Pfarrer: s. Decan.

4. Pfarramt Eichloch.

Pfarrer: Rudolph Schlich.

5. Pfarramt Ensheim.

Pfarrer: Heinrich Kolb.

6. Pfarramt Hillesheim.

Pfarrer: Carl Wehsarg.

7. Pfarramt Nieder-Saulheim.

Pfarrer: Carl Schenck.

8. Pfarramt Ober-Saulheim.

Pfarrer: Jacob Paul.

9. Pfarramt Partenheim.

Pfarrer: Friedrich Rautenbusch.

10. Pfarramt Schornsheim.

Pfarrer: Georg Philipp Schackmann.

11. Pfarramt Udenheim.

Pfarrer: Georg Wilhelm Bekker.

12. Pfarramt Wallertheim.

Pfarrer: Amandus Jacob Müller, Kirchenrath. ✠ R. I.

13. Pfarramt Wolfsheim.

Pfarrer: Philipp Conrad Schmidt.

14. Pfarramt Wörrstadt.

Pfarrer: Carl Ludwig Daudt.

8. Decanat Worms.

Decan: Eduard Keim, Pfarrer in Worms. ✠ R. I. -PKr3. -WK3.-SWF4.-SEHO4.

Pfarrämter.

1. Pfarramt Dalsheim.

Pfarrer: Wilhelm Lehn.

2. Pfarramt Heppenheim an der Wiese.

Pfarrer: Carl Ludwig Mooz.

3. Pfarramt Hochheim.

Pfarrer: Johannes Wilhelm Kleinhanß.

4. Pfarramt Hohen-Sülzen.

Pfarrer: Johannes Eiard Briegleb.

5. Pfarramt Kriegsheim.

Pfarrer: Christian Keller.

6. Pfarramt Monsheim.

Pfarrer: Friedrich Lauer.

7. Pfarramt Nieder-Flörsheim.

Pfarrer: Johannes Schröder.

8. Pfarramt Pfeddersheim.

Pfarrer: Heinrich Wilhelm Willenbücher.

9. Pfarramt Pfiffligheim.

Pfarrer: August Wundt.

10. Pfarramt Wachenheim.

Pfarrer: Carl Ludwig Heinrich Kayser.

11. Pfarramt Worms.

Erster Pfarrer: s. Decan.
Zweiter " Carl Müller.

B. Katholische Kirche.

Bisthum Mainz.

Sitz: Mainz.

Bischof.

Seine Bischöfliche Gnaden Dr. Wilhelm Emmanuel Freiherr von Ketteler. ✠ C. I. -PRA2.

1) Domcapitel.

a) Domdecan.

Dr. Johannes Baptist Heinrich.

b) Domcapitularen.

Dr. Markus Adam Nickel.
Dr. Christoph Moufang.
Dr. Johannes Joseph Hirschel.
Dr. Paul Leopold Haffner.
Aloys Carl Ohler.

c) Ehrendomcapitular.

Geheimer Oberstudienrath Dr. Lüft (s. Oberstudiendirection).

d) Dompräbendaten.

Heinrich Joseph Berthes.
Erwin Joseph Rostadt.
Ludwig Erler.
Dr. Johannes Michael Raich.

2) Bischöfliches Ordinariat,

als

geistliches Rathscollegium des Bischofs.

Generalvicar: unbesetzt.
Geistliche Räthe: Dr. Heinrich (s. S. 326).
Dr. Nickel (s. oben).
Dr. Moufang (s. oben).
Dr. Hirschel (s. oben).
Dr. Haffner (s. oben).
Ohler (s. oben).
Berthes (s. oben).

3) Bischöfliches Secretariat.

Secretär: Dompräbendat Berthes (s. oben).

4) Bischöfliche Canzlei.

Registrator: Rostadt (s. S. 327).
Erster Secretär: Dr. Raich (s. S. 327).
Zweiter „ Joseph Engelhardt.
Expeditor: Georg Wellinger, Großherzoglicher Canzleirath.
Canzleidiener: Wilhelm Roth.

5) Bischöfliches Officialat.

Official: Dr. Hirschel (s. S. 327).
Räthe: Domcapitular Dr. Nickel (s. S. 327).
„ Dr. Moufang (s. S. 327).
Decan Schneider (s. S. 335).
Pfarrer Schmitz (s. S. 335).
Dompräbendat Berthes (s. S. 327).

6) Bischöfliche Dotationsverwaltung.

Die Domcapitelscasse, den Dompfarr- und Domfabrikfond, den Fond des Bischöflichen Seminars und den Priesterfond verwalten unter Aufsicht und Leitung des Bischofs und des Domcapitels:

Präses und Respicient des Domfabrikfonds: Domcapitular Dr. Hirschel (s. S. 327).
Respicient des Seminarfonds: Domcapitular Dr. Moufang (s. S. 327).
Respicient des Priesterfonds und der Domcapitelscasse: Domcapitular Dr. Nickel (s. S. 327).
Secretär: Geistlicher Rath Berthes (s. S. 327).

Bischöflicher Baumeister: Joseph Dörr.
Rechner der Domcapitelscasse: Canzleirath Wellinger (s. oben).
Rechner der übrigen Fonds: Franz Joseph Beaury.

7) Bischöfliches Seminar.

Vorsteher.

Regens: Domcapitular Dr. Moufang (s. S. 327).
Subregens: Dr. Maximilian Graf von Galen.

Professoren und Docenten.

Domdecan Dr. Heinrich (s. S. 326).
Domcapitular Dr. Moufang (s. S. 327).
" Dr. Hirschel (s. S. 327).
" Dr. Haffner (s. S. 327).
" Ohler (s. S. 327).
Professor Dr. Johannes Holzammer.
" Dr. Heinrich Brück.
Subregens Dr. Graf von Galen (s. oben).
Professor Ludwig Hundhausen.
Assistent: Friedrich Schneider.
Domcapellmeister: Georg Victor Weber.

8) Bischöfliches Convict.

Vorsteher.

Rector: Domprábendat Erler (s. S. 327).
Subrector: Dr. Franz Beringer.

9) Bischöfliche Verwaltung des St. Marienwaisenhauses.

Domcapitular Dr. Haffner (s. S. 327).
Domprábendat Berthes (s. S. 327).
Dompfarrer Thomas (s. S. 335).

Decanate und Pfarrämter.

A. Provinz Starkenburg.

1. Decanat Darmstadt.

Decan: Geheimer Oberstudienrath Dr. Lüft (s. Oberstudiendirection).

Pfarrämter.

1. Pfarramt Darmstadt.

Erster Stadtpfarrer: s. Decan.
Zweiter " Johannes Baptist Beyer.

2. Pfarramt Astheim.

Pfarrer: Ludwig Hermes.

3. Pfarramt Geilsheim.

Pfarrer: unbesetzt.

4. Pfarramt Haßloch.

Pfarrer: Sebastian Kratz.

2. Decanat Bensheim.

Decan: unbesetzt.
Decanatsverwalter: Peter Nauth, Pfarrer in Hofheim.

Pfarrämter.

1. Pfarramt Bensheim.

Pfarrer: Franz Sickinger.
Erster Beneficiat: Jacob Carl Dommerque.
Zweiter " Wilhelm August Kaufmann.

2. Pfarramt Biblis.

Pfarrer: Anton Röder, Definitor.

3. Pfarramt Bürstadt.

Pfarrer: Peter Itzel.

4. Pfarramt Gernsheim.

Pfarrer: Johannes Baptist Specht.

Beneficiat: unbesetzt.
Beneficiatverwalter: Bernard Philippi.

5. Pfarramt Hofheim.

Pfarrer: s. Decanatsverwalter.

6. Pfarramt Lampertheim.

Pfarrer: Peter Sprey, Definitor.

7. Pfarramt Lorsch.

Pfarrer: unbesetzt.
Pfarrverwalter: Theodor Roemer.

8. Pfarramt Viernheim.

Pfarrer: Johannes Euler.

9. Pfarramt Wattenheim.

Pfarrer: Johannes Weber.

3. Decanat Dieburg.

Decan: Dominicus Matthäus Joseph Goy, Pfarrer in Dieburg.

Pfarrämter.

1. Pfarramt Dieburg.

Pfarrer: s. Decan.

2. Pfarramt Eppertshausen.

Pfarrer: Jacob Berger.

3. Pfarramt Groß-Umstadt.

Pfarrer: Heinrich Simon Seib.

4. Pfarramt Groß-Zimmern.

Pfarrer: Johannes Maus, Definitor.

5. Pfarrcuratie Habitzheim.

Pfarrcurat: Valentin Gelzhäuser, Rector in Klein-Zimmern.

6. Pfarramt Hering.

Pfarrer: Franz Schaupp.

7. Pfarramt Mosbach.

Pfarrer: Franz Wiehoff.

8. Pfarramt Münster.

Pfarrer: unbesetzt.
Pfarrverwalter: Franz Joseph Tillmann.

9. Pfarramt Neustadt.

Pfarrer: unbesetzt.
Pfarrverwalter: Friedrich Appel.

10. Pfarramt Nieder-Roden.

Pfarrer: Anton Ochs.

11. Pfarramt Ober-Roden.

Pfarrer: Valentin Köpp, Definitor.

12. Pfarramt Urberach.

Pfarrer: Joseph Johanniß.

4. Decanat Heppenheim.

Decan: Adam Krämer, Pfarrer in Heppenheim. ✠ R II.

Pfarrämter.

1. Pfarramt Birkenau.

Pfarrer: unbesetzt.
Pfarrverwalter: Adam Weber.

2. Pfarramt Erbach.

Pfarrer: Peter Hennig.

3. Pfarramt Fürth.

Pfarrer: Jacob Schmitt.

4. Pfarramt Heppenheim.

Pfarrer: s. Decan.
Beneficiat: Johannes Rettig.

5. Pfarramt Hesselbach.

Pfarrer: unbesetzt.
Pfarrverwalter: Adam Seebacher.

6. Pfarramt Hirschhorn.

Pfarrer: Johann Baptist Dworzak.

7. Pfarramt Lindenfels.

Pfarrer: Engelbert Nachor.

8. Pfarramt Mörlenbach.

Pfarrer: Hubert Bierling, Definitor.

9. Pfarramt Neckar-Steinach.

Pfarrer: Friedrich Joseph Werner.

10. Pfarramt Ober-Abtsteinach.

Pfarrer: Georg Hinkel, Definitor.

11. Pfarramt Unter-Schönmattenwaag.

Pfarrer: Heinrich Doppheimer.

12. Pfarramt Wald-Michelbach.

Pfarrer: Johannes Ries.

13. Pfarramt Wimpfen am Berg.

Pfarrer: Georg Wagner.
Beneficiat: Pfarrer Peter Joseph Boß.

5. Decanat Seligenstadt.

Decan: Johannes Baptist Eckrich, Pfarrer in Weiskirchen.

Pfarrämter.

1. Pfarramt Bieber.

Pfarrer: unbesetzt.

2. Pfarramt Bürgel.

Pfarrer: Caspar Jöst, Definitor.

3. Pfarramt Groß-Steinheim.

Pfarrer: Valentin Ludwig.

4. Pfarramt Heusenstamm.

Pfarrer: Carl Peter Bott.

5. Pfarramt Jügesheim.

Pfarrcurat: Johannes Franz Emmanuel Gölz.

6. Pfarramt Klein-Krotzenburg.

Pfarrer: Carl Fröhlich.

7. Pfarramt Lämmerspiel.

Pfarrer: Michael Winter.

8. Pfarramt Mainflingen.

Pfarrer: Johannes Baptist Greve, Definitor.

9. Pfarramt Mühlheim.

Pfarrer: Philipp Laist.

10. Pfarramt Offenbach.

Pfarrer: Adam Sulzbach.

11. Pfarramt Seligenstadt.

Pfarrer: Leonhard Arzberger. ✠ R. II.
Altarist: Alexander Wenzel.

12. Pfarramt Weiskirchen.

Pfarrer: s. Decan.

B. Provinz Oberhessen.

1. Decanat Ockstadt.

Decan: Philipp Keller, Pfarrer in Ockstadt.

Pfarrämter.

1. Pfarramt Gießen.

Pfarrer: Johannes Rady.

2. Pfarramt Herbstein.

Pfarrer: Joseph Lutz.

3. Pfarramt Nieder-Mörlen.

Pfarrer: Franz Braun, Definitor.

4. Pfarramt Ober-Mörlen.

Pfarrer: Georg Helferich.

5. Pfarramt Ober-Wöllstadt.

Pfarrer: Blasius Bauer.

6. Pfarramt Ockstadt.

Pfarrer: s. Decan.

7. Pfarramt Oppershofen.

Pfarrer: Conrad Reuß, Definitor.

8. Pfarramt Rockenberg.

Pfarrer: Adam Gabel.

9. Pfarramt Wickstadt.

Pfarrer: unbesetzt.
Pfarrverwalter: Anton Joseph Schneider.

2. Decanat Vilbel.

Decan: Georg Jacob Brentano, Pfarrer in Heldenbergen.

Pfarrämter.

1. Pfarramt Engelthal.

Pfarrer: Georg Röder, Definitor.

2. Pfarramt Heldenbergen.

Pfarrer: s. Decan.

3. Pfarramt Holzhausen vor der Höhe.

Pfarrer: Friedrich Christoph Steffner.

4. Pfarramt Ilbenstadt.

Pfarrer: Arnold Philipp Haag, Definitor.

5. Pfarramt Ober-Erlenbach.

Pfarrer: Jacob Brisbois.

6. Pfarramt Bilbel.

Pfarrer: Franz Boll.

Bisthum Fulda.

Decanat Amöneburg.

Pfarramt Ruhlkirchen.

Pfarrer: Georg Paul.

Bisthum Limburg.

Decanat Usingen.

Pfarramt Dorn-Assenheim.

Pfarrer: Peter Caspar Gombert.

Decanat Höchst.

Pfarramt Harheim.

Pfarrer: Joseph Helmann.

C. Provinz Rheinhessen.

1. Decanat Mainz.

Decan: Joseph Schneider, Pfarrer zu St. Quintin.

Pfarrämter.

1. Pfarramt Mainz.

1. Dompfarrei. Pfarrer: Wilhelm Thomas.
2. St. Ignazpfarrei. Pfarrer: Johannes Adam Keller.
3. St. Emmeranspfarrei. Pfarrer: Johannes Baptist Haus.
4. St. Quintinspfarrei. Pfarrer: s. Decan.
5. St. Christophspfarrei. Pfarrer: unbesetzt.
   Pfarrverwalter: s. Decan.
6. St. Stephanspfarrei. Pfarrer: Johannes Peter Merz, geistlicher Rath. ✠ R. 1. -PRA3.
7. St. Peterspfarrei. Pfarrer: Paul Joseph Schmitz. OeFJ3.
8. St. Rochuspfarrei. Pfarrcurat: Johannes Kempf.

2. Pfarramt Kastel.

Pfarrer: unbesetzt.
Pfarrverwalter: Johannes Baptist Jacobi.

3. Pfarramt Kostheim.

Pfarrer: Franz Joseph Kempf.

2. Decanat Alzey.

Decan: Heinrich Mösinger, Pfarrer in Freimersheim.

Pfarrämter.

1. Pfarramt Alzey.

Pfarrer: Heinrich Götz, Definitor.

2. Pfarramt Erbes-Büdesheim.

Pfarrer: Georg Selinger.

3. Pfarramt Flonheim.

Pfarrer: Johannes Baptist Enders.

4. Pfarramt Freimersheim.

Pfarrer: s. Decan.

5. Pfarramt Heimersheim.

Pfarrer: Georg Lenges.

6. Pfarramt Heppenheim im Loch.

Pfarrer: unbesetzt.
Pfarrverwalter: Götz (s. oben).

7. Pfarramt Oberheim.

Pfarrer: Christian Arck.

8. Pfarramt Weinheim.

Pfarrer: Georg Lipp, Definitor.

3. Decanat Bingen.

Decan: Carl Joseph Bender, geistlicher Rath, Pfarrer in Ockenheim. ✠ R. I.

Pfarrämter.

1. Pfarramt Badenheim.

Pfarrer: unbesetzt.
Pfarrverwalter: Peter Drescher.

2. Pfarramt Bingen.

Pfarrer: Johannes Adam Wagner.

3. Pfarramt Büdesheim.

Pfarrer: Laurentius Eser.

4. Pfarramt Dietersheim.

Pfarrer: Adam Schuster.

5. Pfarramt Dromersheim.

Pfarrer: Carl Hilgenreiner.

6. Pfarramt Frei-Laubersheim.

Pfarrer: Damian Kamp.

7. Pfarramt Fürfeld.

Pfarrer: Peter Paul Pfeiffer.

8. Pfarramt Gaulsheim.

Pfarrer: Hermann Rupp.

9. Pfarramt Gensingen.

Pfarrer: Johannes Baptist Eder, Definitor.

10. Pfarramt Kempten.

Pfarrer: Martin Ludwig.

11. Pfarramt Ockenheim.

Pfarrer: s. Decan.

12. Pfarramt Planig.

Pfarrer: Joseph Hirter, Definitor.

13. Pfarramt Sprendlingen.

Pfarrer: Franz Joseph Reuter.

14. Pfarramt Wöllstein.

Pfarrer: Johannes Wohn.

4. Decanat Gau-Bickelheim.

Decan: Johannes Adam Motz, Pfarrer in Nieder-Saulheim.

Pfarrämter.

1. Pfarramt Armsheim.

Pfarrer: unbesetzt
Pfarrverwalter: Franz Schultz.

2. Pfarramt Bechtolsheim.

Pfarrer: Adam Kämmerer.

3. Pfarramt Friesenheim.

Pfarrer: Adam Hammann.

4. Pfarramt Gabsheim

Pfarrer: Reinhard Vogler.

5. Pfarramt Gau-Bickelheim.

Pfarrer: Franz Blum, Definitor.

6. Pfarramt Gau-Weinheim.

Pfarrer: Vincenz Cyrillus Traud.

7. Pfarramt Nieder-Saulheim.

Pfarrer: s. Decan.

8. Pfarramt Ober-Hilbersheim.

Pfarrer: Bernhard Theodor Rochus.

9. Pfarramt Spiesheim.

Pfarrer: Johannes Baptist Mall.

10. Pfarramt Sulzheim.

Pfarrer: Vitus Lutorf.

11. Pfarramt Undenheim.

Pfarrer: Friedrich Joseph Schmitt, Definitor.

12. Pfarramt Vendersheim.

Pfarrer: Werner Beringer.

5. Decanat Nieder-Olm.

Decan: Philipp Anton Nels, Pfarrer in Nieder-Olm.

Pfarrämter.

1. Pfarramt Bretzenheim.

Pfarrer: Johannes Helwig.

2. Pfarramt Ebersheim.

Pfarrer: David Hahn, Definitor.

3. Pfarramt Finthen.

Pfarrer: Heinrich Joseph Reitmayer.

4. Pfarramt Gonsenheim.

Pfarrer: Dominicus Grimm.

5. Pfarramt Hechtsheim.

Pfarrer: Peter Schroth.

6. Pfarramt Klein-Winternheim.

Pfarrer: Georg Joseph Suder.

7. Pfarramt Laubenheim.

Pfarrer: Philipp Johannes Steindecker.

8. Pfarramt Marienborn.

Pfarrer: Stephan Scheurer.

9. Pfarramt Nieder-Olm.

Pfarrer: s. Decan.

10. Pfarramt Ober-Olm.

Pfarrer: Franz Bendix.

11. Pfarramt Weisenau.

Pfarrer: Heinrich Jäger.

12. Pfarramt Zornheim.

Pfarrer: Christoph Kempf, Definitor.

6. Decanat Ober-Ingelheim.

Decan: Anton Eder, Pfarrer in Sauer-Schwabenheim.

Pfarrämter.

1. Pfarramt Badenheim.

Pfarrer: Martin Schumacher.

2. Pfarramt Gau-Algesheim.

Pfarrer: Johannes Anton Waldeck, Definitor.

3. Pfarramt Heidesheim.

Pfarrer: Georg May.

4. Pfarramt Mombach.

Pfarrer: Tobias Thaler.

5. Pfarramt Nieder-Ingelheim.

Pfarrer: Carl Alexander Clodmann, Definitor.

6. Pfarramt Ober-Ingelheim.

Pfarrer: Peter Koser.

7. Pfarramt Sauer-Schwabenheim.

Pfarrer: s. Decan.

7. Decanat Oppenheim.

Decan: Adam Caspar Fortunat Hertel, Pfarrer in Oppenheim. ✠ R. II.

Pfarrämter.

1. Pfarramt Bodenheim.

Pfarrer: Anton Schmelzer.

2. Pfarramt Guntersblum.

Pfarrer: unbesetzt.
Pfarrverwalter: Andreas Auer.

3. Pfarramt Lörzweiler.

Pfarrer: Siegmund Henrici.

4. Pfarramt Nackenheim.

Pfarrer: Franz Anton Steinbecker.

5. Pfarramt Nierstein.

Pfarrer: Peter Blum, Definitor.

6. Pfarramt Oppenheim.

Pfarrer: s. Decan.

7. Pfarramt Weinolsheim.

Pfarrer: Christian Hausknecht, Definitor.

8. Decanat Osthofen.

Decan: Augustin Schilling, Pfarrer in Alsheim.

Pfarrämter.

1. Pfarramt Abenheim.

Pfarrer: Carl Geyer, Definitor.

2. Pfarramt Alsheim.

Pfarrer: s. Decan.

3. Pfarramt Bechtheim.

Pfarrer: Lorenz Gramling.

4. Pfarramt Eich.

Pfarrer: unbesetzt.
Pfarrverwalter: Franz Bangert.

5. Pfarramt Heßloch.

Pfarrer: Johannes Joseph Aloys Kinkel.

6. Pfarramt Osthofen.

Pfarrer: Balthasar Jacobi.

7. Pfarramt Westhofen.

Pfarrer: Adam Schott, Definitor.

9. Decanat Worms.

Decan: Johannes Baptist Sänger, Probst zu St. Peter in Worms.

Pfarrämter.

1. Pfarramt Dalsheim.

Pfarrer: Peter Joseph Alexander.

2. Pfarramt Gundersheim.

Pfarrer: Franz Carl Simon.

3. Pfarramt Gundheim.

Pfarrer: Christoph Joseph Trauth, Definitor.

4. Pfarramt Herrnsheim.

Pfarrer: Joseph Bleger.

5. Pfarramt Hohen-Sülzen.

Pfarrer: unbesetzt.
Pfarrverwalter: Heinrich Greby.

6. Pfarramt Horchheim.

Pfarrer: Johannes Lumpf.

7. Pfarramt Ober-Flörsheim.

Pfarrer: Andreas Freudig.

8. Pfarramt Offstein.

Pfarrer: Georg Eulat.

9. Pfarramt Pfeddersheim.

Pfarrer: Georg Adam Ehrmann.

10. Pfarramt Worms.

St. Martinspfarrei. Pfarrer: Nicolaus Reuß, Definitor.
St. Peterprobstei. Probst: s. Decan.

C. Israelitischer Cultus.

1. Provinz Starkenburg.

Rabbinat Darmstadt. Rabbine: Dr. Julius Landsberger.
" Offenbach. " Dr. Salomon Formstecher.

2. Provinz Oberhessen.

Rabbinat Gießen. Rabbine: Dr. Benedict Samuel Levi.

3. Provinz Rheinhessen.

„	Mainz.	Rabbine:	Dr. Elias Kahn.
„	Alzey.	„	Dr. David Rothschild.
„	Bingen.	„	Dr. Isaac Sobernheim.
„	Worms.	„	unbesetzt.

XI. Oeffentliche Unterrichts- und Bildungsanstalten.

A. Landes-Universität.

Sitz: Gießen.

I. Academische Behörden und Beamte.

1. Rectorat.

(Vom 29. September 1868 bis 29. September 1869.)

Rector: Seine Magnificenz Dr. Rudolph Leuckart. R. I. -RS12.

2. Universitäts-Canzelariat.

Universitätscanzler: Dr. Johannes Michael Franz Birnbaum, Geheimerath. C. I. C. I. -NiL3.

3. Universitäts-Kirche.

Universitätsprediger: Dr. Hesse (s. S. 344).

4. Universitäts-Gericht.

Universitätsrichter: Georg Haberkorn, Regierungsrath. R. I.
Universitätsgerichtsactuar: Carl Schmitt.

5. Universitäts-Bauamt.

Universitätsbaumeister: den Dienst versieht Baurath Holzapfel (s. Kreisbauamt Gießen).

6. Universitäts-Canzlei.

Universitätssecretär: Friedrich Schäffer.
Universitätscanzleidiener: unbesetzt.

7. Universitäts-Rentamt.

Universitätsrentamtmann: den Dienst versieht Universitätsgerichtsactuar Schmitt (s. S. 342).

8. Universitäts-Bibliothek.

Universitätsbibliothekar: Professor Dr. Schäfer (s. S. 345).
Universitätsbibliothekdiener: Philipp Vogel.

9. Universitäts-Gärtnerei.

Universitätsgartendirector: Professor Dr. Hoffmann (s. S. 345).
Universitätsgärtner: Friedrich Müller.
Universitätsgartengehülfe: Heinrich Weiß.

10. Universitäts-Hospitalverwaltung.

Universitätshospitalverwalter: Georg Kuhlmann. ✠ R. II. ✠ ⊕-BdGM.

11. Universitäts-Polizei.

Erster Pedell: Caspar Ruckelshausen. ▬ ⊕-BdGM.
Zweiter „ Johannes Kißler. ✠ ⊕-BdGM.
Dritter „ und Carcerdiener: unbesetzt.

12. Universitäts-Diener.

Erster Universitätsdiener: Heinrich Zimmermann. ✠ R. II.
Zweiter „ Johannes Sippel. ▬

13. Universitäts-Hausverwaltung.

Hausbeschließer: Conrad Gerbode.

II. Academische Lehrer.

1. Evangelisch-theologische Facultät.

a) Ordentliche Professoren.

Dr. Hermann Hesse. ✠ R. I.
Dr. Wilhelm Heinrich Dorotheus Eduard Köllner. SEHO5.
Dr. August Dillmann. ✠ R. I.
Dr. Friedrich Nitzsch.

b) Privatdocenten.

Dr. Georg Krumm.
Dr. Wilhelm Weiffenbach.

2. Juristische Facultät.

a) Ordentliche Professoren.

Canzler Dr. Birnbaum (s. S. 342).
Dr. Friedrich Wilhelm Hermann Wasserschleben, Geheimer Justizrath. ✠ R. I.
Dr. Ferdinand Regelsberger.
Dr. Oscar Bülow.

b) Privatdocenten.

Dr. Johannes Baptist Braun.
Dr. Ernst Zimmermann.

3. Medicinische Facultät.

a) Ordentliche Professoren.

Dr. Adolph Wernher, Geheimer Medicinalrath. ✠ R. I.
Dr. Julius Wilbrand.
Dr. Rudolph Buchheim, Kaiserlich Russischer Staatsrath. RS12.
Dr. Conrad Eckhard.
Dr. Eugen Seitz.
Dr. Alexander Winther.
Dr. Johannes Georg Pflug, ordentlicher Honorarprofessor.

b) Außerordentliche Professoren.

Dr. Johannes Baptist Wetter.

Dr. Friedrich Birnbaum.

Dr. Ferdinand Kehrer.

c) Privatdocenten.

Medicinalrath Dr. Stammler (s. S. 286).

Dr. Hermann Baur.

Dr. Hugo Gerold.

Dr. Leonhard, zweiter Lehrer an dem veterinärärztlichen Institut (s. S. 290).

4. Philosophische Facultät.

a) Ordentliche Professoren.

Dr. Heinrich Schäfer. ✠ R. I. -PC2.

Dr. Johannes August Bullers. ✠ R. I. -RSt2.

Dr. Heinrich Buff. ✠ R. I.

Dr. Leopold Schmid. ✠ R. I.

Dr. Hugo von Ritgen, Baurath. ✠ R. I. -PKr3.-PRA4.-SWF3.-RAnn3.-NiEK4.

Dr. Anton Lutterbeck.

Dr. Wilhelm Stahl. ✠ R. I. -PRA4.

Dr. Gustav Schilling.

Dr. Heinrich Will. ✠ R. I.

Dr. Hermann Hoffmann.

Dr. Ludwig Lange. ✠ R. I.

Dr. Leuckart (s. S. 342).

Dr. Ludwig Lemcke.

Dr. August Streng.

Dr. Friedrich Ludwig Carl Weigand. ✠ R. I.

Dr. Richard Heß.

b) Außerordentliche Professoren.

Dr. Ludwig Noack.

Dr. Theophil Engelbach.

Dr. Eduard Lübbert.

Dr. Paul Gordan.

Dr. Carl Zöppritz.

Dr. Sigmund Abel.
Dr. Wilhelm Braubach, Realschuldirector in Pension.
Dr. Georg Zimmermann.
Dr. Robert von Schlagintweit. ✠ R. I. -PRA4.-WK3.-HG5. -SWF4-PaepstGJ4.
Dr. Friedrich Heinzerling.
Oberförster Dr. Heyer, zweiter Lehrer der Forstwissenschaft (s. Oberförsterei Gießen).

c) Privatdocenten.

Dr. Alexander Naumann.
Dr. Heinrich Ullmann.
Dr. Alexander Brill.
Dr. Max Joseph Höfner.
Dr. Wilhelm Clemm.

5. Lehrer der freien Künste.

Universitätsreitlehrer: Heinrich Freiherr Gremp von Freudenstein, Stallmeister.
Universitätsmusiklehrer: Carl Friedrich Wilhelm Mickler.
Universitäts-Tanz- und Fechtlehrer: Heinrich Röse. [illegible] ✠-BdGM.

III. Beamte academischer Unterrichts-Institute.

Assistenzarzt an dem medicinischen Clinicum: Dr. Carl Wernher.
" " " chirurgischen " Dr. Heinrich Bose.
Conservator des pathologischen Cabinets: unbesetzt.
Universitätsanatomiediener: Heinrich Seeth.

B. Museum.

1. Hofbibliothek-Direction.

Sitz: Darmstadt.

Director: Dr. Johannes Wilhelm Mitzenius. ✠ R. I.
Hofbibliothekar: Dr. Walther (s. S. 196).
Hofbibliotheksecretär 1. Classe: Dr. Wilhelm Maurer.
" " 2. " Ludwig Wörner.
Hofbibliothek-Canzleiinspector: Secretär Mendel (s. S. 196).
Hofbibliothekdiener: Conrad Ereter.

2. Museums-Direction.

Sitz: Darmstadt.

Director: Ministerialrath Schleiermacher (s. Ministerium der Finanzen).

Inspector der Gemäldegallerie: Rudolph Hofmann.

Inspector des Naturaliencabinets: Dr. Jacob Kaup, Professor. ✠ R. 1. -DD4.

Conservator: Friedrich Kerz.

Inspector des Kupferstichcabinets: Inspector Hofmann (s. oben).

Museumsdiener: Georg Anton Ackermann.

C. Historiograph des Großherzoglichen Hauses und des Großherzogthums.

Dr. Wilhelm Steiner, Hofrath. ✠ R. 1. ✠ R. 1. -NGVM. -SchwGVM.

D. Oberstudien-Direction.

Sitz: Darmstadt.

Director.

Friedrich Kritzler, Geheimerath. ✠ R. 1. ✠ R. I. -RSt2.

Oberstudienräthe.

Dr. Johannes Baptist Lüft, Geheimer Oberstudienrath, erster katholischer Stadtpfarrer in Darmstadt, Ehrendomcapitular der Diöcese Mainz, Ehrenmitglied der Universität Prag. ✠ R. 1. -BrM4.

Adolph Ludwig Freiherr von Stein zu Lausnitz, Geheimer Oberstudienrath. ✠. ✠ R. 1.

Dr. Carl Wagner. ✠ R. 1.

Oberconsistorialrath Dr. Görling (s. S. 291).

Secretariat.

Oberstudiensecretär: Johannes Georg Schüssler.
" Wilhelm Ackermann.

Registratur und Protocoll.

Registrator und Protocollist: Johannes Paul Klöß, Secretär. ✠ R. II.

Canzlei.

Canzleiinspector: Gustav Renting.
Canzlist 1. Classe: Eduard Bachmann.

Canzleidiener.

Franz Alberty. ✠ ✠

---

1. Prüfungs-Commission zur Prüfung der Schulamts-Aspiranten.

Sitz: Darmstadt.

Präsident.

Geheimerath Kritzler (s. S. 347).

Mitglieder.

Geheimer Oberstudienrath Dr. Lüst (s. S. 347).
Oberstudienrath Dr. Wagner (s. S. 347).
Oberconsistorialrath Dr. Göring (s. S. 291).

Secretariat, Registratur, Protocoll und Canzlei.

Den Dienst versieht das betreffende Personal der Oberstudien-direction (s. oben).

Canzleidiener.

Den Dienst versieht Canzleidiener Alberty (s. oben).

---

2. Gymnasien.

Provinz Starkenburg.

a) Gymnasium in Darmstadt.

Director.

Dr. Christian Boßler, Professor. ✠ R. I.

Ordentliche Lehrer.

Friedrich Heinrich Haas, Hofrath. ✠ R. I.
Dr. Friedrich Georg Zimmermann, Professor.
Dr. Franz Bender, Hofrath.
Dr. Ludwig Adolph Hüffel, Professor.
Heinrich Wagner, Professor.
Theodor Becker, Hofrath.
Dr. Ferdinand Victor Lucius, Professor.
Dr. Wilhelm Uhrig.
Dr. Conrad Lips.
Dr. Carl Boßler.

Außerordentliche Lehrer.

Gymnasiallehrer Dr. Lucius (s. oben).
Pfarrer Beyer (s. S. 330).
Geheimer Oberbaurath Dr. Müller (s. Oberbaudirection).
Hofkupferstecher Rauch (s. S. 186).
Canzleisecretär Müller (s. S. 252).
Hofvocalmusikdirector Mangold (s. S. 201).

Rechner.

Rechnungsrath Reuling (s. S. 293).

Pedell.

Philipp Roßmann. ✠ ✠

---

b) Gymnasium in Bensheim.

Director.

Dr. Johannes Baptist Geyer.

Ordentliche Lehrer.

Beneficiat Dommerque (s. S. 330).
Beneficiat Kaufmann (s. S. 330).
Franz Xaver Stoll.
Andreas Fritzmann.

Außerordentliche Lehrer.

Johannes Merz.
Joseph Lippert.

Rechner.

Franz Halnz.

Pedell.

Benedict Deppert.

Provinz Oberhessen.

a) Gymnasium in Gießen.

Director.

Dr. Eduard Geist. ✠ R. I.

Ordentliche Lehrer.

Dr. Wilhelm Diehl.
Dr. Johannes Heinrich Hainebach, Professor.
Carl Glaser, Professor.
Dr. Ferdinand Anton Beck, Professor.
Alexander Naumann.
Ludwig Wittmann.
Dr. Carl Gaquoin.

Außerordentliche Lehrer.

Gymnasiallehrer Glaser (s. oben).
Pfarrverweser Carl Gölz.
Gymnasiallehrer Dr. Beck (s. oben).

Rechner.

Den Dienst versieht Universitätsgerichts-Actuar Schmitt (s. S. 342).

Pedell.

Johannes Berhold. ✠ ✠-BdGM.

---

b) Gymnasium in Büdingen.

Director.

Dr. Ludwig Krämer.

Ordentliche Lehrer.

Ludwig Albert Steinhäuser.
Dr. Franz Blümmer.
Dr. Wilhelm Schmidt.
Dr. Carl Oßwald.

Außerordentliche Lehrer.

Decan Meyer (s. S. 306).
Stadtschullehrer Wilhelm Flach.
Stadtschullehrer Philipp Heinrich Fix.

Rechner.

Den Dienst versieht der Stadtschullehrer Fix (s. oben).

Pedell.

Johannes Bapst.

Provinz Rheinhessen.

a) Gymnasium in Mainz.

Director.

Heinrich Bone. ✠ R. 1.

Ordentliche Lehrer.

Dr. Karl Klein, Professor. ✠ R. 1.
Dr. Jacob Aloys Becker, Professor.
Dr. Johannes Heinrich Hennes, Professor.
Dr. Michael Vogel, Professor.
Dr. Johannes Baptist Killian.
Dr. Johannes Baptist Keller.
Wilhelm Kiefer.
Dr. Stephan Ludwig Noiré.
Dr. Joseph Stigell.
Dr. Carl Joseph Hallemer.
Dr. Paul Reis.
Carl Ludwig Schall.
Jacob Schlenger.

Außerordentliche Mitglieder.

Pfarrer Bauer (s. S. 320).
Caplan Joseph Kempf.
Ludwig Lindenschmit. ⊕-FEL5.
Georg Anton Urmetzer.
Adam Cornelius Hom.
Georg Christian Bey.
Ferdinand Werner.

Rechner.

Den Dienst versieht die Generalreceptur des Mainzer Universitäts- und Stipendien-Fonds.

Pedell.

Johannes Sommer.

---

b) Gymnasium in Worms.

Director.

Dr. Wilhelm Wiegand. ✠ R. I.

Ordentliche Lehrer.

Johannes Baptist Seipp, Professor.
Dr. Ferdinand Höbel.
Christian Schüler.
Dr. Ludwig Glaser.
Dr. Emil Willenbücher.
Peter Danz.
Dr. Rudolph Marx.
Joseph Heilger.
Hector Olff.

Außerordentliche Lehrer.

August Wundt.
Pfarrer Reuß (s. S. 341).
Reinhard Hoffmann.

Rechner.

Georg Vogelsberger. ✠ SK.

Pedell.

Johannes Günther. ⊕-BdGM.

---

3. Technische Schule.

Sitz: Darmstadt.

Director.

Dr. Philipp Fischer, Professor.

Ordentliche Lehrer.

Dr. Heinrich Künzel, Hofrath.
Dr. Rudolph Dreser.
Dr. Philipp Büchner, Professor.
Philipp Walbler.
Dr. Heinrich Dölp.
Dr. Eugen Thiel.
Dr. Adam Nell.
Joseph Kumpa.
Gustav Eger.

Außerordentliche Lehrer.

Caplan Conrad Sickinger.
Emmanuel Stern.
Hofvocalmusikdirector Mangold (s. S. 201).

Rechner.

Carl Schwarz.

Pedell.

Constantin Witzel. ✠ C-BdGM.

---

4. Realschulen.

Provinz Starkenburg.

a) Realschule in Darmstadt.

Director.

Theodor Hofmann.

Ordentliche Lehrer.

Carl Hickler.
Hermann Lorey.
Dr. Ludwig Külp.
Dr. Ludwig Schäffer.
Dr. Carl Diehl.

Außerordentliche Lehrer.

Stadtpfarrer Ritsert (s. S. 295). | Georg Geyer.
Caplan Sickinger (s. S. 353). | Hofkupferstecher Rauch (s. S. 186).

Rechner.

Gustav Otto Michell.

Pedell.

Georg Delp.

---

b) Realschule in Michelstadt.

Director.

Wilhelm Friedrich Becker.

Ordentliche Lehrer.

Theodor Litt. | Ludwig Langrock.
Friedrich Kromm. | Dr. Johannes Burger.

Außerordentliche Lehrer.

Georg Roth. | Wilhelm Hilß.

Rechner.

Leonhard Weihrauch.

Pedell.

Johannes Georg Hutler.

---

c) Realschule in Offenbach.

Director.

Friedrich Wilhelm Greim.

Ordentliche Lehrer.

Georg Andreas Walter. | Theodor Walther.
Jacob Stroh. | Ernst Ritsert.
Dr. Ludwig Matthes. | Johannes Hilß.
Johannes Christoph Kuhl.

Außerordentliche Lehrer.

Caplan Georg Herrmann.
Georg Wilhelm Bode.
Dr. Carl Heinrich Serger.
Johannes Georg Kühn.
Martin Stellwagen.
Carl Bode.

Rechner.

Christian Grebe.

Pedell.

Simon Peter Roll.

Provinz Oberhessen.

a) Realschule in Gießen.

Director.

Dr. Georg Ernst Stein.

Ordentliche Lehrer.

Dr. Theodor Ludwig Tasché.
Dr. Christian Otto Buchner.
Dr. Otto Grabendorf.
Dr. Emil Glaser.
Ludwig Wilhelm Bayerer.
Dr. Carl Landmann.

Außerordentlicher Lehrer.

Wilhelm Ludwig Schwabe.

Rechner.

Johannes Enders, Stadtrentmeister.

Pedell.

Johannes Georg Link.

b) Realschule in Alsfeld.

Director.

Johannes Michael Schäfer.

Ordentliche Lehrer.

Realschuldirector Schäfer (s. S. 355).
Friedrich Götz.
Friedrich Ludwig Damian Rolz.
Wilhelm Klingelhöffer.
Ludwig Langrock.

Außerordentlicher Lehrer.

Philipp Müller.

Rechner.

Stadtrechner August Waldeck.

Pedell.

Werner Bauer.

---

c) Realschule in Friedberg.

Director.

Dr. Johannes Friedrich Ludwig Möller.

Ordentliche Lehrer.

Ernst Klein.
Dr. Eduard Friedrich Schmid.
Heinrich Blickhahn.
Carl Hanstein.

Außerordentliche Lehrer.

Beneficiat Peter Itzel.
August Storger.
Jacob Volck.
Hermann Lang.

Rechner.

Stifts- und Kirchenrechner Carl Heldt.

Pedell.

Johannes Herold.

Provinz Rheinhessen.

a) Realschule in Mainz.

Director.

Dr. Friedrich Schödler. R. I.

Ordentliche Lehrer.

Andreas Schuhmacher.
Wilhelm Kölsch.
Johannes Simon.
Ferdinand Albert.

Außerordentliche Lehrer.

Pfarrer Dr. Steinmetz (s. S. 320).
Dr. Jacob Bamberger.
Adam Werner.
Gymnasiallehrer Bey (s. S. 352).
Jacob Magnus.

Rechner.

Carl Westhofen.

Pedell.

Johannes Peter Jäger.

---

b) Realschule in Alzey.

Director.

Dr. Adalbert Becker.

Ordentliche Lehrer.

Georg Paul Gerlach.
Johannes August Zimmer.
Dr. Philipp Diehl.
Eduard Bechtold.
Joseph Babst.
Georg Welhrich.
Johannes Heiß.

Außerordentliche Lehrer.

Pfarrer Bennighof (s. S. 321).
Pfarrer Götz (s. S. 336).
Ludwig Stiebel.

Rechner.

Franz Wilhelm Lavalle.

Pedell.

Jacob Silerle.

c) Realschule in Bingen.

Director.

Ernst Gottlieb Eduard Sander.

Ordentliche Lehrer.

Georg Franz Joseph Hillebrand.
Johannes Matthias Mühr.
Johannes Eduard Würth.

Außerordentliche Lehrer.

Pfarrer Thon (s. S. 321).
Caplan Johannes Jacobi.
„ Johannes Baptist Beringer.
Georg Sieben.
Johannes Georg Busch.
Adam Weber.

Rechner.

Friedrich Hettrich.

Pedell.

Den Dienst versieht Catharine Fuchs.

5. Schullehrer-Seminarien.

a) Evangelisches Schullehrer-Seminar.
Sitz: Friedberg.

Director.

Carl Christoph Steinberger.

Ordentliche Lehrer.

Carl Thurn.
Johannes Wahl.
Friedrich Soldan.
Wilhelm Stamm.
Johannes Friedrich Schmidt.

Außerordentliche Lehrer.

Professor Dr. Köhler (s. S. 293).
Director Dr. Matthias (s. S. 360).

Rechner.

Seminarlehrer Thurn (s. S. 358).

Pedell.

Den Dienst versieht Georg Briel.

---

b) Katholisches Schullehrer-Seminar.

Sitz: Bensheim.

Director.

Caspar Glab.

Ordentliche Lehrer.

Seminardirector Glab (s. oben).
Jacob Weinheim.
Jacob Classert.
Georg Köpp.

Rechner.

Seminarlehrer Köpp (s. oben).

Pedell.

Conrad Schröck.

---

6. Unterrichts-Anstalten für Taubstumme und für Taubstummen-Lehrer.

a) In Bensheim.

Director.

Jacob Buchinger.

Lehrer.

Wilhelm Hemmes.
Eine Industrielehrerin.

Rechner.

Lehrer Hemmes (s. oben).

Pedell.

Unbesetzt.

---

b) In Friedberg.

Director.

Dr. Ludwig Christian Matthias.

Lehrer.

Georg Rühl. | Carl Heyland.
Heinrich Billasch.

Rechner.

Lehrer Rühl (s. oben).

Pedell.

Andreas Gerhardt.

---

7. Direction des botanischen Gartens.

Sitz: Darmstadt.

Director: Dr. Heinrich Hanstein.
Obergärtner: Peter Schmidt.

---

8. Kreis-Schulcommissionen.

A. Provinz Starkenburg.

1. Kreis-Schulcommission Darmstadt.

Vorsitzendes Mitglied.

Provinzialdirector von Willich (s. S. 272).

Ordentliche Mitglieder.

Evangelischer Decan Dr. Rinck (s. S. 291).
" Pfarrer Thurn (s. S. 295).
" Pfarrer Hein (s. S. 297).
" Mitprediger Dr. Fridolin Wagner.
Katholischer Decan Dr. Lüft (s. S. 347).

2. Kreis-Schulcommission Bensheim.

Vorsitzendes Mitglied.

Kreisrath Knorr (s. S. 275).

Ordentliche Mitglieder.

Evangelischer Decan Dornseiff (s. S. 303).
" Pfarrer Fischer (s. S. 304).
Katholischer " Specht (s. S. 330).

Außerordentliches Mitglied.

Schullehrer-Seminardirector Glad (s. S. 359).

3. Kreis-Schulcommission Dieburg.

Vorsitzendes Mitglied.

Kreisrath Küchler (s. S. 275).

Ordentliche Mitglieder.

Evangelischer Decan Müller (s. S. 299).
" Pfarrer Wörishöffer (s. S. 303).
Katholischer Decan Goß (s. S. 331).

4. Kreis-Schulcommission Erbach.

Vorsitzendes Mitglied.

Kreisrath Freiherr von Schenck zu Schweinsberg (s. S. 275).

Ordentliche Mitglieder.

Evangelischer Pfarrer Wagner (s. S. 298).
Katholischer " Hennig (s. S. 332).

Außerordentliches Mitglied.

Realschuldirector Becker (s. S. 354).

5. Kreis-Schulcommission Groß-Gerau.

Vorsitzendes Mitglied.

Kreisrath Dr. Böckmann (s. S. 275).

Ordentliche Mitglieder.

Evangelischer Pfarrer Heumann (s. S. 296).
" " Finck (s. S. 299).
Katholischer " Hermes (s. S. 330).

6. Kreis-Schulcommission Heppenheim.

Vorsitzendes Mitglied.

Kreisrath Gräff (s. S. 286).

Ordentliche Mitglieder.

Evangelischer Decan Dornseiff (s. S. 303).
Katholischer „ Krämer (s. S. 332).

7. Kreis-Schulcommission Lindenfels.

Vorsitzendes Mitglied.

Kreisrath Römheld (s. S. 276).

Ordentliche Mitglieder.

Evangelischer Decan Marchand (s. S. 300).
Katholischer Pfarrer Vierling (s. S. 332).

8. Kreis-Schulcommission Neustadt.

Vorsitzendes Mitglied.

Kreisrath Hoffmann (s. S. 276).

Ordentliche Mitglieder.

Evangelischer Decan Weiß (s. S. 301).
„ Pfarrer Groh (s. S. 301).

Außerordentliches Mitglied.

Katholischer Pfarrverwalter Appel (s. S. 331).

9. Kreis-Schulcommission Offenbach.

Vorsitzendes Mitglied.

Kreisrath Freiherr von Starck (s. S. 286).

Ordentliche Mitglieder.

Katholischer Pfarrer Arzberger (s. S. 333).
Schulinspector Dr. Friedrich Wilhelm Sommerlad.

Außerordentliches Mitglied.

Katholischer Pfarrer Bott (s. S. 333).

10. Kreis-Schulcommission Wimpfen.

Vorsitzendes Mitglied.

Regierungsrath Dr. Spamer (s. S. 276).

Ordentliche Mitglieder.

Evangelischer Pfarrer Scriba (s. S. 303).
Katholischer " Wagner (s. S. 332).

B. Provinz Oberhessen.

1. Kreis-Schulcommission Gießen.

Vorsitzendes Mitglied.

Provinzialdirector Goldmann (s. S. 276).

Ordentliche Mitglieder.

Gymnasialdirector Dr. Geist (s. S. 350).
Gymnasiallehrer Glaser (s. S. 350).
Evangelischer Decan Landmann (s. S. 305).

2. Kreis-Schulcommission Alsfeld.

Vorsitzendes Mitglied.

Regierungsrath Frölich (s. S. 278).

Ordentliche Mitglieder.

Evangelischer Decan Ebel (s. S. 315).
" " Dingeldein (s. S. 305).

Außerordentliches Mitglied.

Realschuldirector Schäfer (s. S. 355).

3. Kreis-Schulcommission Büdingen.

Vorsitzendes Mitglied.

Regierungsrath Follenius (s. S. 278).

Ordentliche Mitglieder.

Evangelischer Decan Meyer (s. S. 306).
" Pfarrer Thylmann (s. S. 307).

4. Kreis-Schulcommission Friedberg.

Vorsitzendes Mitglied.

Regierungsrath Trapp (s. S. 278).

Ordentliche Mitglieder.

Evangelischer Decan Blumhof (s. S. 308).
Katholischer " Keller (s. S. 333).

Außerordentliche Mitglieder.

Schullehrer-Seminar-Director Steinberger (s. S. 358).
Evangelischer Pfarrer Engelbach (s. S. 308).

5. Kreis-Schulcommission Grünberg.

Vorsitzendes Mitglied.

Kreisrath Schaaf (s. S. 278).

Ordentliche Mitglieder.

Evangelischer Decan Habicht (s. S. 311).
" Pfarrer Eckhard (s. S. 312).

6. Kreis-Schulcommission Lauterbach.

Vorsitzendes Mitglied.

Kreisrath von Kopp (s. S. 278).

Ordentliche Mitglieder.

Evangelischer Oberpfarrer Schäfer (s. S. 316).
" " Trautwein (s. S. 315).
" Pfarrer Rodemer (s. S. 315).
Katholischer " Lutz (s. S. 334).

7. Kreis-Schulcommission Nidda.

Vorsitzendes Mitglied.

Regierungsrath Dr. Rautenbusch (s. S. 279).

Ordentliche Mitglieder.

Evangelischer Decan Heinrichs (s. S. 310).
" Pfarrer Hofmeyer (s. S. 317).

8. Kreis-Schulcommission Schotten.

Vorsitzendes Mitglied.

Kreisrath Freiherr Röder von Diersburg (s. S. 279).

Ordentliche Mitglieder.

Evangelischer Decan Kühn (s. S. 319).
" Pfarrer Eckhardt (s. S. 319).

9. Kreis-Schulcommission Vilbel.

Vorsitzendes Mitglied.

Kreisrath von Zangen (s. S. 279).

Ordentliche Mitglieder.

Evangelischer Decan Ferlisch (s. S. 317).
Katholischer " Brentano (s. S. 334).

C. Provinz Rheinhessen.

1. Kreis-Schulcommission Mainz.

Vorsitzendes Mitglied.

Geheimerath Schmitt (s. S. 320).

Ordentliche Mitglieder.

Evangelischer Pfarrer Bauer (s. S. 320).
Katholischer Decan Schneider (s. S. 335).

2. Kreis-Schulcommission Alzey.

Vorsitzendes Mitglied.

Kreisrath Wolff (s. S. 282).

Ordentliche Mitglieder.

Evangelischer Pfarrer Wirthwein (s. S. 324).
Katholischer [illegible] Selinger (s. S. 336).

3. Kreis-Schulcommission Bingen.

Vorsitzendes Mitglied.

Kreisrath Parcus (s. S. 282).

Ordentliche Mitglieder.

Evangelischer Decan Ritsert (s. S. 321).
Katholischer Pfarrer Wagner (s. S. 336).

Außerordentliches Mitglied.

Justizrath Dr. Müller (s. Friedensgericht Ober-Ingelheim).

4. Kreis-Schulcommission Oppenheim.

Vorsitzendes Mitglied.

Kreisrath Schmidt (s. S. 282).

Ordentliche Mitglieder.

Evangelischer Pfarrer Romberger (s. S. 322).
Katholischer Decan Hertel (s. S. 339).

8. Kreis-Schulcommission Worms.

Vorsitzendes Mitglied.

Regierungsrath Pfannebecker (s. S. 280).

Ordentliche Mitglieder.

Evangelischer Pfarrer Briegleb (s. S. 326).
Katholischer Decan Sänger (s. S. 341).

---

9. Verwaltung der Schulfonds:

Verwaltung des Schulfonds für die Provinz Starkenburg.

Sitz: Darmstadt.

Rechner: Rechnungsrath Reuling (s. S. 293).

Verwaltung des Schulfonds für die Provinz Oberhessen.

Sitz: Gießen.

Rechner: Georg Benjamin Körber.

Verwaltung des Schulfonds für die Provinz Rheinhessen.

Sitz: Mainz.

Rechner: Regierungsaccessist Peter Thierry.

Verwaltung der May'schen Schul-Unterstützungs-Stiftung.

Sitz: Darmstadt.

Verwalter: Carl Schwarz.
Controleur: den Dienst versieht Secretär Klöß (s. S. 348).

---

10. Verwaltung der Schullehrer-Wittwen-Casse.

Sitz: Darmstadt.

Rechner: Rechnungsrath Reuling (s. S. 293).

XII. Behörden für Landes-Statistik, Landwirthschaft, Handel, Gewerbe und Industrie.

1. Centralstelle für die Landes-Statistik.

Sitz: Darmstadt.

Vorsitzendes Mitglied.

Geheimerath Maurer (s. S. 271).

Mitglieder.

Geheimerath Wernher (s. Oberrechnungskammer).
Obersteuerdirector Dr. Hügel (s. Obersteuerdirection).
Professor Dr. Stahl (s. S. 345).
Ministerialrath Schleiermacher (s. Ministerium der Finanzen).
Geheimer Obersteuerrath Ewald (s. Obersteuerdirection).
Obersteuerrath Welcker (s. Obersteuerdirection).
Director Dr. Fischer (s. S. 353).
Oberforstrath von Stockhausen (s. Ober-Forst- und Domänen-Direction).
" Bose (s. Ober-Forst- und Domänen-Direction).
Geheimer Bergrath Rößler (s. Münzdeputation).
Commerzienrath Fink (s. S. 373).
Oeconomierath Dr. Krämer (s. S. 371).
Hofgerichtsrath Dr. Kleinschmidt (s. Hofgericht der Provinz Starkenburg).
Obermedicinalrath Dr. Vix (s. S. 244).

Calculatur.

Revisor: Ludwig Philipp Zaubitz.

Registratur und Protocoll.

Den Dienst versieht Revisor Zaubitz (s. oben).

Canzlei.

Canzlist 1. Classe: Carl Frank. ✠-BdGM.

Pedell.

Becker (s. S. 272).

2. Centralstelle für die Landwirthschaft und die landwirthschaftlichen Vereine.

Sitz: Darmstadt.

Präsident.

Seine Excellenz Geheimerath von Bechtold (s. S. 269).

Generalsecretariat.

Generalsecretär: Dr. August Adolph Krämer, Oeconomierath.

Pedell.

Speyer (s. S. 373).

---

3. Landgestüts-Direction.

Sitz: Darmstadt.

Director.

Den Dienst versieht Seine Excellenz der Oberststallmeister Freiherr van der Capellen (s. S. 182).

Technisches Mitglied.

Obermedicinalrath Wüst (s. S. 284).

Secretariat, Registratur, Protocoll und Canzlei.

Den Dienst versehen:

Hofstallcassier Wamser (s. S. 196).

Hofstallsecretär Neßling (s. S. 195).

Rechner.

Den Dienst versieht Hofstallcassier Wamser (s. S. 196).

Landstallmeister.

Seine Excellenz Freiherr van der Capellen (s. oben).

Landgestütsarzt.

Dr. Carl Eigenbrodt.

Landgestütsveterinärarzt.

Obermedicinalrath Wüst (s. S. 284).

Landgestütsfouragemeister.

Heinrich Karl. BdGM.

Landgestütsdiener.

Johannes Schneider, Landgestütsfouragemeister.

Lorenz Schwärzel.
Jacob Metzger.
Ludwig Koch.
Peter Zimmer.
Georg Weber.
Heinrich Kell.
Johannes Schäfer.
Peter Demmler.
Justus Schaffner.
Friedrich Sponagel.
Valentin Heß.
Philipp Andreas.
Johannes Haman.
Philipp Edinger.
Heinrich Metz.
Johannes Peiry.

Landgestütsbeiknechte.

Johannes Georg Rinck.
Johannes Jacob Weber.
Friedrich Vogel.
August Dauppert.

---

4. Handelskammern.

a) Handelskammer in Darmstadt.

Präsident.

Franz Weber.

Mitglieder.

Carl August Hemmerde.
Gustav Hickler.
Georg Jorbis.
Wilhelm Merck.
Wilhelm Schwab.
Friedrich Wenck.

Secretariat.

Secretär: Finanzaccessist Ferdinand Leydhecker.

Pedell.

Peter Emge.

b) Handelskammer in Offenbach.

Präsidenten.

Erster Präsident: Julius Mönch, lebenslängliches Mitglied der ersten Kammer der Stände. R. I.
Zweiter „ Carl Theodor Wecker.

Mitglieder.

Ludwig August Hill.
Carl Matthias.
Friedrich Mutzbauer.
Johannes Naumann.
Heinrich Rödiger.
Heinrich Pfaltz.
Franz Weintraub.

Secretariat.

Secretär: Hofgerichtsadvocat Andres (s. Hofgerichtsadvocaten der Provinz Starkenburg).

Pedell.

Georg Jünger.

c) Handelskammer in Mainz.

Präsident.

Christian Lauteren, Commerzienrath und lebenslängliches Mitglied der ersten Kammer der Stände. R. I. -OeEKr3.-BrM4.

Mitglieder.

Christian Adalbert Kupferberg.
Ernst Mayer.
Ernst Peez.
Ludwig Reuleaux.
Commerzienrath Röschel (s. Handelsgericht).
Carl Schmitz.
Friedrich Schmitz.
Balthasar Schröder.

Secretariat.

Secretär: Dr. Carl Lambinet.

Pedell.

Valentin Kipp.

d) Handelskammer in Bingen.

Präsident.

Carl Gräff.

Mitglieder.

Franz Allmann.
Heinrich Brück.
Johannes Baptist Schmitt.
Moritz Lazarus Seckel.

Secretariat.

Secretär: Friedrich Heltrich.

Pedell.

Unbesetzt.

e) Handelskammer in Worms.

Präsident.

Commerzienrath Heyl (s. S. 262).

Mitglieder.

Franz Betz.
Johannes Baptist Dörr.
Salomon August Michaelis.
Franz Valkenberg.

Secretariat.

Secretär: unbesetzt.

Pedell.

Georg Ruff.

Generalsecretär.

Franz Fink, Commerzienrath. ✠ R. I. - PRA3. - PKr3. - WGVM. -BdZL3-PELb.

Rechner.

Den Dienst versieht Hofrath Feidel (s. Hauptstaatskassedirection).

Pedell.

Philipp Speyer.

6. Bank für Handel und Industrie.

Sitz: Darmstadt.

Großherzogliche Commissäre.

Seine Excellenz Oberstkammerherr Freiherr von Nordeck zur Rabenau (s. S. 182).
Seine Excellenz Geheimerath von Bechtold (s. S. 269).

7. Bank für Süddeutschland.

Sitz: Darmstadt.

Großherzogliche Commissäre.

Präsident Dr. Goldmann (s. S. 284).
Geheimer Oberstudienrath Freiherr von Stein zu Lausnitz (s. S. 347).

8. Hessische Ludwigsbahn-Gesellschaft.

Sitz: Mainz.

Großherzogliche Commissäre.

Commissär: Oberbaurath Dr. Breidert (s. Oberbaudirection).
Stellvertreter: Geheimer Bergrath Rößler (s. Münzdeputation).

9. Homburger Eisenbahn-Gesellschaft.
Sitz: Homburg.

Grossherzoglicher Commissär.

Kreisrath von Zangen (s. S. 279).

XIII. Brandversicherungs-Commission.
Sitz: Darmstadt.

Vorsitzendes Mitglied.

Geheimerath Maurer (s. S. 271).

Mitglieder.

Oberrechnungsrath Backé (s. Oberrechnungskammer).
Hofgerichtsrath Zimmermann (s. Hofgericht der Provinz Starkenburg).

Secretariat.

Secretär: Friedrich Krömmelbein.

Registratur, Protocoll und Canzlei.

Registrator, Protocollist und Canzlist: den Dienst versieht Brandversicherungssecretär Krömmelbein (s. oben).

Rechner.

Den Dienst versieht Rechnungsrath Schneider (s. Hauptstaatscasse-direction).

Calculatur.

Calculator 1. Classe: August Reinhard.
" " " Georg Haag.

Canzleidiener.

Becker (s. S. 272).

XIV. Staats-Versicherungs-Anstalt für Militär-Stellvertretung.

Sitz: Darmstadt.

Rechner: Major Kuhlmann (s. Einstandskasse).

XV. Wohlthätigkeits-Anstalten.

1. Staats-Unterstützungscasse.

Sitz: Darmstadt.

Rechner: den Dienst versieht Regierungsrath Freiherr von Jungenfeld (s. S. 271).

---

2. Landeswaisenanstalt.

Sitz: Darmstadt.

(Siehe Seite 274).

---

3. Landeshospital.

Sitz: Hofheim.

(Siehe Seite 273).

---

4. Landesirrenanstalt.

Sitz: Heppenheim.

(Siehe Seite 274).

---

5. Ludwigs- und Mathilden-Landesstiftung.

Sitz: Darmstadt.

Rechner: den Dienst versieht Hofrath Keibel (s. Hauptstaatscasse-direction).

---

6. Elisabethenstift.

Sitz: Nieder-Ramstadt.

Vorsteherin: Louise Marx.
Rechner: den Dienst versieht Cabinetscassedirector Winter (s. S. 196).

---

7. Kaufunger Stiftsfond.

Sitz: Darmstadt.

a) Großherzoglicher Antheil.

Rechner.

Regierungsrath Freiherr von Jungenfeld (s. S. 271).

b) Ritterschaftlicher Antheil.

Großherzoglicher Commissär.

Seine Excellenz Geheimerath von Bechtold (s. S. 269).

Obervorsteher.

Seine Excellenz Oberstkammerherr Freiherr von Nordeck zur Rabenau (Geschäftsführender) (s. S. 182).

Seine Excellenz Minister Freiherr von Schenck zu Schweinsberg (s. Ministerium der Finanzen).

Freiherr Georg Carl Ludwig Wilhelm Riedesel zu Eisenbach, Erbmarschall zu Hessen, Königlich Preußischer Second-Lieutenant a. D. [cross] C. II. [decoration] -PJ.

Secretariat.

Secretär: den Dienst versieht Hofgerichtsadvocat Schenck (s. S. 389).

Registratur und Protocoll.

Registrator und Protocollist: den Dienst versieht Hofgerichtsadvocat Schenck (s. S. 389).

Rechner der Stiftscasse in Darmstadt.

Oberrechnungsrevisor Scharch (s. Oberrechnungskammer Justificatur I. Abtheilung).

Rechner der Stiftscasse in Gießen.

Den Dienst versieht Hofgerichtsadvocat Fuhr (s. Hofgerichtsadvocaten der Provinz Oberhessen).

Anwalt des Stiftsfonds für die Provinz Oberhessen.

Den Dienst versieht Hofgerichtsadvocat Fuhr (s. Hofgerichtsadvocaten der Provinz Oberhessen).

Canzleidiener.

August Schmidt.

---

8. Fonds für öffentliche und gemeinnützige Zwecke.

Sitz: Darmstadt.

Rechner: den Dienst versieht Hofrath Feidel (s. Hauptstaatscassedirection).

---

9. Wittwen- und Waisen-Versorgungs-Anstalten.

a) Civildiener-Wittwencasse-Commission.

Sitz: Darmstadt.

Vorsitzendes Mitglied.

Präsident Dr. Goldmann (s. S. 284).

Mitglieder.

Oberconsistorialrath Melior (s. S. 291).

Hofgerichtsrath Reuling (s. S. 387).

Secretariat.

Secretär: den Dienst versieht Oberconsistorialsecretär Freiherr von Schenck zu Schweinsberg (s. S. 291).

Registratur und Protocoll.

Registrator und Protocollist: den Dienst versieht Oberconsistorialsecretär Freiherr von Schenck zu Schweinsberg (s. S. 291).

Rechner.

Friedrich Wilhelm Mann.

Canzlei.

Canzleiinspector: den Dienst versieht Oberconsistorialsecretär Freiherr von Schenck zu Schweinsberg (s. S. 291).
Canzlist: den Dienst versieht Hermann Vogel.

Canzleidiener.

Den Dienst versieht Johannes Heinrich Hansel. ✠

b) Forstdiener-Wittwenkasse-Commission.

Sitz: Darmstadt.

Vorsitzendes Mitglied.

Geheime Oberforstrath Baur (s. Ober-Forst- und Domänen-Direction).

Mitglieder.

Oberforstrath von Stockhausen (s. Ober-Forst- und Domänen-Direction).
Oberforstrath Bose (s. Ober-Forst- und Domänen-Direction).

Secretariat.

Secretär: den Dienst versieht Oberdomänencalculator Wimmenauer (s. Ober-Forst- und Domänen-Direction).

Registratur und Protocoll.

Registrator und Protocollist: den Dienst versieht Oberdomänencalculator Wimmenauer (s. Ober-Forst- und Domänen-Direction).

Rechner.

Oberforstrevisor Schneider (s. Ober-Forst- und Domänen-Direction).

Canzlei.

Canzlist: den Dienst versieht Oberdomänencalculator Wimmenauer (s. Ober-Forst- und Domänen-Direction).

Canzleidiener.

Den Dienst versieht Canzleidienergehülfe Adam Nold.

c) Geistliche Wittwencasse.

Sitz: Darmstadt.

(Siehe Seite 293).

d) Schullehrer-Wittwencasse.

Sitz: Darmstadt.

(Siehe Seite 367).

---

10. Centralbehörde des Vereins zur Unterstützung und Beaufsichtigung der aus den Landes- und Provinzial-Strafanstalten Entlassenen.

Sitz: Darmstadt.

Präsident: Ministerialrath Fischer (s. S. 383).
Vicepräsident: Oberappellations- und Cassationsgerichtsrath Dr. Nöllner (s. S. 385).

Secretariat.

Secretär: den Dienst versieht Oberpostregistrator in Pension Bessunger (s. S. 265).

Registratur und Protocoll.

Registrator und Protocollist: den Dienst versieht Oberpostregistrator in Pension Bessunger (s. 265).

Rechner.

Den Dienst versieht der Rechner für den Straßen- und Fluß-Bau Hahn (s. Hauptstaatscassedirection).

Canzlei.

Canzlist: den Dienst versieht Oberpostregistrator in Pension Bessunger (s. S. 265).

Canzleidiener.

Den Dienst versieht Canzleidiener Winter (s. S. 388).

---

11. Großherzogliche Special-Directoren für die Mobiliar-Feuerversicherungs-Gesellschaften.

1. Für die „Münchener und Achener Feuer-Versicherungs-Gesellschaft."
Sitz: Darmstadt.

Oberappellations- und Cassationsgerichtsrath Dr. Nöllner (s. S. 385).

2. Für die Gesellschaft „Colonia."
Sitz: Darmstadt.

Geheimer Staatsrath Franck (s. S. 383).

3. Für die Gesellschaft „Deutscher Phönix."
Sitz: Darmstadt.

Hofgerichtsrath Draudt (s. S. 387).
Oberconsistorialrath Mellor (s. S. 291).

4. Für die Gesellschaft „Rheinische Versicherungsgesellschaft."
Sitz: Mainz.

Kreisassessor Dr. Jaup (s. S. 281).

5. Für die Gesellschaft „Moguntia."
Sitz: Mainz.

Regierungsrath Müller (s. S. 281).

XVI. Oberrechnungskammer-Justificatur II. Abtheilung.

Sitz: Darmstadt.

Dirigent.

Oberrechnungsrevisor Johannes Hainbach, Rechnungsrath.

Oberrechnungsrevisoren.

Valentin Seederer.
Conrad Gerhard.
Carl Meyer.
Adam Frenz.
Peter Schäfer.
Heinrich Berz.
Ludwig Welcker.
Jacob Schatz.
Adolph Langheinz.
Carl Bonhard.
Philipp Reuling.

Oberrechnungsprobatoren 1. Classe.

Ernst Lehmann.
Friedrich Rühl.
Ludwig Korfmann.
Wilhelm Garnier.
Heinrich Scharch.
Franz Paul. -BdGM.
Theodor Schulmayer.
Friedrich Pfeiffer.
Christian Steinius.
Peter Joseph Gölz. -BdGM.

Oberrechnungsprobatoren 2. Classe.

Friedrich Eisen.
August Schuchard. -BdGM.
Heinrich Welsch. -BdGM.
Ottmar Eger.
Adam Friedrich. -BdGM.
Ferdinand Scharmann.
Caspar Henkel. -BdGM.
Heinrich Wagner.
Ludwig Wambold. -BdGM.
Emil Gerhard.

C. Ministerium der Justiz.

Sitz: Darmstadt.

Uniform: wie bei dem Ministerium des Großherzoglichen Hauses und des Aeußern, jedoch ist die Unterscheidungsfarbe schwarz.

M i n i s t e r i u m.

Minister.

Seine Excellenz Dr. Friedrich Freiherr von Lindelof, wirklicher Geheimerath und Präsident des Staatsraths. -OH1.-SpJ1.

Räthe.

Heinrich Franck, Geheimer Staatsrath. C. II. C. II.-OeEKr2.-PKr2 mit Stern.
Heinrich Fischer. R. I.

Ministerialsecretariat.

Ministerialsecretär 1. Classe: Emmanuel Freiherr von Ricou. -PRA3.
" 2. " Carl von Kreß.
" 3. " Hermann von Bechtold.

Ministerialbuchhaltung.

Ministerialbuchhalter: Planz (s. S. 269).

Ministerial-Registratur und Protocoll.

Ministerialregistrator: Johannes Peter Nick. R. II. -RSt3.-SpC4.
Ministerialprotocollist: Philipp Feibel.

Ministerialcanzlei.

Ministerialcanzleiinspector: Conrad Scherff. R. II.

Ministerialcanzlist 1. Classe: Ludwig Nick.
" " 2. " den Dienst versieht Heinrich Pietsch.

Ministerialcanzleidiener und Hausbeschließer.

Peter Philipp Lippert. A. II. SK. BdGM.

Dem Ministerium untergeordnete Behörden und Anstalten.

I. Prüfungs-Commission für das Justiz- und Verwaltungs-Fach.

Sitz: Darmstadt.

Director.

Seine Excellenz wirklicher Geheimerath von Bechtold (s. S. 269).

Mitglieder.

Geheimerath Dr. Müller (s. S. 385).
Oberappellations- und Cassationsgerichtsrath Dr. Dernburg (s. S. 385).
" " " " " Dr. Röder.
Geheimer Hofgerichtsrath Schenck (s. S. 387).
Professor Dr. Stahl (s. S. 345).

Secretariat und Registratur.

Secretär und Registrator: den Dienst versieht Hofgerichtssecretär Kutscher (s. S. 387).

Protocoll und Canzlei.

Protocollist und Canzlist: unbesetzt.

Canzleidiener.

Den Dienst versieht Canzleidiener Winter (s. S. 388).

II. Visitations-Commission der Stadt- und Landgerichte.

Sitz: Darmstadt.

Visitationscommissär: der Dienst wird versehen von Hofgerichtsräthen der Hofgerichte der Provinzen Starkenburg und Oberhessen.

Visitationssecretär: den Dienst versieht Gerichtsaccessist Wilhelm Hallwachs.

III. Ober-Appellations- und Cassations-Gericht.

Sitz: Darmstadt.

Präsident.

Hermann Felix Ludwig Benner. ✠ C. II. ✠ C. II.

Director.

Dr. Wilhelm Müller, Geheimerath. ✠ C. II. ✠ R. I. OeEK2. SA3.-WF3.

Ober-Appellations- und Cassations-Gerichts-Räthe.

Carl von Ochsenstein, Geheimerath. ✠ R. I. ✠ R. I.
Dr. Jacob Dernburg. ✠ R. I.
Wilhelm Frey. ✠ R. I.
Dr. Ludwig Moriz Trygophorus. ✠ R. I.
Dr. Friedrich Möllner. ✠ R. I.
Dr. Otto Zentgraf. ✠ R. I.
Wilhelm August Freiherr von Lehmann. ✠. ✠ R. I.
Dr. Franz Köster. ✠ R. I.
Friedrich Georg Eigenbrodt. ✠ R. I.
Dr. Otto Hallwachs. ✠ R. I. ✠ R. I. ✠ ✠ BGM.
Dr. Georg Joseph Rödder.

Secretariat.

Ober-Appellations- und Cassationsgerichts-Secretär: Philipp Theodor Kolb, Justizrath.

Registratur und Protocoll.

Registrator: Gustav von Zangen, Justizsecretär.
Protocollist: Johannes Gottfried Brust.

Canzlei.

Canzleiinspector: Friedrich Müller.
Canzlist 1. Classe: Wilhelm Römer. SK.

Canzleidiener.

Johannes Philipp Schicketanz.

General-Staatsprocuratur an dem Ober-Appellations- und Cassationsgericht.

General-Staatsprocurator.

Den Dienst versehen: Obergerichtsrath Freiherr von Jungenfeld (s. S. 406), Generalstaatsprocurator-Substitut Friedrich (s. S. 406) und Hofgerichts-Assessor Dr. Franck (s. S. 387).

Secretariat.

Secretär: Justizrath Kolb (s. oben).

Canzleidiener.

Den Dienst versieht Canzleidiener Schicketanz (s. oben).

IV. Hofgericht der Provinz Starkenburg.

Sitz: Darmstadt.

Präsident.

Dr. Georg Krug, lebenslängliches Mitglied der ersten Kammer der Stände. C. II. R. 1.

Director.*)

Carl Friedrich Ferdinand Decker, Geheimerath. ✠ R. I.

Hofgerichtsräthe.

Gustav Schenck, Geheimer Hofgerichtsrath. ✠ R. I.
Ludwig Zimmermann.
Dr. Emil Hoffmann.
Carl Ludwig Wilhelm Draudt.
Carl Reuling.
Dr. Heinrich Stüber.
Georg von Bechtold.
August Böttcher.
Dr. Carl von Hesse.
Dr. Friedrich Theodor Kleinschmidt.
August Hahn.
Ludwig Hallwachs.
Ludwig Wachenhauer.
Ludwig Knorr.

Hofgerichtsassessoren.

Dr. Eugen Franck. — August Weber.

Oberstaatsanwaltschaft an dem Hofgericht.

Oberstaatsanwalt: Dr. Philipp Siebert.
Substitut: August Baur.

Secretariat.

Hofgerichtssecretär: August Friedrich Reiz.
" Dr. Friedrich Lembke.
" August Kutscher.
" Carl Vogel.

Registratur und Protocoll.

Registrator: Carl Wilhelm Metzler. ✠ R. II.
Protocollist: Michael Schmitz.

Canzlei.

Canzleiinspector: Friedrich Paul.
Canzlist I. Classe: Carl Langheinz.
" Johannes Adam Paul.

Canzleidiener.

Heinrich Conrad Krebs. Ⓡ Ⓜ

Johannes Reiter. Ⓡ Ⓜ

Actenträger.

Carl Philipp Winter, Canzleidiener.

Arresthaus in Darmstadt.

Arzt: Leibarzt Dr. Weber (s. S. 188).

Geistliche: Evangelischer Geistlicher: Stadtpfarrer Ewald (s. S. 295).
Katholischer „ Pfarrer Beyer (s. S. 330).

Verwalter: Georg Wilhelm Christian Müller. SK. BdGM.

Gefangenwärter: Anton Wolf. R. II.

Hofgerichtsadvocaten und Procuratoren.

(Sämmtlich in Darmstadt wohnhaft, mit Ausnahme derjenigen, bei welchen ein anderer Wohnort angeführt ist.)

Johannes Conrad Roediger in Offenbach, zugleich Notar.
Friedrich Heyer.
Justizrath Purgold (s. S. 293).
Carl Buchner, Justizrath.
Justizrath Reatz (s. Ministerium der Finanzen, Fiscalanwaltschaften).
Carl Volhard.
Friedrich Lichtenberg.
Dr. Adolph Steppes.
Carl Zimmermann.
Justizrath Werle (s. S. 272).
Georg Gros.
Martin Emmerling.
Christian Adolph Ferdinand Weller.
Oberstabsauditeur Eigenbrodt (s. Generalauditoriat).
Carl Weidenbusch.
Dr. Jacob Koch.
Otto Hoffmann.
Carl Ludwig.
Ludwig Leydhecker.
August Metz.
Georg Kühn.
Stabsauditeur Dr. Delp (s. Commandements).
Dr. Carl Johannes Hoffmann.
Dr. Friedrich Vogel.

Wilhelm Köhler.
Stabsauditeur Dr. Verdier de la Blaquière (s. Armeedivision).
Friedrich Pfaff.
Dr. Ernst Jaup.
Dr. Georg Freiherr von Wedekind.
Dr. Carl Warthorst.
Carl Lindt.
Julius Heumann.
Dr. Robert Schmidt.
Carl August Sandhaas.
Divisionsauditeur Schenck (s. Armeedivision).
Wilhelm Frank.
August Siegfrieden.
Adolph Buchner.
Ignatz Metz.
Carl Seibert.
Dr. Arthur Osann.
Hermann Weber in Offenbach.
Otto Breidenbach.
Albrecht Ohly.
Jacob Laubenheimer.
Dr. Jacob Hamm in Offenbach.
Friedrich Ludwig Wagner.
Johannes Müller.
Dr. Adolph Lochmann.
Friedrich Heyer.
Friedrich Dernburg.
Dr. Ernst Pfeffinger in Offenbach.
Georg Krug.
Bernhard Langenbach.
Dr. Georg Gervinus.
Anton Lauteren.
Wilhelm Köhler.
Ludwig Strecker in Offenbach.
Wilhelm Kekule.
Gustav Oppenheimer.
Hermann Massot.
Heinrich Andres in Offenbach.
Martin Mickler.
Wilhelm Zimmermann.
Ernst Emmerling.
Carl Davidsohn in Offenbach.
Gustav Krug.
Divisionsauditeur Lothelßen (s. Armeedivision).
Carl Schüller.
Friedrich Purgold.
Wilhelm Reuling.
Carl Reh.

Notar.

Hofgerichtsadvocat Roediger in Offenbach (s. S. 348).

V. Bezirksstrafgericht Darmstadt.

Sitz: Darmstadt.

Director.

Carl Wirth. R. 1.

Richter.

Carl von Herff, Justizrath.
Dr. Carl Meisel, Justizrath.
Wilhelm von Grolman.

Staatsanwaltschaft.

Staatsanwalt: Wilhelm Maurer.
Substitut: Theodor Lauer.

Secretariat.

Bezirksstrafgerichtssecretär: Theodor Zimmermann.

VI. Bezirksstrafgericht Michelstadt.

Sitz: Michelstadt.

Director.

Carl Wilhelm Straub.

Richter.

Carl Hausmann.
Dr. Friedrich Kriegler.

Staatsanwaltschaft.

Staatsanwaltssubstitut: Ludwig Purgold.

Secretariat.

Bezirksstrafgerichtssecretär: Victor Kösterus.

VII. Stadt- und Landgerichte der Provinz Starkenburg.

(Die Stadt- und Landgerichte folgen, mit Ausnahme der nach der Haupt- und Residenzstadt benannten Gerichte, welche zuerst aufgeführt sind, in alphabetischer Ordnung).

1. Stadtgericht Darmstadt.

Stadtrichter: Carl Pistor. ✠ R. I.
Stadtgerichtsassessor: Justizrath von Herff (s. oben).
Justizrath Dr. Meisel (s. oben).

Stadtgerichtsassessor: Christian Weyland.
" Carl Weis.
" Johannes Holzapfel.
" Otto Jost.
" Engelbert von Bingeleben.
Stadtgerichtsactuar: Johannes Blomberger.
" Georg Bartha.
Stadtgerichtsdiener: Ludwig Baum. [illegible] ⚬-BdGM.
" Johannes Darmstadt. [illegible] ⚬-BdGM.

2. Landgericht Darmstadt.

Landrichter: Ludwig Kattrein. ✠ R. I.
Landgerichtsassessor: Carl Köllisch.
" Wilhelm Walther.
" von Grolman (s. S. 390).
" Ernst Rhode.
Landgerichtsactuar: Philipp Henning.
Landgerichtsdiener: Georg Phildius.
" Peter Frohnhäuser. [illegible] [illegible]
" Friedrich Delß. [illegible] ⚬-BdGM.

3. Landgericht Beerfelden.

Landrichter: Ferdinand Menges.
Landgerichtsassessor: Dr. Wilhelm Beck.
Landgerichtsactuar: Christian Falkenstein.
Landgerichtsdiener: Johannes Heinrich Seng. ✠

4. Landgericht Fürth.

Landrichter: Ludwig Walther.
Landgerichtsassessor: Johannes Baptist Werle.
" Julius Zipp.
Landgerichtsactuar: Ludwig Lindenstruth.
Landgerichtsdiener: Gerhard Freisens.
" Carl Gentz. [illegible]

5. Landgericht Gernsheim.

Landrichter: Ludwig Schäfer.
Landgerichtsassessor: Theodor Schulz.
Landgerichtsactuar: Johannes Jacob Klein.
Landgerichtsdiener: Jacob Gloß. ⊕-BdGM.
" Friedrich Heckmann. ⊕-BdGM.

6. Landgericht Groß-Gerau.

Landrichter: Dr. Ernst Wiener.
Landgerichtsassessor: Wilhelm Mittler.
" Philipp Becker.
Landgerichtsactuar: Hermann Gustav Burger.
Landgerichtsdiener: Ludwig Goldmann. ✠ ⊕-BdGM.
" Johannes Heinrich Eisenhuth. ✠

7. Landgericht Groß-Umstadt.

Landrichter: Dr. Rudolph Stockhausen.
Landgerichtsassessor: Bernhard Freiherr von Diemar.
" Michael Bauer.
" Hermann Rinck.
Landgerichtsactuar: Leonhard Schäfer.
Landgerichtsdiener: Heinrich Pfaff.
" Heinrich Mertz. ✠ ⊕-BdGM.

8. Landgericht Hirschhorn.

Landrichter: Dr. Wilhelm Müller.
Landgerichtsactuar: Daniel Wachtel.
Landgerichtsdiener: Ignatz Rhein. ⊕-BdGM.

9. Landgericht Höchst.

Landrichter: Michael Braun.
Landgerichtsassessor: Ferdinand Heinrich Wilhelm Hofmann.
" Carl Kern.
Landgerichtsactuar: Wilhelm Roth.
Landgerichtsdiener: Heinrich Groh. ✠ ⊕-BdGM.
" Johannes Höreth. ⊕-BdGM.

10. Landgericht Langen.

Landrichter: Carl Kolb.
Landgerichtsassessor: Friedrich Ludwig.
" Friedrich Hirsch.
Landgerichtsactuar: Carl Friedrich Christoph Siebert.
Landgerichtsdiener: Georg Best. R. II. ✠ ⊕-BdGM.
" Georg Leyer.

11. Landgericht Lorsch.

Landrichter: Johannes Joseph Gutfleisch.
Landgerichtsassessor: Carl Bonhard.
" Johannes Baptist Herrmann.
" Lucas Roos.
Landgerichtsactuar: Jacob Acker.
Landgerichtsdiener: Nicolaus Wachtel.
" Caspar Schreiber.
" Johannes Wilhelm Bolt. ✠ ⊕

12. Landgericht Michelstadt.

Landrichter: Straus (s. S. 390).
Landgerichtsassessor: Faustmann (s. S. 390).
" Dr. Kritzler (s. S. 390).
" Eduard Siebert.
Landgerichtsactuar: Heinrich Henning.
Landgerichtsdiener: Wilhelm Gebhard.
" Peter Neunobel. ✠ ⊕-BdGM.

13. Landgericht Offenbach.

Landrichter: Dr. Christian Metzler. R. I.
Landgerichtsassessor: Otto Pistor.
" Hermann Langsdorff.
" Emil Zimmermann.
Landgerichtsactuar: Aloys Höfling.
Landgerichtsdiener: Philipp Kriegbaum.
" Conrad Wenzel. ✠
" Wilhelm Emmert. ⊕-BdGM.

14. Landgericht Reinheim.

Landrichter: Ernst Schaum.
Landgerichtsassessor: Wilhelm Eigenbrodt.
" Johannes Herz.
Landgerichtsactuar: Johannes Schnauber.
Landgerichtsdiener: Conrad Neuhaus. Ⓚ ✠ ⊕-BdGM.
" Johannes Conrad Linn. Ⓚ ✠

15. Landgericht Seligenstadt.

Landrichter: Franz Königer.
Landgerichtsassessor: Johannes Weyer.
" Heinrich Raab.
Landgerichtsactuar: Johannes Schmeckenbecher.
Landgerichtsdiener: Georg Joseph Naumann.
" Adam Lahm. Ⓚ ✠ ⊕-BdGM.

16. Landgericht Wald-Michelbach.

Landrichter: Gustav Langsdorf.
Landgerichtsassessor: Albrecht Braun.
Landgerichtsactuar: Ludwig Born.
Landgerichtsdiener: Johannes Ludwig Wenchel. ✠ ⊕.

17. Landgericht Wimpfen.

Landrichter: Dr. Conrad Heyer.
Landgerichtsactuar: Joseph Kronenberger.
Landgerichtsdiener: Johannes Adam Stapp. Ⓚ Ⓚ ✠ ⊕

18. Landgericht Zwingenberg.

Landrichter: Gustav Adolph Brumhard. ✠ B. I.
Landgerichtsassessor: Wilhelm Heinzerling.
" Wilhelm Winter.
Landgerichtsactuar: Johannes Schäfer.
Landgerichtsdiener: Friedrich Hellmann. Ⓚ Ⓚ ⊕
" Georg Zacheis. ✠ ⊕-BdGM.

VIII. Hofgericht der Provinz Oberhessen.

Sitz: Gießen.

Präsident.

Dr. Adolph Georg Martin Buff. R. I. R. I.

Director.

Friedrich Weber, Geheimerath. R. I.

Hofgerichtsräthe.

Carl Wortmann, Geheimer Hofgerichtsrath. R. I.
Dr. Friedrich Kraft. R. I.
August Friedrich David Völker. R. I.
Georg Kempff. R. I.
Carl Krug. R. I.
Dr. Friedrich Zimmermann.
Moritz Eitel Ebel.
Dr. Hermann Müller.
Carl Freiherr von Lepel.
Dr. Carl Bindewald.
Wilhelm Buff.
Carl Eckstein.
Theodor Kornmesser.

Hofgerichtsassessor.

Unbesetzt.

Oberstaatsanwaltschaft an dem Hofgericht.

Oberstaatsanwalt: Maximilian von Buri.
Substitut: Ernst Wolf.

Secretariat.

Hofgerichtssecretär: Julius Elwert.
" August Schärmann.
" Christian Eckstein.

Registratur und Protocoll.

Registrator: Conrad Engelbach. R. I.
" Carl Wilhelm Theodor Herzberger.
Protocollist: Philipp Böger.

Canzlei.

Canzleiinspector: Georg Farbach.

Canzlist 1. Classe: Wilhelm Eduard Weidig.

" " " Carl Ludwig Schwalb.

" " " Friedrich Backhaus.

Canzleidiener.

Ernst Schellmann. SK.

Carl Conrad Jacob Kraus. K II. –BdCFVM.–BdGM.

Arresthaus.

Arzt: Kreiswundarzt Dr. Schmidt (s. S. 286).

Geistliche: Evangelischer Geistlicher: Pfarrer Landmann (s. S. 306).

Katholischer " " Raby (s. S. 334).

Verwalter: Joseph Weisser.

Gefangenwärter: Andreas Heuzenröder.

Hofgerichts-Advocaten und Procuratoren.

(Sämmtlich in Gießen wohnhaft, mit Ausnahme derjenigen, bei welchen ein anderer Wohnort angegeben ist).

Georg Pfannmüller.

Justizrath Trapp (s. Fiscalanwaltschaften).

Ludwig Friedrich Wilhelm Briel.

Dr. Friedrich Ernst Engelbach, lebenslängliches Mitglied der ersten Kammer der Stände. K. I.

Benedict Rosenberg.

Gustav Trapp in Friedberg.

Johannes Wilhelm Franz Kohlermann.

Balthasar Carl Hensler.

Eduard Thorwart.

Carl Dornseiff.

Carl Theodor Fuhr.

Stiftungsanwalt Dr. Eckstein (s. S. 293).

Wilhelm Wolf.

Carl Diery.

Hugo Pfannmüller.

Ludwig Seyd in Friedberg.

Dr. Wilhelm Schüler.

Theophil Baist.

Dr. Carl Muhl.
Dr. Georg Schwarz.
Carl Wusetzki.
Wilhelm Ludwig Lauer.
Theodor Franck.
Friedrich Barth.
Dr. Anton Rosenberg.
Wilhelm Curtmann in Friedberg.
Dr. Carl Ferdinand Kratz.
Friedrich Krauskopf.
Eduard Trapp in Friedberg.
Ottmar Weidig.
Franz Otto.
Ludwig Labroisse.
Rudolph Hirschhorn.
Hermann Steinberger.
Hermann Jöckel in Friedberg.
Friedrich Kraft.
Wilhelm Engelbach.

IX. Bezirksstrafgericht Gießen.

Sitz: Gießen.

Director.

Heinrich Stein. ✠ R. I.

Richter.

August Ludwig Klingelhöffer, Justizrath.
Friedrich Freiherr von [illegible], Justizrath. ✠
Dr. Adolph von Grolman.

Staatsanwaltschaft.

Staatsanwalt: Dr. Ernst Georg Klein.

Secretariat.

Bezirksstrafgerichtssecretär: Wilhelm Stammler.

X. Bezirksstrafgericht Alsfeld.

Sitz: Alsfeld.

Director.

Carl Bornemann.

Richter.

Julius Muth.
Carl Hoffmann.

Staatsanwaltschaft.

Staatsanwaltsubstitut: Andreas Allwohn.

Secretariat.

Bezirksstrafgerichtssecretär: Eduard Cellarius.

XI. Bezirksstrafgericht Ortenberg.

Sitz: Ortenberg.

Director.

Reinhard Thaler. ✠ R. I.

Richter.

Carl Müller.
Wilhelm Pfannmüller.

Staatsanwaltschaft.

Staatsanwaltsubstitut: Ludwig Jöckel.

Secretariat.

Bezirksstrafgerichtssecretär: Moritz Kaltrein.

XII. Stadt- und Landgerichte der Provinz Oberhessen.

(Die Stadt- und Landgerichte folgen, mit Ausnahme der nach der Provinzialhauptstadt benannten Gerichte, welche zuerst aufgeführt sind, in alphabetischer Ordnung.)

1. Stadtgericht Gießen.

Stadtrichter: Carl Theodor Wahl. ✠ R. I. ⓦ ⊕

Stadtgerichtsassessor: Justizrath Freiherr von Rolshausen (s. S. 397).

" Dr. von Grolman (s. S. 397).

Stadtgerichtsassessor: Dr. Ludwig Christian von Schmalkalder.
" Otto Becker.
" Hermann Oppermann.
Stadtgerichtsactuar: Justus Funk.
Stadtgerichtsdiener: Georg Schäfer. ☐ ☐ ☐-BdGM.
" Joseph Seitz. ✠

2. Landgericht Gießen.

Landrichter: Friedrich Bötticher.
Landgerichtsassessor: Justizrath Klingelhöffer (s. S. 397).
" Ferdinand Hellmann.
" August Bramm.
Landgerichtsactuar: Friedrich Borngesser.
Landgerichtsdiener: Conrad Carl Haas. ☐ ☐ ☐-BdGM.
" Dietrich Fischer. ☐

3. Landgericht Alsfeld.

Landrichter: Hornemann (s. S. 397).
Landgerichtsassessor: Hoffmann (s. S. 398).
" Muth (s. S. 398).
" Otto von Zangen.
" Johannes Christoph Gustav Kullmann.
Landgerichtsactuar: Friedrich Steinmetz.
Landgerichtsdiener: Johannes Häuser. ✠
" Johannes Jacob Daucher. ☐ ☐-BdGM.

4. Landgericht Altenstadt.

Landrichter: Dr. Carl Stammler.
Landgerichtsassessor: Carl Friedrich May.
" Alexander Römheld.
Landgerichtsactuar: Jacob Lieberich.
Landgerichtsdiener: Philipp Glöckner. ✠ SK. ☐
" Egidius Möbus. ✠ ☐

5. Landgericht Büdingen.

Landrichter: Ferdinand Stammler.
Landgerichtsassessor: Dr. Otto Großmann.
Landgerichtsactuar: Georg Philipp Weitzel.
Landgerichtsdiener: Georg Christoph Türk.

6. Landgericht Butzbach.

Landrichter: Dr. Carl Gilmer.
Landgerichtsassessor: Emil Königer.
" Gustav Fresenius.
Landgerichtsactuar: Carl Christian Dieffenbach.
Landgerichtsdiener: Johannes Korell. KA
" Johannes Heinrich Allendörfer. ✠ ✠-BdGM.

7. Landgericht Friedberg.

Landrichter: Philipp Friedrich Reitz.
Landgerichtsassessor: Friedrich Zimmermann.
" Theodor Martin Gustav Hofmann.
" Adolph Steinberger.
Landgerichtsactuar: Valentin Nau.
Landgerichtsdiener: Jacob Cronenberg. ⓀⒹ KA
" Friedrich Bechtold.

8. Landgericht Grünberg.

Landrichter: Gustav Adolph Erdmann.
Landgerichtsassessor: Ferdinand Eckstein.
" Dr. Heinrich Zimmermann.
" Wilhelm Schuchard.
Landgerichtsactuar: Heinrich Größer.
Landgerichtsdiener: Johannes Reinhard. KA ✠
" Andreas Nees. KuD ✠-BdGM.

9. Landgericht Herbstein.

Landrichter: Friedrich Hill.
Landgerichtsassessor: Eduard Bogen.
" Ferdinand Maurer.
Landgerichtsactuar: Johannes Weiß.
Landgerichtsdiener: Heinrich Blum.
" Johannes Sebastian Ganß. -BdGM.

10. Landgericht Homberg.

Landrichter: Ludwig Eckstorm.
Landgerichtsassessor: Friedrich Rübsamen.
" Adam Fritz.
Landgerichtsactuar: Eduard Amend.
Landgerichtsdiener: Johannes Heinrich Freitag. -BdGM.
" Michael Lohl.

11. Landgericht Hungen.

Landrichter: Dr. August Irle.
Landgerichtsassessor: Gustav Pilger.
Landgerichtsactuar: Wilhelm Bierau.
Landgerichtsdiener: Johannes Steuernagel. R. II.
" Ludwig Zindel.

12. Landgericht Laubach.

Landrichter: Friedrich Julius Harbordt.
Landgerichtsactuar: Philipp Bauer.
Landgerichtsdiener: Johannes Heinrich Hensing.

13. Landgericht Lauterbach.

Landrichter: Carl Johannes Mylius. R. I.
Landgerichtsassessor: Carl Sellheim.

Landgerichtsactuar: Ludwig Friedrich Seitz.
Landgerichtsdiener: Andreas Simon. [decoration] ⊕-BdGM.

14. Landgericht Lich.

Landrichter: Wilhelm Sartorius.
Landgerichtsassessor: August Cellarius.
Landgerichtsactuar: Georg Christian Gottlieb Herbst.
Landgerichtsdiener: Seibert Feldbusch.

15. Landgericht Nauheim.

Landrichter: Wilhelm Ulrich.
Landgerichtsassessor: Carl Suppes.
Landgerichtsactuar: Franz Ignatz Groß.
Landgerichtsdiener: Johannes Andreas.

16. Landgericht Nidda.

Landrichter: Dr. Carl Buff. ✠ R. I.
Landgerichtsassessor: Franz Adolph Wegelin.
" August Klingelhöffer.
Landgerichtsactuar: Georg Ernst Storck.
Landgerichtsdiener: Johannes Sebastian Lohfink. ✱ ⊕-BdGM.
" Ludwig Müller.

17. Landgericht Ortenberg.

Landrichter: Thaler (s. S. 398).
Landgerichtsassessor: Müller (s. S. 398).
" Pfannmüller (s. S. 398).
" Georg Muhl.
Landgerichtsactuar: Jacob Jöckel.
Landgerichtsdiener: August Konrad. ✠ R. II. [decoration] ⊕-BdGM.
" Carl Conrad Möckel. ✱ ⊕-BdGM.

18. Landgericht Schlitz.

Landrichter: Carl Bott.
Landgerichtsassessor: Moritz Hempel.
Landgerichtsactuar: Georg Rudolphy.
Landgerichtsdiener: Georg Heinrich Knoblauch.

19. Landgericht Schotten.

Landrichter: Carl Ludwig Winheim.
Landgerichtsassessor: Emil Weber.
" Friedrich Ludwig Wilhelm Fresenius.
Landgerichtsactuar: Carl Sellheim. ✠ R. II.
Landgerichtsdiener: Heinrich Sudheimer.

20. Landgericht Ulrichstein.

Landrichter: Wilhelm Leßner.
Landgerichtsassessor: Dr. Conrad Emil Koch.
Landgerichtsactuar: Wilhelm Kleyenstüber.
Landgerichtsdiener: Anton Amend. ⓦ

21. Landgericht Vilbel.

Landrichter: Friedrich Wilhelm Jäger. ✠ R. I.
Landgerichtsassessor: Julius Duvrier.
" Carl Wiener.
" Carl Langermann.
Landgerichtsactuar: Georg Welzel.
Landgerichtsdiener: Johannes Benner. ✠ SK. ⓦ ▬ ⓖ-HdGM.
" Conrad Dengler. ⓦ ✠

XIII. Obergericht der Provinz Rheinhessen.

Sitz: Mainz.

Präsident.

Dr. Friedrich Theodor Knyn. ✠ C. II. ✠ R. I. -OeFJ2.-OeL3. -PRA3.

Obergerichtsräthe.

Jacob Henco, Geheimer Obergerichtsrath. ✠ R. I.
Arnold Ferdinand Freiherr Geduld von Jungenfeld. ✠ R. I.
Heinrich Carl Aull.
Dr. Heinrich Bernays. PKr3.
Heinrich Darapsky.
Dr. Caspar Joseph Schmidt.
Dr. Anton Leonhard Brun.

Ergänzungsrichter.

Notar Lippold (s. S. 411).
Advocatanwalt Rauch (s. S. 405).

General-Staatsprocuratur.

General-Staatsprocurator: Dr. Andreas Belluc. ✠ R. I. -OeEKr3. -PRA3.
Substitut: Heinrich Friedrich.

Secretariat.

Obergerichtssecretär: Carl Moyat.

Canzleidiener.

Wilhelm Rausch. Ⓦ ✠ ⊕

Hausverwaltung des Justizgebäudes in Mainz.

Hausbeschließer: Joseph Dörr, Hausverwalter. ✠ SK. Ⓦ ✠ ⊕-DdGM.

Advocat-Anwälte.

(Sämmtlich in Mainz wohnhaft).

Oberfinanzrath Betz (s. S. 422).
Joseph Görz.
Dr. Conrad Alexis Dumont.
Jacob Rauch.
Hermann Fitting.
Dr. Ludwig Anton Lippert.
Bernhard Levi.
Dr. Joseph Börkel.
Anselm Grosch.
Dr. Eduard Levita.

Dr. Carl Jung. OeFJ3.
Dr. Ludwig Bruch.
Franz Haas.
Heinrich Julius Pauli.
Carl Reinach.
Dr. Egid Grieser.
August Levi.
Carl Weber.
Friedrich Falter.
Carl Krämer.

XIV. Bezirksgericht Mainz.

Sitz: Mainz.

Präsident.

Johannes Carl Philipp Lebert. R. I. R. I.

Vicepräsident.

Wilhelm Mohrmann.

Bezirksgerichtsräthe.

Friedrich Lehne.
Johannes August Becker.
Franz Joseph Clement.
Dr. Julius Creizenach.

Ludwig Schön.
Dr. Philipp Heinrich Arens.
Carl Theodor Walter.
Heinrich Kirstein.

Ergänzungsrichter.

Notar Dr. Klein (s. S. 411).
Justizrath Dr. Hohfeld (s. S. 409).

Justizrath Hoffmann (s. S. 409).
Advocatanwalt Dr. Bruch (s. oben).

Staatsprocuratur.

Staatsprocurator: Dr. Hermann Julius Schalck. ✠ R. L-OcEKrB. -PRA.B.
Substitut: Dr. Carl Georg Bockenheimer.
„ Paul Angelus Schlippe.

Secretariat.

Bezirksgerichtssecretär: Paul Dienst. ✠ R. II.

Canzleidiener.

Ludwig Schmidt. ⓛⓓ

Advocat-Anwälte.

Den Dienst versehen die Advocat-Anwälte des Obergerichts der Provinz Rheinhessen.

XV. Hypothekenamt des Bezirksgerichts Mainz.

Sitz: Mainz.

Hypothekenconservator: Dr. Franz Jacob Schmitt, Justizrath.

XVI. Bezirksgericht Alzey.

Sitz: Alzey.

Präsident.

Unbesetzt.

Vicepräsident.

Nicolaus Carl Molitor.

Bezirksgerichtsräthe.

Dr. Peter Keller.
Heinrich Paull.
Carl Joseph Berbellé.

Bezirksgerichtsassessor.

Dr. Georg Rödler.

Ergänzungsrichter.

Notar Keßler (s. S. 411).
Hypothekenconservator Brück (s. unten).
Friedensrichter Dr. Wagner (s. S. 409).

Staatsprocuratur.

Staatsprocurator: Otto Heinrich Weiß.
Substitut: Dr. Carl Müller.

Secretariat.

Bezirksgerichtssecretär: Gottfried Gustav Adolph Müller.

Canzleidiener und Hausbeschließer.

Friedrich Sauer. ✠ SK. Ⓜ ✠ ⊕-BdGM.

Advocat-Anwälte.

(Sämmtlich in Alzey wohnhaft, mit Ausnahme des Oberfinanzraths Betz.)

Oberfinanzrath Betz (s. S. 422).
Johannes Baptist Krämer.
Ferdinand Weber.
Eugen Becker.
Philipp Petri.
Jacob Finger.
August Daudistel.
Friedrich Franz Conradi.
Carl Matty.

XVII. Hypothekenamt des Bezirksgerichts Alzey.

Sitz: Alzey.

Hypothekenconservator: Valentin Brück.

XVIII. Handelsgericht.

Sitz: Mainz.

Präsident.

Georg Christoph Röschel, Commerzienrath.

Richter.

Carl Fink.
August Schöppler.
Carl Franz Deninger.
Caspar Wilhelm Betz.
Ludwig Reuleaux.

Ergänzungsrichter.

Carl Alfeld.
Moritz Model.
Stephan Joseph Thomas.
Wilhelm Pagenstecher.
Wilhelm Prätorius.

Secretariat.

Handelsgerichtssecretär: Dr. Georg Michael Steglitz.

Canzleidiener.

Den Dienst versieht Carl Kirch.

XIX. Rheinzollgericht.

Sitz: Mainz.

Richter.

Justizrath Hoffmann (s. S. 409).

Ergänzungsrichter.

Ergänzungsrichter: Dr. Strive (s. S. 409).

Beamter der Staatsanwaltschaft.

Polizeirath Künstler (s. S. 282).

Actuariat.

Den Dienst versieht Friedensgerichtsactuar Vogt (s. unten).

Canzleidiener.

Den Dienst versieht Anton Maurer.

XX. Friedensgerichte der Provinz Rheinhessen.

(Die Friedensgerichte folgen, mit Ausnahme der nach der Provinzialhauptstadt benannten Gerichte, welche zuerst aufgeführt sind, in alphabetischer Ordnung.)

1. Friedensgericht Mainz I.

Friedensrichter: Franz Adam Ernst Hoffmann, Justizrath.
Ergänzungsrichter: Dr. Joseph Struve.
Friedensgerichtsactuar: Franz Conrad Vogt.

2. Friedensgericht Mainz II.

Friedensrichter: Dr. Carl Hohfeld, Justizrath.
Ergänzungsrichter: Ferdinand Kaden.
Friedensgerichtsactuar: August Wilhelm Dietzsch.

3. Friedensgericht Alzey.

Friedensrichter: Dr. Carl Wagner.
Ergänzungsrichter: August Claß.
Friedensgerichtsactuar: Anton Franz Nehr.

4. Friedensgericht Bingen.

Friedensrichter: Dr. Georg Michael Metz.
Ergänzungsrichter: Joseph Hassemer.
Friedensgerichtsactuar: Pancratius Fürstenweger.

5. Friedensgericht Nieder-Olm.

Friedensrichter: Dr. Johannes Adolph Grode. ✠ R. I.
Ergänzungsrichter: unbesetzt.
Friedensgerichtsactuar: Dr. Georg Michael Sieglitz.

6. Friedensgericht Ober-Ingelheim.

Friedensrichter: Dr. Franz Joseph Müller, Justizrath. ✠ R. I.
Ergänzungsrichter: Dr. Hugo Schmitt.
Friedensgerichtsactuar: Johannes Debus.

7. Friedensgericht Oppenheim

Friedensrichter: Heinrich Schalck.
Ergänzungsrichter: Johannes Martin Münch.
" Franz Gebhard.
Friedensgerichtsactuar: Caspar Henk.

8. Friedensgericht Osthofen.

Friedensrichter: Hermann Adam Mann.
Ergänzungsrichter: Jacob Best.
Friedensgerichtsactuar: Franz Knaus.

9. Friedensgericht Pfeddersheim.

Friedensrichter: Adam König.
Ergänzungsrichter: Friedrich Napp.
Friedensgerichtsactuar: Franz Wolf.

10. Friedensgericht Wöllstein.

Friedensrichter: Rudolph Laist.
Ergänzungsrichter: Jacob Jungk.
Friedensgerichtsactuar: Philipp Anton Joseph Sauer.

11. Friedensgericht Wörrstadt.

Friedensrichter: Johannes Baptist Volck.
Ergänzungsrichter: Notar Dapper (s. unten).
Friedensgerichtsactuar: Johannes Göttelmann.

12. Friedensgericht Worms.

Friedensrichter: Dr. Ferdinand Siebert.
Ergänzungsrichter: Notar Bittel (s. unten).
Friedensgerichtsactuar: Georg Emrich.

XXI. Notare der Provinz Rheinhessen.

Wilhelm Seyler	mit	dem	Amtssitze	in	Mainz.
Dr. Franz Klein	„	„	„	„	„
Andreas Lippold	„	„	„	„	„
Carl Ludwig August Schneider	„	„	„	„	Oppenheim.
Johannes Baptist Bittel	„	„	„	„	Worms.
Dr. Gustav Adolph Klauprecht	„	„	„	„	Mainz.
Friedrich Franz Keßler	„	„	„	„	Worms.
August Balz.	„	„	„	„	Osthofen.
Georg Bernhard Dubois	„	„	„	„	Bingen.
Martin Jäger	„	„	„	„	Mainz.
Dr. Emil Gaßner	„	„	„	„	Gau-Algesheim.
Dr. Franz Joseph Simon	„	„	„	„	Alzey.
Heinrich Gaßner	„	„	„	„	Mainz.
Matthäus Dapper	„	„	„	„	Wörrstadt.
Adolph Lippold	„	„	„	„	Oppenheim.
Dr. Wilhelm Bruch	„	„	„	„	Mainz.
Gottlieb Barthel	„	„	„	„	Wöllstein.
Georg Seyler	„	„	„	„	Osthofen.
Ferdinand von Steinmetz	„	„	„	„	Sprendlingen.
Jacob Jungk	„	„	„	„	Alzey.

Friedrich Heimburg mit dem Amtssitze in Pfeddersheim.
Friedrich Jonas „ „ „ „ Ober-Ingelheim.
Friedrich Keller „ „ „ „ Nieder-Olm.
Heinrich Ferdinand Habermehl „ „ „ „ Bingen.
Carl Anton Braden „ „ „ „ Oppenheim.
August Hugo Philipp Forch „ „ „ „ Bechtheim.
Heinrich Joseph Haas „ „ „ „ Wallertheim.
Franz Conrad Mardner „ „ „ „ Pfeddersheim.
Nicolaus Eisenmann „ „ „ „ Wörrstadt.
Wilhelm Bechtold „ „ „ „ Alzey.

XXII. Gerichtsvollzieher der Provinz Rheinhessen.

Georg Heiser mit dem Amtssitze in Wöllstein.
Johannes Philipp Vogt „ „ „ „ Oppenheim.
Georg Gabel „ „ „ „ Nieder-Olm.
Peter Claß „ „ „ „ Bingen.
Anton Joseph Hüblinger „ „ „ „ Mainz.
Wolfgang Werner „ „ „ „ „
Philipp Jacob Müller „ „ „ „ Oppenheim.
Jacob Götz „ „ „ „ Osthofen.
Johannes Baptist Kamp „ „ „ „ Wörrstadt.
Ferdinand Simon „ „ „ „ Mainz.
Heinrich Anthes „ „ „ „ Ober-Ingelheim.
Georg Clauter „ „ „ „ Osthofen.
Johannes Georg Jehle „ „ „ „ Mainz.
Jacob Ginz „ „ „ „ Alzey.
Johannes Münzer „ „ „ „ Worms.
Nicolaus Zöller „ „ „ „ Bingen.
Nicolaus Schilz „ „ „ „ Mainz.
Ludwig Wolf „ „ „ „ Wörrstadt.
Carl Berta „ „ „ „ Alzey.
Friedrich Liebing „ „ „ „ Pfeddersheim.

Georg Rube	mit dem Amtssitze in Mainz.
Philipp Steffan	„ „ „ „ Ober-Ingelheim.
Heinrich Joseph Jung	„ „ „ „ Mainz.
Johannes Georg Freinsheimer	„ „ „ „ Worms.
Philipp Wilhelm Dapper	„ „ „ „ Mainz.
Martin Orschied	„ „ „ „ Alzey.
Johannes Theodor Bernhardis	„ „ „ „ Pfeddersheim.
Peter Kehr	„ „ „ „ Wöllstein.

XXIII. Prüfungs-Commission für die Aspiranten zu den Dienststellen der Friedensgerichtsactuare, Polizeicommissäre und Gerichtsvollzieher.

Sitz: Mainz.

Vorsitzender.

Präsident Lebert (s. S. 405).

Mitglieder.

Staatsprocurator Dr. Schalck (s. S. 406).
Vicepräsident Mohrmann (s. S. 405).

D. Ministerium der Finanzen.

Sitz: Darmstadt.

Uniform: wie bei dem Ministerium des Großherzoglichen Hauses und des Aeußern, jedoch ist die Unterscheidungsfarbe karmoisinroth. — Uniform der Forstbeamten siehe Ober-Forst- und Domänen-Direction.

Ministerium.

Minister.

Seine Excellenz Friedrich Freiherr von Schenck zu Schweinsberg, wirklicher Geheimerath, Mitglied des Staatsraths und lebenslängliches Mitglied der ersten Kammer der Stände. -PC3.

Räthe.

Maximilian von Biegeleben, Geheimerath. C. II. R. I. -OeFJ2.-BdZL3.-SpJ2.

August Schleiermacher, Ministerialrath. R. I. R. I.-WF3. -PRA2.-BdZL2.-FE1.5.

Johannes Baptist Meisenzahl, Geheimer Finanzrath.

Ministerialsecretariat.

Ministerialsecretär 1. Classe: Ottmar Göring.
" " " Friedrich Hahn.
" 2. " Otto Hörr.

Ministerialbuchhaltung.

Ministerialbuchhalter: Carl Friedrich Joseph Ihm. PKr4.

Ministerial-Registratur und Protocoll.

Erster Ministerialregistrator: Christian Welsch.
Zweiter " Georg Sittmann.
Ministerialprotocollist: den Dienst versieht Ministerialregistrator Welsch (s. oben).

Ministerialcanzlei.

Ministerialcanzleiinspector: Jacob Jaide. ⓢ
Ministerialcanzlist 1. Classe: Wilhelm Damm.
" " " " Johannes Peter Scharmann.

Ministerialcanzleidiener.

Adam Götz. ✠ R. II. ✠ ✠-DdGM.

Hausbeschließer.

Ministerial-Canzleidiener Lippert (s. S. 384).

Dem Ministerium untergeordnete Behörden und Anstalten.

I. Prüfungs-Commission für das Finanz- und technische Fach.

Sitz: Darmstadt.

Director.

Geheimerath Arnold (s. Oberbaudirection).

Mitglieder.

Geheimerath Wernher (s. Oberrechnungskammer).
Obersteuerdirector Dr. Hügel (s. Obersteuerdirection).
Oberforstrath Bose (s. Ober-Forst- und Domänen-Direction).
Geheimer Oberbaurath Dr. Müller (s. Oberbaudirection).
Oberrechnungsrath Heß (s. Oberrechnungskammer).
Oberbaurath Pfannmüller (s. Oberbaudirection).
Obersteuerrath Baur (s. Obersteuerdirection).
Oberdomänenrath Strecker (s. Ober-Forst- und Domänen-Direction).

Secretariat, Registratur und Protocoll.

Secretär, Registrator und Protocollist: Oberbausecretär Louis (s. Oberbaudirection).

Canzlei.

Den Dienst versieht die Canzlei der Oberbaudirection.

Canzleidiener.

Den Dienst versieht Canzleidiener Bender (s. Oberbaudirection).

II. Hauptstaatskasse-Direction.

Sitz: Darmstadt.

Director.

Johannes Jacob Hanffe. R. I.

Controle.

Controleur: Hofrath Feldel (s. unten).

Secretariat.

Secretär: Rechnungsrath Schneider (s. unten).

Buchhaltung.

Buchhalter: Carl August Schneider, Rechnungsrath.
Ernst Feldel, Hofrath.
Jacob Michel.
Ernst Franz Becker.
Georg Schneidmüller.

Calculatur.

Calculatoren 1. Classe: Gustav Veit.
" " " Carl Wilhelm Conrad Böttinger.
" " 2. Christian Weygand.
" " " Theodor Bonhard.

Cassediener.

Conrad Schmitt. R. II. R. II. -BdGM.

Rechner für den Straßen- und Fluß-Bau.

Carl Hahn.

III. Staatsschulden-Tilgungscasse-Direction.

Sitz: Darmstadt.

Directoren.

a) Großherzoglicher Director.

Geheimerath von Biegeleben (s. S. 415).

b) Landständischer Director.

Director: Wilhelm Wernher.

Stellvertreter: Ober-Appellations- und Cassations-Gerichtsrath Dr. Zentgraf (s. S. 385).

Secretariat.

Secretär: Wilhelm Beck.

Cassier und Hauptrechner.

Carl August Seederer, Geheimer Finanzrath. ✠ R. I. ✠ R. I.

Landständische Controle.

Landständischer Controleur: Philipp Guntrum, Finanzrath. ✠ R. I. ✠ ✠

Stellvertreter: Rechnungsrath Petsch (s. unten).

Buchhaltung.

Buchhalter: Julius Petsch, Rechnungsrath.
Carl Daber.

Calculatur.

Calculatoren 1. Classe: Balthasar Best.
" " " August Schäffer.
" 2. " Friedrich Winter.

Protokoll und Canzlei.

Protocollist und Canzleinspector: Franz Carl Uebelshäuser. ✠ R. II.

Canzlist 1. Classe: Georg Schlosser.

Cassediener.

Philipp Jacob Ganß. ✠ SK. ✠

IV. Ober-Rechnungskammer.

Sitz: Darmstadt.

Director.

Julius Carl Wernher, Geheimerath ✠ R. I. ✠ R. I.

Ober-Rechnungsräthe.

Ludwig Fuhr, Geheimer Ober-Rechnungsrath. ✠ R. I.
Dr. Breidert (s. Oberbaudirection).
Peter Backé.
Ferdinand Heß.

Secretariat.

Ober-Rechnungssecretär: Valentin Lorbacher.

Registratur und Protocoll.

Ober-Rechnungsregistrator und Ober-Rechnungsprotocollist: Johannes Hoffmann.

Canzlei.

Kanzleiinspector: Carl Bernhard. (LD)
Canzlist 1. Classe: Ludwig Merkel.
" " " Gustav Hecht.

Canzleidiener.

Heinrich Hahn. (LD) ✠ ⊙-BdGM

Ober-Rechnungskammer-Justificatur I. Abtheilung.

Sitz: Darmstadt.

Dirigent.

Johannes Volz, Rechnungsrath. ✠ R. 1.

Ober-Rechnungsrevisoren.

Ludwig Hisserich.
Daniel Taab.
Conrad Scharch.

Ober-Rechnungsprobatoren 1. Classe.

Ludwig Müller. Heinrich Becker.
Ludwig Wagner. Georg Weiß.

V. Ober-Steuer-Direction.

Sitz: Darmstadt.

Director.

Dr. Adolph Hügel R. I. -OeFJ2.-BdZL4.-NA4.-RAnn3.

Obersteuerräthe.

Ludwig Ewald, Geheimer Obersteuerrath. R. I. R. I. -PKr3.
Hermann Welcker.
Florentin Hallwachs, Geheimer Obersteuerrath.
Franz Wörner.
Ludwig Baur.

Secretariat.

Obersteuersecretär: Gustav Weigel.
" Jost (s. S. 197).

Registratur und Protocoll.

Obersteuerregistrator: Carl Woldemar Weyland, Steuerrath.
" Conrad Andreas Wilhelm Jäger.
Obersteuerprotocollist und Obersteuerregistraturgehülfe: unbesetzt.

Canzlei.

Canzleiinspector: Georg Anradt.
Canzlist 1. Classe: Johannes Philipp Schmidt, Canzleiinspector.
" " " Conrad Gerhardt.
" " " Sebastian Blum. SK. -BdGM.

Canzleidiener.

Johannes Reh. SK. -BdGM.

Steuercontrole und Calculatur der Ober-Steuer-Direction.
Sitz: Darmstadt.

Dirigent.
Obersteuerrath Welcker (s. S. 420).

Obersteuerrevisoren.
Ludwig Maximilian Scriba.
Carl Wilhelm Papst.
Heinrich Schröder. ✠ R. II. Ⓜ
Friedrich Marloff.

Obersteuercalculatoren. 1. Classe.
Joseph Jäger.
Heinrich Haller.
Philipp Ludwig Wickenhöfer.
Wilhelm Draudt.

Obersteuercalculatoren 2. Classe.
Georg Scriba.
Gerhard Caemmerer ✠-BdGM.
Carl Fuhr.
Ferdinand Trapp.

Canzleidiener.
Den Dienst versieht Canzleidiener Kniel (s. Oberzolldirection).

Cataster-Amt.
Sitz: Darmstadt.

Dirigent.
Steuerrath Eckhard (s. unten).

Steuerinspector.
Ludwig Carl Eckhard, Steuerrath.

Obersteuerrevisor.
Joseph Trapp. ✠ R. II.

Obersteuercalculatoren 1. Classe.
Johannes Lyncker.
Friedrich Schweickhard.
Nicolaus Bender.

Catasteringenieur.
Martin Greiner.

Canzlist 1. Classe.

Unbesetzt.

Canzleidiener.

August Haber. [illegible] ✠-BdGM.

Haupt-Stempel-Verwaltung.

Sitz: Darmstadt.

Hauptstempelverwalter.

Michael Friedrich, Steuerrath. ✠ R. I.

Rechner.

Steuerrath Friedrich (s. oben).

Buchhalter.

Johannes Georg Seip.

Controleur.

Steuerrath Weyland (s. S. 420).

Assistent.

Friedrich Klotz.

Canzleidiener.

Georg Gengenbach. [illegible]

Stempler.

Canzleidiener Gengenbach (s. oben).
Paul Hilger.
Johannes Kalbfleisch. [illegible] ✠

Fiscal-Anwaltschaften.

a) Provinz Starkenburg.

Sitz: Darmstadt.

Fiscalanwalt: Franz Reatz, Justizrath. ✠ R. I.

b) Provinz Oberhessen.

Sitz: Gießen.

Fiscalanwalt: Carl Moritz Emanuel Trapp, Justizrath.

c) Provinz Rheinhessen.

Sitz: Mainz.

Fiscalanwalt: Franz Heinrich Wolfgang Betz, Oberfinanzrath.

1) Localbehörden für die Steuerverwaltung.

(Dieselben folgen, mit Ausnahme der nach der Haupt- und Residenzstadt und den Provinzialhauptstädten benannten, welche zuerst aufgeführt sind, in alphabetischer Ordnung.)

I. Steuercommissariate.

A. Provinz Starkenburg.

1. Steuercommissariat Darmstadt.

Steuercommissär: Jacob Rau.

2. Steuercommissariat Beerfelden.

Steuercommissär: August Decker.

3. Steuercommissariat Dieburg.

Steuercommissär: Ludwig Repp.

4. Steuercommissariat Fürth.

Steuercommissär: Theodor Jungk, Steuerrath.

5. Steuercommissariat Groß-Gerau.

Steuercommissär: Theodor Schweisgut.

6. Steuercommissariat Heppenheim.

Steuercommissär: Wilhelm Stein.

7. Steuercommissariat Höchst.

Steuercommissär: Joseph Eckner, Steuerrath.

8. Steuercommissariat Langen.

Steuercommissär: Carl Ludwig Butz.

9. Steuercommissariat Michelstadt.

Steuercommissär: Wilhelm Lehr.

10. Steuercommissariat Offenbach.

Steuercommissär: Heinrich Balzer.

11. Steuercommissariat Seligenstadt.

Steuercommissär: Philipp Rau.

12. Steuercommissariat Zwingenberg.

Steuercommissär: Carl Köster.

B. Provinz Oberhessen.

1. Steuercommissariat Gießen.

Steuercommissär: Georg Hirsch, Steuerrath.

2. Steuercommissariat Alsfeld.
Steuercommissär: Friedrich August Böckmann.

3. Steuercommissariat Büdingen.
Steuercommissär: Carl Pückel.

4. Steuercommissariat Butzbach.
Steuercommissär: Johannes Hechler.

5. Steuercommissariat Friedberg.
Steuercommissär: Georg Schober.

6. Steuercommissariat Grünberg.
Steuercommissär: Carl Limpert.

7. Steuercommissariat Homberg.
Steuercommissär: Wilhelm Langsdorf.

8. Steuercommissariat Hungen.
Steuercommissär: Carl Ludwig Hunsinger.

9. Steuercommissariat Lauterbach.
Steuercommissär: Georg Sommerlad.

10. Steuercommissariat Nidda.
Steuercommissär: Johannes Winterstein.

11. Steuercommissariat Schlitz.
Steuercommissär: unbesetzt.

12. Steuercommissariat Schotten.
Steuercommissär: Johannes Heinrich Clotz.

C. Provinz Rheinhessen.

1. Steuercommissariat Mainz.
Steuercommissär: Rudolph Pfannmüller.

2. Steuercommissariat Alzey.
Steuercommissär: Heinrich Welsch.

3. Steuercommissariat Bingen.
Steuercommissär: Friedrich Wilhelm Eppelsheimer.

4. Steuercommissariat Ober-Ingelheim.
Steuercommissär: Ludwig Süffert.

5. Steuercommissariat Oppenheim.
Steuercommissär: Carl Bernhard.

6. Steuercommissariat Osthofen.

Steuercommissär: Ferdinand Frölich.

7. Steuercommissariat Wörrstadt.

Steuercommissär: Ludwig Deibel.

8. Steuercommissariat Worms.

Steuercommissär: Ludwig Pfannmüller.

II. Obereinnehmereien.

A. Provinz Starkenburg.

a) Obereinnehmerei Darmstadt.

Obereinnehmer.

Dr. Ludwig Ernst Christian Küchler, Steuerrath.

Controleur für die Einnahme des Obereinnehmers.

Das Kreisamt Darmstadt.

Districtseinnehmereien.

1. Districtseinnehmerei Darmstadt.

Districtseinnehmer: Heinrich Deiß.

2. Districtseinnehmerei Arheilgen.

Districtseinnehmer: Ernst Albrecht in Darmstadt.

3. Districtseinnehmerei Babenhausen.

Districtseinnehmer: Carl Heil.

4. Districtseinnehmerei Groß-Gerau I.

Districtseinnehmer: Heinrich August Schreiber.

5. Districtseinnehmerei Groß-Gerau II.

Districtseinnehmer: Franz Klietsch.

6. Districtseinnehmerei Groß-Steinheim.

Districtseinnehmer: Heinrich Momberger.

7. Districtseinnehmerei Langen.

Districtseinnehmer: Johannes Heinrich Bernheisel.

8. Districtseinnehmerei Offenbach.

Districtseinnehmer: Hermann Kraus.

9. Districtseinnehmerei Seligenstadt.

Districtseinnehmer: Conrad Reh.

10. Districtseinnehmerei Wolfskehlen.

Districtseinnehmer: Gottlieb Ferdinand Christian Fritsch.

Ortseinnehmerei I. Classe Darmstadt.

(Ist mit dem Hauptzollamt daselbst verbunden.)

(S. daselbst.)

Ortseinnehmerei I. Classe Offenbach.

(Ist mit dem Hauptzollamt daselbst verbunden.)

(S. daselbst).

Steuerpfandmeister.

Daniel Schmidt in Darmstadt. [illegible]
Carl Böttcher in Darmstadt. [illegible] ✠-BdGM.

b) Obereinnehmerei Bensheim.

Obereinnehmer.

August Frölich in Auerbach.

Controleur für die Einnahme des Obereinnehmers.

Bürgermeister Johannes Löhr in Auerbach.

Districtseinnehmereien.

1. Districtseinnehmerei Bensheim.

Districtseinnehmer: Theodor Scharmann, Rendant ✠ R. II.

2. Districtseinnehmerei Beerfelden.

Districtseinnehmer: Johannes Fischer.

3. Districtseinnehmerei Birkenau.

Districtseinnehmer: Georg Balthasar Habich.

4. Districtseinnehmerei Fürth.

Districtseinnehmer: Johannes Georg Greiffenstein. SK.

5. Districtseinnehmerei Gernsheim.

Districtseinnehmer: Wilhelm Carl Schleußner.

6. Districtseinnehmerei Heppenheim.

Districtseinnehmer: Georg Wilhelm Kiefer.

7. Districtseinnehmerei Hirschhorn.

Districtseinnehmer: Carl Klingelhöffer.

8. Districtseinnehmerei Lampertheim.

Districtseinnehmer: Carl Snell.

9. Districtseinnehmerei Pfungstadt.

Dristrictseinnehmer: Christian Müller.

10. Districtseinnehmerei Wald-Michelbach.

Districtseinnehmer: Ferdinand Heß.

11. Districtseinnehmerei Wimpfen.

Districtseinnehmer: Eduard Moritz Frank.

12. Districtseinnehmerei Zwingenberg.

Districtseinnehmer: Jacob Schmitt.

Ortseinnehmerei I. Classe Bensheim.

(Ist mit dem Nebenzollamt I. Classe daselbst verbunden.)
(S. daselbst.)

Steuerpfandmeister.

Georg Bickel in Bensheim.
Carl Wilhelm Belsenherz in Bensheim.
Den Dienst des Steuerpfandmeisters in Wimpfen versieht Christoph Zimmermann.

c) Obereinnehmerei Groß-Umstadt.

Obereinnehmer.

Carl Friedrich Stolz.

Controleur für die Einnahme des Obereinnehmers.

Landrichter Dr. Stockhausen (s. S. 392).

Districtseinnehmereien.

1. Districtseinnehmerei Groß-Umstadt.

Districtseinnehmer: Ludwig Kriegck.

2. Districtseinnehmerei Dieburg.

Districtseinnehmer: Daniel Wehn.

3. Districtseinnehmerei Groß-Bieberau.

Districtseinnehmer: Adalbert Klingelhöffer.

4. Districtseinnehmerei Höchst.

Districtseinnehmer: Carl Reiber.

5. Districtseinnehmerei König.

Districtseinnehmer: Franz Mischler.

6. Districtseinnehmerei Michelstadt.

Districtseinnehmer: Friedrich Carl Großmann.

7. Districtseinnehmerei Ober-Ramstadt.

Districtseinnehmer: Eberhard Leinberger in Darmstadt.

8. Districtseinnehmerei Reichelsheim.

Districtseinnehmer: Johannes Heyl.

9. Districtseinnehmerei Reinheim.

Districtseinnehmer: Christian Friedrich Langsdorf.

10. Districtseinnehmerei Richen.

Districtseinnehmer: Reinhard Spahr.

Steuerpfandmeister.

Goswin Schupp in Dieburg.

Martin Jost in Michelstadt. ⊕-BdGM.

B Provinz Oberhessen.

a) Obereinnehmerei Gießen.

Obereinnehmer.

Franz Schuster. ✠ R. I.

Controleur für die Einnahme des Obereinnehmers.

Das Kreisamt Gießen.

Districtseinnehmereien.

1. Districtseinnehmerei Gießen I.

Districtseinnehmer: Ludwig Schildknecht.

2. Districtseinnehmerei Gießen II.

Districtseinnehmer: Peter Becker, Rendant.

3. Districtseinnehmerei Assenheim.

Districtseinnehmer: Julius Köster.

4. Districtseinnehmerei Butzbach I.

Districtseinnehmer: Johannes Conrad Flemming.

5. Districtseinnehmerei Butzbach II.

Districtseinnehmer: Caspar Scharmann. ✠ R. II. (K)

6. Districtseinnehmerei Friedberg.

Districtseinnehmer: Johannes Leonhard Bitsch.

7. Districtseinnehmerei Groß-Karben.

Districtseinnehmer: Georg Grimm. ▬ ⊕-BdGM.

8. Districtseinnehmerei Groß-Linden.

Districtseinnehmer: Johannes Peter Walther in Gießen.

9. Districtseinnehmerei Lich.

Districtseinnehmer: Daniel Stroh.

10. Districtseinnehmerei Nieder-Wöllstadt.

Districtseinnehmer: Carl Keim in Friedberg. (K)

11. Districtseinnehmerei Vilbel.

Districtseinnehmer: Ludwig Haller.

Ortseinnehmerei I. Classe Gießen.

(Ist mit dem Hauptzollamt daselbst verbunden).

(S. daselbst.)

Steuerpfandmeister.

Ludwig Wilhelm Bastert in Gießen.
Friedrich Sames in Friedberg.

---

b) Obereinnehmerei Nidda.

Obereinnehmer.

Heinrich Carl Schäffer.

Controleur für die Einnahme des Obereinnehmers.

Das Kreisamt Nidda.

Districtseinnehmereien.

1. Districtseinnehmerei Nidda.

Districtseinnehmer: Heinrich Bachmann.

2. Districtseinnehmerei Altenstadt.

Districtseinnehmer: Heinrich Stroh.

3. Districtseinnehmerei Bingenheim.

Districtseinnehmer: Heinrich Jacob Klein in Echzell.

4. Districtseinnehmerei Büdingen I.

Districtseinnehmer: Carl Platz.

5. Districtseinnehmerei Büdingen II.

Districtseinnehmer: Balthasar Schmidt.

6. Districtseinnehmerei Gedern.

Districtseinnehmer: Georg Winheim. ✠-BdGM.

7. Districtseinnehmerei Hungen I.

Districtseinnehmer: Johannes Peter Stiehler.

8 Districtseinnehmerei Hungen II.

Districtseinnehmer: Wilhelm Sandmann.

9. Districtseinnehmerei Laubach.

Districtseinnehmer: Carl August Felix Klipstein.

10. Districtseinnehmerei Ortenberg.

Districtseinnehmer: Heinrich Wenzel.

11. Districtseinnehmerei Schotten I.

Districtseinnehmer: Elias Wagner. R. II.

12. Districtseinnehmerei Schotten II.

Districtseinnehmer: Georg Ludwig Hoos.

13. Districtseinnehmerei Ulrichstein.

Districtseinnehmer: Friedrich Lehr.

Steuerpfandmeister.

Heinrich Becker in Nidda.
Wilhelm Keller in Schotten. -BGM.

---

c) Obereinnehmerei Romrod.

Obereinnehmer.

Wilhelm Schwarz.

Controleur für die Einnahme des Obereinnehmers.

Bürgermeister Heinrich Linn in Romrod.

Districtseinnehmereien.

1. Districtseinnehmerei Romrod.

Districtseinnehmer: Johannes Philipp Dieter.

2. Districtseinnehmerei Alsfeld.

Districtseinnehmer: August Friedrich Weber, Rendant.

3. Districtseinnehmerei Groß-Buseck.

Districtseinnehmer: Anton Garnier.

4. Districtseinnehmerei Groß-Felda.

Districtseinnehmer: Wilhelm Arnold.

5. Districtseinnehmerei Grünberg I.

Districtseinnehmer: Wilhelm Schäcker.

6. Districtseinnehmerei Grünberg II.

Districtseinnehmer: Werner Reuter. [illegible] [illegible]-BdGM.

7. Districtseinnehmerei Ganzenau.

Districtseinnehmer: Philipp Ling. [illegible]

8. Districtseinnehmerei Herbstein.

Districtseinnehmer: Friedrich Ernst Rieß.

9. Districtseinnehmerei Homberg.

Districtseinnehmer: Ernst Haas.

10. Districtseinnehmerei Kirtorf.

Districtseinnehmer: Ludwig Christian Weigel.

11. Districtseinnehmerei Lauterbach.

Districtseinnehmer: Moritz Moter.

12. Districtseinnehmerei Schlitz.

Districtseinnehmer: Johannes Peter Kabey. [illegible] [illegible]-BdGM.

Steuerpfandmeister.

Wilhelm Babel in Romrod.

Johannes Conrad Scheer in Lauterbach. [illegible]

C. Provinz Rheinhessen.

a) Obereinnehmerei Mainz.

Obereinnehmer.

Georg August Walz.

Controleur für die Einnahme des Obereinnehmers.

Das Kreisamt Mainz.

Districtseinnehmereien.

1. Districtseinnehmerei Mainz.

Districtseinnehmer: Jacob Raquet.

2. Districtseinnehmerei Bretzenheim.

Districtseinnehmer: Ludwig Fuchs in Mainz. -BdGM.

3. Districtseinnehmerei Castel.

Districtseinnehmer: Georg Joseph Barth.

4. Districtseinnehmerei Nieder-Olm.

Districtseinnehmer: Otto Heinrich Willenbücher.

Ortseinnehmerei I. Classe Mainz.

Ortseinnehmer I. Classe: Eduard Langsdorf, Rendant.
Controleur: Heinrich Gompf.
" Caspar Nagel.
" Philipp Schnellbacher.
Assistent: Martin Bender. -BdGM.
" Hermann Lang. -BdGM.
Aufseher: Eckhardt (s. S. 440).

Steuerpfandmeister.

Eberhard Freiherr von Toussaint in Mainz. -BdGM.

---

b) Obereinnehmerei Alzey.

Obereinnehmer.

Ludwig Otto Wolf.

Controleur für die Einnahme des Obereinnehmers.

Bürgermeister Joseph Stock in Alzey.

Districtseinnehmereien.

1. Districtseinnehmerei Alzey I.

Districtseinnehmer: Carl Ludwig Hermann Obermann.

2. Districtseinnehmerei Alzey II.

Districtseinnehmer: Ferdinand Günther.

3. Districtseinnehmerei Albig.

Districtseinnehmer: Johannes Baptist Klein in Alzey.

Steuerpfandmeister.

Carl Theodor Klipstein in Alzey. -BdGM.

---

c) Obereinnehmerei Bingen.

Obereinnehmer.

Ludwig Wilhelm Carl Römheld.

Controleur für die Einnahme des Obereinnehmers.

Das Kreisamt Bingen.

Districtseinnehmereien.

1. Districtseinnehmerei Bingen.

Districtseinnehmer: Friedrich Stroh.

2. Districtseinnehmerei Gau-Algesheim.

Districtseinnehmer: Carl Mann.

3. Districtseinnehmerei Nieder-Ingelheim.

Districtseinnehmer: Conrad Becker.

4. Districtseinnehmerei Sprendlingen.

Districtseinnehmer: Johannes Zinßer.

5. Districtseinnehmerei Wöllstein.

Districtseinnehmer: Andreas Adam Schmitt.

Ortseinnehmerei I. Classe Bingen.

(Ist mit dem Hauptzollamt daselbst verbunden).

(S. daselbst).

Steuerpfandmeister.

Friedrich Daniel Andreß in Bingen. ⊕-BdGM.

---

d) Obereinnehmerei Oppenheim.

Obereinnehmer.

Carl Ludwig Nicolaus Weil. ⊕-BdGM.

Controleur für die Einnahme des Obereinnehmers.

Das Kreisamt Oppenheim.

Districtseinnehmereien.

1. Districtseinnehmerei Oppenheim.

Districtseinnehmer: Christoph Kraft.

2. Districtseinnehmerei Guntersblum.

Districtseinnehmer: Carl Wilhelm Specht.

3. Districtseinnehmerei Nierstein.

Districtseinnehmer: Wilhelm Heß.

4. Districtseinnehmerei Wörrstadt I.

Districtseinnehmer: Friedrich Ludwig Bechtold.

5. Districtseinnehmerei Wörrstadt II.

Districtseinnehmer: Heinrich Carl Bähr.

Steuerpfandmeister.

Carl Matthes in Oppenheim. ⊕-BdGM.

---

e) Obereinnehmerei Worms.

Obereinnehmer.

Caspar Bollermann.

Controleur für die Einnahme des Obereinnehmers.

Das Kreisamt Worms.

Districtseinnehmereien.

1. Districtseinnehmerei Worms.

Districtseinnehmer: August Danzinger.

2. Districtseinnehmerei Eich.

Districtseinnehmer: Johannes Justus Merte. Ⓜ

3. Districtseinnehmerei Nieder-Flörsheim.

Districtseinnehmer: Ludwig Jäger. ✠ R. II. Ⓜ

4. Districtseinnehmerei Osthofen.

Districtseinnehmer: Georg Friedrich Kyritz. ✠ R. II. Ⓜ

5. Districtseinnehmerei Pfeddersheim.

Districtseinnehmer: Carl Dieffenbach. ✠

6. Districtseinnehmerei Westhofen.

Districtseinnehmer: Georg Ludwig Philipp Göbel.

Ortseinnehmerei I. Classe Worms.

(Ist mit dem Hauptzollamt daselbst verbunden.)

(S. daselbst).

Steuerpfandmeister.

Johannes Heinrich Storck in Worms. XXV ✠-BdGM.

2) Localbeamte für die Erhebung der Brückengelder.

a) Von der fliegenden Brücke in Gernsheim.

(Der Obereinnehmerei Bensheim untergeordnet.)

Brückengelderheber: den Dienst versieht Brückenmeister Tuch (s. Kreisbauamt Bensheim).
Controleur: Brückenwärter Kissel (s. Kreisbauamt Bensheim).

b) Von der fliegenden Brücke in Kostheim.

(Der Obereinnehmerei Mainz untergeordnet).

Brückengelderheber: Ludwig Schranz.
Controleur: Brückenmeister Kling (s. Kreisbauamt Mainz).

c) Von der Schiffbrücke in Mainz.

(Der Obereinnehmerei Mainz untergeordnet).

Erster Brückengelderheber: Jacob Hänlein in Castel.
Zweiter „ „ Franz Joseph Hartmann S-BdGM.
Controleur: Carl Christian Vigelius in Mainz.
Gehülfe: Philipp Fries in Mainz.
Aufseher: Ernst Schäfer in Castel.
„ Heinrich Vollhardt in Castel. S-BdGM.

d) Von der mit dem Königreich Preußen gemeinschaftlichen Schiffbrücke in Offenbach.

Die Verwaltung dieser Brücke ist beiden Staaten gemeinschaftlich; die dabei fungirenden Großherzoglichen Beamte sind folgende:

Großherzoglicher Commissär: Geheimerath Arnold (s. S. 198).
Brückeninspector: Kreisbaumeister Lindt (s. Kreisbauamt Offenbach).
Brückenrichter: Landrichter Metzler (s. S. 393).
Brückengelderheber: Carl Spieler.
Sechs gemeinschaftliche Brückenwärter.

e) Von der fliegenden Brücke in Oppenheim.

(Der Obereinnehmerei Oppenheim untergeordnet.)

Brückengelderheber: Georg Kern.
Controleur: Brückenmeister Dörner (s. Kreisbauamt Oppenheim).

f) Von der Schiffbrücke in Worms.

(Der Obereinnehmerei Worms untergeordnet.)

Brückengelderheber: Johannes Habermehl.
Controleur: Peter Koob. -BdGM.
Aufseher: Georg Diacont.

---

3) Localbehörden für die Aufsicht über die inneren indirecten Steuern.

(Unter der Leitung der Steuercontrole.)

A. Provinz Starkenburg.

a) Steuercontrolebezirk Darmstadt.

Steuercontroleur.

Johannes Georg Lautenschläger.

Steueraufsichtsstationen.

Steueraufseher.

Johannes Philipp Reitzel in Groß-Gerau.
Johannes Justus Planz in Groß-Umstadt. -BdGM.
Philipp Haas in Langen.
Caspar Zimmermann in Reichelsheim.
Ernst Fuhr in Seligenstadt. -BdGM.

b) Steuercontrolebezirk Bensheim.

Steuercontroleur.

Carl Maria Gölz.

Den Dienst als Steuercontroleur in Wimpfen versieht Districtseinnehmer Frank (s. S. 427).

Steueraufsichtsstationen.

Steueraufseher.

Christian Schlehenbecker in Fürth. [illegible] ⊕-BdGM.
Christian Schäfer in Hirschhorn.
Johannes Mulch in Bürstadt. [illegible]
Ludwig Schnur in Michelstadt.
Den Dienst als Steueraufseher in Wimpfen versieht Zimmermann (s. S. 427).
Heinrich Jost in Zwingenberg. [illegible]

B. Provinz Oberhessen.

a) Steuercontrolebezirk Gießen.

Steuercontroleur.

Johannes Dern.

Steueraufsichtsstationen.

Steueraufseher.

Johannes Georg Roder in Gießen. [illegible] ⊕-BdGM.
Johannes Daniel Faust in Butzbach. [illegible] ⊕-BdGM.
Philipp Fischer in Friedberg. [illegible] ⊕-BdGM.
Caspar Scharmann in Grünberg. [illegible] ⊕-BdGM.
Johannes Herrmann in Okarben. NDEKB.

b) Steuercontrolebezirk Nidda.

Steuercontroleur.

Heinrich Becker. R. II. ⊕-OeSTM1.

Steueraufsichtsstationen.

Steueraufseher.

Johannes Seitz in Nidda. ⊕-BdGM.
Jacob Beller in Alsfeld. ⊕-BdGM.
Maximilian Münzenberger in Büdingen.
Johannes Strauch in Gedern. ⊕-BdGM.
Johannes Nicolaus Winter in Laubach. ⊕-BdGM.
Christian von Gödke in Lauterbach.

C. Provinz Rheinhessen.

Steuercontrolebezirk Mainz.

Steuercontroleur.

Carl Amend. R. II. ⊕.

Steueraufsichtsstationen.

Steueraufseher.

Heinrich Eckhardt in Mainz. SK.
Philipp August Heim in Alzey. ⊕-BdGM.
Michael Gehron in Castel.
Heinrich Seng in Nieder-Ingelheim.
Johannes Georg Schreiber in Nieder-Olm. ⊕-BdGM.
Ferdinand Braune in Oppenheim. ⊕-BdGM.
Johannes Heinrich Feldner in Osthofen. ⊕-BdGM.
Heinrich Wagner in Pfeddersheim ⊕.
Christian Kemmer in Sprendlingen.
Johannes Andreas Cloos in Wörrstadt.

VI. Ober-Zoll-Direction.

Sitz: Darmstadt.

Director.

Unbesetzt.

Oberzollräthe.

Geheimer Obersteuerrath Ewald (s. S. 420.)
Geheimer Obersteuerrath Hallwachs (s. S. 420)

Secretariat.

Oberzollsecretär: Ludwig Klein.

Registratur und Protocoll.

Registrator und Protocollist: Friedrich Eckhardt, Zollinspector.

Calculatur.

Oberzollrevisor: Friedrich Deisler.

Canzlei.

Canzleiinspector: Johannes Heinrich Müller.
Canzlist 1. Classe: Müller (s. oben).

Canzleidiener.

Carl Kniel.

Vereinsbevollmächtigter bei der Großherzoglichen Ober-Zoll-Direction.

Dr. Julius Freiherr von Valois, Königlich Württembergischer Oberfinanzrath. ✠ C. II. -WK3.

I. Localbehörden für die Zollverwaltung.

1. Hauptzollamtsbezirk Darmstadt.

Hauptzollamt Darmstadt.

Oberzollinspector: Steuerrath Hanesse (s. unten.)
Hauptzollamtsrendant: Eduard Kuhlmann.
Hauptzollamtscontroleur: Heinrich Wilhelm Stein.
Hauptzollamtsassistent 1. Classe: Leonhard Flath.
" 2. " Georg Balzer.
Hauptzollamtsdiener: Georg Heinrich Frank. SK.

Salzsteueramt Wimpfen.

Salzsteueramtsrendant: Carl Freiherr Gedult von Jungenfeld.
Salzsteueraufseher: Georg Lauckhardt.
" Johannes Friedrich Stork. -BdGM

2. Hauptzollamtsbezirk Offenbach.

Hauptzollamt Offenbach.

Oberzollinspector: Carl Hanesse, Steuerrath. N. I.
Hauptzollamtsrendant: Carl Hisgen.
Hauptzollamtscontroleur: Ludwig Adam Zimmer.
Hauptzollamtsassistent 1. Classe: Peter Christoph Carl Kleyer.
" " " Johannes Rippert. -BdGM.
Hauptzollamtsdiener: Johannes Friedrich Fatum. N. II. -BdGM.

Nebenzollamt I. Classe Bensheim.

Nebenzollamtsrendant: Eugen von Buri.
Nebenzollamtscontroleur: unbesetzt.
Nebenzollamtsdiener: Johannes Heinrich Kraft. -BdGM.

3. Hauptzollamtsbezirk Gießen.

Hauptzollamt Gießen.

Oberzollinspector: Carl Müller.
Hauptzollamtsrendant: Friedrich Martin.
Hauptzollamtscontroleur: Ludwig Mickler.
Hauptzollamtsassistent 1. Classe: Georg Roßmann.
„ 2. „ Gottfried Süsbeck.
Hauptzollamtsdiener: Christian Weidig.

Nebenzollamt I. Classe Alsfeld.

Rendant: Rendant Weber (s. S. 432).
Controleur: Wilhelm Reuling.

Salzsteueramt Nauheim.

Salzsteueramtsrendant: den Dienst versieht Finanzaccessist Dr. Gustav Siebert.
Salzsteueraufseher: Heinrich Schweinhard. ▭ ⊕-BdGM.

Nebenzollamt II. Classe Friedberg.

Expedient: Georg Baltenfeld, Zollaufseher.

Nebenzollamt II. Classe Lauterbach.

Expedient: Heinrich Nagel.

Nebenzollamt II. Classe Nauheim.

Expedient: Christian Wachsmuth.

---

4. Hauptzollamtsbezirk Mainz.

Hauptzollamt Mainz.

Oberzollinspector: Hermann Giller, Steuerrath. OeFJ3.
Hauptzollamtsrendant: Heinrich Habermehl, Obereinnehmer ✠ R.I.
Hauptzollamtsrevisor: Friedrich Netz.
Hauptzollamtscontroleur: Friedrich Daniel Wilhelm Reh.
Revisionsinspector: Bartholomäus Eberhard.

Niederlageverwalter: Ludwig Heinrich Wittich.
Revisionscontroleur: Wilhelm Maria Joseph Barena.
Hauptzollamtsassistent 1. Classe: Heinrich Carl Philipp Thomin.

" " " Carl Haack, Revisionscontroleur.
" " " Christian Opel. R. II.
" " " Johannes Jacob Eberhardt.
" " " Georg Peter Herrmann. -BdCFM.-BdGM.
" 2. " Caspar Müssing. -BdGM.
" " " Carl Geiß.
" " " Ferdinand Bischoff.
" " " Martin Brunner.
" " " Jacob Grimm.
" " " Carl Reinhard Frank.

Hauptzollamtsdiener: Adam Wolf.
" Carl Franz Rauck -BdGM.
" Caspar Schönlag.

Salzsteueramt Theodorshalle.

Salzsteueramtsrendant: Salineninspector Ziegler (s. Salinenamt Theodorshalle.)
Salzsteueraufseher: Johannes Philipp Lotz. -BdGM.

Nebenzollamt II. Classe Alzey.

Expedient: unbesetzt.

---

5. Hauptzollamtsbezirk Bingen.

Hauptzollamt Bingen.

Oberzollinspector: Steuerrath Giller (s. S. 443).
Hauptzollamtsrendant: Ludwig Völcker.
Hauptzollamtscontroleur: August Eduard Justus Blöcher.
Hauptzollamtsassistent 1. Classe: Jacob Metzler.
Hauptzollamtsdiener: Georg Friedrich Götz.

---

6. Hauptzollamtsbezirk Worms.

Hauptzollamt Worms.

Oberzollinspector: Steuerrath Giller (s. S. 443).
Hauptzollamtsrendant: Ernst Carl Heising.
Hauptzollamtscontroleur: Johannes Friedrich Gunderlach.
Hauptzollamtsassistent 1. Classe: Adolph Gölz.
Hauptzollamtsdiener: Valentin Kuhl. ✠ SK.

II. Localbeamte für die Zollaufsicht.

Obercontroleur.

Steuercontroleur Arend (s. S. 440).

Zollaufseher.

Zollaufsichtsstation Darmstadt.

Zollaufseher.

Friedrich Leopold in Darmstadt.
Johannes Philipp Wilhelm Stappelton in Darmstadt. BdGM.

Zollaufsichtsstation Offenbach.

Zollaufseher.

Heinrich Weber in Offenbach. BdGM.

Zollaufsichtsstation Gießen.

Zollaufseher.

August Müller in Gießen.

Zollaufsichtsstation Mainz.

Zollaufseher.

Ludwig Roth in Mainz. ✠ SK.
Joseph Gabriel Kämmerer in Mainz.
Philipp Walldorf in Mainz.
Johannes Klöß in Mainz. ✠ SK.
Philipp Götz in Mainz. ✠ SK.
Martin Eichentler in Mainz.
Friedrich Bock in Mainz. ✠ SK.

Burkhardt Wilhelm Beith in Mainz.

Johannes Kolb in Mainz.

Heinrich Graulich in Mainz. -BdGM.

Adolph Vigelius in Mainz.

Ignatz Limberger in Mainz.

Johannes Heinrich Schönhals in Mainz. -BdGM.

Johannes Bertling in Mainz. -BdGM.

Philipp Justus Keller in Mainz. -BdGM.

Michael Jacob in Mainz. -BdGM.

Johannes Spaar in Mainz. -BdGM.

Conrad Lein in Mainz.

Johannes Gimbel in Mainz. -BdGM.

Johannes Treutel in Mainz.

Jacob Loos in Mainz. -BdGM.

Friedrich Ewald in Mainz.

Johannes Georg Reitz in Mainz.

Christoph Stellwag in Mainz.

Zollaufsichtsstation Worms.

Zollaufseher.

Johannes Schneider in Worms.

Heinrich Daniel Rausch in Worms.

Jacob Melchior in Worms. -BdGM.

Zollaufsichtsstation Bingen.

Zollaufseher.

Jacob Klauß in Bingen.

Heinrich Roth in Bingen. -BdGM.

III. Beamte in Diensten des Zollvereins.

1. Vereinsbevollmächtigter bei der Königlich Preußischen Provinzial-Steuer-Direction in Hannover, dem Großherzoglich Oldenburgischen Zoll-Departement in Oldenburg und der Herzoglich Braunschweigischen Zoll- und Steuer-Direction in Braunschweig.

Obersteuerrath Carl August Fabricius in Hannover. JML4.

2. Stationscontroleure.

a) Bei den Hauptämtern Emmerich, Cleve, Duisburg, Ruhrort, Uerdingen, Wesel, Kaldenkirchen und Neuß.

Franz Christian Englisch in Emmerich, Zollinspector.

b) Bei den Hauptämtern Harburg, Stade und Lüneburg.

Carl Ruckelshausen in Harburg, Zollinspector.

IV. Beamte bei dem vereinsländischen Hauptzollamt Hamburg.

Revisions-Obercontroleur: Hauptzollamts-Assistent 1. Classe Otto Sartorius.

Hauptzollamts-Assistent: Hauptzollamts-Assistent 2. Classe Carl Jacob Krumb.

VII. Münz-Deputation.

Sitz: Darmstadt.

Mitglied.

Geheimer Obersteuerrath Ewald (s. S. 420).

Secretariat.

Münzsecretär: unbesetzt.

Registratur.

Registrator: unbesetzt.

Calculatur.

Calculator 1. Classe: unbesetzt.

Canzlei.

Den Dienst versieht Canzleiinspector Müller (s. S. 441).

Canzleidiener.

Den Dienst versieht Canzleiwärter Christian Wiesemann.

Localbeamte für die Münzverwaltung.

Münzmeister.

Hector Rößler, Geheimer Bergrath. ✡ R. I. -OeKKr3. -PRA4. -BrM4.

Münzcontrole.

Münzcontroleur: Obersteuerrath Wörner (s. S. 420).

Münzprobirer: Obersteuerrath Baur (s. S. 420).

VIII. Ober-Forst- und Domänen-Direction.

Sitz: Darmstadt.

Uniform: wie die übrigen Beamten, nur bei den Forstbeamten dunkelgrüner Waffenrock.

Director.

Unbesetzt.

Oberforst- und Domänenräthe.

Geheimer Oberforstrath: August Baur. ✠ R. I. ⓦ
Oberforstrath: Eduard von Stockhausen. ✠ R. I.
" Heinrich Ludwig Bose. ✠ R. I.
" Freiherr von Bibra (s. S. 188).
Oberdomänenrath: Ernst Strecker.

Secretariat.

Oberforstsecretär: Ernst Braun.
Oberdomänensecretär: Ludwig Grünewald.
" Wilhelm Strecker.

Registratur.

Oberdomänenregistrator: Ludwig Angst.
Oberforstregistrator: Carl Strein.
Oberdomänenregistrator: Johannes Bitsch.
Oberforstregistrator: Friedrich Hiegen.

Protocoll.

Oberdomänenprotocollist: unbesetzt.

Calculatur und Vermessungs-Bureau.

Oberdomänenrevisor und Dirigent der Calculatur: Johannes Möller, Rechnungsrath.
Oberforstrevisor: Wilhelm Schneider.
Oberdomänencalculator 1. Classe: Friedrich Wimmenauer.
" " " Wilhelm Rube.
" " " Georg Hoffmann.
" " " Carl Planz.
" 2. " Hermann Kröll.

Canzlei.

Oberdomänen-Canzleiinspector: Carl Hof.
Oberforstcanzlist 1. Classe: Friedrich Wimmenauer.
" " " Theodor Schultz.
Oberdomänencanzlist 1. Classe: Heinrich Eichentler.
" " " Georg Nau.

Canzleidiener.

Unbesetzt.

I. Fiscal-Anwaltschaften.

a) Für die Provinz Starkenburg.
Sitz: Darmstadt.

Fiscalanwalt: Justizrath Reatz (s. S. 422).

b) Für die Provinz Oberhessen.
Sitz: Gießen.

Fiscalanwalt: Justizrath Trapp (s. S. 422).

c) Für die Provinz Rheinhessen.
Sitz: Mainz.

Fiscalanwalt: Oberfinanzrath Betz (s. S. 422).

II. Localbehörden für die Forstverwaltung.

(Dieselben folgen, mit Ausnahme der nach der Haupt- und Residenzstadt und den Provinzialhauptstädten benannten, welche zuerst aufgeführt sind, in alphabetischer Ordnung).

A. Provinz Starkenburg.

1. Forstamt Darmstadt.

Forstmeister: Carl Reiß. IIAnn3.

a) Oberförsterei Bessungen.

Oberförster: Philipp Baltz.

Forstwarte: Carl Klipstein, Förster. Heinrich Fritz auf dem Forsthaus Bellenfallthor. Johannes Rueb, Förster auf dem Bessunger Forsthaus.

b) Oberförsterei Griesheim.

Oberförster: Ernst Klipstein in Dornberg.

Forstwarte: Franz Eyssen, Förster auf dem Forsthaus Knoblochsau. Heinrich Schnitzspan auf dem Gehabornerhof.

c) Oberförsterei Kalkofen.

Oberförster: Carl Winheim.

Forstwarte: Eduard Scholl, Förster auf dem Messeler Fallthorhaus. Ludwig Engel, Förster auf dem Kranichsteiner Fallthorhaus. Ludwig Vohl, Förster auf dem Fallthorhaus Bayerseich. Jacob Prätorius in Weiterstadt.

d) Oberförsterei Koberstadt.

Oberförster: Georg Bommersheim.

Forstwarte: Johannes Adam Koch in Langen. ⊕-BdGM. Johannes Küster auf dem Koberstädter Fallthorhaus. ⊕-BdGM. Johannes Maurer, Förster auf dem Fallthorhaus Steinacker.

e) Oberförsterei Messel.

Oberförster: Dr. Rudolph Prätorius auf dem Messeler Forsthaus.

Forstwarte: Abraham Schwerer. ⊕-BdGM. Johannes Germann.

f) Oberförsterei Steinbrückerteich.

Oberförster: Georg Freiherr Schenck zu Schweinsberg.

Forstwarte: Ludwig Müller, Förster auf dem Forsthaus Fasanerie. Philipp Habich, Wildmeister auf dem Forsthaus Einsiedel.

2. Forstamt Groß-Gerau.

Forstmeister: Christian Klein auf dem Forsthaus Woogsdamm. RAnn3.

a) Oberförsterei Mitteldick.

Oberförster: August Schenck.

Forstwarte: Franz Adam auf dem Fallthorhaus Gehespitz. Friedrich Ernst auf dem Forsthaus Buchschlag. Georg Steinbrenner, Förster auf dem Forsthaus Gundhof. Johannes Huf zu Walldorf. -BdGM.

b) Oberförsterei Mönchbruch.

Oberförster: Ferdinand Muhl.

Forstwarte: Friedrich Wiesel auf dem Jagdschloß Mönchbruch. Leonhard Habermehl, Förster auf dem Königstädter Forsthaus. Johannes Siegfried, Förster auf dem Königstädter Fallthorhaus.

c) Oberförsterei Mönchhof.

Oberförster: Adam Ernst.

Forstwarte: Christian Klöpper in Kelsterbach. Franz Schneider, Förster auf dem Forsthaus Claraberg. Christian Degen, Förster in Raunheim.

d) Oberförsterei Mörfelden.

Oberförster: Carl Klipstein.

Forstwarte: Adam Bernius auf dem Forsthaus Wiesenthal. -BdGM. Paul Beyer auf dem Forsthaus Apfelbachbrücke. Johannes Ludwig Armbrust. -BdGM.

e) Oberförsterei Wolfsgarten.

Oberförster: Carl Koch. RSt3.

Forstwart: Johannes Knöß in Egelsbach.

f) Oberförsterei Woogsdamm.

Oberförster: Georg Frey auf dem Forsthaus Nicolauspforte.

Forstwarte: Peter Müller, Förster in Groß-Gerau. Johannes Zulauf, Förster auf dem Groß-Gerauer Fallthorhaus.

3. Forstamt Jugenheim.

Forstmeister: Ludwig Dittmar. RAan3.

a) Oberförsterei Eberstadt.

Oberförster: Carl Joseph.

Forstwart: Carl Weyland, Förster auf dem Forsthaus Frankenstein.

b) Oberförsterei Ernsthofen.

Oberförster: Alfred Preuschen.

Forstwart: Jacob Rieder, Förster in Asbach.

c) Oberförsterei Jägersburg.

Oberförster: Carl Klipstein. NSt3.

Forstwarte: Wilhelm Wißmann, Förster in Jägersburg. Franz Vögler, Förster in Langwaden. Johannes Breitweiser, Förster auf dem Groß-Hauser Forsthaus. Sebastian Meinhardt in Schwanheim. R. II. ⚙-BdGM.

d) Oberförsterei Nieder-Ramstadt.

Oberförster: Philipp Löwer.

Forstwarte: Philipp Vinson in Rohrbach. Johannes Conrad Schnellbächer. ⚙-BdGM. Johannes Breitwieser auf dem Forsthaus Eiserhand.

e) Oberförsterei Zwingenberg.

Oberförster: Carl Lipp in Auerbach. NSt3.

Forstwarte: Laurenz Werner, Förster in Jugenheim. ⚙-BdGM. Johannes Rippert, Förster auf dem Auerbacher Forsthaus. Theodor Haberkorn, Förster auf dem Forsthaus Felsberg.

4. Forstamt Lorsch.

Forstmeister: Ludwig Weidig. R. I.

a) Oberförsterei Heppenheim.

Oberförster: Carl Irle.

b) Oberförsterei Lampertheim.

Oberförster: Wilhelm Grünewald.

Forstwarte: Gallus Philipp Böglin, Förster auf dem Forsthaus Heide. Carl Zimmermann auf dem Forsthaus Wildbahn.

c) Oberförsterei Lorsch.

Oberförster: Hermann Reuß.

Forstwarte: Heinrich Roth in Bürstadt. -BdGM. Wilhelm Göcking in Klein-Hausen. Ludwig Löser. -BdCFVM. -BdGM. Philipp Jung in Bürstadt. -BdGM. Georg Hanstein. -BdGM. Emil Hüter in Nordheim. -BdGM.

d) Oberförsterei Viernheim.

Oberförster: Peter Billhardt.

Forstwarte: Jacob Delp, Förster in Hüttenfeld. Friedrich Kreuler, Forstmitaufseher. Heinrich Robert. -BdGM. Peter Lyncker.

e) Oberförsterei Wimpfen.

Oberförster: Wilhelm Königer.

Forstwart: Johannes Wilhelm in Kürnbach.

5. Forstamt Reinheim.

Forstmeister: Gustav Hoffmann in Dieburg.

a) Oberförsterei Dieburg.

Oberförster: Robert Freiherr von Lehmann.

Forstwarte: Friedrich Dillemuth zu Altheim. Heinrich Gambs in Richen. Sebastian Bürstlein in Semd.

b) Oberförsterei Höchst.

Oberförster: Wilhelm Bott.

c) Oberförsterei König.

Oberförster: Anton Loos.

d) Oberförsterei Lengfeld.

Oberförster: August Eckstorm auf dem Lengfelder Forsthaus.

Forstwart: Leonhard Rauch auf dem Schloß Otzberg.

e) Oberförsterei Lichtenberg.

Oberförster: Ernst Wornewog in Groß-Bieberau.
Forstwart: Jacob Delp auf dem Forsthaus Kernbach.

6. Forstamt Seligenstadt.

Forstmeister: Carl Freiherr von Diemar. ✠. ✠ R. I. Ⓜ

a) Oberförsterei Babenhausen.

Oberförster: Theodor Borckhausen in Harreshausen.
Forstwart: Christian Klingler in Harreshausen. Ⓜ

b) Oberförsterei Dudenhofen.

Oberförster: Martin Faustmann in Babenhausen.

c) Oberförsterei Groß-Steinheim.

Oberförster: Philipp Hartmann auf dem Forsthaus Groß-Steinheimer Fasanerie.
Forstwart: Heinrich Rühl auf dem Forsthaus Groß-Steinheimer Fasanerie. ▬ ✠-BdGM.

d) Oberförsterei Heusenstamm.

Oberförster: Heinrich Müller in Offenbach.

e) Oberförsterei Schaafheim.

Oberförster: Conrad Weber in Richen.
Forstwart: Heinrich Schick in Dornbiel. ▬ ✠-BdGM.

f) Oberförsterei Zellhausen.

Oberförster: Ludwig Drescher in Seligenstadt.
Forstwarte: Heinrich Linn in Seligenstadt. ▬ ✠-BdGM.
Joseph Funk.

7. Forstamt Wald-Michelbach.

Forstmeister: Theodor Jäger in Fürth.

a) Oberförsterei Beerfelden.

Oberförster: Carl Heß.

b) Oberförsterei Erbach.

Oberförster: Heinrich Freiherr von Wetlershausen.

c) Oberförsterei Hirschhorn.

Oberförster: Peter Eickemeyer. WF4.

Forstwarte: Ludwig Sommerlad. Peter Bramm, [illegible] ⊕-BdGM. Johannes Wilhelm Keil in Neckar-Steinach. [illegible] Friedrich Becker in Igelsbach.

d) Oberförsterei Lindenfels.

Oberförster: Jacob Seeger in Fürth.

Forstwarte: Georg Poth in Seidenbuch. [illegible] Valentin Bayerer in Gras-Ellenbach.

e) Oberförsterei Rimbach.

Oberförster: Ludwig Strack in Weinheim in dem Großherzogthum Baden.

Forstwart: Ernst Steinbrenner Förster in Gorxheim.

f) Oberförsterei Wald-Michelbach.

Oberförster: Alexander Neidhardt.

Forstwarte: Martin Schnabel auf dem Forsthaus Frankel. ⊕-BdGM. Georg Schanz auf dem Forsthaus Schönbrunn. Anselm Wolf auf dem Forsthaus Lichtenklingerhof.

B. Provinz Oberhessen.

1. Forstamt Gießen.

Forstmeister: Carl Freiherr von Buseck.

a) Oberförsterei Gießen.

Oberförster: Dr. Eduard Heyer.

b) Oberförsterei Lich.

Oberförster: Hermann Theobald.

c) Oberförsterei Münzenberg.

Oberförster: Carl Trautwein in Arnsburg.

d) Oberförsterei Schiffenberg.

Oberförster: Dr. August Draudt in Gießen.
Forstwarte: Conrad Schlag auf dem Forsthaus Baumgarten. Heinrich Engelhardt in Leihgestern.

e) Oberförsterei Trais an der Lumda.

Oberförster: Hermann Amendt in Alt-Buseck.
Forstwarte: Caspar Schick. Johannes Stein. KHMDS.

2. Forstamt Burg-Gemünden.

Forstmeister: Dr. Carl Haberkorn.

a) Oberförsterei Grünberg.

Oberförster: Ferdinand Vigelius.

Forstwarte: Alexander von Muralt, Förster in Reinhardshain. Justus Wald in Lindenstruth. Stephan Köhler in Queckborn. Georg Kaus in Weickartshain. Wilhelm Kaiser in Reinhardshain.

b) Oberförsterei Hainbach.

Oberförster: Christian Pückel in Ermenrod.
Forstwarte: Johannes Hammel in Ermenrod. -BdGM. Heinrich Reichel. -BdGM. Johannes Schaffnit in Elpenrod. -BdGM. Johannes Schlüßler in Oberndorf.

c) Oberförsterei Homberg.

Oberförster: Gustav Landmann.

Forstwarte: Georg Sutter, Förster in Bleidenrod. SK. Georg Seibel in Haarhausen. Jacob Simon in Homberg. -BdGM. Georg Philipp Trupp in Weitershain. Heinrich Noll. -BdGM.

d) Oberförsterei Maulbach.

Oberförster: Carl Koch.

Forstwarte: Christoph Förster in Dannerod. Heinrich Müller in Ober-Gleen. Ludwig Lupus in Helmertshausen. Wilhelm Raab in Maulbach.

e) Oberförsterei Nieder-Ohmen.

Oberförster: Friedrich Hüter in Grünberg.

Forstwarte: Johannes Hermann in Bernsfeld. Johannes Gülcher in Atzenhain. -BdGM. Nicolaus Jüngel in Lumda. Heinrich Bauer in Merlau. Johannes Heinrich Fink in Nieder-Ohmen. -BdGM. Ludwig Klein, Förster in Merlau.

f) Oberförsterei Wahlen.

Oberförster: Ernst Ludwig Schmidt.

Forstwarte: Adam Kratz in Gleimenhain. Heinrich Keber in Bernsburg. Conrad Friedrich Philipp Stumpf in Lehrbach. Melchior Becker in Lehrbach. Justus Fröhlich in Arnshain. Balthasar Decher -BdGM.

3. Forstamt Friedberg.

Forstmeister: Carl Herpel.

a) Oberförsterei Altenstadt.

Oberförster: Carl Rumpf in Heldenbergen.

Forstwarte: Johannes Ramge, Förster in Hainchen. Johannes Adam Katzenmeyer in Stammheim. Johannes Köhler in Burg-Gräfenrode.

b) Oberförsterei Butzbach.

Oberförster: Friedrich Klump.

c) Oberförsterei Hoch-Weisel.

Oberförster: Wilhelm Sommer in Münster.
Forstwarte: Wilhelm Neurath, Förster in Bodenrod.

d) Oberförsterei Nieder-Eschbach.

Oberförster: Carl von Schmalkalder in Homburg vor der Höhe in dem Königreiche Preußen.

e) Oberförsterei Ober-Roßbach.

Oberförster: Georg Bingmann. ✠ R. II.
Forstwarte: Friedrich Schnauber, Förster auf dem Forsthaus Winterstein. Jacob Franz, Förster.

4. Provisorisches Forstamt Lauterbach.

Forstmeister: den Dienst versieht Freiherrlich von Riedesel'scher Oberförster Gustav Heimberger in Lauterbach.

a) Oberförsterei Lauterbach.

Oberförster: den Dienst versieht Freiherrlich von Riedesel'scher Oberförster Heimberger in Lauterbach (s. oben).

b) Oberförsterei Oberwald.

Oberförster: den Dienst versieht Freiherrlich von Riedesel'scher Revierförster Rudolph Cullmann in Engelrod.

c) Oberförsterei Stockhausen.

Oberförster: den Dienst versieht Freiherrlich von Riedesel'scher Revierförster Wilhelm Lippert in Stockhausen.

5. Forstamt Nidda.

Forstmeister: Christian Niedergelder in Salzhausen.

a) Oberförsterei Bingenheim.

Oberförster: Carl Freiherr von Gall auf dem Bingenheimer Forsthaus. ✝.

b) Oberförsterei Christinenhof.

Oberförster: Ludwig Leo.

c) Oberförsterei Düdelsheim.

Oberförster: Julius Königer.

d) Oberförsterei Nidda.

Oberförster: Hermann Georgi in Nidda.

Forstwarte: Victor Klöpper auf dem Forsthaus Glaubzahl. Georg Günther in Kohden. ⊕-BdGM. Ludwig Müller in Michelnau. Georg Bechtold in Ober-Lais. Adam Debus in Glashütten. ⊕-BdGM.

e) Oberförsterei Ortenberg.

Oberförster: Wilhelm Marx.

Forstwarte: Christian Schwärzel in Schwickartshausen. ⊕-BdGM. Heinrich Freymann in Lißberg. Valentin Daub in Bobenhausen. Valentin Franz in Wallernhausen. Johannes Winter, Förster in Conradsdorf. ⊕-BdGM. August Weitzel in Bergheim.

6. Forstamt Romrod.

Forstmeister: Carl Zentgraf.

a) Oberförsterei Alsfeld.

Oberförster: Wilhelm Block.

Forstwarte: Conrad Steuernagel in Eifa. ⊕-BdGM. Wilhelm Waldschmidt in Schwarz. Justus Schneider. Nicolaus Wolf in Rainrod. ⊕-BdGM. Stephan Simon in Ohmes. Jacob Feußner in Ruhlkirchen.

b) Oberförsterei Eudorf.

Oberförster: Dettmar von Grolman.

Forstwarte: Heinrich Schmidt in Heidelbach. Johannes Georg Albach in Schwabenrod. Heinrich Georg Büttner in Eifa. H

c) Oberförsterei Grebenau.

Oberförster: Carl Rohr.

Forstwarte: Heinrich Erb in Bieben. H-BdGM. Franz Joseph Bormuth, Förster Johannes Wiemer in Udenhausen. H-BdGM. Heinrich Naumann in Reimeroth. H-BdGM.

d) Oberförsterei Romrod.

Oberförster: Eduard Vigelius.

Forstwarte: Peter Horst in Zell. Heinrich Bierheller in Liederbach. H Georg Grünewald in Nieder-Breidenbach. Heinrich Irle.

e) Oberförsterei Badenrod.

Oberförster: Ludwig Lang in Storndorf.

Forstwarte: Conrad Fischer in Hopfgarten. H-BdGM. Heinrich Richber in Strebendorf. Georg Reul. Otto Burk in Ober-Sorg. Caspar Hartung in Meiches. H-BdGM.

f) Oberförsterei Windhausen.

Oberförster: Ludwig Haberkorn.

Forstwarte: Johannes Baptist Haag, Förster in Felda. Carl Haas. H-BdGM. Friedrich Schaaf, Förster in Köddingen. Conrad Scholt in Meiches. H-BdGM. Caspar Heß in Helpershain.

7. Provisorisches Forstamt Schlitz.

Forstmeister: den Dienst versieht Gräflich Schlitz'scher Forstmeister Friedrich Jäger.

8. Forstamt Schotten.

Forstmeister: Friedrich Cellarius.

a) Oberförsterei Eichelsachsen.

Oberförster: Julius Fabricius in Schotten.

Forstwarte: Sebastian Faitz in Busenborn. H-BdGM. Christoph Schaacke, Förster in Wingershausen. Andreas Wolf. Johannes Geiß in Burkhards. H-BdGM. Johannes Hoffmann auf dem Forsthaus Kiliansherberge. H-BdGM.

b) Oberförsterei Eichelsdorf.

Oberförster: Theodor Heyer.

Forstwarte: Johannes Jann. Johannes Ludwig Rodemich in Rainrod. H-BdGM. Heinrich Zimmer in Ulfa. H-BdGM. Ludwig Stier in Stornfels. H-BdGM. Balthasar Adolph in Langd.

c) Oberförsterei Feldkrücken.

Oberförster: Wilhelm Kallenbach in Schotten.

Forstwarte: Carl Wenzel auf dem Forsthaus Petershainerhof. Heinrich Kinkel in Sellnrod. H-BdGM. Georg Weitz in Rüdingshain. H-BdGM. Christoph Meyer. H-BdGM.

d) Oberförsterei Grebenhain.

Oberförster: Casimir Leo.

Forstwarte: Friedrich Mönnig in Ilbeshausen. Heinrich Mönnig in Breungeshain. Jacob Vierheller in Herchenhain. Wilhelm Dillemuth in Bermuthshain. Georg Döll. H-BdGM. Johannes Strauch in Sichenhausen.

e) Oberförsterei Laubach.

Oberförster: Ludwig Erdmann.

C. Provinz Rheinhessen.

Forstamt Mainz.

Forstmeister: Friedrich Hoffmann. R. I.

a) Oberförsterei Bingen.

Oberförster: Ernst Schleuning.

b) Oberförsterei Mombach.

Oberförster: Ludwig Heimburg in Mainz. PRA4.

Forstwarte: Nicolaus Habich, Förster auf dem Forsthaus Kühkopf. Peter Degenhardt, Förster auf dem Ober-Olmer Forsthaus. Daniel Rinck, auf dem Ober-Olmer Forsthaus. -BdGM.

c) Oberförsterei Wendelsheim.

Oberförster: Eduard Marchand.

Forstwarte: Jacob Unkelbach, Förster auf dem Forsthaus Vorholz. Georg Carl Damm in Bechenheim.

III. Holzsaamen-Magazins-Verwaltung.

Sitz: Darmstadt.

Verwalter: den Dienst versieht Obersorstsecretär Braun (s. S. 448).

IV. Holzmagazins-Verwaltung.

Sitz: Darmstadt.

Verwalter: den Dienst versieht Rentamtmann Hauser (s. S. 463).

Holzwart: Friedrich Engel.

V. Fasanenmeisterei Dornberg.

Fasanenmeister: den Dienst versieht Oberförster Klipstein (s. S. 450).

VI. Jagdzeugmeisterei Kranichstein.

Jagdzeugmeister: Ludwig Hamm.

VII. Localbehörden für die Rentamts-Verwaltung.

(Dieselben folgen, mit Ausnahme der nach der Haupt- und Residenzstadt und den Provinzialhauptstädten benannten, welche zuerst aufgeführt sind, in alphabetischer Ordnung.)

A. Provinz Starkenburg.

1. Rentamt Darmstadt.

Rentamtmann: Ludwig Hauser.
Domänenpfandmeister: Johannes Keßler.
Rentamtsdiener: Conrad Fritzges. -BdGM.

2. Rentamt Groß-Gerau.

Rentamtmann: Carl Siebert.
Domänenpfandmeister: Peter Jäger.
Rentamtsdiener: Adam Laun.

3. Rentamt Groß-Umstadt.

Rentamtmann: Johannes Sior.
Domänenpfandmeister: Peter Rückert.
Rentamtsdiener: Johannes Jungermann.

4. Rentamt Lampertheim.

Rentamtmann: Georg Heim.
Domänenpfandmeister: Ludwig Scriba.
Rentamtsdiener: Johannes Peter Büdinger. -BdGM.

5. Rentamt Langen.

Rentamtmann: Friedrich Schenck.
Domänenpfandmeister: Franz Berger.
Rentamtsdiener: Georg Philipp Adam. ⊕-BdGM.

6. Rentamt Lindenfels.

Rentamtmann: Wilhelm Langsdorff.
Domänenpfandmeister: Johannes Sattler.
Rentamtsdiener: Georg Seeger.

7. Rentamt Reinheim.

Rentamtmann: Wilhelm Warthorst.
Domänenpfandmeister: Gottfried Ludwig Haubach.
Rentamtsdiener: Georg Becker.

8. Rentamt Seligenstadt.

Rentamtmann: Peter Jacob Fay.
Domänenpfandmeister: Carl Junck. ⊕-BdGM.
Rentamtsdiener: Georg Mainzer. ⊕-BdGM.

9. Rentamt Zwingenberg.

Rentamtmann: Heinrich Ludwig Kolb.
Domänenpfandmeister: Johannes Kern. ⊕-BdGM.
Rentamtsdiener: Johannes Hartmann. ⊕-BdGM.

B. Provinz Oberhessen.

1. Rentamt Gießen.

Rentamtmann: Ludolph Lyncker.
Domänenpfandmeister: Johannes Gehrt. Ⓡ
Rentamtsdiener: Johannes Grünewald.

2. Rentamt Alsfeld.

Rentamtmann: Wilhelm Vogt.
Domänenpfandmeister: Georg Christian Liller.
Rentamtsdiener: Justus Schreiber.
Speicherbeschließer: den Dienst versieht Domänenpfandmeister Liller (s. oben).

3. Rentamt Friedberg.

Rentamtmann: Stephan Linbeck.
Domänenpfandmeister: Ludwig Schuchard.
Rentamtsdiener: Michael Jung.

4. Rentamt Homberg.

Rentamtmann: Ferdinand Beck.
Domänenpfandmeister: Johannes Georg Rausch. [illegible] ⚜-BdGM.
Rentamtsdiener: Heinrich Gröninger.

5. Rentamt Nidda.

Rentamtmann: Carl Welcker in Bingenheim.
Domänenpfandmeister: Johannes Philipp Müller.
" " " Johannes Carl Christian Scriba in Bingenheim.
Rentamtsdiener: August Müller. [illegible] ⚜
Speicherbeschließer: Heinrich Fischer in Bingenheim.
" " Peter Ringshausen.

6. Rentamt Schotten.

Rentamtmann: Friedrich Heinrich Schlitzphacke.
Domänenpfandmeister: Georg Philipp Eberts. ⚜
Rentamtsdiener: Johannes Trapp. [illegible] ⚜-DdGM.
Gutsverwalter: Ferdinand Schuchard auf dem Selgenhof. ✠R. II.

C. Provinz Rheinhessen.

Die Rentamtsverwaltung in Rheinhessen besorgen die Obereinnehmer daselbst in ihrer Eigenschaft als Rentamtmänner.

IX. Ober-Bau-Direction.

Sitz: Darmstadt.

Oberbaudirector.

Geheimerath Arnold (s. S. 198).

Oberbauräthe.

Dr. Friedrich Müller, Geheimer Oberbaurath.
Dr. Georg Breidert. ✠ R. I. -PKr3.
Eduard Renner.
Gustav Pfannmüller.

Secretariat.

Oberbausecretär: Carl Klunk, Baurath.
" " Anton Louis.

Registratur und Protocoll.

Registrator und Protocollist: Johannes Schlegel.

Calculatur.

Oberbaurevisor: Johannes Boß.
Oberbaucalculator 1. Classe: Carl Beck.
" " " " Philipp Thomas.
" " 2. " Förster (s. S. 198).

Zeichnenbureau.

Zeichner: Jacob Bayrer.

Canzlei.

Canzleiinspector: Niclaus Döpfer.
Canzlist 1. Classe: Gottlieb Schneider.

Canzleidiener und Hausbeschließer.

Adolph Bender.

I. Localbehörden für die Bauverwaltung.

(Dieselben folgen, mit Ausnahme der nach der Haupt- und Residenzstadt und den Provinzialhauptstädten benannten, welche zuerst aufgeführt sind, in alphabetischer Ordnung.)

A. Provinz Starkenburg.

1. Kreisbauamt Darmstadt.

Kreisbaumeister: Christian Stockhausen, Baurath. R. I.
Kreisbauaufseher: Christian Härter.
Bauaufseher: 1. Bezirk. Julius Fadum in Darmstadt. -BdGM. 2. Bezirk. Ludwig Meerholz. 3. Bezirk. Johannes Wenz in Arheilgen. 4. Bezirk. Den Dienst versieht Johannes Wilhelm Neff in Roßdorf. 5. Bezirk. Unbesetzt. 6. Bezirk. Heinrich Schambach in Eberstadt. 7. Bezirk. Michael Appel in Hahn. -BdGM.

2. Kreisbauamt Bensheim.

Kreisbaumeister: Christian Horst. R. I.
Kreisbauaufseher: Leopold Schönfeld. SK.

Bauaufseher: 1. Bezirk. Conrad Wagner in Bickenbach. ◎-BdGM. 2. Bezirk. Adam Trauer in Bensheim. ◎-BdGM. 3. Bezirk. Valentin Faust in Heppenheim. 4. Bezirk. Nicolaus Engler in Bürstadt. 5. Bezirk. Den Dienst versieht Johannes Schwarz in Lorsch. ◎ 6. Bezirk. Friedrich Heid in Gernsheim. 7. Bezirk. Adam Lösch in Bobstadt. 8. Bezirk. Georg Schmidt in Reichenbach. ◎-BdGM. 9. Bezirk. Georg Leonhard Spatz in Heppenheim. ◎-BdGM.

Fliegende Nähe in Gernsheim.

Brückenmeister: Philipp Tuch.
Brückenwärter: Jacob Grüll. Georg Kissel. August Kissel.

3. Kreisbauamt Dieburg.

Kreisbaumeister: Wilhelm Kraus.
Kreisbauaufseher: Heinrich Süßbeck.
Bauaufseher: 1. Bezirk. Nicolaus Schuchmann in Dieburg. 2. Bezirk. Nicolaus Mittelstädter in Dieburg. 3. Bezirk. Georg Vanderschmitt in Altheim. 4. Bezirk. Philipp Reininger in Wiebelsbach. ◎-BdGM. 5. Bezirk. Johannes Schneider in Höchst. 6. Bezirk. Philipp Schäfer in König. 7. Bezirk. Martin Scheuring in Brensbach. 8. Bezirk. Heinrich Christ in Groß-Bieberau. 9. Bezirk. Den Dienst versieht Georg Adam Bietsch. ◎

4. Kreisbauamt Erbach.

Kreisbaumeister: Wilhelm Heim.
Kreisbauaufseher: Johannes Steuernagel.

Bauaufseher: 1. Bezirk. Jacob Heilandt in Brensbach. 2. Bezirk. Johannes Schmidt in Rehbach. 3. Bezirk. Conrad Wienold in Michelstadt. -BdGM. 4. Bezirk. Friedrich Nicolaus Scholl in Erbach. -BdGM. 5. Bezirk. Heinrich Hauf in Hetzbach. 6. Bezirk. Conrad Heidelbach in Beerfelden. 7. Bezirk. Hieronymus Ihrig in Hainbrunn. 8. Bezirk. Peter Selzer in Hirschhorn. -BdGM. 9. Bezirk. Georg Wallbott in Neckar-Steinach, Kreisbauaufseher. 10. Bezirk. Wilhelm Dörsam in Schöllenbach. -BdGM. 11. Bezirk. Adam Gölz II. in Fürth. 12. Bezirk. Jacob Krämer in Haisterbach. -BdGM. 13. Bezirk. Johannes Zopf in Mörlenbach. 14. Bezirk. Heinrich Dörr in Zotzenbach. 15. Bezirk. Adam Gölz I. in Wald-Michelbach. 16. Bezirk. Johannes Förster in Lindenfels. 17. Bezirk. Wilhelm Braun in Wimpfen, Kreisbauaufseher.

5. Kreisbauamt Groß-Gerau.

Kreisbaumeister: Ludwig Walter.
Kreisbauaufseher: Christian Heinzelmann.
Bauaufseher: 1. Bezirk. Adam Günner in Groß-Gerau. -BdGM. 2. Bezirk. Ludwig Steuernagel in Rüsselsheim. 3. Bezirk. Georg Laun in Bischofsheim. 4. Bezirk. Den Dienst versieht Nicolaus Lang in Groß-Gerau. 5. Bezirk. Valentin Hofmann in Groß-Gerau. 6. Bezirk. Heinrich Blank in Dornheim.

6. Kreisbauamt Offenbach.

Kreisbaumeister: Friedrich Lindt.
Kreisbauaufseher: Johannes Dingeldein.
Bauaufseher: 1. Bezirk. Peter Weissenbach in Langen. 2. Bezirk. Heinrich Gaußmann in Langen. 3. Bezirk. Georg Sträb in Offenbach. 4. Bezirk. Johannes Huber in Groß-

Steinheim. 5. Bezirk. Georg Siegmann in Seligenstadt. -BdGM. 6. Bezirk. Wendelin Weiß in Zellhausen. 7. Bezirk. Adolph Müller in Offenthal. -BdGM.

B. Provinz Oberhessen.

1. Kreisbauamt Gießen.

Kreisbaumeister: Hermann Holzapfel, Baurath.
Kreisbauaufseher: Friedrich Schäcker. SK.
Bauaufseher: 1. Bezirk. Caspar Weller in Klein-Linden. 2. Bezirk. Conrad Schmitt in Gießen. 3. Bezirk. Johannes Erb in Lollar. 4. Bezirk. Ludwig Nürnberger in Reißkirchen. 5. Bezirk. Jacob Wahl in Garbenteich. 6. Bezirk. Andreas Weiß in Lich. 7. Bezirk. Heinrich Müller in Nieder-Bessingen. R. II. -BdGM.

2. Kreisbauamt Alsfeld.

Kreisbaumeister: Carl Busch.
Kreisbauaufseher: Peter Jockel.
" " Carl Jockel.
Bauaufseher: 1. Bezirk. Heinrich Merkel in Romrod. 2. Bezirk. Nicolaus Heineck in Alsfeld. 3. Bezirk. Bernhard Kimpel in Alsfeld. 4. Bezirk. Adam Fink in Reuters. 5. Bezirk. Heinrich Blanz in Lauterbach. 6. Bezirk. Den Dienst versieht Heinrich Ebert in Schlitz. 7. Bezirk. Peter März in Uellershausen. -BdGM. 8. Bezirk. Johannes Heinrich Jäger in Wilofs. 9. Bezirk. Josaphat Schneider in Herbstein. -BdGM. 10. Bezirk. Heinrich Meyer in Grebenhain. 11. Bezirk. Johannes Frank in Engelrod. 12. Bezirk. Nicolaus Köhler in Freien-Steinau.

3. Kreisbauamt Friedberg.

Kreisbaumeister: Carl Reuß.
Kreisbauaufseher: Alexander Naumann.
Bauaufseher: 1. Bezirk. Unbesetzt. 2. Bezirk. Jacob Weide in Ober-Mörlen. 3. Bezirk. Johannes Kreß in Friedberg. 4. Bezirk. Camillus Diehl in Ober-Wöllstadt. 5. Bezirk. Georg Schäfer in Vilbel. 6. Bezirk. Heinrich Stipp in Assenheim. 7. Bezirk. Jacob Conrad in Ilbenstadt. BdGM. 8. Bezirk. Adam Dingeldein in Bönstadt. 9. Bezirk. Ludwig Nürnberger in Hainchen BdGM. 10. Bezirk. Heinrich Jäger in Nieder-Mockstadt. 11. Bezirk. Den Dienst versieht Daniel Rüger in Düdelsheim. 12. Bezirk. Adam Kleppensteuber in Büdingen. 13. Bezirk. Den Dienst versieht Michel (s. unten). 14. Bezirk. Den Dienst versieht Martin Michel in Steinbach. 15. Bezirk. Heinrich Hölzer in Butzbach. 16. Bezirk. Georg Ulshöfer in Södel. BdGM. 17. Bezirk. Heinrich Kornmann in Reichelsheim. 18. Bezirk. Johannes Stein in Dorheim. 19. Bezirk. Carl Einhäuser in Nauheim.

4. Kreisbauamt Grünberg.

Kreisbaumeister: Dr. Carl Dieffenbach.
Kreisbauaufseher: Carl Poselner.
Bauaufseher: 1. Bezirk. Philipp Alter in Grünberg SK. 2. Bezirk. Jacob Fritzges in Flensungen. BdGM. 3. Bezirk. Heinrich Erbes in Ober-Ohmen. BdGM. 4. Bezirk. Wilhelm Cronenberg in Londorf. 5. Bezirk. Heinrich Berk in Kirtorf. 6. Bezirk. Unbesetzt. 7. Bezirk. Conrad Ließmer in Homberg. 8. Bezirk. Johannes Damm in Atzenhain. 9. Bezirk. Johannes Wingefeld in Wetterfeld. BdGM. 10. Bezirk. Johannes Heuchert in Laubach. 11. Bezirk. Ludwig Nürnberger in Freien-Seen.

5. Kreisbauamt Nidda.

Kreisbaumeister: Carl Wetter.
Kreisbauaufseher: Michael Hunsinger.
Bauaufseher: 1. Bezirk. Georg Mettenheimer in Hungen. [illegible] ⊕-BdGM. 2. Bezirk. Wilhelm Pfaffenroth in Berstadt. 3. Bezirk. Heinrich Schmitt in Nidda. ⊕-BdGM. 4. Bezirk. Johannes Nies in Wallernhausen. 5. Bezirk. Ludwig Lohfink in Bleichenbach. 6. Bezirk. Conrad Herrnbrodt in Bingenheim. ⊕-BdGM. 7. Bezirk. Georg Repp in Ulrichstein. ⊕-BdGM. 8. Bezirk. Heinrich Schmidt in Götzen. Ⓦ 9. Bezirk. Philipp Reitz in Schotten. 10. Bezirk. Jacob Körber in Eichelsachsen. 11. Bezirk. Adam Böcher in Gedern. 12. Bezirk. Carl Schädel in Lißberg. ⊕-BdGM.

C. Provinz Rheinhessen.

1. Kreisbauamt Mainz.

Kreisbaumeister: Friedrich Noack.
Kreisbauaufseher: Friedrich Härter.
Bauaufseher: 1. Bezirk. Simon Kögler in Castel. 2. Bezirk. Unbesetzt. 3. Bezirk. Carl Böhm in Laubenheim. 4. Bezirk. Johannes Maid in Mainz. 5. Bezirk. Den Dienst versieht Nicolaus Berg in Klein-Winternheim. ⊕ 6. Bezirk. Matthias Bowinkel in Finthen. 7. Bezirk. Jacob Kleinschmitt in Hahnheim.

Schiffbrücke in Mainz.

Brückenmeister: Jacob Höhn.
Oberbrückenwärter: Georg Händlein. Johannes Baptist Ehrhard.

Brückenwärter: Adam Menkel. Georg Beltsch. Carl Moritz. Georg Fink. Conrad Stralemeyer. Dionysius Maul. Heinrich Fried. -BdGM. Heinrich Kissel. Ludwig Steinbrech. Johannes Kehl. Jacob Görg. Ludwig Burger.

Fliegende Fähre in Kostheim.

Brückenmeister: Christian Ludwig Kling.
Brückenwärter: Balthasar Gönner. Georg Fischer.

2. Kreisbauamt Alzey.

Kreisbaumeister: Philipp Billhardt.
Kreisbauaufseher: Johannes Rheininger.
Bauaufseher: 1. Bezirk. Andreas Kramm in Alzey. 2. Bezirk. Philipp Weingärtner in Alzey. -BdGM. 3. Bezirk. Matthias Becker in Fürfeld. 4. Bezirk. Wilhelm Schaffner in Wöllstein. 5. Bezirk. Den Dienst versieht Peter Koch in Bosenheim. -BdGM. 6. Bezirk. Philipp Fischer in Sprendlingen. 7. Bezirk. Conrad Koch in Flonheim. 8. Bezirk. Unbesetzt. 9. Bezirk. Philipp Ruppert in Alzey. -BdGM. 10. Bezirk. Adam Dexheimer in Weinheim. 11. Bezirk. Den Dienst versieht Friedrich Konrad in Wendelsheim.

3. Kreisbauamt Bingen.

Kreisbaumeister: Eduard Köhler.
Kreisbauaufseher: Conrad Heinrich Reinhardt.
Bauaufseher: 1. Bezirk. Johannes Vonderschmitt in Nieder-Ingelheim. -BdGM. 2. Bezirk. Georg Sefrin in Gaulsheim. 3. Bezirk. Adam Schmitt in Bingen. 4. Bezirk. Peter Joseph Butz in Dromersheim. -BdGM. 5. Bezirk. Heinrich Rodrian in Ockenheim. 6. Bezirk. Peter Weitzel in Elsheim. 7. Bezirk. Peter Martin in Gau-Algesheim.

4. Kreisbauamt Oppenheim.

Kreisbaumeister: Franz Kaus.

Kreisbauaufseher: Jacob Amendt.

Bauaufseher: 1. Bezirk. Andreas Kettenbach in Ober-Hilbersheim. ⊕-BdGM. 2. Bezirk. Georg Loos in Wörrstadt. 3. Bezirk. Den Dienst versieht Johann Jacob Herrmann in Wörrstadt. ▬ ⊕ 4. Bezirk. Philipp Jacob Kröhling in Sulzheim. 5. Bezirk. Andreas Euler in Ensheim. 6. Bezirk. Johannes Albert in Undenheim. 7. Bezirk. Jacob Kleinhans in Selzen. 8. Bezirk. Den Dienst versieht Georg Schwab in Weinolsheim. ⊕ 9. Bezirk. Peter Hüneborn in Dexheim. ⊕-BdGM. 10. Bezirk. Den Dienst versieht Johannes Kollmer in Nackenheim. ▬ 11. Bezirk. Conrad Ziegenhain in Oppenheim. ⊕

Fliegende Brücke in Oppenheim.

Brückenmeister: Johannes Dörner.

Brückenwärter: Georg Dörner. Georg Seipp. Georg Schmitt. Johannes Frank.

5. Kreisbauamt Worms.

Kreisbaumeister: Ludwig Metternich.

Kreisbauaufseher: Michael Kuhn.

Bauaufseher: 1. Bezirk. Adam Köhler in Worms. 2. Bezirk. Conrad Busch in Pfeddersheim. ⊕-BdGM. 3. Bezirk. Den Dienst versieht Johannes Müller in Nieder-Flörsheim. 4. Bezirk. Jacob Staus in Monsheim. 5. Bezirk. Johannes Bell in Hernsheim. 6. Bezirk. Casimir Görisch in Nieder-Flörsheim. 7. Bezirk. Johannes Dormanns in Eich. 8. Bezirk. Den Dienst versieht Philipp Fey in Osthofen. 9. Bezirk. Jacob Heß in Bechtheim. 10. Bezirk. Peter Jordan in Westhofen. 11. Bezirk. Heinrich Engel in Dittelsheim. ▬ ⊕-BdGM. 12. Bezirk. Den Dienst versieht Heinrich Stein in Alsheim. ▬ ⊕-BdGM. 13. Bezirk. Ernst Wendel in Horchheim.

Schiffbrücke in Worms.

Brückenmeister: Johannes Stöhr.

Brückenwärter: Johannes Klipphahn. [illegible] Conrad Hartmann. Jacob Schäfer. Joseph Schlegel. Bernhard Zentner. Peter Roth. (AL) ●-BdGM. Anton Wetzelberger. ●-BdGM. Peter Hofmann. Friedrich Nollert. ●-BdCFVM-BdGM. Adam Göbel. (AL) ●

II. Localbehörden für die Berg- und Salinenverwaltung.

1. Bergamt Dorheim.

Bergmeister: Ludwig Storch.

Bergrentmeister: Daniel Nebhuth in Friedberg.

Bergcassier: Wilhelm Winter.

Obersteiger: Friedrich Knoche.

Schichtmeister: Ludwig Steinberger.

Maschinist: Philipp Schroth. ●-BdGM.

2. Salinenamt und Badedirection Nauheim.

A. Salinenamt.

Saleninspector: Friedrich Schreiber, Bergrath.

" " Otto Weiß.

Salinenrentmeister: den Dienst versieht Finanzaccessist Siebert (s. S. 443).

Salinenfactor: Johannes Baptist Hofmann.

Materialverwalter: Christian Wachsmuth.

Siedmeister: Carl Kersting.

Salzmagazinsverwalter: Ernst Wiederhold.

Gradirmeister: Johannes Mörler.

Werkmeister: Wilhelm Storch.

Salzmagazinscontroleur: Christian Wiederhold.

Soolcontroleur: Christian Babel.

Salinenactuar: den Dienst versieht Peter Aletter.

B. Badedirection.

Vorsitzender: Bergrath Schreiber (s. S. 475).
Badeinspector: Salineninspector Weiß (s. S. 475).
Badearzt: Medicinalrath Dr. Bode (s. S. 286).
Hausverwalter und Bademeister: Theodor Meister

3. Bergamt und Badedirection Salzhausen.

A. Bergamt.

Mit der Verwaltung beauftragt:
Kreisbaumeister Wetter (s. S. 472).
Rechner: Philipp Fink.
Obersteiger: Carl Plock.
Hutmann: Carl Klinker.

B. Badedirection.

Mit der Verwaltung beauftragt:
Kreisbaumeister: Wetter (s. S. 472).
Badearzt: Kreisarzt Dr. Prinz (s. S. 287).
Rechner: Philipp Fink.
Kunstmeister: Ludwig Fink.

4. Salinenamt Theodorshalle.

Salineninspector: Gustav Jäger.
Salinenrentmeister: Carl Ziegler, Salineninspector und Rendant.
Materialverwalter: Johannes Geibel.
Siedmeister: Jacob Ost. -BdGM.
Gradirmeister: Ludwig Schwindt.

I. Verwaltung der Staats-Eisenbahnen.

A. Main-Neckar-Eisenbahn.

Direction.

Sitz: Darmstadt.

Mitglieder.

Vorsitzender: Friedrich Lichthammer, Geheimer Baurath. ✠ R. I. -KHW4.-BrM4.-RAnn2.-RSt2 mit der Krone. -GE5.

Directorialrath: Erasmus Schetzrer, Oberpostrath. ✠ R. I. -OeFJ3-BdZL4 mit Eichenlaub. -RAnn3. (von dem Großherzogthum Baden angestellt).

" " Dr. Conrad Rödiger. ✠ R. I. -OeFJ3.-RAnn3. (von dem Königreich Preußen angestellt).

Secretariat.

Secretär: Friedrich Sauerbeck (von dem Großherzogthum Baden angestellt).

Secretariatsassistent: Carl Lorey (von dem Königreich Preußen angestellt).

Registratur, Protocoll und Canzlei.

Registrator, Protocollist und Canzleiinspector: Conrad Döpfer.

Canzlist: Wilhelm Pfeiffer.

" Friedrich Nullmann. ✠ ✠-BdGM.

Controlebureau.

Revisor: Georg Balzer.

" Lorenz Behagel (von dem Königreich Preußen angestellt).

" Georg Jacob Lehr.

Revisionsbureau.

Revisor: Julius Quilling (von dem Königreich Preußen angestellt).

Ottmar Dammbacher, Revisor (von dem Großherzogthum Baden angestellt).

Billetdruckerei.

Billetdrucker: Carl Hensing.

Canzleidiener.

Nicolaus Funk. 

I. Bahnverwaltung Darmstadt.

Mitglieder.

Vorstand: Peter Hochgesand, Bahningenieur. RSt3.

Bahnverwalter: Ludwig Carl Friedrich von Fabert. RAnn3.-RSt3. (von dem Großherzogthum Baden angestellt).

Bahncassier: Carl Andreas Blum (von dem Königreich Preußen angestellt).

Canzlei.

Canzleigehülfe: Ludwig Dern, Protocollist.

Bureaudiener.

Heinrich Kloo.

1. Stations- und Expeditons-Personal.

Station Neu-Isenburg. Billeteur: Bahnwärter Jacob Dell.

" Langen. Expeditor: Michael Hofmann.

Portier: Heinrich Adam Kreuter.

" Arheilgen. Billeteur: Bahnwärter Conrad Günther.

" Darmstadt:

a) Güterexpedition.

Expeditor: unbesetzt.

Expeditionsgehülfe: Johannes Steinius. G-BdGM.

Expeditionsgehülfe: Jacob Gerbeaux, Expeditor. ⊕-BdGM.
" " Wilhelm Funk, Expeditor.
" " Adalbert Venator, Expeditor.
" " Johannes Carl Raab, Expeditor. ⊕-BdGM.

Bureaudiener: Friedrich Seeger.

b) Personenexpedition.

Expeditionsgehülfe: Ferdinand Wagner, Expeditor.
" " August Schnittspahn, Expeditor.
" " August Herbert, Expeditor. ⊕-BdGM.

Packer: Georg Geier.

Portier: Jacob Bräuler.
" Conrad Walther. ⊕-BdGM.

Station Eberstadt. Expeditor: Heinrich Schilling.
Portier: Johannes Georg Wirth, provisorisch.

" Bickenbach. Billeteur: Bahnwärter Wilhelm Alt, Expeditor.

" Zwingenberg. Expeditor: Johannes Capito.

" Auerbach. Billeteur: Bahnwärter Conrad Pfannmüller, Expeditor.

" Bensheim. Expeditor: Ludwig Bernhard.
Expeditionsgehülfe: Theodor Gimbel, Expeditor. ⊕-BdGM.
Portier: Johannes Jacob Hering. ⊕-BdGM.

" Heppenheim. Expeditor: Vollrath Steinheimer.
Portier: Johannes Heinrich Krämer. ⊕-BdGM.

2. Centralwerkstätte.

Maschinenmeister: Ferdinand Becker.
Werkmeister: Heinrich Schuchmann. ⊕-BdGM.
Werkführer: Franz Hoffmann.
Zeichner: Robert Bauer.

Werkschreiber: Carl Bergmann, Buchführer. ▬ ⊕-BdGM.
„ Ludwig Hahn, Buchführer.
Materialverwalter: Christoph Querner.

3. Bahnunterhaltungspersonal.

Bezirk Langen. Bahnmeister: Friedrich Stegmayer.
„ Darmstadt. Bahnhofsaufseher: Materialverwalter Querner (s. oben).
„ „ Bahnmeister: Johannes Saß ✠ R. II. ▬ ⊕-BdGM.
„ Heppenheim. Bahnmeister: Georg Dell.
69 Bahn- und Weichenwärter.

4. Fahrpersonal für den technischen Dienst.

In Darmstadt stationirt.

Locomotivführer: Nicolaus Dieter. Georg Holz. Carl Hamann.
3 Heizer. 3 Wagenwärter.

In Frankfurt stationirt.

Locomotivführer: Ernst Beck GMDZ. Johannes Flohr. Georg Difler. Friedrich Heiland. Adam Keller.
5 Heizer. 4 Wagenwärter.

5. Fahrpersonal für den Expeditionsdienst.

In Darmstadt stationirt.

Zugmeister: Heinrich Götz. Ⓜ
5 Conducteure.

In Frankfurt stationirt.

Zugmeister: Christian Klingel. Daniel Carle.
6 Conducteure.

In Heidelberg stationirt.

1 Conducteur.

II. Bahnverwaltung Heidelberg.

Mitglieder.

Vorstand: Albert Bürklin, Oberingenieur. BdZL4. (von dem Großherzogthum Baden angestellt).
Bahnverwalter: unbesetzt.
Bahncassier: Georg Michael Seibert.

III. Bahnverwaltung Frankfurt.

Mitglieder.

Vorstand: Johannes Friedrich [illegible], Bahnverwalter. ✠ R. I. -RAnn3.-PRA4.-RSt3. (von dem Königreich Preußen angestellt).
Bahningenieur: Heinrich Geßner. RSt3.
Bahncassier: Anton von Pigage (von dem Großherzogthum Baden angestellt).

IV. Staats-Telegraphen-Büreau.

Sitz: Darmstadt.

Obertelegraphist: Friedrich Büdinger. ⊕.
Telegraphist: Ludwig Lehrer.
Burraudiener: Ludwig Breitwieser. ✠ R. II. [illegible] ⊕-HdGM.

B. Offenbach-Frankfurter Bahn.

I. Verwaltung.

Sitz: Darmstadt.

Commissäre.

Geheimer Baurath Lichthammer (s. S. 477).
Directorialrath Dr. Röbiger (für das Königreich Preußen s. S. 477).

Secretariat und Controle.

Revisor Balzer (s. S. 477).

Registratur und Canzlei.

Assistent: Friedrich Clotz.

Canzleidiener.

Funk (s. S. 478).

II. Stationsverwaltung.

Sitz: Offenbach.

Stationsvorstand: Theodor Klöpper, Bahninspector.
Expeditionsgehülfe: Heinrich Joseph Werner, Expeditor. R. II. ⊕-BdGM.
Güterexpeditor: Carl Zeschky.
Güterexpeditionsgehülfe: Johannes Gärtner, Expeditor. ⊕-BdGM.
Werkführer: Carl Bender.
Packer: Friedrich Joseph Haug. ⊕-BdGM.
Portier: Adam Poth.
Locomotivführer: Friedrich Weinhard.
1 Heizer. 1 Wagenwärter. 2 Conducteure. 4 Bahn- und Weichenwärter.

C. Main-Weser-Bahn.

Königliche Direction der Main-Weserbahn.

Sitz: Kassel.

Mitglieder.

Vorsitzender: Siegmund von Schmerfeld, Geheimer Regierungsrath. ✠ R. I.-KHW5.-PRA3.-HG4.-RSt3.
Carl Thomas, Geheimer Regierungsrath. PRA3.
Adolph Schulz, Regierungsrath.
Carl Windthorst, Regierungs-Assessor.

Main-Weser-Bahn.

O[illegible] Main-Ufer-Bahn.

Königliche Direction der Main-Weserbahn.

Sitz: [illegible]

Mitglieder.

[illegible]

Verzeichniß

derjenigen charakterisirten Personen, welche keinem Cabinets-, Hof- oder Civildienst angehören.

(In alphabetischer Ordnung).

Uniform: wie bei dem Ministerium des Großherzoglichen Hauses und des Aeußern, jedoch ist die Unterscheidungsfarbe weiß.

Angerer, Rudolph, Rath und Königlich Bayerischer Rechnungscommissär bei der Kammer der Finanzen der Regierung von Unterfranken und Aschaffenburg.

Buderus, Theodor, Bergrath in Hirzenhain. ✠ R. I.

Fickel, Ludwig, Rechnungsrath in Frankfurt.

Friemann, Gustav, Kammervirtuos in Lublin.

Fritschler, Dr. Carl Ludwig, Hofrath in Ober-Ingelheim.

Hauff, Freiherr Julius Friedrich von, Consul in Brüssel. ✠ R. I. ✠ R. I.

Heyl, Leonhard, Commerzienrath in Worms. ✠ R. I. -OeFJ3.

Hügel, Heinrich, Baurath in München. SA4.

Kempf, Johannes, Commerzienrath in Nürnberg. ✠ R. I. -OeFJ3. -BrM4.-SA4.-NiEK4.-BL5.-RSt3.-FEL4-GE4.

Korn, Ferdinand, Münzmeister in Wiesbaden.

Kramer, Justus, Baurath in Mainz. ✠ R. I. -PRA4.-RSt3.

Kröber, Carl, Bergrath in Michelstadt.

Lauteren, Christian, Commerzienrath in Mainz. ✠ R. I. -OeEK3. -BrM4.

Lauteren, Clemens, Geheimer Commerzienrath in Mainz. ✠ C. II. ✠ R. I.-OeEK3.-PRA4.-BrM4.-BL4.

Levita, Dr. Carl, Geheimer Justizrath in Mainz. ✠ R. I. -OeEK3. PRA4.-BrM4.-WF4.-BdZL4.-BHL4.-FEL5.-MQ3.

Liebig, Dr. Freiherr Georg von, Hofrath und Königlich Bayerischer Bezirksarzt 2. Classe in Reichenhall.

Mönch, Jacob, Commerzienrath in Offenbach. ✠ R. I.

Pauer, Ernst, Concertmeister und Professor der Königlich Großbritannischen Academie in London. ✠ R I.

Pilger, Dr. Friedrich, Hofrath in Friedberg.

Probst, Franz Anton, Commerzienrath in Mainz. ✠ R. I.-PRA4.

Röder, Carl, Geheimer Commerzienrath in Mainz. ✠ R. I.

Röschel, Georg Christoph, Commerzienrath in Mainz.

Schott, Franz, Commerzienrath in Mainz.

Wagner, Wilhelm, Hofrath in Roßdorf. Ⓣ ●

Walter, Dr. Heinrich, Hofrath in Offenbach.

Weidenbach, Anton Joseph, Hofrath in Wiesbaden.

Weiß, Otto, Ingenieur in Groß-Gerau. ✠ R. II.

Wolfskehl, Moritz, Hofbanquier in Darmstadt.

Nachtrag

der Veränderungen, die sich während des Drucks ergeben haben

I. Genealogie.

Seite 6. Die Schwester des verewigten Landgrafen Victor Amadeus von Hessen-Rotenburg, Clotilde, verwittwete Fürstin von Hohenlohe-Waldenburg-Bartenstein, ist gestorben.

III. Hof-Etat.

" 187. Hofcanzlist Ran ist zum Hofcanzlei-Inspector ernannt worden.

" 188. Hofarzt Dr. v. Hesse hat den Charakter als Medicinalrath erhalten.

" 193. Gerichtsaccessist Carl Freiherr v. Hertling ist am 16. December 1868 zum Hofjunker ernannt worden.

" 195. Die Hofstallbereiknechte Schneider und Weber sind Hofkutscher geworden.

" 201. Regisseur Cramolini hat den Charakter als Hofopernregisseur erhalten.

V. Civil-Etat.

" 256. Geheimerath Dr. Crône ist gestorben.

" 258. Ministerialcanzleidiener Seiler hat auch das militärische Erinnerungszeichen erhalten.

" 262. Kammerherr v. Baur und Breitenfeld hat das Ritterkreuz des I. Bayerischen Kronordens erhalten.

" 270. Ministerialcanzlei-Inspector Schneider hat den Charakter als Canzleirath erhalten.
Ministerialcanzleidiener Grünewald und Hausverwalter Korndörfer besitzen auch das militärische Erinnerungszeichen.

" 272. Canzleidiener Becker ist Inhaber des militärischen Erinnerungszeichens.

" 275. Desgl. Polizeicommissär Schmehl und Kreisdiener Raab.

" 276. Desgl. Kreisdiener Welde.

Seite 279. Geheimerath Schmitt hat das Großkomthurkreuz des K. Bayerischen Michaelsordens erhalten.

„ 280. Die Verwalter Ackermann, Menges und Gompf besitzen das militärische Erinnerungszeichen.

„ 284. Dr. Wilhelm Hallwachs ist Medicinalassessor und pharmaceutisches Mitglied der Obermedicinal-Direction geworden.

„ 287. Kreiswundarzt Schenck hat das militärische Erinnerungszeichen.

„ 292. Registrator Eberhardt hat den Charakter als Canzleirath erhalten.

„ 310. Pfarramtscandidat Georg Werner ist Pfarrer in Lißberg geworden.

„ 322. Pfarrer Scheid in Dexheim ist gestorben.

„ 330. Martin Ludwig ist Pfarrer in Lorsch geworden.

„ 358. Pfarramtscandidat Hermann Marx wurde als Lehrer an dem Schullehrer-Seminar in Friedberg angestellt.

„ 442. Assistent 1. Cl. Herrmann in Mainz wurde zum Controleur am Nebenzollamt Bensheim ernannt.

„ 443. Assistent 1. Cl. Thomin in Mainz wurde zum Revis.-Cont. am Hauptzollamt Mainz ernannt.

„ 443. Assistent 2. Classe Reuling in Alsfeld und Mässing in Mainz wurden zu Assistenten 1. Classe am Hauptzollamt Mainz ernannt.

„ 443. Assistent 1. Classe Metzler in Bingen wurde an das Hauptzollamt Mainz versetzt.

„ 443. Carl Müller und Franz Wagner wurden zu Assistenten 2. Cl. am Hauptzollamt Mainz ernannt.

„ 444. Assistent 2. Classe Geist in Mainz wurde zum Assistenten 1. Cl. in Bingen ernannt.

„ 447. Assistent 2. Classe Krumb am zollvereinsländischen Hauptzollamt Hamburg wurde zum Assistenten 1. Cl. ernannt.

(Geschlossen am 20. Januar 1869.)

Register.

(Die Zahlen bezeichnen die Seiten.)

A.

32

C.

D.

L.

Q.

R.

S.

T.

U.

V.

www.ingramcontent.com/pod-product-compliance
Lightning Source LLC
Chambersburg PA
CBHW031940290426
44108CB00011B/623

* 9 7 8 3 7 4 1 1 6 7 4 8 5 *